尽心履职 谏改革

十年政协建言录

迟福林◎著

ZHEJIANG UNIVERSITY PRESS
浙江大学出版社

图书在版编目（CIP）数据

尽心履职谏改革:十年政协建言录 / 迟福林著. —
杭州:浙江大学出版社，2018.6
ISBN 978-7-308-18403-8

Ⅰ.①尽… Ⅱ.①迟… Ⅲ.①中国人民政治协商会议
—提案—汇编 Ⅳ.①D627

中国版本图书馆 CIP 数据核字(2018)第 139636 号

尽心履职谏改革——十年政协建言录

迟福林　著

责任编辑	陈佩钰　姚　嘉
责任校对	杨利军　夏湘娣
封面设计	卓义云天
出版发行	浙江大学出版社
	（杭州市天目山路 148 号　邮政编码 310007）
	（网址:http://www.zjupress.com）
排　　版	杭州中大图文设计有限公司
印　　刷	浙江新华数码印务有限公司
彩　　插	4 页
开　　本	710mm×1000mm　1/16
印　　张	31
字　　数	540 千
版 印 次	2018 年 6 月第 1 版　2018 年 6 月第 1 次印刷
书　　号	ISBN 978-7-308-18403-8
定　　价	86.00 元

2017年3月9日，在全国政协十二届五次会议上，全国政协委员、中国（海南）改革发展研究院（以下简称中改院）院长迟福林以"供给侧结构性改革重在处理好政府与市场关系"为题做大会发言

2014年3月7日，在全国政协十二届二次会议上，以"以发挥市场决定性作用为重点深化全面改革"为题做大会发言

2013 年 3 月 7 日，在全国
政协十二届一次会议上，以"以
政府改革带动全面改革的突破"
为题做大会发言

2011 年 3 月 10 日，在全国政协十一届四次会议上，以"推进以转变经济发展
方式为主线的政府转型"为题做大会发言

2008年3月9日，在全国政协十一届一次会议上，以"推进新阶段全面改革的三点建议"为题做大会发言

2017年7月6日，出席全国政协在京召开的第70次双周协商座谈会

2013 年全国政协十二届一次会议社会科学界（32 组）合影留念

2013 年两会期间，全国驻琼政协委员合影留念

　　2011 年 5 月 26 日—6 月 3 日，应全国政协教科文卫体委员会之邀，参与全国政协"推进基本公共服务均等化"赴滇专题调研

　　2011 年 3 月 12 日，与全国人大代表陈先岩应邀出席由新华社北京分社在北京市西城区义达里社区举办的"两会代表与市民共话幸福"座谈会

2017年3月4日，做客人民网"强国论坛"

2017年3月3日，接受中央电视台"新闻联播"采访

2017年3月2日，接受凤凰卫视吴小莉"华闻大直播"专访

2017年3月2日，
接受中国网专访

2016年3月7日，
做客中央电视台"央
视财经评论"

2016年3月5日，
接受中央电视台"焦
点访谈"采访

2016 年 两 会 期
间，向记者简要阐述
提案

2014 年 3 月 8 日，
做客光明网

2013年两会期间，
与中国国际经济交流
中心副理事长、原商
务部副部长魏建国做
客中央人民广播电台
"经济之声"栏目

十年政协路　一生改革情

从 2008 年起担任第十一届、第十二届全国政协委员,至今已有10 年整。这 10 年政协履职生涯,我将之视为自己宝贵的人生履历。

人民政协是围绕党和国家大政方针和社会生活重要问题进行民主协商的重要平台。10 年来,我向全国政协大会提交提案 46 份、口头发言 9 份、书面发言 13 份。其中,在全国政协大会上发言 5次,参加总理主持召开的座谈会 2 次、专题协商会 4 次、双周协商会3 次、专题座谈会 2 次、形势分析会 1 次,并多次在上海、四川、云南、陕西、海南等地参加全国政协组织的专题调研。

围绕大局建言献策是政协委员的重要职责。作为一名改革研究的学者,我深感自己有责任为全面深化改革多建言、多发声。为此,每年临近全国"两会",我都会集中一段时间,与我的同事讨论当年提案与发言的重点。例如,我提交的"推进新阶段全面改革的三点建议""推进以转变经济发展方式为主线的政府转型""以政府改革带动全面改革的突破""以发挥市场决定性作用为重点深化全面改革""供给侧结构性改革重在处理好政府与市场关系"等 5 份改革建议,都被选为全国政协大会的发言。

我是海南省推荐的全国政协委员,海南是我深爱的一片热土。这 10 年间,我通过人民政协平台为海南改革发展建言献策,相继提出"支持海南按照'一个大城市'深化'多规合一'改革试点""关于支持以海南为中心构建泛南海旅游经济圈的建议""关于支持海南健康服务业发展的建议"等 20 多份提案。

　　履行好一名政协委员的职责，还要善于和媒体沟通互动，通过不断建言改革，汇聚改革正能量，凝聚全社会共识。一些委员开玩笑说我是媒体眼中的"两会达人"。其实，我深知记者朋友们的辛苦和不易，无论多晚多忙，只要会议允许，我都会接受记者的访谈。据不完全统计，这10年来，媒体对我在政协会议期间的相关报道累计超过3000篇次，网络媒体转载报道超过200万篇次。

　　在本书中，我将政协10年中的建言献策归纳为八个主题。第一篇立足于改革全局，建言全面深化改革；第二篇围绕职能转变和监管转型等方面，建言政府改革；第三篇是对供给侧结构性改革的相关研究和建议；第四篇以民生关切为出发点，提出我对社会体制改革的相关思考；第五篇是研究以扩大开放和开放转型形成全面开放新格局；第六篇立足海南，是对海南发展的建言献策；第七篇和第八篇分别选用我在担任政协委员期间，电视、报纸等媒体对我的部分采访报道以及我在报刊上发表的文章。

　　今年是我国改革开放40周年。我在政协10年中的建言献策，无一不与改革相关。现将我任全国政协委员10年期间的发言和提案建议以及部分媒体的访谈汇编成书，作为向改革开放40周年的一份献礼。

　　本书汇集的文章时间跨度大，难免有一定的历史痕迹，在编辑时未做文字修改。本书的出版得到了浙江大学出版社的大力支持，得到了我的同事陈所华、陈薇、宋玉瑶、范敏的帮助。在此，一并表示感谢！

迟福林

2018年2月10日

目　录

第五篇　建言扩大开放 / 209

第八篇　委员笔谈　/ 415

第一篇　建言全面深化改革

2008 年以来，我国的改革正处在攻克艰难的关键时期。党的十八大以来，全面深化改革进入新阶段。作为全国政协委员，作为一名改革研究的学者，10 年来，我在全国政协会议上的建言献策，无不与改革直接相关。

推进新阶段全面改革的几点建议[*]

30 年来,我国的经济发展和社会进步直接得益于改革开放。当前,面对新矛盾新问题,实现经济可持续发展和社会全面进步的目标,需要按照党的十七大的要求,全面推进改革。对此,提出以下 3 点建议。

一、客观判断我国全面改革的新阶段

进入 21 世纪以来,从消费结构、产业结构、就业结构、城镇化率、社会结构的变化来看,我国实现了发展阶段的历史性跨越,其中一个重要的表现,我概括为从生存型社会开始步入发展型社会。在这个特定的发展阶段,全社会面临的生存性压力在逐步减弱,发展性压力在全面增强。例如,可持续发展中的资源环境、城乡区域的均衡发展、公共需求全面快速增长,以及公共治理、社会结构变化带来的压力等矛盾和问题日益凸显。这些矛盾和问题有发展过程中的必然因素,但更多的是由于改革不到位形成和积累的体制性矛盾。

发展性压力增大的矛盾和问题,涉及市场经济体制的进一步完善,也涉及以改善民生为重点的社会体制改革,还涉及政治体制、文化体制的变革和创新。适应新阶段发展的要求,要以人的全面发展为目标,使改革及时、主动地从经济领域拓展到政治、社会、文化等各个领域,努力推进新阶段的全面改革。

---

[*] 2008 年在全国政协十一届一次会议大会上的口头发言。

二、要以行政管理体制改革为重点推进全面改革

　　同以往的 30 年相比,新阶段行政管理体制改革的现实需求要大得多,迫切得多。实现经济发展方式的转变,首先在于通过行政管理体制改革,实现经济运行机制由政府主导向由市场主导的转变,为市场在资源配置中发挥基础性作用提供体制保障;推进以民生为重点的社会建设,重点在于通过行政管理体制改革,确立政府在公共服务供给中的主体地位和主导作用,以强化政府的公共服务职能,提高政府的公共服务能力;解决腐败问题,重点在于通过行政管理体制改革,从制度上制约权力与资本的结合,解决体制性、机制性的腐败问题,使权力正确行使;统筹中央与地方关系,其实质是通过行政管理体制改革形成一个合理的中央地方权力和利益格局,并建立与此相适应的财政税收体制和官员考核机制。

　　近几年,虽然我国的行政管理体制改革有了一定的进展,但同经济体制改革的实际进程相比,总体上来说是相对滞后的。并且,随着经济社会的发展,公共治理结构中的一些矛盾凸显出来,例如,行政成本增大、行政效率低下;人们政治参与积极性提高与表达渠道不相适应;政府官员的某些腐败问题与社会监督机制不健全;利益多元化与社会组织发展滞后;公共政策制定中的公众参与问题等,这些都对改善公共治理提出了新的要求。

　　十七大以后,各方面对新阶段的大部门制改革寄予厚望,重点在于:(1)按照经济发展方式转变的现实需求推进大部门制。当前,能源问题、环境问题不仅成为我国经济可持续发展中的突出矛盾和问题,也成为影响我国社会发展的重要因素。从现实情况来看,尽管推进大能源、大环境的某些具体条件还不完全成熟,有些关系还尚未理顺,但是,尽快组建大能源、大环境、大交通对大局有利,对缓解我国当前经济社会领域的某些突出矛盾有利。为此,大部门制改革需要在这些方面取得突破。(2)按照完善公共治理结构的要求推进大部门制。决策、执行和监督要相互分离,由此,才有可能建立决策权、执行权、监督权既相互制约又相互协调的权力结构和运行机制。三者不分就会造成:第一,中央的决策得不到有效执行。实践中常常看到,政策决策出现问题,难以确定责任主体。第二,缺乏强有力的决策主体,实践中,决策

职能往往变成执行职能。比如,很多部委不是第一决策主体,而是第一执行人,这就大大降低了决策效率。第三,决策、执行不分是体制性、机制性腐败的重要根源。

三、尽快建立中央层面的改革协调机构

新阶段的全面改革不仅涉及个人利益与集体利益、局部利益与整体利益的协调,还涉及中央与地方利益的协调。这使得改革面临多方面的挑战,改革的难度更大,复杂性加深。过去 30 年改革的实践证明,每当改革处在关键时期,改革的统筹协调就更加重要。落实十七大关于"提高改革决策的科学性,增强改革措施的协调性",关键是尽快建立一个由中央直接领导的、超脱部门利益的改革协调机构。

从领导和谋划新阶段改革的要求看,建立改革协调机构的主要任务是:(1)加强对改革的统一领导,审时度势,把握机遇,综合协调各方面改革的顺利推进。(2)强化改革的决策机制,对每一项重要的改革做好总体部署,使改革决策机制更加统一有力。(3)坚持统筹兼顾、综合配套,对各方面的改革实施具体、统一协调。(4)综合把握改革的总体情况,并推进综合性改革试验和专业性、地方性的改革试点。

我国的改革开放已进入历史新时期,全面改革面临着难得的机遇。我们能否在未来的几年内实现全面改革的新突破,对于深入落实贯彻科学发展观、实现全面小康社会的目标极为重要。

关于建立中央改革协调机构的建议[*]

以党的十七大的召开为重要标志,我国进入全面改革的新阶段。过去 30 年改革的实践证明,每当改革处在关键时期,改革的统筹协调就更加重要。尤其是我国经济社会发展进入重大利益关系调整的新阶段,多方改革动力不足,甚至对 30 多年来的改革路径产生某些质疑和争论。这使得改革面临多方面的挑战,改革的难度更大,复杂性更深。在这个特定背景下,落实十七大关于"提高改革决策的科学性,增强改革措施的协调性",关键是尽快建立改革的统一协调机构。具体建议如下:

1.着力推进改革,需要高层次的综合协调。改革既涉及许多深层次的矛盾和问题,又涉及中央与地方、各部门的利益调整,更涉及改革的综合配套推进。为此,建议在中央的统一领导下,建立高层次的改革协调机构,以综合协调各方面的利益关系,整体配套推进各方面的改革。

2.成立国务院经济体制改革领导协调小组,对经济体制改革实施全面统一领导和协调。这个小组由国务院总理直接领导。

3.改革协调机构的主要职能。第一,加强对改革的统一领导,审时度势,把握机遇,综合协调各方面改革的顺利推进;第二,强化改革的决策机制,对每一项重要的改革做好总体部署,使改革决策机制更加统一有力;第三,坚持统筹兼顾、综合配套,对各方面的改革实施具体、统一协调;第四,综合把握改革的总体情况,并推进综合性改革试验和专业性、地方性的改革试点。

4.建立国务院改革专家咨询机制,以便更直接、更广泛地听取各方面专家的意见。

---

* 2008 年提交全国政协十一届一次会议提案。

专栏:提案答复情况

对政协十一届全国委员会第一次会议
第 1556 号(人事福利类 191 号)提案的答复

迟福林委员:

您提出的关于建立中央改革协调机构的提案收悉,现答复如下:

目前我国体制改革的目标明确,任务清晰。党的十七大提出,实现未来经济发展目标,关键要在加快转变经济发展方式、完善社会主义市场经济体制方面取得重大进展。"十一五"规划明确提出,今后五年深化体制改革的任务是:以转变政府职能和深化企业、财税、金融等改革为重点,加快完善社会主义市场经济体制,形成有利于转变经济增长方式、促进全面协调可持续发展的机制。各项改革任务均已明确了落实部门并在积极推进中。2008 年国务院机构改革和部门"三定"规定,明确发展改革委要集中精力抓好宏观调控,加强"指导推进和综合协调经济体制改革,统筹综合性经济体制改革,协调推进专项经济体制改革"等方面职责,发展改革委内设"经济体制综合改革司",承担相关具体工作,协调推进有关专项经济体制改革工作。

根据党的十七届二中全会《关于深化行政管理体制改革的意见》"坚持一件事情原则上由一个部门负责,确需多个部门管理的事项,要明确牵头部门,分清主次责任"的明确要求,经济体制改革工作在党中央、国务院的统一领导和部署下,由发展改革委负责牵头和综合协调,各部门各司其职、群策群力。

您站在发展全局和贯彻落实科学发展观的高度,从组织机构建设方面,提出建立高层次的改革协调机构、建立国务院改革专家咨询机制的建议,富有建设性和针对性。对于是否需要组建"国务院经济体制改革领导协调小组",来加强改革的综合协调,我们将按照《关于深化行政管理体制改革的意见》精神,做进一步的研究和论证。

欢迎您继续对我们的工作提出宝贵意见和建议。

中央机构编制委员会办公室

2008 年 8 月 11 日

"市场决定"的改革行动[*]

党的十八届三中全会决定提出"使市场在资源配置中起决定性作用",不仅将直接推动经济体制改革,也将倒逼政治、文化、社会、生态体制改革;不仅是改革理论的重大创新,更是坚定市场化改革的重要标志。

一、市场决定经济增长

我国未来5～10年的经济增长,主要取决于能否使市场在资源配置中发挥决定性作用,能否通过转型改革释放增长潜力。

1.增长有潜力。13亿人的消费大市场是我国最大的增长优势。初步的估算是,到2020年,我国潜在的消费需求将达到45万亿～50万亿元,加上由此引致的投资需求,整个内需总规模将达到上百万亿元。这个内需规模将为7%左右的中速增长奠定重要支撑。

2.关键在市场。有增长潜力并不表示一定会有现实的增长。要使这个增长潜力释放出来,关键是通过市场化改革激发经济活力。

(1)尽快释放市场机制的活力。未来2～3年要提速资源产品的市场化改革进程,加快推进利率汇率的市场化改革。

(2)尽快释放社会资本的活力。建议未来2～3年,要以积极发展混合所有制经济为重点,实现非公有制经济参与国企改革的重大突破。由此,使民营资本成为推动经济增长的主力军。

---

* 2009年提交全国政协十二届二次会议书面发言。

（3）尽快释放创新创业的活力。使但凡想创业的人，都有创业的空间；使但凡有创新想法的人，都有创新的平台。

3.市场化改革重点要突破。(1)1～2年内争取资源要素的市场化改革有实质性进展；(2)2～3年争取垄断行业改革有重大突破，基本打破行政性垄断；(3)显著提高石油、电力、铁路、电信、公共资源、包括金融在内的服务业等领域向社会资本开放的水平。

二、市场决定没有例外

我们说市场决定没有例外，主要是指在经济生活领域，比如国有资本配置、农村土地资源，以及文化产业资源等能不能由市场决定。

1.市场决定下国有资本何去何从？"发挥市场的决定性作用"就是要让各类市场主体平等使用生产要素、公开公平公正地参与市场竞争、受到法律同等保护。随着公共产品短缺成为全社会的突出矛盾，国有资本的特殊性除了国家经济安全之外，就是在解决公共产品短缺中发挥重大的作用。这就需要一部分国有资本从竞争性领域退出，重点投向公益性领域。与此同时，国有资产管理要尽快从管企业向管资本转型。

2.农村土地资源配置能不能由市场决定？农村土地资源配置虽然具有一定的特殊性，但建立城乡统一的土地市场，目的就在于让市场在农村土地资源配置中发挥决定性作用。

十八届三中全会决定提出"赋予农民更多财产权利""赋予农民对集体资产股份占有、收益、有偿退出及抵押、担保、继承权""保障农户宅基地用益物权"。这些重大改革可以使农民带着土地财产权进城，可以使一部分农民有条件成为中等收入群体。当然，这很复杂，需要选择有条件的地方试点，但不应当以"复杂"或担心农民的"短期行为"为由，而不去积极主动推进。关键是相信农民。建议尽快出台并加快实施赋予农民更多财产权利和建立城乡统一建设用地市场的实施方案；按照十八届三中全会决定要求尽快修改《物权法》，将农村土地使用权明确界定为可抵押财产权。

3.在文化产业资源配置中市场能不能起决定性作用？在政府承担公共文化主体责任并发挥主导作用的前提下，文化产业资源配置也是要由市场起决定性作用的。由此，才能加快建立健全现代文化市场体系，才能尽快形成放活文化市场、做大做强文化产业的大环境。

三、市场决定的有为政府

"市场决定"不是不要发挥政府作用，问题在于，政府作用应当尊重市场决定资源配置这个大前提：有效的市场离不开有为的政府；脱离市场作用下的政府有为不可持续；市场有效前提下的政府有为才是正能量的有为。

1.建立公平竞争导向的宏观调控体系。宏观调控本来是短期工具，不能常态化，如果常态化就会造成宏观政策取代市场，不仅解决不了问题，还会导致资源配置的严重扭曲。这就需要：

(1)宏观调控与行政审批职能严格分开，建立以货币和财政政策为主的宏观调控体系。

(2)货币政策与金融市场化改革有机结合，突出利率市场化和汇率市场化改革，以金融改革带动实体经济的发展和转型。

(3)财政政策与财税体制改革有机结合，突出财税体制在调节收入分配、拉动消费中的重大作用。

2.从事前审批转为事后监管。前置性的审批过多、过滥与市场监管的失效并存，既抑制了市场活力，又难以形成公平竞争的市场秩序。

(1)以事后监管为主克服"市场失灵"，形成微观规制的基本框架。

(2)统筹考虑审批与监管体制改革，重点强化政府市场监管的权威性、统一性和有效性。

(3)调整市场监管权力结构，实质性改变多头监管与监管失灵。

(4)把政府的市场监管与行业自律相结合，以加快发展各类民间行业组织为重点，激活市场中的社会力量，以有效发挥社会力量在规范市场行为中的重要作用。

3.界定负面清单与权力清单。走向负面清单管理是发挥市场决定性作用的大势所趋。

(1)以负面清单管理倒逼行政审批制度改革，给企业创造明确的市场预期。

（2）中央政府要带头尽快制定和公布权力清单。

（3）鼓励支持地方政府尽快制定、公布权力清单。

4.地方政府的公共服务角色回归。当前，竞争性地方政府成为加大产能过剩、房地产泡沫、地方债务风险的矛盾主体。建议：

（1）把地方政府由市场竞争主体转向公共服务主体作为新阶段行政体制改革的重大任务。

（2）以建立公共服务导向的中央地方财税关系为目标，尽快形成新一轮财税体制改革的行动方案。

（3）以规范地方债务、改变政绩考核体系为重点，形成地方政府经济行为的制度约束。

四、市场决定性作用牵动改革全局

以理顺政府与市场关系为重点，统筹兼顾，需要尽快形成各领域改革的行动方案。

1.市场决定与政治体制改革。市场决定资源配置的有效性需要建立在法治市场经济的基础上。建议：尽快出台国家层面改善法治营商环境的综合方案，以建设法治化营商环境为重点，实现建设法治市场经济的新突破。

2.市场决定与社会体制改革。市场决定资源配置为公平正义的社会体制改革创造有利条件。建议：尽快出台中等收入群体倍增计划，倒逼社会体制改革，为我国到2020年初步形成"橄榄型"社会新格局奠定坚实基础。

3.市场决定与文化体制改革。我国文化发展之所以与发达国家还有比较大的距离，一个重要原因是我国文化资源的市场开放尚不到位。建议：尽快出台完善文化市场体系的行动方案，放松对文化产业资源的管制，实现文化事业机构政企分开、管办分离，为更多社会资本进入文化产业创造条件。

4.市场决定与生态文明体制改革。在政府主导资源配置的体制框架下很难解决生态环境保护问题。建议：以建立资源环境产权制度、推动资源要素市场化为重点，突出建立生态环境破坏终身追究责任的新体制，形成生态文明制度改革的行动方案。

"市场决定"将伴随一场更深刻的思想解放。这是因为"市场决定性作用",意味着资源配置的效率和公平,将对我国走向公平可持续增长的转型和改革有决定性影响;意味着政府主导型经济增长方式的历史终结,对于市场主导下更好地发挥政府作用有决定性影响;意味着权力配置资源导致机会不平等、权利不平等的历史终结,对于形成公平竞争的市场环境有决定性影响;意味着官本位、权力寻租、经济特权的历史终结,对于抑制消极腐败、突破利益固化的藩篱有决定性影响。由此,才能产生自觉、坚定、务实、到位的改革行动。

依靠改革扩大内需的建议*

当前,国际金融危机冲击与国内经济发展方式转型滞后重叠,短期内保增长的困难与中长期经济结构调整的矛盾交织,集中表现为体制性、结构性缺陷造成的内需不足。为此,这次扩大内需既需要对相关政策进行重大调整,更需要进一步深化改革。

一、以重点领域和关键性环节市场化改革的突破,促进经济增长方式转型

为应对国际金融危机,国务院出台的 4 万亿元投资计划和十大产业振兴规划,对短期内有效遏制经济下滑趋势将产生十分重要的作用。从中长期看,还需要在市场化改革的关键领域和重要环节取得实质性突破:(1)尽快解决资源环境产权问题,推进资源要素价格改革,以有效地约束"高能耗、高污染、高排放"投资,有效地激励环保产业投资。(2)加快推进垄断行业改革,尽快建立独立于市场和行政机关的反垄断机构,并建立常态化的国有垄断行业和国有企业的收租、分红机制。(3)进一步打破民营经济发展的制度障碍,尽快采取措施切实解决民营经济融资难的问题,完善对民营经济的财税支持体系。

---

* 2009 年提交全国政协十一届二次会议大会口头发言。

二、扩大消费需求,重在推进以基本公共服务为重点的社会变革

国内消费需求长期低迷,与居民收入提高相对缓慢有关,更与基本公共服务供给与广大社会成员公共需求不相适应相关。从社会需求变化看,在提高城乡居民消费倾向的一系列社会变革措施中,比较有效的办法是建立基本公共服务体系。从短期看,它有利于提振信心,构建扩大内需、拉动消费需求的重要制度基础;从中长期看,它能够在很大程度上破解新阶段增长方式转型、社会需求转型和政府转型的难题。为此建议:(1)明确划分中央、省及以下政府在基本公共服务供给上的分工和职责,建立基本公共服务绩效评价指标与严格的问责体系。(2)以基本公共服务均等化为目标启动新一轮财税体制改革,进一步在调整财政支出结构上有大的突破。(3)在公共服务体系框架下统筹安排事业机构改革。(4)在西部选择一、两个省、区进行基本公共服务均等化的综合改革试点。(5)尽快制订全国范围内的基本公共服务均等化规划。

此外,尽快出台进一步加大基本公共服务的投资计划已成为应对国际金融危机的重大措施。初步测算,未来10年左右,实现党的十七届三中全会提出的城乡基本公共服务均等化水平明显提高的目标,需要基本公共服务财政支出年增长5%左右,投资总额约15万亿~20万亿元。按照这个测算,未来3年左右在已确定的8500亿元医疗卫生体系建设支出的同时,在教育领域需要投入1.3万亿元左右,在基本社会保障领域需要投入2.2万亿元左右。这三项总投资约4.4万亿元,占财政总支出的20%左右。由此,未来3年的居民消费率大概可以提高10多个百分点;未来10年,可初步建立一个惠及13亿人的基本公共服务体系。从而,走出一条以扩大内需为主线的改革发展新路子。

三、扩大内需重在深化农村改革

近些年,在广大农民收入增长不断提高的同时,农村消费率却明显下降。

农村居民的消费率从最高点 1983 年的 32.3％,下降到最低点 2007 年的 9.1％,24 年间下降 23 个百分点。在居民消费总额中,农村居民消费所占比重从 1978 年的 62.1％下降到 2007 年的 25.6％,29 年间下降近 37 个百分点。农村消费的长期低迷与城乡居民人均收入差距不断扩大相关,更与农村基本公共服务的长期缺失相关。为此建议:(1)重点推进农村新型养老保险体系建设。2002—2007 年,城镇养老保险参保人数增长 36.6％,而农村养老保险参保人数却减少 5.3％。重要原因在于,中央财政在对城镇企业职工养老补贴将近上千亿元的同时,没有对农村养老保险进行补贴,基本靠农民自己交费。应当说,现在已有条件尽快建立起低水平的、人人都享有的农村社会养老保险体系。(2)统筹解决农民工基本公共服务问题。建议由中央制订规划,在全国范围内统一政策,争取在 3 年左右,解决农民工基本公共服务制度的城乡对接问题:第一,将农民工纳入城镇公共就业服务体系;第二,尽快推出农民工子女义务教育券制度;第三,抓紧出台具体措施落实农民工基本社会保障跨地区、跨城乡流动的管理办法。

以发展方式转型为主线布局"十二五"改革[*]

2010 年是"十一五"的收官之年,也是布局"十二五"的关键一年。2009年反危机取得的阶段性成果,为发展方式转型赢得了时间和主动。在这个基础上,如果能够着眼于标本兼治,以发展方式转型为主线布局"十二五"改革,着力培育内生增长能力,实现由生产大国向消费大国的转变,就可以为我国未来 20 年经济持续增长创造有利条件。就此,提出以下 4 点建议。

一、以加快城市化进程为重点推进行政区划改革,使城市化成为拉动国内消费的重要载体

我国城市化明显滞后于工业化。2008 年城市化率为 45.68%,远低于工业化中后期应该达到的均值(60%),也低于世界城市化率平均水平(49.5%)。据测算,如果城市化率在未来 5 年左右提高 10～15 个百分点,至少可拉动居民消费 1.2 万亿～1.8 万亿元。

2009 年以来,我国相继推出 10 多个区域发展规划。初步的实践证明,依托城市圈或城市群经济推进区域经济社会一体化的难度很大,需要按照城市发展规律打破某些行政体制的束缚。(1)从培育区域经济增长极的现实需求出发和行政层级扁平化的要求出发,可以考虑增设副省级城市。(2)将具备条件的县级市改为中等城市,使一批中等城市的辐射和带动作用明显增强。(3)考虑到部分城市群组团式发展的需要,支持多种形式的行政一体化探索。(4)支持地方因城市经济发展需要撤县改区。

---

* 2010 年提交全国政协十一届三次会议大会书面发言。

二、以实施农民工在城镇的安居工程为重点,推进城乡一体化进程

农民工在城镇安居是城乡一体化的大工程。由于城乡分割体制安排,从农村转移出来的农民工无法在城镇安居。据测算,如果让 1.2 亿农民工在城市安居,城市每年需要新建保障性住房 650 万套,将会对钢铁、家具、家电等 57 个相关行业产生重要的拉动作用,同时还将新创造 2000 万个就业机会。为此建议:(1)实施全国范围内的农民工安居计划,把农民工安居作为各级政府关注民生的重要任务,大中小城镇发展并举,在中小城镇率先打破城乡分割的户籍制度,因地制宜地安置农民工。(2)加快房地产相关领域的改革,尽快征收物业税,遏制过高的房价,加大经济适用房和廉租房保障力度。(3)加快农村土地流转的改革,使农民工在农村的土地、房产能够"变现",以便到城镇安居。

三、建立中央地方规范的公共职责分工体制,并在城乡基本公共服务均等化方面取得新突破

实现基本公共服务均等化,重要的是建立中央地方规范的公共职责保障制度:(1)建立中央地方公共服务分工体制,使各级政府在基本公共服务上的职责能够明晰化、法定化、可问责。(2)在明确各级政府基本公共服务职责的前提下,按照全国统一的基本公共服务均等化标准测算各级政府所需要的财政支出规模,建立政府间财政能力均等化的转移支付制度。(3)推进行政体制与财政体制的联动改革,可以考虑在发达地区和欠发达地区分别选择几个省份试点,探索基本公共服务均等化的有效途径。

四、加快国民收入分配结构调整,在收入分配体制改革上取得新突破

调整国民收入分配格局,将对扩大消费产生重要的促进作用。过去 10

年,我国劳动报酬占 GDP 的比重下降了约 13 个百分点,工资占 GDP 比重下降了约 5 个百分点。

"十二五"时期,收入分配体制改革要严格控制政府财政收入增长速度,合理控制企业收入,明显提高劳动报酬在初次分配中的比重:(1)打破行政垄断,按照"藏富于民"的原则实现国有资源的优化配置,把国有资产配置主要限定在公益性领域,建立常态化的垄断行业和国有企业收租分红机制。(2)加快工会制度改革,使工会能够在协调劳资关系、实现劳动者利益表达中扮演重要角色。(3)充分发挥财税体制在再分配中的"杠杆"作用,既要实现政府财政预算透明化,在控制行政成本、增加基本公共服务支出上有所作为,又要在开征遗产税、完善个人所得税制度、开征物业税等方面有新的突破。

"十二五"推进二次转型与改革的建议[*]

党的十七届五中全会提出,"加快转变经济发展方式是我国经济社会领域的一场深刻变革"。作为一个发展中的大国和转型中的大国,我国经济发展方式转变的根本出路在于改革。但也要看到,当前改革所面临的阶段性矛盾发生了深刻变化,改革本身处于历史性选择的关键时期。改革在战略上选择好了,才能成为经济发展方式转变的强大动力。

一、适应发展新阶段的客观趋势,"十二五"要在战略上布局和启动二次转型与改革

我国是一个发展中的大国,也是一个改革中的大国。发展为改革主题,改革为发展开辟道路,创造动力。改革的活力,改革的灵魂,主要在于改革能够因发展主题的变化而变化,发挥引领发展的历史作用。

1978 年开启的市场化改革,其成功之处就在于顺应了我国生存型阶段的客观趋势。改革开放之初,我国人均 GDP 不足 400 美元,处于典型的生存型阶段。在这个阶段,发展的主题是解决与温饱相关的基本生存问题。当时发展面临的突出矛盾是私人产品短缺,老百姓缺衣少食,物质生活水平低下。市场化改革的路子之所以选择正确,主要在于市场机制能够有效地解决私人产品供给问题,成功地解决了私人产品短缺的矛盾,顺利地完成了解决 13 亿人温饱问题的历史使命。正是从这个意义上看,30 多年的市场化改革成就巨大。

---

[*] 2011 年提交全国政协十一届四次会议大会书面发言。

今天，我国人均 GDP 超过 4000 美元，已步入中等收入国家行列，实现了由生存型阶段向发展型新阶段的历史性跨越。如果说 30 年前老百姓最发愁的是吃饭穿衣问题，今天则更多地面临上学贵、看病贵、高房价、环境污染等公共产品短缺的问题。从这些年的改革实践看，阶段性的新矛盾新问题难以在现有市场化改革的框架下得到全面有效地解决。

"十二五"时期把握发展阶段变化的基本国情，在战略上布局和启动二次转型与改革，才能使改革在经济发展方式转变中扮演更为重要的角色，有更大的作为。我们常说，我国仍处于并将长期处于社会主义初级阶段，社会的主要矛盾仍是人民群众日益增长的物质文化需求同落后的社会生产力之间的矛盾。但也要看到，人民群众日益增长的物质文化需求的内涵已出现阶段性新变化，以人的自身发展为主要特征，发展型消费需求开始成为经济社会发展的内生动力。只有顺应这种历史趋势与公共需求，在观念上重新认识改革、估计改革，在战略上重新设计改革、布局改革，才能形成改革的基本共识，使改革成为推动发展的不竭动力。

二、以转变经济发展方式为主线规划和设计二次转型与改革

与过去 30 年以解放生产力、发展生产力为主线的一次改革有很大的不同，二次转型与改革的鲜明特征是以转变经济发展方式为主线。

二次转型与改革的基本导向是民富优先。一次改革的突出特征是国富优先，政府主导经济发展，集中力量办大事，以国富推动民富。今天，国富优先使国家生产力优先并快于消费需求的增长，不仅难以进一步推动民富，还延缓经济结构调整，加剧生产过剩矛盾。二次转型与改革以转变经济发展方式为主线，首要的问题是把民富优先作为基本导向，把确保居民收入增长和经济发展同步、劳动报酬增长与劳动生产率提高同步作为重要的发展目标。

二次转型与改革的基本任务是改变经济结构。如果说一次改革的基本任务是改变生产关系，做大经济总量，那么二次转型与改革的主要任务就是改变经济结构，扩大消费总量。我国的经济结构不是需要一般性的"调整"，而是要实现根本性的改变。这不仅仅是产业结构的改变，还包括城乡结构、

区域结构、分配结构、企业结构等整体性改造和重构。

二次转型与改革的基本路径是建设消费大国。在一次改革中，我国成为世界性制造业大国，但还不是消费大国。从这次国际金融危机中我们看到，作为拥有 13 亿人的大国，经济发展不可能长期建立在外需的基础上。我国进入发展型新阶段，国内发展型消费需求全面快速增长是一个客观趋势。改革和制度创新，使这些发展型消费需求释放出来，把我国转变成一个消费大国，不仅能够使老百姓在发展中获得实惠，还能够有效地推动经济结构的转型升级。

二次转型与改革的基本目标是实现公平与可持续的科学发展。一次改革中面临的特定背景是短缺经济，主要矛盾在于供给，改革需要把目标放在增加社会产品供给上。解放和发展生产力，需要让一部分人先富起来，调动全社会的积极性增加社会产品供给。今天，公共需求问题成为影响经济增长和结构转型的主要矛盾。在收入分配差距过大、中低收入者占多数的背景下，发展型消费需求很难释放出来，很难成为带动经济增长和结构升级的内生动力。应当说，我国已经到了不分好"蛋糕"就做不大"蛋糕"的发展新阶段。为此，要把实现公平与可持续的科学发展作为二次转型与改革的基本目标。

三、把以公共服务为中心的政府转型作为二次转型与改革的关键和重点

在公共产品短缺的大背景下推进二次转型与改革，客观上要求以公共服务为中心的政府转型。如果说一次改革的中心环节是企业改革的话，二次转型与改革则需要把政府转型作为关键和重点。

民富优先取决于政府转型。国富优先的根源在于经济建设型政府模式，政府要在经济领域投资，不可能不集中社会财富。政府集中社会财富，不可能不挤占企业和居民收入。以民富优先为导向，既需要合理地限制政府收入，又需要政府把主要的职能放在公共服务上。

改变经济结构取决于政府转型。当前产业结构的扭曲，重复建设所造成的生产过剩，其重要的原因在于政府主导生产投资。地方政府围绕 GDP 的竞

争,造成了大量的重复建设。政府将自己的角色回归公共服务领域,既可以有效缓解公共产品短缺的状况,又能够充分发挥市场在资源配置中的基础性作用,有效地激励市场和企业改变经济结构。

建设消费大国取决于政府转型。这些年,尽管人们的收入增加很快,但消费增加并不快,主要在于公共产品短缺降低了中低收入者的消费预期,公共产品消费负担过重挤出了私人产品消费。推进以公共服务为中心的政府转型,加快收入分配制度改革,实现城乡基本公共服务均等化,是我国建设消费大国的关键。

实现公平与可持续的科学发展取决于政府转型。这些年的改革实践表明,政府的职能决定着社会公平正义的底线,实现公平与可持续的科学发展重在政府转型。

邓小平曾经提出,"共同致富,我们从改革一开始就讲,将来总有一天要成为中心课题","怎样实现富裕,富裕起来以后财富怎样分配,这都是大问题……解决这个问题比解决发展起来的问题还困难。分配的问题大得很"。民富优先导向的二次转型与改革,其历史使命是使拥有13亿人的大国跨越中等收入阶段,顺利跻身高收入国家行列。为此,建议成立由中央直接领导的改革领导协调机构,着眼于未来30年的发展,加强改革的顶层设计,做好改革的总体规划,从战略上部署和推进二次转型与改革。

关于"十二五"规划的 5 点建议*

1. 建议国家"十二五"规划明确提出民富优先的发展方针。国富、民富都十分重要。问题在于,实行政府主导型的增长模式,带有国富优先发展的特征。这在集中力量办大事、扩大经济总量、反贫困中都取得了重大历史成效。"十一五"时期,国家财政收入增长速度、国有资本扩张速度、土地出让金增长速度均远高于同期经济增长速度,国富优先的发展特征仍然突出。从相关数字看,2009 年政府收入占 GDP 比重为 34.2%,2010 年为 34.5%。国富优先的增长,使国家生产力优先并快于社会消费能力的增长,使城乡差距、贫富差距不断拉大。为此,"十二五"确立民富优先是发展方式转变的重大选择;是释放社会总需求、培育经济内生增长动力的重大选择;是缓解并缩小收入分配差距的重大选择;是改善民生、实现公平发展的重大选择。

2. 建议"十二五"收入分配改革要提出相关的约束性指标。第一,建议"十二五"要把"两个同步"具体化,确保城乡居民收入的实际增长不低于 8%;劳动者报酬年均增长不应低于 10%。第二,建议"十二五"城乡居民收入差距由目前的 3.3∶1 控制在 3∶1 以内。建议国务院尽快出台收入分配改革方案,为"十二五"民富优先的发展起好步、开好头。

3. 建议"十二五"加快推进农民工市民化进程。"农民工"已成为城乡差距、贫富差距的焦点所在。"十二五"农民工市民化问题解决得好一些,将加快城市化和城乡一体化进程;解决得不好,可能为中长期经济社会发展埋下重大隐患。为此,应当把"有条件的农民工市民化"作为"十二五"约束性目标。建议国务院进一步出台农民工市民化的新政策,采取包括加快农村土地

---

* 在李长春同志参加的政协十一届四次会议小组会上的发言,2011 年 3 月 4 日,北京。

流转、实行城乡基本公共服务均等化、扩大城市保障房和廉租房覆盖范围等综合性措施,以在"十二五"加快推进农民工市民化进程,努力使"农民工"成为历史。

4.建议"十二五"加快推进财税体制改革。回过头来看,1994年分税制改革以来形成的财税体制在激励做大经济总量上的效应明显,在调节收入分配上的作用不足。实施民富优先的发展,需要使财税体制在收入分配调节中扮演重要角色。建议,"十二五"前两年,应尽快出台并启动新一轮以民富优先为目标的财税体制改革。按照基本公共服务均等化的要求调整中央与地方的财税关系,"十二五"末期基本实现各级政府事权与财力的基本平衡。

5.建议将政府转型作为"十二五"发展方式转变的关键和重点。进入新阶段,经济发展方式转变对政府转型的依赖性全面增强。"十二五"规划把加快行政体制改革作为改革攻坚的重点。5年过去了,虽有一定进展,但没有大的突破。由此,经济发展方式转变的体制性障碍仍十分突出。建议明确把以政府转型为主线的行政体制改革作为"十二五"改革攻坚的关键和重点。

建立中央层面改革协调机构的建议[*]

我国 30 多年的改革实践表明,无论是改革总体思路的形成还是单项改革的突破,中央层面的改革协调机制都至关重要。未来 5～10 年,我国正处于历史性转折的关键时期,改革再次处在重要历史关口。我们强调以更大的决心和魄力推进改革,关键在于建立中央层面强有力的改革协调机构,主动把握改革的历史机遇,有效地协调和推动改革。

一、以转变发展方式为主线的改革处于重要的战略机遇期,需要尽快建立中央层面的改革协调机构,具体落实改革顶层设计和总体规划

未来 5 年,在以发展方式转变为主线的改革上有所突破,在消费主导的经济转型上取得重要进展,对我国的中长期发展具有决定性影响。

近年来虽然改革有某些重要进展,但从总体上看,以发展方式转变为主线的改革远没有破题:某些改革实际上处于可有可无的状态,以增长取代发展,以短期取代中长期,以政策调整取代体制创新的状况没有得到根本改观;某些既定的改革久拖不决,比如十六大就提出"提低、扩中、调高"的收入分配改革思路,这对于消费主导的经济转型十分关键,但收入分配改革到今天仍未出台总体性、可行性的具体方案;一些改革决而不做,如十六届三中全会提出放宽市场准入,允许非公有资本进入法律法规未禁入的行业和领域,但时至今日民营经济和中小企业进入基础领域的"玻璃门"仍未彻底

---

* 2012 年提交全国政协十一届五次会议大会口头发言。

打破。

党的十七届五中全会明确提出："重视改革顶层设计和总体规划"。应当看到，改革顶层设计和总体规划需要中央层面强有力的改革协调机构来具体落实。第一，建立中央层面强有力的改革决策机制，确保改革决策的及时有力。第二，在"十二五"规划的基础上，尽快出台新时期改革总体规划，明确改革战略目标、战略重点、优先顺序和主攻方向。第三，尽快出台垄断行业、收入分配、财税体制和行政管理体制等重点领域的专项改革规划，以推进重点领域和关键环节改革的实质性突破。

二、改革进入重大利益关系协调的关键时期，需要中央层面的改革协调机构，打破利益掣肘以有效推进改革

当前的改革已经实质性地触及部门利益、地方利益、行业利益等既得利益。能不能有效地克服既得利益的掣肘，决定着整个改革的成败。以部门利益为例，一些部门打着改革的旗号行部门利益之实，使某些改革扭曲变形，严重地损害了改革的社会形象。再以行业利益为例，一些国有企业不断进入竞争性领域当"地王"，与国有资本战略性调整的方向相悖，引发了社会的质疑。

当前，无论是形成改革的基本共识，还是增强改革动力，都有赖于中央对重大利益关系的协调。对此建议：

第一，重大改革方案原则上由中央层面的改革协调机构统一决策，取代由部门和行业自己改自己的机制，以有效地避免部门利益、行业利益掣肘。

第二，由中央层面的改革协调机构加强中央对地方改革的统筹协调和指导，将重要的改革指标列入地方官员的政绩考核体系，建立对地方改革的评估问责机制，注重通过调整中央与地方的利益关系激励地方政府推进改革。

第三，实现重大改革立法先行，将重要改革目标上升为法律意志，加强改革程序性立法，更加注重通过法律手段推动改革。

三、新阶段改革是全面改革，更需要建立中央层面的改革协调机构统筹协调改革

以发展方式转变为主线的改革，是包括经济体制、社会体制、文化体制、政治体制改革在内的全面改革。全面改革对改革决策的科学性、改革措施的协调性提出了新的要求。为此建议：

第一，建立由中央主要领导直接牵头的改革协调小组，统筹决策，协调重大改革。

第二，在中央改革协调小组的直接领导下，设立精干的改革协调机构，以加强改革的规划、协调和指导。

第三，在改革协调机构设置专家咨询委员会，建立常态化的工作机制，组建完整的专家咨询网络体系，为改革决策提供独立、客观、专业的政策建议。

以公益性为目标调整国有资本配置[*]

当前,我国国有资产快速增长引起了多方面的关注。全国国有企业拥有的资产总额从 1998 年的 13.4 万亿元提高到 2009 年的 53.5 万亿元,11 年中翻了两番,每年平均增长 3.6 万亿元,每年仅增长额就相当于 1978 年国有资产总额(4488 亿元)的 8 倍多。与此同时也要看到,相当多的国有企业在国有资本运营上缺乏应有的公益性、盈利性;国有资本的分红收租机制还不健全,一些央企甚至进入房地产领域与民争利,充当"地王"的角色,这不仅与中央国有经济战略性调整的方向相悖,还引发了社会的质疑。

未来 5 年,消费主导的经济社会转型处于十分关键的时期。从我国进入公共产品短缺时代的基本国情出发,建议以公益性为目标调整国有资本配置。

1.建议将盈利性和公益性国有资产管理分开。当前,我国政府掌握的公共资源过多与公共产品短缺情况并存,很大程度上在于庞大的国有资本并未真正用于最急需资本的公共服务领域,公共服务型政府的建设目标难以实现。对此,建议对公益性和非公益性国有资本进行分类管理。由国家国资委统一管理非公益性国有资产,由国家财政部统一管理公益性国有资产。

2.严格限制盈利性国有资本投资范围。国有资本属全民资产,原则上不应与民争利,而应主要配置在公益性领域。与民营经济"非禁止即允许"的原则不同的是,国有资本投资非公益性领域应该实施"非允许即禁止"的原则。建议采用列举法界定国有资本可以介入的非公益性领域,制定国有资本产业投资目录,对盈利性国有资本进行严格限定。

3.逐步增大公益性国有资本的比重。建议制定提高公益性国有资本比

---

* 2012 年提交全国政协十一届五次会议提案。

例的约束性指标,制定严格的日程表,通过 5 年左右的努力,使一定的国有资本从竞争性领域退出,并与事业单位改革相配套,投入教育、医疗、社会保障、基本住房保障等社会公益领域,解决公共服务投入面临的资金短缺问题。

4.尽快制定出台国有企业支付国有资源使用租金和利润分红的法律法规。建议尽快修改《预算法》,把国有资本收租分红明确纳入《预算法》的范畴,逐步把国有企业的资源使用租金和利润分红纳入全口径财政预算收入体系。对《预算法》第十九条中预算收入的第二条,由"依照规定应当上缴的国有资产收益"改为"使用国有资产的国有企业依法上缴的资源使用租金和利润分成"。尽快制定《国有企业收租分红条例》,明确收租分红比例,建议在目前最高 10％的基础上逐年递增,到"十二五"末期最高分红比例达到20％～25％,为公共服务提供重要的财力保障。

专栏:提案答复情况

财政部对政协十一届全国委员会第五次会议
第 5568 号(经济发展类 542 号)提案的答复

迟福林委员:

您提出的关于以公益性为目标调整资本配置的提案收悉。现答复如下:

一、关于将盈利性和公益性国有资产分开管理的问题

我们理解,提案所称"非公益性国有资产"应是经营性国有资产,即企业国有资产;"公益性国有资产"应是行政事业资产。目前,国家对上述两类资产已经采取了分类管理方式,但仍需进一步规范与完善。

随着我国经济的快速发展,国有资产的总量也在稳步增长。为了加强和规范企业国有资产管理,全国人大于 2008 年颁布了《企业国有资产法》。该法对于巩固和发展国有经济,发挥国有经济在国民经济中的主导地位,具有重大意义。另外,财政部还颁布了《行政单位国有资产管理暂行办法》(财政部令第 35 号)和《事业单位国有资产管理暂行办法》(财政部令第 36 号),对合理配置国有资产,提高

公益性国有资产使用效益,发挥了重要作用。

经国务院批准,2007 年我国开始试行国有资本经营预算制度。国有资本经营预算制度的建立,对规范国家与国有企业的分配关系,完善国有企业收入分配制度,增强政府宏观调控能力等具有重大意义。

二、关于严格限制盈利性国有资本投资范围和逐步扩大公益性国有资本比重的问题

我们认为,严格限制国有资本投资范围非常必要。《企业国有资产法》规定:"国家采取措施,推动国有资本向关系国民经济命脉和国家安全的重要行业和关键领域集中,优化国有经济布局和结构,……增强国有经济的控制力、影响力。"《国务院关于鼓励和引导民间投资健康发展的若干意见》(国发〔2010〕13 号)也明确要求:"政府投资主要用于关系国家安全、市场不能有效配置资源的经济和社会领域。"但在国有企业改革实践中,需要更加具体的实施细则。我们将积极配合国家有关部门研究完善国有资本投资限制的相关规定。

根据国务院《关于试行国有资本经营预算的意见》(国发〔2007〕26 号)文件规定,中央国有资本经营预算实施以来,支出主要用于国有经济和产业结构调整、中央企业改革脱困以及中央企业灾后恢复重建等。"十二五"期间,国有经济结构调整和国有企业改革发展任务依然艰巨。一些企业资产负债率高,历史遗留问题多。目前,中央国有资本经营预算支出仍需主要用于支持结构调整和国有企业改革与发展。同时,从 2010 年起,每年将部分中央国有资本经营预算资金调入公共预算,用于社会保障等民生支出。目前已累计调入 50 亿元,2012 年预算安排再调入 50 亿元。另外,从 2010 年起,国有资本经营预算还安排国有股减持收入补充社会保障基金支出,到 2011 年累计支出 127.61 亿元。今后我们将进一步优化国有资本经营预算支出,逐步加大对社会保障等民生领域的支出力度。

三、尽快出台国有企业支付国有资源使用租金和利润分红的法律法规

您提出的尽快修改《预算法》，逐步把国有企业的资源使用租金和利润分红纳入财政预算收入体系，以及尽快制定《国有企业收租分红条例》等建议，我们认为很有道理。为加强国有资本收益管理和预算编制，以及规范国家和企业的分配关系，根据国发〔2007〕26号文件精神，财政部相继出台了《中央企业国有资本收益收取管理暂行办法》（财企〔2007〕309号）、《中央国有资本经营预算编报试行办法》（财企〔2007〕304号）、《财政部关于完善中央国有资本经营预算有关事项的通知》（财企〔2007〕392号）、《财政部关于扩大中央国有资本经营预算实施范围有关事项的通知》（财企〔2012〕3号），以及《财政部关于印发〈中央国有资本经营预算编报办法〉的通知》（财企〔2011〕318号）等规范性文件。地方也陆续出台了国有资本收益管理和国有资本经营预算编制相关制度和办法。目前，我部正在加紧拟定《国有资本经营预算条例》，以提高国有资本经营预算的立法层次。同时，为了适应我国财税体制改革的需要，《预算法》也在修订过程中，其中将涉及国有资本经营预算相关内容。

另外，按照全国人大和国务院的要求，我们一直在不断完善中央国有资本收益收取政策。一是逐步扩大国有资本收益收取对象。截至目前，纳入试行范围的独立核算中央企业已超过20000户，占全部中央企业（不含金融企业）的80%以上，今后覆盖面还将不断扩大。二是逐步提高国有资本收益收取比例，进一步规范企业收入分配。考虑我国不同行业企业受不同条件因素的影响，利润水平差异较大，从既有利于支持国有企业改革和发展，又有利于国家宏观调控，以及规范企业收入分配秩序出发，目前，对中央企业国有资本收益采取分类收取、逐步提高的办法。从2011年起，已将第一类具有资源性特征的行业企业收益收取比例由10%提高到15%；第二类一般竞争性行业企业收益收取比例由5%提高到10%；第三类军工企业、转制科研院所以及新纳入实施范围

的企业收益收取比例为 5％；第四类政策性企业，免收国有资本收益。今后还将进一步调整国有资本收益收取比例，力争达到一个比较合理的水平。

感谢您对财政工作的关心和支持，欢迎再提宝贵意见。

中华人民共和国财政部

2012 年 5 月 28 日

专栏：提案答复情况

对政协十一届全国委员会第五次会议
第 5568 号（经济发展类 542 号）提案的答复（节选）

迟福林委员：

您提出的《关于以公益性为目标调整国有资本配置的提案》（第5568 号）收悉。我们对提案第 4 条"关于尽快制定出台国有企业支付国有资源使用租金和利润分红法律法规"的建议进行了认真研究。总体上，我们认为抓紧制定这方面的法律法规十分必要，对于维护出资人合法权益、完善国有企业收入分配制度具有重要意义。

国务院国有资产监督管理委员会

2012 年 10 月 19 日

关于改革问题的几点看法[*]

　　今年的《政府工作报告》提出，"改革开放是决定中国前途命运的正确抉择。必须按照科学发展观要求，尊重群众首创精神，大胆探索，以更大决心和勇气继续全面推进经济体制、政治体制等各项改革，破解发展难题"。并且，《政府工作报告》提出了下一步改革的总体思路，即"五个理顺"，以及 2012 年改革的六项重点任务。这里，结合讨论这个报告，我就改革的问题谈几点看法。

一、对改革形势的判断

　　对改革形势的判断，涉及改革的决心，是改革设计的前提和基础。总的看法是，现在改革正处在一个比较困难的时期。

　　1.目前经济社会发展的许多深层次的矛盾问题，大都与改革不到位或改革在实践中的扭曲直接相联系，而且越来越突出。例如，这些年经济发展方式转变，社会生活包括政治生活当中的一些问题，大都与改革的严重不到位或者说改革在实践中的扭曲有内在联系。

　　2.改革不能停留在一般号召和口号上。《人民日报》日前发表了一篇"宁要微词，不要危机"的评论。为什么一篇评论会在全国引起比较广泛的关注和影响？应当说，这些年改革在某些方面有所进展，但总体上进展不大，尚未实现大的突破，很多是久拖不决、决而不做、做的事情缺少突破。改革逐渐成为一个口号，变成了形式，而且碎片化的改革远远大于总体改革。这次《政府

---

　　* 在全国政协十一届五次会议小组会上的发言，2012 年 3 月 6 日，北京。

工作报告》再一次把改革提到一个比较突出的位置，不仅表明改革受到普遍关注，更表明我国又到了一个重要的、关键的改革选择点上。能否解决经济社会生活中的这些突出矛盾和问题，决定性因素之一正是在于改革行动如何选择。

二、改革面临着的突出矛盾

目前，改革的突出矛盾何在？《政府工作报告》提出理顺五个关系。从现实来看，改革的突出矛盾是利益关系的失衡，并且还有继续加大的趋势。《政府工作报告》中提出"收入分配等方面问题还很突出"。为什么提出收入分配制度改革应尽快出台，但迟迟出台不了呢？为什么垄断性行业改革提了这么多年，不但没有打破垄断，而且某些垄断行业改革实际上停滞，甚至有某些倒退？我想，根本问题就是改革走到现在，利益关系失衡成为一个突出矛盾。在这种情况下，相当多的改革是出台不了的，即使出台也会在某种程度上被扭曲。这些年，利益关系失衡的矛盾问题比较突出，并由此带来以下 3 个问题：

1. 国民收入分配格局失衡的状态还没有得到根本的转变。去年我国的财政收入增长将近 25%，2.5 倍于 GDP 的增长，近 3 倍于城市居民的实际收入增长。国民收入分配格局中，企业、政府收入的这块"蛋糕"应当说逐步加大，劳动报酬的"蛋糕"比重有所下降。

2. 投资—消费失衡的矛盾很难得到根本性解决。一方面，受到增长方式中固有的一些传统弊端的影响；另一方面，中低收入群体在收入水平偏低的状态下，而物价水平又比较高，消费能力受到制约。拉动消费受到这种利益分配格局失衡的严重影响。

3. 利益关系失衡同时带来了权力运行与权力约束的失衡。当前，需要对由利益关系失衡引发的一些矛盾问题做些深入讨论，并有清醒的判断。这样，才能看到 30 年前邓小平同志讲的市场化改革，今天它的深刻性、复杂性在哪里？为什么改革实际推进很难？为什么改革缺少共识？为什么有些改革会在实践中变样？

三、改革的关键何在

我赞成《政府工作报告》中提到的，"理顺政府与市场的关系，更好地发挥市场配置资源的基础性作用"。去年，讨论《政府工作报告》的时候，我对其中的一句话提出看法，建议对"市场作用多一些还是政府作用多一些，必须相机抉择"的提法做出修改。最近几年的实践证明，政府和市场的关系面临着新的挑战。具体反映在行政干预在某些方面有进一步加大的趋势。

1. 从地方层面看，增长主义政府倾向形成并且具有一定的普遍性。在现行的财政税收体制、干部考核机制下，地方政府以做大 GDP 总量为主要目标，以扩大投资规模为重要任务，以土地批租和上重化工业项目为突出特点，以资源配置的行政控制和行政干预为主要手段。从许多地方的实践看，这已经成为一个普遍行为。做大 GDP 总量很重要，问题是总量增长不能代替一切。增长主义政府很难解决现实利益关系失衡的矛盾和问题。在我看来，由于发展理念转变的滞后和现行财政税收体制、干部考核机制的制约，增长主义政府倾向不仅已经形成，并且具有一定的普遍性。

2. 部门利益、地方利益、行业利益等政府自身利益的形成具有普遍性。垄断行业难改，就在于行业利益太突出了。比如铁道行业的改革，改变铁道行业政企不分的状况如此困难，既有历史原因，也有部门利益的因素在起作用。这次提出要鼓励民间资本进入铁路，即将出台的实施细则里将有所说明。本来，政府是全社会公共利益的代表者，不应当有自身利益。但现实情况是，政府自身利益倾向问题确实比较突出。

3. 在经济生活领域里，应当坚持市场主导下充分有效地发挥政府作用，而不是政府主导下有限地发挥市场作用。这几年，有人在总结"中国模式"时不恰当地夸大了经济生活领域政府主导的特点。应当说，在改革之初，市场经济尚未形成、企业尚未成为市场主体的背景下，政府主导有其历史因素。问题在于，在初步建立了市场经济体制，企业已经成为市场经济的主体的情况下，经济生活领域继续坚持政府主导、继续以行政控制和行政干预为主要手段，要理顺政府市场关系，更充分地发挥市场的作用就会很困难。

可以说，关键问题是一个政府改革问题。国家"十一五"规划有一句话，

"行政管理体制改革是改革攻坚的关键和重点"。现在看来,"十一五"规划的判断是对的,行政管理体制改革牵动改革全局的作用越来越突出。

四、改革的重点突破

某些重点改革不能再拖了,需要有所突破。有几件事很重要:

1. 收入分配改革不宜再拖。国家"十二五"规划把收入分配改革明确提出来了,并提出了两个重要指标——两个"同步"。去年《政府工作报告》提出"尽快出台收入分配改革总体方案",今年的《政府工作报告》讲"抓紧制定收入分配体制改革总体方案"。在利益关系失衡逐步突出的背景下,收入分配改革的问题既关系到经济转型,又关系到社会的和谐稳定,这是一个对牵动全局有决定性影响的问题。这件事情再拖下去,恐怕对发展方式转变不利,对协调社会矛盾、社会利益关系不利。同时,在贫富差距比较突出的特定背景下,社会各方面对收入分配改革寄予了很大的期望。无论从哪方面看,这项改革再拖下去都会产生很多不利影响。

2. 垄断行业改革不宜再拖。这件事情再拖下去,对民营经济的发展会造成很多不利,也会对一些重要领域的改革发展形成负面影响。

3. 国有资本战略性调整不宜再拖。《政府工作报告》提出"深入推进国有经济战略性调整",这既要有行动计划,又要有实质性突破。国有经济从 2005 年开始,每年利润以超过 20％的速度增长。现在国有经济的总量做大了。在公共产品短缺成为突出矛盾的特定阶段,加快国有经济战略调整,就是使之在解决经济社会的突出矛盾中扮演重要的角色。过去,国有经济在解决做大总量的问题上有历史性贡献。今天,应当在解决公共产品短缺上充分发挥作用,如保障性住房等。国有资本的一部分应当进入公益性领域,也就是对国有资本实行公益性和经营性分类为重点的战略性调整。这件事情,符合基本国情,符合社会公共需求,也符合国有经济的特性。

五、顶层设计

现在的改革确实到了面临着一个历史性选择的关键时期,顶层设计十分重要。目前,社会期盼政府拿出一个适合下一步经济社会发展趋势、与发展方式转变相一致的改革顶层设计。由此,能够重新激发社会对改革的热情,重新凝聚改革动力,重新形成基本的改革共识。

1.改革要适应公共需求变化的大趋势。这对务实推进改革十分重要。例如,以政治体制改革为例,我认为与 20 年前的改革发生了很大的变化。20年前的思路是权力过分集中,以党政分开为首要关键。今天,这仍然十分重要。但现实的社会需求有很大的变化,公共需求发生变化,老百姓要求公共产品、公共财政、公共信息、公共参与、公共监督、公共治理等。需要依据社会公共需求的变化来务实地推进今天的全面改革,包括政治体制改革。目前,改革面临着一系列的矛盾问题,确实需要顶层设计,包括司法体制改革。今年《政府工作报告》提出"五个理顺",也是改革顶层设计的重要思想。目前,社会各方面对十八大的改革顶层设计寄予厚望。

2.改革的高层次协调突出出来。与改革顶层设计直接相关联的就是改革的协调。现在不是简单地恢复国家"体改委"。任何一项改革要严格界定在经济或社会领域都很困难。比如财产公开,收入分配改革的基础制度建设就是财产公开,恐怕单单将其界定在社会领域很难解决这件事情。所以,建立一个中央层面的高层次的、超脱于部门利益的改革协调机构十分重要。由于部门利益、行业自身利益问题很普遍,要把改革协调纳入改革顶层设计同时考虑。这是一个十分重要的问题。

今年,在邓小平南方谈话 20 周年之际,在即将召开十八大的背景下,《政府工作报告》把改革提到一个重要位置,反映了经济社会发展的客观需求,反映了我国在历史转型过程中一个重大的现实问题,也反映了社会各个方面对改革的期望。有人说,现在改革的动力不足,改革的共识丧失。我的看法是,关键在于要改,只有在改革中才能形成改革的动力和共识。改革不能再光喊口号了,也不能再做"碎片化"的改革了。改革需要重点突破,改革需要务实行动,改革需要动真格。这样,我国下一步的经济发展方式转变、社会和谐建设等才大有希望。

以改革红利释放发展潜力的几点建议[*]

　　我们说"改革是中国的最大红利",就在于抓住国内巨大需求潜力释放的最大机遇,发掘人口城镇化的最大潜力,这直接取决于重大领域和关键环节改革的实质性突破。就是说,要以"最大的红利",抓住"最大的机遇",释放"最大的潜力"。对此,提出以下3点建议。

　　1. 着力推进消费主导的转型与改革。初步测算表明,到2020年,我国内需规模有可能接近百万亿元的级数。如果潜在的消费需求能够得到比较充分的释放,就有条件支撑未来10年经济7%～8%的增长。能否抓住国内需求潜力释放的重要战略机遇,取决于消费主导转型与改革的实际进程,即能不能用5～8年的时间形成以释放国内需求来支撑可持续增长的基本格局。这就需要:以改革破题投资转型,实现投资与消费的动态平衡。实践证明,长期依赖投资驱动的增长是不可持续的。没有消费需求支撑和引导的投资,在保短期增长的同时,会给中长期的增长积累更多的结构性矛盾。改变投资结构,要把投资的重点转向教育、医疗、社会保障等公共产品领域以及加大消费供给能力的投资领域。以公益性为重点调整国有资本配置,使广大社会成员能够分享国有资本增值创造的社会福利。

　　2. 着力推进人口城镇化的转型与改革。当前需要解决的突出问题在于:从城镇化的规模型扩张转向人口城镇化的有序发展,并以制度创新为重点破题人口城镇化。具体的建议是:用3年左右时间,在全国范围内基本上使有条件的农民工市民化;用5年左右时间,形成人口城镇化的制度框架,通过城乡一体化的制度安排,使人口城镇化保持1.3%～1.5%的增长速度,人口城镇

化率从目前的 35％提高到 42.5％左右；用 8 年左右时间，基本形成人口城镇化的新格局。到 2020 年，人口城镇化率达到 50％以上，初步接近 60％左右的名义城镇化率。

3.着力推进政府的转型与改革。实践证明，通过深化改革收获内需红利和城镇化红利，越来越依赖政府转型与改革的突破。经济体制改革的核心问题是处理好政府与市场的关系，需要改变"增长主义"政府倾向，在经济生活领域坚持市场主导下有效发挥政府的作用，而不是政府主导下有限发挥市场的作用；社会体制改革的核心问题是处理好政府与社会的关系，需要改变"大政府、小社会"局面，建立有活力的"大社会"，逐步走向社会公共治理。这就需要：改变增长主义政府倾向，理顺政府与市场的关系。政府主导型经济增长方式以追求 GDP 增长速度为首要目标、以扩大投资规模为重要途径、以土地批租和上重化工业项目为突出特点、以资源配置的行政控制和行政干预为主要手段，在带来投资增长过快、投资—消费失衡、资源环境矛盾突出等问题的同时，还造成政府在市场经济条件下公共服务的缺位。实践证明，把以改变"增长主义"政府倾向为重点的行政体制改革作为全面改革的关键，才能实现财税体制改革、社会体制改革、干部选拔机制改革以及其他政治体制改革的破题。为什么这些年尽管政府职能转变一再成为改革的重点，但是进程缓慢、成效甚微？重要原因之一是行政权力结构不合理。对此，要以增强市场和社会活力为目标实现政府放权；要以权力有效制约和协调为目标实现政府分权；要以权力运行公开透明为目标实现政府限权。实现权力运行的公开化、规范化，有效约束政府自身利益。

十八大后的转型与改革与过去有很大的不同：一是转型与改革交织融合，经济转型、社会转型、政府转型都直接依赖改革的突破。二是改革面临的利益矛盾更为突出，既涉及增量利益合理分配，更涉及存量利益格局的调整。未来几年的改革能否在调整利益关系、解决利益失衡上取得重要进展，将牵动和影响大局稳定发展。三是改革的时间和空间约束增强。"改革与危机赛跑"不是危言耸听。在这个特定背景下，要以更大的政治勇气和智慧推进改革，尽快出台改革的路线图、时间表，尽快建立中央层面的改革协调机构，尽快实现改革攻坚的重要突破。

关于当前改革的三个问题[*]

十八大以后，社会各方面对改革的期望值、关注度再一次提高。前天，温总理做《政府工作报告》讲到深化改革的时候，引起的掌声很热烈，这反映了全社会对改革的重要期盼。当前，改革面临的矛盾和问题比较突出，今后1～2年是改革的重要"窗口期"。在这个背景下，如果重大改革能够及时推出来，就会掌握主动权。否则，可能会对中长期发展造成很多意想不到的、被动的问题，积累更多的矛盾。这里，我谈三个问题。

一、释放更多的改革红利

如何估计改革红利？在我看来，现在改革中涉及的很多问题，大都与发展方式转变、社会管理创新、政府转型直接联系。比如说，未来8～10年的内需潜力估计高达百万亿元，如果改革到位，就能把百万亿元的消费需求和投资需求释放出来，以保持我国未来10年经济7%～8%的中速增长。这样，我们就会形成一个以内生增长为支撑的、比较稳定的中长期发展趋势。再比如说，现在社会矛盾不断增多，核心问题在于政府的管控方式。我的看法是，未来5～10年，我国的改革红利是巨大的，关键在于相关的转型与改革要到位。

1. 人口城镇化的转型与改革。这里，需要明确3个基本性问题。(1)新型城镇化是个大战略。我认为，同以往相比，城镇化发展的背景与作用都有所不同。说它是个"大战略"，原因在于：新型城镇化承载着转变经济发展方式的重大使命；承载着释放内需潜力的重大使命；承载着推进城乡一体化的重

---

* 在罗富和同志出席的全国政协十二届一次会议小组会上的发言，2013年3月7日，北京。

大使命。(2)推进规模城镇化向人口城镇化的转型。新型城镇化的本质是人口城镇化,核心是农村剩余劳动力要有序进入城镇。人口城镇化转型与发展的目标是,到 2020 年人口城镇化率每年要提高 2 个百分点,达到 50% 以上,逐步接近 60% 左右的名义城镇化率。(3)人口城镇化转型的关键在于改革。主要有八个方面的改革:一是让农民工成为历史要有时间表;二是尽快打破二元户籍结构,改革户籍制度;三是推进土地制度改革,尤其是农村土地制度改革;四是调整人口政策,逐步实现城乡统一;五是推进与人口城镇化相适应的财税体制改革;六是推进农村社区管理体制改革;七是调整行政区划体制;八是推进行政体制改革,改变增长主义政府倾向,建设公共服务型政府。这些体制问题不解决好,人口城镇化的转型与改革就很困难。总的来说,城镇化这篇大文章做不好,释放百万亿元内需的改革红利是很困难的。

2.投资的转型与改革。这次《政府工作报告》提出,消费是基础,投资是关键。我认为,这句话值得讨论和商榷。消费和投资要实现动态平衡,从中长期来看,很难说消费是基础,投资是关键。从现实情况看,投资是我们近些年来最擅长的经济增长推动方式,但现在来看,投资推动有两个方面的大问题。一是投资结构不合理,与消费结构严重脱节。比如说,一些三甲医院比菜市场还热闹。二是投资来源不合理,政府投资占的比重较大,并且难以持续。

3.国有资本的转型与改革。在消费结构升级变化以后,国有资本是以继续做大总量为目标,还是以公益性为重点?这是值得深入研究的一个大问题。过去这些年,国有资本在做大经济总量上有重大的历史功绩,但随着社会需求的变化、社会消费结构的升级,尤其是我国进入公共产品短缺时代,国有资本要以公益性为重点进行调整和改革。

把这三件事做好了,改革才有可能真正成为一个"最大的红利"。

二、如何破题改革攻坚

我记得 2004 年《政府工作报告》提出把行政体制改革作为改革攻坚的关键和重点。改革攻坚谈了 10 多年了,但一直没有攻下来。今天的改革与前几年的改革有很大不同,利益关系面临全面、深刻的调整。我认为,当前的改革攻坚有三个重要切入点。

1. 加快推进政府转型与改革。这里，我认为有四件事很重要。(1)应当认真研究增长主义政府倾向。这种增长主义政府倾向还能维持多久？在我看来，在地方层面，增长主义政府倾向还是有相当的普遍性，并且形成了一套思维方式和行为惯性。(2)中央与地方的关系。我们是继续坚持总量导向的中央地方关系，还是公共服务导向的中央地方关系？为此，财政税收体制如何改，方向在哪，这是需要研究的一个大问题。(3)职能转变和权力结构调整。职能转变的关键在于，权力结构不合理。有的部委既管决策又管执行，既管具体项目审批又扮演市场监管的角色。这种权力结构安排，使得职能转变很难到位。(4)政府自身利益倾向。这些年，部门利益、地方利益、行业利益问题比较突出，并具有普遍性。为此，政务的全面公开、透明是一件大事。

2. 切实破题收入分配改革。我认为，这里有三个问题很重要。(1)要高度关注收入分配不公带来的社会矛盾和问题。当前，社会对收入分配制度不公的关注度已经或者说远超出了对收入差距本身的关注度。(2)中等收入群体倍增。现在来看，到2020年，实现国民收入倍增还是有很大可能的。目前突出的问题在于，中等收入群体的比重太低，只有23％左右。如果2020年实现了国民收入倍增，而中等收入群体的比重没有较大幅度的增长，那么整个收入格局、社会结构就将出现大问题。因此，在提出国民收入倍增的同时，应该把中等收入群体倍增作为国家的重要规划，这对我国中长期的经济社会发展至关重要。我这次向大会提交了一个提案，"尽快制定中等收入群体倍增国家规划"。我希望这个提案能引起相关方面的重视。(3)收入分配基础制度建设。现在收入分配基础秩序比较混乱，已经到了着力解决突出问题、理顺收入分配秩序的关键时期。在这个特定背景下，以官员财产公开为重点的收入分配基础制度建设至关重要。

3. 着力解决体制性、机制性腐败问题。腐败问题比较突出，并在某些方面愈演愈烈，根源在于某些部门、行业和官员拥有不合理的资源支配权和市场干预的权利。由此，形成以权谋私、权力寻租等体制性、机制性的腐败。解决这一问题，关键在于"把权力关进制度的笼子里"。(1)加大行政审批制度改革力度。当前，行政审批事项仍然较多、审批程序繁琐，导致利用审批牟取私利的问题比较严重。这也是政府公信力下降的主要原因。深化行政审批制度改革,不仅是政府职能转变的重点,也是解决体制机制性腐败的关键。(2)大力推动并全面实行政务公开。抓紧出台政务公开、司法公开、财产公开的具体方案,强化司法监督、媒体监督、公众监督,实现权力制约权力和社会监督权力的有机结合。(3)大力推动并全面实行财政公开。把行政成本占比逐年下降作为下届政府的约束性指标,并向全社会公开。尽快采取强有力的措施,遏制"三公经费"的膨胀。

三、加强改革的统筹协调

我认为,从改革攻坚、突破的现实需求看,加强改革的统筹协调有四件事很重要。

1.尽快出台改革的总体方案,形成路线图和时间表。按照十八大报告关于"五位一体"全面改革的要求,建议尽快制定未来 5～8 年的中长期改革规划,争取在十八届三中全会正式出台实施。

2.改革相关立法。例如土地制度改革:适应人口城镇化发展转型的客观要求,需要修改物权法、土地管理法等相关法律法规,尽快从法律上赋予农村土地使用权的物权性质。

3.鼓励地方政府的改革探索与试点。未来的改革突破要建立在试点的基础上,鼓励支持地方政府按照改革的大目标,从多方面进行实践探索。例如:激励地方政府从经济总量竞争转向制度竞争;鼓励支持地方积极试点;扩大综合改革试验的范围。

4.建立高层次的改革协调机构。十八大后改革的时间与空间约束明显增强,"改革与危机赛跑"不是危言耸听。面对改革形势的深刻复杂变化,改革更需要加强顶层设计、统筹规划和综合协调。尽快建立一个高层次的改革协调机构,加强对全面改革的组织和协调,其现实性、重要性、迫切性不亚于20 世纪 80 年代的改革。

以发挥市场决定性作用为重点
深化全面改革*

十八届三中全会决定提出的"使市场在资源配置中起决定性作用",是一个历史性突破,不仅牵动经济体制改革,也将倒逼全面改革。

一、市场决定增长

我国未来5～10年的经济是否增长,将取决于能否使市场在资源配置中发挥决定性作用,能否通过转型改革释放增长潜力。

1. 释放增长潜力关键在市场。13亿人的消费大市场是我国的突出优势。初步估算,到2020年,我国潜在消费需求将达到50万亿元左右;加上引致的投资需求,内需总规模有望达到上百万亿元。这将为实现7%～8%的中速增长奠定重要基础。把增长潜力转化为现实的经济动力,关键是全面激发市场活力。例如,我国农村大市场被公认为全球经济版图上少有的一个亮点。能否激活这个大市场,取决于市场能否在农村土地资源配置中起决定性作用。农村土地虽然有一定的特殊性,但在严格规划和用途管制的前提下,其配置主要由市场决定。建议把赋予农民长期而有保障的土地财产权作为农村土地制度改革的总目标,争取年内出台赋予农民更多财产权和建立城乡统一建设用地市场的实施方案。

2. 未来2～3年市场化改革要有大的突破。1～2年内资源要素的市场化改革要有实质性进展;2～3年内垄断改革应有重大突破;显著提高石油、电

---

* 2014年提交全国政协十二届二次会议口头发言。

力、铁路、电信、公共资源、包括金融在内的服务业等领域向社会资本开放的水平。

二、市场决定的有为政府

"市场决定"不是不要政府,而是需要一个尊重市场规律的有为、有效、有力、有责的政府。

1.建立公平竞争导向的宏观调控体系。要把宏观调控与行政审批职能严格分开,与财政金融体制改革有机结合,建立以独立货币政策和公共财政政策为主的宏观调控体系。

2.尽快出台负面清单与权力清单。要以负面清单管理界定政府边界,倒逼行政审批改革;中央政府应尽快制定和公布负面清单和权力清单;鼓励支持有条件的地方先行试验。

3.推动地方政府向公共服务主体回归。竞争性地方政府是形成产能过剩、房地产泡沫、地方债务风险的主要原因。建议:明确把地方政府由市场竞争主体转向公共服务主体作为行政体制改革的重大任务;以建立公共服务导向的中央地方财税关系为目标,尽快形成新一轮财税体制改革的行动方案;以废除 GDP 政绩考核体系为重点,尽快形成地方政府经济行为的制度约束。

三、市场决定的法治建设

形成各类市场主体公平公正参与市场竞争的新格局,重在把过多、过滥干预市场的公权力关进法治的笼子里。

1.建设法治化的营商环境。尽快出台国家层面改善法治营商环境的综合方案;尽快形成相关的立法、司法改革的行动计划,实质性提升投资者的稳定预期;尽快修改完善市场主体准入与监管的法律法规。

2.推进由行政监管为主向法治监管为主的转变。从实践看,行政审批与市场监管合为一体的体制不改变,市场监管的效果就会大打折扣。要把行政审批与市场监管严格分开,改变以审批取代监管的模式;有效整合市场监管的行政资源,组建权威性、综合性的市场监管机构;把反行政垄断作为实施

《反垄断法》的重点。

3. 推动经济司法去地方化。受地方利益驱动，地方政府干预经济司法从而导致司法不公的现象具有一定普遍性。建议实行中央与地方双重法院体制：中央层面的法院体系主要负责经济案件审理；一般民商事案件与治安刑事案件仍由地方法院审理。

"市场决定"牵动影响改革全局，并将伴随着一场更深刻的思想解放：它意味着政府主导型经济增长方式的历史终结，对于市场主导下更好地发挥政府作用有决定性影响；它意味着权力配置资源导致机会不平等、权利不平等的历史终结，对于形成公平竞争的市场环境有决定性影响；它意味着官本位、权力寻租、经济特权的历史终结，对于抑制消极腐败、突破利益固化的藩篱有决定性影响。我们有责任为推动这一具有历史性意义的全面改革竭心尽力。

第二篇　建言政府改革

处理好政府与市场关系,是我国体制改革的重大理论与实践课题,这也是我担任全国政协委员 10 年间建言献策的重点。5 次全国政协大会发言中,有 3 次发言都以处理好政府与市场关系为主题。

加快建设法治市场经济的建议[*]

当前,我国正处于全面深化改革的关键时期。十八届三中全会决定强调"推进法治中国建设",是新阶段全面深化改革的重大战略部署。落实这一重大战略部署,重在加快建设法治市场经济进程。

加快建设法治市场经济,既是深化经济体制改革的迫切要求,也是建设法治中国的重大任务:

(1)多年来政府与市场关系难以理顺,经济体制改革难以取得实质性突破,深层次的原因在于政府权力缺乏法治规范,过多、过滥干预市场。加快建设法治市场经济,有利于规范和约束公权力,充分发挥市场在资源配置中的决定性作用。

(2)近年来国内营商环境恶化,资本外流、投资移民的现象比较严重,究其原因,主要在于国内保护私人财产权和投资收益的法治环境没有建立起来。这就对加快建设法治市场经济、构建法治化营商环境提出了重大迫切要求。

(3)建设法治中国需要体现经济体制改革的要求,需要为经济体制改革开辟道路。从建设法治市场经济入手完善法治框架,可以走出一条建设法治中国的有效路径。

为此,建议:尽快出台建设法治市场经济的改革行动方案,以建设法治化营商环境为重点,清理、修改与市场决定资源配置的要求不符的相关法律制度,并建立有效的经济司法体制,形成各类市场主体依法公平公正参与市场竞争的新格局。

＊ 2009 年提交全国政协十二届二次会议提案。

1.建设法治化营商环境。建议尽快出台国家层面改善法治营商环境的综合性方案,抓紧形成相关立法、司法改革计划,为广大投资者创造稳定预期。

(1)修改《物权法》,用列举法明确界定可以据此征收集体财产、私人财产的公共利益,严格禁止任何行政机关不经司法程序剥夺集体财产、私人财产。

(2)尽快在全国范围内推行负面清单管理,实现投资贸易便利化。

(3)加快出台《公共资源监管法》,明确界定公共资源市场化配置的范围和监管程序,为社会资本进入公共资源领域提供法律依据。

(4)出台《行政程序法》,实现政府干预市场的权力法定、程序法定、监督法定。

(5)加强知识产权立法,为组建知识产权法院提供法律依据,逐步实现知识产权保护与国际接轨。

2.实现由行政监管向法治监管的转型。以食品药品安全问题频发为例,事前的行政审批不仅压抑市场活力,还难以保证监管的有效性。现代市场经济条件下,市场监管应当以法治监管为主,而不是行政监管为主。

(1)将负面清单管理尽快纳入《行政许可法》,并将行政审批与市场监管严格分开。

(2)完善消费市场安全监管法律体系,修改《食品安全法》《药品管理法》对监管机构的规定,依法整合市场监管权力结构,组建权威性、综合性市场监管机构,改变"九龙治水"的局面。

(3)考虑到行政垄断是妨碍公平竞争市场秩序的主要矛盾,把反行政垄断纳入《反垄断法》《企业国有资产法》,并建立行政部门立法的反垄断审查制度。

3.推动经济司法去地方化改革。近年来,经济司法不公的主要矛盾在地方层面。在GDP增长主义和竞争性地方政府模式下,地方政府因地方利益干预经济司法、导致司法不公具有普遍性。推动经济司法去地方化,有利于形成地方政府的制度约束,有利于建立全国统一的大市场,有利于从基本国情出发、走出一条司法权独立公正行使的新路子。为此,建议:

(1)建立中央地方双重法院体制,中央层面的法院体系专门负责土地、税收、金融、破产、涉外和知识产权等领域的经济案件审理;一般民商事案件与治安刑事案件、家庭婚姻继承案件、青少年犯罪案件仍由地方法院审理。

(2)实行司法机关人财物由中央统一管理,与行政区划适当分离。

专栏:提案反馈情况

政协委员反映社情民意情况反馈
(2014)年第 043 号

迟福林委员：

您反映的"关于加快建设法治市场经济的提案"的信息已被《政协信息》2014 年第 5 期采用。如果我们了解到有关领导及部门对此信息的批示或办理结果,还将及时反馈给您。

我们期望进一步为您及您所在界别委员反映社情民意做好信息服务工作。欢迎您继续反映中央关注的或需要中央了解的情况,并提出意见和建议。

政协全国委员会办公厅研究室信息局

2014 年 4 月 3 日

把明显降低行政成本作为应对
危机的重大举措*

为应对国际金融危机,我国政府已陆续出台 4 万亿元扩大内需计划和 10 大产业振兴与调整规划。未来相当一段时期,财政增支与减收之间的矛盾将越来越突出。为此,以明显降低行政成本为重点加强政府自身建设与改革,将为政府各项政策的顺利实施创造有利条件。

一、降低行政成本已成为当前有效应对危机的重要举措

1.削减行政成本对提振信心至关重要。当前,提振社会信心、市场信心,除主要来源于经济发展的基本面外,也与危机中政府自身建设与改革直接相关。社会信心、市场信心,依赖于对政府反危机能力和效率的信心。政府带头增收节支,对全社会是一个鼓舞,能够集中体现各级政府在采取政策措施的同时,率先垂范、用实际行动积极应对危机的责任政府形象。明显提高各方面对政府的信赖度,并由此提振市场信心,更好地形成政府与社会的合力,共克时艰。

2.把降低行政成本与加大公共支出和国债规模相结合。当前,不断扩大的公共支出、国债规模、财政赤字等,与行政成本的持续攀升形成突出矛盾。在反危机的特定背景下,迫切需要同步推进调整财政支出结构与削减行政成本,把扩大财政赤字与降低行政成本有机结合起来,通过降低行政成本,促进

---

* 2009 年提交全国政协十一届二次会议大会书面发言。

社会各界对扩大国债规模的理解和支持。

3.削减行政成本能为结构性减税提供空间。以 2006 年为例,如果行政管理费在 7571.05 亿元的规模上削减 20％,就能节省开支约 1500 亿元,在完全冲销推进增值税转型给企业减税所减少的财政收入后,还可实际增加 300 亿元的可支配财政收入。

二、建议两年内分步骤将行政成本降低 15％～20％

1.两年内削减行政成本 15％～20％具有可行性。当前,居高不下的行政成本已成为政府自身建设的突出问题。从 1978 年到 2006 年,财政支出中用于行政管理的费用规模增长 143 倍,年均增长 19.4％,远高于同期年均 10％左右的 GDP 增速,也超过年均 13％左右的财政支出增速。行政管理费占财政总支出的比重从 1978 年的 4.71％上升到 2006 年的 18.73％。客观说,降低行政成本的空间很大,两年内削减 15％～20％是一个可以实现的目标。2008 年中央政府削减 5％的行政成本用于支持汶川抗震救灾,各地也积极响应,不同幅度地削减行政成本。这均没有对正常的行政运转产生负面影响。

2.两年内削减 15％～20％的行政成本,需要采取综合性措施。第一,把 15％～20％的目标按项、按级分解。根据不同部门、不同地区的情况,逐项分解,下达行政成本降低的指标,并且把该指标作为约束性指标。第二,加大行政成本公开透明的力度。第三,大力推行电子政务以节约行政成本。建议进一步完善各级政府的电子政务系统,逐步将日常行政事项、审批事项、备案事项等通过网络处理。

3.以两年内削减 15％～20％行政成本为重点,推进政府自身建设。削减行政成本,要抓住"楼、车、会、人"等关键环节,实行重点突破。第一,严格规定今后几年内各级政府不得修建"楼堂馆所"。第二,严格规定今后两年内不再新增公务用车,行政机关单位公务用车统一调剂。第三,严格明确规定各行政机关招待费总规模下浮 20％。第四,严格控制会议数量与规模,全面建立和推行会议经费预算总额包干制度,并从 2009 年开始会议经费每年下降 10％。第五,对行政浪费、各种巧立名目的出国公款旅游和会议旅游等加大处罚力度,并及时向社会公开。

三、切实加强行政开支的预算约束和监督机制建设

1. 以强化预算为起点,全面推进政府行政支出公开化。第一,进一步理顺预算体制。赋予各级人大预算委员会预算编制的功能,加强财政部的预算执行功能,剥离其他部门的预算执行功能,尤其是减少各部委的专项资金规模。建立各级人大审计机构,监督政府行政开支并履行财政决算功能。第二,把预算外资金和非预算资金统一纳入到预算管理范围内。目前各级政府行政成本相当一部分在预算外资金和非预算资金中列支,这是导致行政成本不断攀升的重要原因。以预算外资金支出为例,2006年为5866.95亿元,其中行政事业费为4163.56亿元,占比超过70%。统一预算外和非预算资金使用,在反危机的背景下十分迫切。第三,以落实《政府信息公开条例》为起点,尽快制定《信息公开法》,把行政开支等政务公开化用法律形式固定下来,以提高行政开支的透明度。

2. 建立各级人大对行政成本监督约束的常态机制。比如,逐步细化、规范和完善报送同级人民代表大会审批的政府预算,加大部门预算和预算执行的监督。

3. 建立完善的社会监督机制。实践表明,加大社会监督机制建设是有效降低行政成本的重要保障。为此,各级人大编制、审批的各类预决算均要提前一段时间向全社会公开,并征求意见;政府行政开支中重大项目的进展动态,也要及时、准确地向社会公布。

推进以转变经济发展方式为
主线的政府转型*

今年是"十二五"的开局之年,也是经济发展方式转变的破题之年。实践证明,转变经济发展方式的关键是政府转型。"十一五"规划曾明确把加快行政体制改革作为改革攻坚的重点。5年过去了,行政体制改革虽然有多方面进展,但尚未有实质性突破,经济发展方式转变的体制性障碍仍十分突出。例如,以生产型增值税为主的财税体制强化地方政府的投资冲动;以 GDP 增长为主要标准的干部考核机制助推追求经济总量的发展导向。所以,"十二五"应以政府转型为重点加快经济发展方式转变。就此,提出以下 3 点建议。

一、尽快改变政府主导型的经济增长方式

在经济生活领域,是坚持市场主导下的政府,还是政府主导下的市场,并没有很好解决。尽管政府主导的经济增长方式曾对拉动经济增长有重要历史贡献,但时至今日,已弊大于利。以做大 GDP 总量为主要目标追求、以扩大投资规模为重要任务、以土地批租和上重化工业项目为突出特点、以资源配置的行政控制和行政干预为主要手段的政府主导型经济增长方式已经难以为继,非改不可。在市场经济体制初步形成的条件下,政府主导的经济增长既不是我国经济发展模式的主要特点,也不是我国经济持续增长的希望所在。政府主导的经济增长方式不改变,经济发展方式转变就没有希望。为此建议"十二五"必须加快推进以强化经济性公共服务为主要职能的政府转型:

---

* 2011 年在全国政协十一届四次会议大会上的发言。

(1)以治理通货膨胀为重点,提高经济决策的科学性,增强宏观调控的预见性;(2)提高市场监管的有效性,尤其是加强食品、药品、生产等公共安全和垄断行业的市场监管;(3)强化中长期规划的科学性和刚性约束,重点加大遏制违法批租土地行为的力度。

二、确立并实施民富优先的改革导向

经济发展方式转变的实质,是实现发展导向由经济总量向国民收入的转变,走公平与可持续的科学发展之路。实现这一目标,关键在于确立并实施民富优先的改革导向,释放 13 亿人的消费需求,改变经济结构。为此建议:(1)尽快出台收入分配制度改革方案,并明确把"城乡居民实际收入增长不低于 8%"和"劳动报酬年均增长不低于 10%"作为"十二五"规划的约束性指标。(2)提前 5 年初步实现城乡基本公共服务均等化。通过调整财政支出结构、提高国有资本收租分红比例、土地出让金更多用于基本公共服务等措施,在"十二五"初步实现城乡基本公共服务均等化是有可能的。(3)让农民工成为历史。"十二五"农民工市民化解决得好,将加快城市化和城乡一体化进程;解决得不好,可能为中长期经济社会发展埋下重大隐患。从总体上说,我们有条件在未来 5 年初步实现有条件农民工的市民化,关键是看有没有决心。(4)加快财税体制改革。以经济总量为导向的财税体制是政府转型的主要制度障碍。"十二五"的改革攻坚,需要尽快启动新一轮财税体制改革,下决心调整财政收入结构和财政支出结构。特别是要大幅度降低行政管理费用的占比,对不断增大的行政成本需要"亮红灯"。

三、以公益性为重要目标优化国有资源配置

经过 30 多年的改革发展,我国由生存型阶段进入到以人的自身发展为目标的发展型阶段,公共产品短缺取代私人产品短缺成为突出的社会矛盾。在这个特定背景下,国有资源应更多地向公共领域配置。从现实情况看,国有资源长期被更多地配置在做大 GDP 上。这样,不仅不利于加快改善民生,而且挤占了民营经济发展的空间,使垄断行业改革难上加难。为此建议,要以

公益性为导向、以改善民生为目标调整国有资源配置。并且,加大对国有资本的收租分红力度,"十二五"收租分红比重应逐年提高,并明确规定国有资本分红用于社会建设。

从我国改革开放的进程与趋势看,至少应当包括两次大的转型与改革:第一次转型与改革是1978年党的十一届三中全会开启的经济体制改革,突出特点是改变生产关系、做大经济总量;第二次转型与改革是从当前到未来的一个时期,突出特点是改变经济结构、增大消费总量。"十二五"是二次转型与改革的关键5年,推进以公共服务为中心的政府转型,既是"十二五"改革攻坚的重大课题,也对"十二五"转变经济发展方式具有决定性影响。

以政府改革带动全面改革的突破[*]

  党的十八大以后,改革再次成为全社会关注的热点问题,以改革红利释放发展潜力的氛围和趋势正在形成。全社会对能不能抓住当前政府换届的改革时间窗口,以政府改革为切入点实现全面改革的突破有着很大的期待。对此,提出 4 点建议。

一、以改变"增长主义"政府倾向为重点理顺政府与市场关系

  这几年,政府职能转变取得一定成效,但仍不到位,政府主导型经济增长方式的特征比较突出。例如:以追求 GDP 增长速度为首要目标,以扩大投资规模为重要途径,以土地批租和上重化工业项目为主要任务,以资源配置的行政控制和行政干预为重要手段。这种经济增长方式,在带来投资消费失衡、重复建设、资源浪费、环境污染等问题的同时,还造成公共服务的缺位。需要指出的是,因政府职能转变不到位所产生的消极腐败问题,是政府公信力下降的主要原因。为此,要以改变"增长主义"倾向为重点理顺政府与市场的关系,着力解决经济运行中两个突出问题:(1)行政审批。当前,行政审批事项仍然较多、审批程序繁琐、效率低下,利用审批牟取私利的问题比较突出。加大力度推进行政审批制度改革,已成为转变政府职能的迫切任务。(2)行政垄断。从现实看,垄断仍然是制约市场经济发展的突出问题,也是制约国企改革的重要因素。尽快破题垄断行业改革,尤其是打破行政垄断,已

---

  * 2013 年在全国政协十二届一次会议第二次全体会议大会的发言。

成为深化市场化改革的重大课题。

二、以政府向社会放权为重点深化社会体制改革

从现实看,社会管理创新实质是政府管理的创新。面对社会利益主体与利益诉求多元化的趋势,尤其是进入微博时代,以行政管控为主的社会管理方式不仅难以实现社会稳定和谐,还容易导致更多的社会矛盾。这就需要政府主动向社会放权,以更好地发挥社会力量在管理社会事务中的作用。(1)在公共服务领域向社会公益组织放权,调动社会力量广泛参与公共服务供给。(2)加快官办社会组织、传统事业机构的"去行政化"改革,由此走出一条公共服务与社会管理有机结合的新路子。(3)建立利益协商对话机制,加强政府与社会的有效沟通,并使之成为社会管理创新的重要公共产品。(4)构建社会和谐稳定长效的机制,重在扩大中等收入群体。建议尽快制定并出台中等收入群体倍增的国家规划和具体行动计划。

三、把优化权力结构作为行政体制改革的重点

这些年,一再强调政府职能转变,但为什么仍不到位?关键在于权力结构不合理的掣肘。深化政府机构改革,要按照决策权、执行权、监督权既相互制约又相互协调的目标要求,把重点放在优化权力结构上。(1)建立以大部门制为重点的行政决策系统。着力解决行政决策权既过于集中又过于分散的问题,强化各个部委的决策主体职能,以提高决策效率和质量。(2)建立法定化、专业化的行政执行系统。建议结合事业机构改革,尽快提出行政执行系统建设的总体方案。(3)建立权威性的行政监督系统。如何超脱于决策权和执行权,独立实施有效的行政监督,需要提出总体设计以尽快破题。

四、把全面推进政务公开作为政府自身建设的重大任务

"把权力关进制度的笼子里",关键在于全面推进权力运行的公开化。(1)抓紧出台政务公开、财政公开、司法公开的具体方案。(2)强化司法监督、媒体监督、公众监督,实现权力制约权力和社会监督权力的有机结合。(3)尽快制定本届政府降低行政成本的行动计划,建议把行政成本占比逐年下降作为政府工作的约束性指标。

党的十八大后,改革的时间与空间约束明显增强。"改革与危机赛跑"不是危言耸听。面对改革形势的深刻复杂变化,改革更需要加强顶层设计、统筹规划和综合协调。尽快建立一个高层次的改革协调机构,加强对全面改革的组织和协调,其现实性、重要性、迫切性不亚于20世纪80年代的改革。

关于推进政府改革的几点建议[*]

　　2004 年以来,我有幸 4 次参加温总理主持召开的座谈会。昨天晚上到京后,我和两位专家交谈,都认为这 5 年实属不易:面对严重自然灾害,尤其是20 世纪以来最大的金融危机,我国无论是经济增长还是民生改善都取得重要成就。就 2012 年的情况看,面对全球经济下滑的压力,我国经济不仅实现了增长的目标,而且经济发展方式转变出现了某些趋势性的拐点。这里,我做了以下 4 点概括。

　　1.尽管经济增长面临的不确定因素比较多,但 7%～8%左右的中速增长的拐点和趋势初步形成。这表明,我国经济开始平稳进入中速增长阶段。

　　2.尽管投资消费失衡的矛盾比较突出,但消费在经济增长中的贡献率超过投资贡献率的拐点和趋势初步形成。从去年的情况看,估计这一、两年的消费率有望达到或超过 50%。

　　3.尽管收入分配差距仍然比较大,但多年来其不断扩大的趋势有所抑制和缓和。从这两年的情况看,尤其是去年城乡居民的实际收入增长均高于GDP 的增速,城乡收入分配差距有逐步缩小的趋势。

　　4.尽管某些重要领域的改革尚不到位,但改革在多方面有重要进展,以改革红利释放发展潜力的氛围和趋势正在形成。各方面对下一步的改革攻坚寄予了很大希望。

　　下面,我就政府改革提 5 点建议。

　　1.建议坚持把政府改革作为全面改革的关键和重点。本届政府一个突

---

　　* 温家宝同志主持召开座谈会听取各界人士对《政府工作报告》稿的意见,本文为座谈会上的发言,2013 年 1 月 24 日,北京。

出的亮点是高度重视行政体制改革,并在多方面取得了重要进展。我的看法是,未来 5～10 年,全面改革的关键和重点仍然是政府改革。最近,我和一些老领导、老专家交谈的时候,大家都认为政府改革有可能成为新阶段改革顶层设计的重点。我记得,2006 年的《政府工作报告》和"十一五"规划都明确提出,行政管理体制改革是改革攻坚的关键和重点。我建议,把这句话再次写进《政府工作报告》。

2.建议明确提出政府职能转变是深化行政体制改革的重点。这些年政府职能转变取得一定成效,但正如《政府工作报告》提出的,政府职能转变不到位。总的看,转变的程度和速度同经济社会发展的需求仍有明显差距,尤其是职能转变滞后产生的某些消极、腐败问题,是政府公信力下降的重要因素。这里,提两条具体建议:

(1)建议明确提出:着力推进行政审批制度改革。应当说,这 5 年行政审批制度改革在多方面有明显进展,但一些部门和地方的审批事项仍然较多,审批程序繁琐、效率低下,利用审批牟取私利的问题仍有一定的普遍性。这就需要在已有的基础上,深入推进行政审批规范化和监督制约机制建设。

(2)建议明确提出:加快垄断行业改革。许多情况说明,垄断仍然是制约政府职能转变和市场经济发展的一个突出问题,并且也成为深化国有企业改革的重要制约因素。建议在《政府工作报告》中提出,加快推进垄断行业改革,深化国有经济的战略性调整。

3.建议以优化权力结构为重点深化大部门制改革。这个建议,我在 1 月 11 日张高丽同志主持的座谈会上提过。这些年来,一再强调政府职能转变,为什么仍不到位? 我认为,关键在于优化权力结构尚未实质性破题。主要由于这个原因,前几年的大部门制改革,形式上走了一步,权力结构调整未有突破。下一步的大部门制改革,要按照决策权、执行权、监督权既相互制约又相互协调的原则,把重点放在优化权力结构上。建议尽快研究提出,以调整优化权力结构为重点的大部门制改革方案,并建议在总体方案尚未出台前,只对职能交叉重叠、矛盾问题比较突出的部门进行机构调整,而不急于全面推进大部门制改革和政府机构调整。

4.建议把推行政务公开、建设阳光政府作为政府自身建设的重大任务。近些年来,在这方面采取了许多措施,并也取得了一定的成效。当前,部门利益、行业利益、地方利益的形成具有一定的普遍性，并且在某些方面还有强化的倾向。对此，建议《政府工作报告》明确提出大力推动并"全面实行"政务公开，以实现行政权力运行的公开化、规范化，实现以权力约束权力和社会监督权力的有机结合，有效约束政府自身利益倾向。

5.建议尽快建立高层次的改革协调机构。十八大报告把"完善体制改革协调机制，统筹规划和协调重大改革"，作为行政体制改革的重大任务之一。未来5～10年，改革的深刻性、艰巨性、复杂性全面增强。要尽快成立一个高层次的改革协调机构，加强对全面改革的组织和协调，把改革统筹与部门推动有机结合，以发挥中央、国务院领导推进改革的参谋、助手作用。从现实看，建立改革协调机构或国家层面的改革咨询机构，现实需求增大、各方共识增多（前不久，按照马凯同志的要求，我和宋晓梧同志提出了一个"关于建立高层次改革协调机构的具体建议"）。

上述的相关建议，我已在《政府工作报告》建议中做了书面修改。另外，关于消费、投资的一段表述，我认为值得商榷，并做了些文字修改。关于城镇化部分，我建议把"城镇化是扩大内需的最大潜力"写进报告。

加快推进市场监管转型的建议[*]

落实十八届三中全会决定提出的"市场在资源配置中起决定性作用"的精神,需要加快政府职能转变,也需要加快建立有效的市场监管体制,以维护公平竞争的市场秩序。当前,以放权为重点的政府职能转变已有重要突破,但市场监管的问题尚未破题。

按照市场决定资源配置的新要求,破题市场监管体制改革,重在推进市场监管由行政监管为主向法治监管为主的转型。

1. 我国的市场监管保持着行政审批与市场监管合为一体的突出特征,无论从食品药品等消费品监管,还是从垄断行业监管来看,以行政监管为主的体制不改变,实现监管的有效性是相当困难的。

2. 以行政审批取代监管的矛盾比较突出,有关部门既管审批又管监管,前置性审批过多不仅压抑市场活力,也无法保证事后监管的有效性。

3. 在现代市场经济条件下,行政审批与市场监管是两个不同性质的事物,事前的行政审批是政府的权力,需要依法界定权力清单;市场监管主要是事后监管,以法治监管为主。

为此,建议把推进由行政监管为主向法治监管为主的转变作为新阶段市场监管体制改革的基本目标,出台改革行动方案,对整个市场监管体制进行重构和改革。

1. 适应"负面清单"管理,建立以事后监管为主的新体制。在现代市场经济条件下,有效的监管主要是事后监管,而不是前置性的审批。对于前置性的审批尽可能做到越少越好,对于必须保留的审批事项,也需要列出"负面清单",尽可能实现投资非禁即准和便利化。与此同时,大大强化事后的监管。

---

[*] 2014 年提交全国政协十二届二次会议提案。

这样才能使政府的监管既能够充分激发市场活力,又能够科学、有效。

(1)在中国(上海)自由贸易试验区探索的基础上,把全面推行"负面清单"管理作为行政审批改革的大方向。

(2)把行政审批与市场监管严格分开,建立以事后监管为主的市场监管体制框架。

2.组建综合性、权威性的市场监管机构。近年来,在一些地方试验中开始整合市场监管机构,成立了综合性的市场监管局,取得了比较好的效果。建议:与大部门体制改革统筹考虑,尽快从国家层面调整监管权力结构,整合监管机构,组建综合性、权威性的市场监管机构。新组建的机构要作为执行机构依法设定,实行决策和执行严格分开的新体制,并具有很强的专业性。

(1)成立国务院消费市场监管委员会,整合国家工商总局、国家质量监督检验检疫总局等市场监管职能,强化消费市场监管的统一性、有效性。

(2)强化国务院反垄断委员会功能,整合商务部、国家发改委、国家工商总局的反垄断执法权,着力增强其反行政垄断的功能。

(3)由人民银行统筹,从完善"一行三会"协调机制入手完善金融监管,从对金融机构本身的监管为主转变为对金融行为的监管为主,逐步由分业监管过渡到混业监管模式。

3.形成政府监管与行业自律、社会监管的合力。在现代市场经济条件下,政府监管要面对无数个市场主体,如果仅仅靠政府唱"独角戏",市场监管的有效性很难保证。这就需要充分发挥行业协会等社会组织在行业监管、企业自律中的重要作用。

(1)加快推动现有行业协会的"政会分开"、去行政化。

(2)支持各个行业的民营企业在自愿的基础上联合建立各类行业协会。

(3)由行业协会承接政府下放的行业管理职能,重点强化行业自律和社会监督。

4.建立市场监管的法律框架。

(1)尽快把负面清单管理纳入《行政许可法》,为统筹行政审批与监管改革提供法律依据。

(2)修改《食品安全法》《药品管理法》等,确立市场监管机构的法律地位。

(3)把反行政垄断纳入《反垄断法》。

关于推进国家治理体系和治理能力
现代化的几点建议[*]

十八届三中全会提出,全面深化改革的总目标是完善和发展中国特色社会主义,推进国家治理体系和治理能力现代化。我认为,这是顺应经济社会发展大趋势的战略性、历史性选择。对此,我有这样 3 点概括:(1)这是建设现代国家的主要标志。(2)这是实现国家长治久安的根本之路。(3)这是改革发展历史经验的科学总结。当前,社会方方面面对此有极大的期待。就此,提 3 点建议。

一、建议尽快出台总体规划或者总体设想

1.全面深化改革的现实和迫切需求。从各方面的情况看,国家治理体系转型确实到了关键点。未来 3~5 年,如果能够发挥总体规划的导向作用,对深化全面改革,对未来 10 年、20 年国家的长治久安,具有决定性的影响。

2.推进依法治国的重要指导思想。综合多方面的情况看,下一步的国家治理转型,重要的是以法治建设为重点,法治为先、法治为重、法治为大,逐步形成依法治国的新局面。

3.回应社会各方面的重大期盼。出台这样一个总体规划,对于协调各方面的力量、调动各方面的积极性,形成国家治理的新格局有重大影响。

＊ 在刘云山同志参加的全国政协十二届二次会议小组会上的发言,2014 年 3 月 4 日,北京。

二、建议总体规划研讨的重大问题

总的考虑：国家治理体系和治理能力现代化的规划,除了在强调党的执政方式的改革、人大监督作用、政协民主协商制度化以及反腐败的体制机制建设外,还有一个重要方面,就是回应社会期待,以现实的经济社会重大问题为导向,以此来凝聚全社会推进国家治理体系建设的正能量。从这方面考虑,我认为有4件事很重要,需要着力深入研讨。

1.加快推进法治市场经济进程,建设法治化的营商环境。从现在的情况看,有两件事情需要采取措施：

(1)针对现在资本外流、社会资本不稳定的现实矛盾和问题,建议尽快形成合法的私人财产权、投资收益严格保护的法制环境。

(2)市场监管的转型与改革,即由行政监管为主向法治监管为主的转型,尽快将监管权从审批机构中分离出来。从各个方面看,我国已进入一个消费型社会发展的新阶段,全社会的消费结构升级、消费释放将是一个大趋势。现在突出的矛盾是投资与消费不相适应,市场监管与消费型社会发展的大趋势不相适应。为什么监管机构越来越多,但监管的效果不尽人意,而且消费不安全问题很多？主要是因为把行政审批和市场监管合为一体。所以,法治市场经济建设的重要任务,是赋予市场监管的法律地位,尽快将监管权从审批机构中分离出来,以提高监管的综合性、统一性、权威性。

2.加快以公开化、去行政化、去地方化为重点的司法体制改革。在这方面,我有一些具体建议。例如,司法体制改革去地方化,跟经济发展方式转变相适应,需要把经济的审判权归中央,建立中央巡回法院,民事、刑事案件仍归地方。我认为,这样司法体制改革现实的需求明显加大,条件逐步成熟,具有一定的可操作性。

3.加快推进社会治理创新进程。

(1)综合各个方面的情况看,社会治理转型确实到了临界点,未来的一个时期,这方面的矛盾问题会越来越突出。

(2)以发展各类社区公益组织和推进社区自治为重点加快社会治理创新。

(3)积极稳妥地推进官办社会组织的转型,使其在重要时候起到关键性作用。

4.加快以中等收入群体为重点的利益结构调整。

(1)利益结构与治理结构的关系。我认为,橄榄型的利益结构和分配结构是我国治理结构的重要基础,并且是治理结构和治理能力现代化的重要组成部分。

(2)从现实情况看,改革开放30多年,中等收入群体比例在25%左右。到2020年全面建成小康社会,如果中等收入群体比例不能提高到40%左右,无论对经济的持续发展还是对社会的和谐建设,恐怕都会带来一些不利的影响。近些年,我们一再呼吁尽快出台关于中等收入群体的国家规划以及调整相关的政策体制。提低很重要,提低的重要目的是使部分群体成为中等收入群体。现在重要的是在收入分配、赋予农民更多财产权等方面的改革要有大的突破。这样,到2020年中等收入群体总体规模达到40%左右是完全有可能的,即有6亿人成为中等收入群体。这无论对中国还是对世界,都是一个重大的利好。

三、加强理论研究与政策咨询的力度,形成国家治理体系建设的重要理论与思想支撑

1.国家重大课题的攻关。如何形成有中国特色的国家治理体系和治理能力,需要理论的攻关,也需要改革研究的攻关,建议把它作为国家重大课题。这里涉及一系列重大问题,例如,什么是有中国特色的国家治理体系、推进国家治理体系与依法治国等。这些都需要深入研究,并应该成为社会科学研究和改革研究的重大课题,应当组织多方面的力量进行国家重大课题的攻关。

2.推进中国特色的智库建设。从我国的情况看,社会科学理论研究和经济社会咨询研究,两者既有联系又有区别。我建议,国家社会科学基金加大对建设中国特色智库的支持力度,对一些重要的咨询机构给予支持,并建议把对政策咨询机构的支持列入国家社会科学资助的重要方面。

3.最后我想说几句话。昨天上午我去看了96岁的安志文老同志,他说了三句话:一是十八届三中全会选择的改革路子是很对的;二是现在改革的困难比以前要大得多;三是只要稳步改革下去,是大有希望的。安老的话让我感触很深:坚定改革自信,对全面深化改革至关重要。

推进市场监管向法治化转型[*]

总的考虑：当前，消费市场环境与消费需求释放不相适应的矛盾比较突出。到 2020 年，我国的消费总规模有可能达到 45 万亿～50 万亿元，由此成为支撑 7% 左右增长的主要因素。适应这个大趋势，政府市场监管已成为牵动影响增长转型的关键之一。从政府改革的实践看，以放权为重点的行政审批制度改革取得了重要突破，但是市场监管改革尚未有实质性破题；推进市场监管体制改革重在实现由行政监管为主向法治监管为主的转型，以强化以法治为基础的市场监管。

一、把依法监管作为市场监管改革的基本目标

这里，有 3 个问题需要提出来讨论：

1. 行政审批与市场监管不分，是不是市场监管改革面临的突出矛盾？从现实看，行政审批与市场监管合为一体的特点比较突出。例如：某些机构既有行政审批权，又有市场监管权。这种"谁审批谁监管"的体制不可避免地形成以审批取代监管，重审批、轻监管的问题。这也是"九龙治水、各管一段"的矛盾问题长期难以解决的根源所在。

2. 要不要把行政审批与市场监管严格分开？行政审批是行政机关事前把关的手段，市场监管是对市场经营活动进行约束限制的行为，二者在范围、程度上有本质区别。在现代市场经济条件下，有效的监管主要是事后监

---

[*]　在杜青林同志主持召开的"依法行政推进法治政府建设"专题座谈会上的发言，2014 年 6 月 9 日，北京。

管,而不是前置性的审批。对于前置性的审批尽可能做到越少越好,对于事中、事后的监管则需大大强化。这样,就需要把行政审批与市场监管严格分开。

3. 走向法治化是不是市场监管改革的目标选择? 事前的行政审批是政府的权力,需要依法界定权力清单;市场监管主要是事后监管,需要建立在法治基础上。这就需要把推进由行政监管为主向法治监管为主的转型,作为市场监管体制改革的基本目标,作为法治政府建设的重大课题。

二、加快推进市场监管由行政为主向法治为主的转变

对此,提出以下 3 点建议:

1. 组建综合性、权威性的市场监管机构。为什么尽管这些年国家出台了不少市场监管的法律法规,但执行效果并不好? 一个重要原因在于审批权与监管权长期不分。建议把行政审批与市场监管职能严格分开,尽快从国家层面,整合监管机构,组建综合性、权威性的市场监管机构。

2. 调整市场监管权力结构,建立决策和执行严格分开的执法监督机构。新组建的综合性市场监管机构,应当作为执行机构依法设定:一是成立国务院市场监管委员会,整合国家工商总局、国家质量监督检验检疫总局等市场监管职能,强化消费市场监管的综合性、统一性、有效性;二是整合商务部、国家发改委、国家工商总局三家的反垄断执法权,建立直属国务院的反垄断局,增强其反行政垄断的监督功能;三是从完善“一行三会”协调机制入手完善金融监管,从侧重对金融机构本身的监管转变为更加注重对金融行为的监管,逐步由分业监管过渡到混业监管模式。

3. 形成政府监管与行业自律、社会监管的合力。从现实看,我国行业协会监管仍处在法律、法规缺失的状态。这就需要依法赋予行业协会等社会组织在行业监管、企业自律中的法律地位。包括:依法支持各个行业的企业在自愿的基础上联合建立各类行业协会;由行业协会承接政府下放的行业管理职能,重点强化行业自律和社会监督。

三、强化市场监管的相关立法

就此,提出以下 3 点建议:

1.研究出台综合性的《市场监管法》。一是确立市场监管机构的法律地位;二是加强行业监管立法,对行业监管的权力和责任做出法律规定,为支持社会性监管,尤其是鼓励媒体参与对市场的监管提供法律依据;三是严格规范市场监管程序,以法律制约监管权力。

2.修改《食品安全法》和《药品管理法》。实行最严格的食品药品安全监管制度,完善食品药品监管体制,加大违法行为惩处力度,对网购食品药品等监管空白地带进行法律规范。

3.将反行政垄断纳入《反垄断法》。建议在国有垄断行业、城市公用事业、公共服务领域相关行业监管中增加反垄断的内容,使这些行业监管体现公平竞争。

总的建议:把推进市场监管以行政为主向法治为主的转型,作为建设法治政府、推进法治市场经济进程的重大任务。

关于深化简政放权的几点建议[*]

简政放权是本届政府的最大亮点,在理顺政府与市场关系、激发市场活力上取得了显著成效,并成为稳增长的重要因素。

当前,在增长、转型、改革高度融合的背景下,深化以简政放权为重点的政府改革,有利于激发经济活力,有利于促进经济转型升级,有利于带动其他各项改革。下一步,如何在大幅减少行政审批事项的基础上,推进行政权力结构改革,我认为是政府改革向纵深推进的重点。对此,简要提5点建议:

1.在中央和省级政府层面全面推行负面清单管理。从实践看,负面清单管理是经济转型升级、服务业市场开放的关键所在。从多方面情况看,目前在中央和省级政府全面实施负面清单管理的时机和条件基本成熟。建议将报告提出的"制定市场准入负面清单"改为"基本实现中央和省级政府负面清单管理",以负面清单管理倒逼转方式、调结构,倒逼服务业市场开放。同时,把建立各级政府的权力清单、责任清单和财政支出清单作为政府自身改革的重大举措,并在年内完成中央政府与省级政府权力清单、责任清单和财政支出清单的公布工作。

2.尽快实现行政审批和市场监管的分离。从实践看,市场监管的效果长期不尽人意,主要原因是尚未建立行政审批和市场监管相分离的体制机制,一些部门既管审批又管监管,使市场监管的有效性大打折扣。放管结合改革的重要任务是实现行政审批和市场监管的分离,建议:第一,把"加快推进行政审批与市场监管分离"写进报告;第二,从国家层面整合市场监管职能,组建综合性、权威性的市场监管机构;第三,赋予市场监管机构法定权利和法律

---

* 在李克强同志主持召开的座谈会上的发言,2015 年 1 月 26 日,北京。

地位。

3. 以简政放权破题结构性改革。当前,经济增长动力与经济转型正在发生趋势性变化。问题在于,这个趋势性变化面临多方面的结构性矛盾,需要以结构性改革破解结构性矛盾、推进结构性转型。由于结构性改革涉及部门利益、地方利益、行业利益的深刻调整,建议报告明确提出"以简政放权破题结构性改革",并把创新投融资体制、深化财税体制和金融体制改革作为结构性改革的重大任务。

4. 建立政府自身改革的第三方评估机制。去年,国务院组织相关机构对行政审批改革作第三方评估,产生积极影响。建议报告增加第三方评估的内容,把第三方评估作为政府自身建设的一项重要制度,在各级政府全面推行。同时,引入社会组织和公益机构参与第三方评估,以增强第三方评估的客观性和专业性。

5. 发挥智库在政府决策科学化中的重要作用。建议将"各级政府要充分重视智库在提高政府决策科学化中的重要作用,建立健全决策咨询制度"写入报告。

强化市场监管的几点建议[*]

这两年,政府加快推进以简政放权为重点的行政审批制度改革,有效激发了市场主体的活力。要看到,在现行体制下,行政审批职能强、市场监管职能弱的格局尚未根本改变,以行政审批取代监管具有普遍性,只有将行政审批与市场监管改革统筹考虑,才能真正做到"放管结合"。这里,提出以下3点建议。

1.组建综合性、权威性的市场监管机构。与大部门体制改革统筹考虑,建议尽快从国家层面调整监管权力结构,整合监管机构,组建综合性、权威性的市场监管机构。

第一,组建专司消费市场监管的国家市场监督管理机构。整合国家食品药品监督管理总局、国家质量监督检验检疫总局和国家工商行政管理总局的消费品安全监管职能,这三个机构作为国家市场监督管理机构的执行局,使其成为独立性、专业化的消费品安全监管机构。

第二,建立统一的国家反垄断局。整合商务部反垄断局、国家发改委价格监督检查和反垄断局、国家工商行政管理总局的反垄断执法权,可以考虑将国家反垄断局作为国务院直属的执行机构,也可以考虑将其放在商务部。

第三,组建国家金融监管总局。整合银监会、保监会和证监会职能,形成"统一领导、分级负责、条块结合"的金融监管新体制。银监会、保监会和证监会成为国家金融监管总局的执行机构。

---

　　* 在俞正声同志主持召开的全国政协"深化行政审批制度改革"专题协商会上的发言,2015 年 7 月 10 日,北京。

2.形成政府监管与行业自律、社会监管的合力。在现代市场经济条件下,政府监管要面对无数个市场主体,如果仅仅靠政府唱"独角戏",市场监管的有效性很难保证。这就需要充分发挥行业协会等社会组织在行业监管、企业自律中的重要作用。

第一,加快推动现有行业协会的"政会分开"、去行政化。

第二,支持各个行业的民营企业在自愿的基础上联合建立各类行业协会。

第三,由行业协会承接政府下放的行业管理职能,重点强化行业自律和社会监督。

3.建立市场监管的法律框架。按照市场决定资源配置的新要求,加快推进市场监管由行政监管为主向法治监管为主的转型。

第一,尽快把负面清单管理纳入《行政许可法》,为统筹行政审批与监管改革提供法律依据。

第二,修改《食品安全法》《药品管理法》等,确立市场监管机构的法律地位。

第三,把反行政垄断纳入《反垄断法》。

关于加快推进监管变革的建议[*]

当前,监管转型滞后成为制约经济转型升级的突出矛盾,成为简政放权纵深发展的"最大短板"。加快监管变革的现实性、迫切性日益增强。近年来,政府在加强市场监管上采取了不少措施,但监管失灵面临的深层次的体制问题并未从根本上解决:(1)行政审批与市场监管合二为一的旧体制尚未根本性改变,不仅增大了企业的制度成本,还不利于形成监管结构的独立性、专业性。(2)监管权力结构不合理,无论是消费领域、金融领域、反垄断领域,都存在着多头监管与监管失灵并存的现象。(3)监管中政府唱"独角戏"的特点突出,缺乏市场治理理念,行业协会、商会、企业等自律作用远未发挥出来。为此,建议:

一、完善包括专业性监管和综合性监管在内的监管体系,实现行政审批与市场监管严格分开

1.完善专业性监管。专业性监管机构不再行使审批权,例如证监会。未来资本市场实行注册制,限期取消行政审批事项,成为专业性监管部门。

2.完善综合性监管。更多领域采取综合性监管,形成宽职能的监管队伍。在食品药品安全、工商质检、公共卫生、安全生产、文化旅游、资源环境、农林水利、交通运输、城乡建设、海洋渔业等领域内推行综合执法,有条件的领域可以推行跨部门综合执法。

---

* 2016 年提交全国政协十二届四次会议提案。

3.行政审批与监管分离。一些需要保留审批事项的部门,应当成为科学规范、有效的审批部门,行政审批与市场监管在机构上严格分开。

二、适应经济转型升级调整优化重点领域市场监管权力结构

1.尽快组建国家金融监管总局。随着"互联网＋金融"的创新层出不穷,银行业、证券业、保险业金融机构之间相互渗透和交叉的趋势不断增强,对分业监管模式提出了现实挑战。以稳定资本市场、防范金融系统性风险为重点,建议整合银监会、保监会和证监会的职能,组建国家金融监管总局,形成"统一领导、分级负责、条块结合"的金融监管新体制。

2.尽快组建专司消费市场监管的国家市场监督管理总局。互联网时代为建立涵盖生产、流通、消费全过程的监管体系提供了重要条件。当前,不少地方政府成立了综合性的市场监管局并取得较好的效果。建议尽快整合国家食品药品监督管理总局、国家质量监督检验检疫总局和国家工商行政管理总局的消费品安全监管职能。这三个机构作为国家市场监督管理总局的执行局,使其成为有独立性、专业化的消费品安全监管机构。

3.尽快建立统一的国家反垄断局。我国自 2007 年《反垄断法》出台以来,反垄断执法工作在国务院反垄断委员会领导下由商务部反垄断局、国家发改委价格监督检查和反垄断局、国家工商行政管理总局反垄断与反不正当竞争执法局三个机构行使反垄断职能。从反垄断的执法实践看,由于三家反垄断机构调查及处罚难以统一协调,使反垄断的效果大打折扣。建议整合商务部反垄断局、国家发改委价格监督检查和反垄断局、国家工商行政管理总局的反垄断执法权,组建国家反垄断局。

三、突出行业自律、搭建市场治理的体制框架

1.充分发挥行业协会、商会的自律作用。摸清"红顶中介"的家底,加快推动现有商会、行业协会的"政会分开"、去行政化;支持各个行业的民营企业在自愿的基础上联合建立各类商会、行业协会,使其在行业自律、社会监督上

有职有权；推行"一业多会"，形成有效的竞争机制，及时淘汰缺乏行业自律的商会、行业协会。

2.完善社会信用体系。逐步建立全国统一的信用标准规范体系，形成统一社会代码制度，以组织机构代码为基础对法人和其他组织进行身份标识，实现机构信用体系全覆盖；启用市场主体信用信息公示系统，工商登记及监管信息可通过互联网向社会公开；充分运用大数据资源实现企业信用信息互联共享，实现失信企业"一处违法、处处受限"。

3.推行法人承诺制。形成以企业信用、企业自律为基础的事后监管。对必须保留审批的事项，由监管部门向申请企业提供责任承诺书和审批要件清单，企业法人签署对材料真实性负责，审批部门可当场或当天发放批件和许可证。事后，监管部门在规定时间内组织现场核查，如发现企业造假，再对其进行严厉惩处。

加快推进政府监管变革的行动建议[*]

这几年,简政放权成为政府改革的突出亮点,其在释放市场活力、促进经济转型、应对经济下行压力中发挥了重要作用。目前的突出问题是,监管转型进程滞后于简政放权进程,与广大社会成员的期盼有着明显差距。为此,政府改革要把重点放在监管变革上,使政府监管与经济转型趋势相适应。

一、推进行政审批与市场监管严格分开

1.行政审批与市场监管不分,带来较大弊端。长期以来,监管机构大都既有行政审批权,又有市场监管权。以金融监管为例,银监会、证监会、保监会既是行业准入的审批机构,又是各自领域的监管机构。"谁审批谁监管"的体制不可避免地带来以审批取代监管、重审批轻监管等问题,监管机构难以保持利益超脱,难以独立专业行使监管权。

2.推进审批与监管的职能分开。有效的监管主要是事中、事后监管,而不是前置性审批。前置性审批尽可能越少越好,大大强化事中、事后监管。为此,把行政审批与市场监管严格分开,不仅职能要分开,机构也要分开,以此保障监管机构的独立性、专业性和权威性。

二、以金融监管变革防范金融风险

1.防范金融风险的现实性全面增强。金融开放进程的不断推进,在推动

---

* 2017 年提交全国政协十二届五次会议提案。

我国更紧密融入世界经济的同时,也使得国际金融风险向国内传导更加直接、更加迅速。去年以来,人民币贬值风险、房地产泡沫风险、由产能过剩引发的债务违约风险等不断累积,集中暴露了金融监管转型滞后的突出问题。

2.加快建立独立、专业、权威的金融监管体制。只有解决行政审批与监管不分的问题,金融监管的转型与改革才有可能取得实质性突破。考虑到证券市场注册制即将实施,股票发行审核权应当下放给证券交易所;尽快研究推出银行业、保险业审批权与监管权相分离的改革方案。

3.适应混业经营的趋势,尽快组建国家金融监管机构。在银监会、证监会、保监会的基础上组建国家金融监管机构,是我国构建综合性监管的现实选择。一方面有利于解决行政审批与监管不分的问题,既提高央行对货币政策的调控能力,也提高监管机构的独立性;另一方面有利于监管的统筹协调,实现全领域、无死点监管。

三、以反垄断为重点提高市场监管的有效性

1.强化反垄断的统一性。尽管出台了《反垄断法》,但由于反垄断职能分散在几个不同部门,严重影响了反垄断的实施效果。例如,服务业的行政垄断和市场垄断长期难以打破,已成为阻碍服务业快速发展的突出矛盾。

2.建立统一的反垄断机构。从国际经验看,反垄断职能集中在一个部门更有利于反垄断的实施效果。这就需要尽快整合分散在商务部、发改委、国家工商总局的反垄断执法权,组建统一的国家反垄断机构,统一行使反垄断执法权。

3.建立行政垄断的审查机制。一是反垄断要常态化、制度化,不搞选择性执法。二是行政部门出台相关行业政策、指导性文件前,需向反垄断委员会备案。三是尽快系统梳理现行行政法规,废除各类导致行政垄断的行政法规。

四、组建统一权威的食品药品监管机构

1.食品药品监管体制面临突出矛盾。2013年的食品药品监管体制改革

组建了国家食品药品监督管理总局,在整合监管机构、监管资源上取得重要成果。但是,随着食品安全监管走向以预防为主、风险管理,中央地方监管权责划分不合理的矛盾逐步凸显。由于权、责、能不对称,以地方政府负总责为重要特征的体制面临多方面的矛盾。例如,地方食品药品监管机构建设"五花八门",难以实现监管权的集中统一行使。再例如,相当多的地级市、区县级机构囿于机构编制等压力,将工商、质监、食药监、知识产权等部门合并,名义上食药监规模在加强,实际上专业性被严重淡化和削弱。

2.从中央到地方建立统一权威的食品药品监管机构。一方面,在中央层面,建立食药监管派驻制度。综合考虑经济发展水平、人口规模、行政区域等因素,将全国划分为华东、华南、华中、华北、东北、西南、西北7个食药监管分局,作为国家食药监总局的派出机构。7个食药监管分局不是一级独立监管机构,而是派驻机构,其职责是协调中央和地方行政执法权划分,指导、监督地方食药监管工作,有相应的决策权和执法权。另一方面,在地方层面实行分级管理。省—地级市—县(市)独立设置食品药品监管机构,乡镇(街道)一级食药监管机构由县(市)一级派出。地方实行分级管理,由各级地方政府负总责。

3.将食品药品监管标准制定放在大健康部。为了适应全社会对健康的需求,建议国家组建大健康部。考虑到监管标准制定与执行机构分开的原则,建议将食品药品监管标准制定放在大健康部。

五、尽快形成政府监管与社会参与监管的合力

1.社会参与监管严重不到位。从国际经验看,NGO、行业组织、商会等社会力量在市场监管中有着独特的作用。我国自古就有"商有商会、行有行帮"的传统。行业协会和商会曾经在推动企业诚信、自律中扮演过不可替代的角色。在现行监管体制下,行业协会和商会行政化的倾向相当严重,缺乏公信力,难以有效发挥行业自律的作用。

2.充分发挥行业协会、商会的自律作用。加快推动现有商会、行业协会"政会分开"、去行政化;支持民营企业自愿联合建立各类商会、行业协会;推行"一业多会",形成有效竞争机制,及时淘汰缺乏行业自律的商会、行业协会。

3.推行法人承诺制。建立以企业信用、企业自律为基础的事后监管新机制。对必须保留审批的事项,向申请企业提供责任承诺书和审批要件清单,企业法人对材料真实性负责,审批部门可当场或当天发放批件和许可证。事后,监管部门随机现场核查,如发现企业造假,再对其进行严厉惩处。

六、推进市场监管制度化、法治化

1.研究出台综合性的《市场监管法》。适应我国消费需求释放的大趋势,以监管转型释放内需潜力,加快制定出台综合性《市场监管法》。通过完善消费市场的立法,明确市场监管机构的法律地位,明确市场监管的程序,明确违法行为的制裁措施,明确不当监管的罚处,为全面实施负面清单管理提供依据。

2.将反行政垄断纳入《反垄断法》。例如,在《反垄断法》总则第三条界定垄断行为中加入一条"依靠行政权力形成市场支配地位"的行为;在《反垄断法》中增设反行政垄断相关内容,对铁路、电力、电信、石油、民航、邮政等垄断行业的行政垄断行为进行界定;对城市公用事业领域的行政垄断行为进行界定;对教育、医疗、文化等公共服务领域可竞争环节的行政垄断行为进行界定。

3.推进食品药品监管法治化。尽管我国在食品药品监管方面已经出台了相关的法律法规,但在细分的专业领域缺乏具体的法律规范。建议加快完善食品药品监管法律体系,分品种形成更多细分领域的食品药品专门法律法规,实现立法的精细化、科学化,避免法律"真空",推动食品药品监管职能法定、程序法定、机构编制法定。

第三篇 建言供给侧结构性改革

党的十九大报告提出，以推进供给侧结构性改革为主线，推进经济发展质量变革、效率变革、动力变革。这 10 年，尤其是近 5 年，我就深化供给侧结构性改革提出了相关建议。我在 2017 年全国政协大会的发言，题目就是"供给侧结构性改革重在处理好政府与市场关系"。在我看来，进入发展新阶段，如何适应国内需求变化是推进供给侧结构性改革的关键。

扩大消费需求是转变发展方式的重点[*]

《"十二五"规划纲要》第一篇第四章中"十个政策导向"把着力点放到"发展方式转变""扩大内需"上。改革开放 30 多年来,我国在做大经济总量上取得了重大历史成就,但现行增长方式的某些矛盾和问题开始凸显。能不能从做大经济总量走向公平与可持续的科学发展,"十二五"这 5 年至关重要。

一、如何客观判断经济生活中的突出矛盾

《政府工作报告》提出,扩大内需是我国经济发展的长期战略方针和基本立足点,也是促进经济发展的根本途径和内在要求。《"十二五"规划纲要》提出,把扩大消费需求作为扩大内需的战略重点。扩大消费需求,关键是对现实经济社会生活的突出矛盾有一个客观的判断。

1.投资—消费失衡是现行发展方式的突出矛盾。《政府工作报告》中提出投资—消费失衡,这是很客观的。从现实看,投资—消费失衡是现行发展方式的突出矛盾。这些年,尤其是 2003 年以来,一方面 GDP 呈现两位数增长,另一方面最终消费率、居民消费率不断下降。1978 年我国消费率为62.1%,2009 年下降到 48%。改革开放之初,居民消费率接近 50%,现在只有 35%左右。从与国际消费率比较看,我国消费率不仅远远低于发达国家,而且低于同等发展水平的国家。例如,2008 年,与金砖四国中的巴西、印度和俄罗斯相比,中国大概低于这三个国家 15~30 个百分点。这两年,尽管我国在拉动消费方面取得明显成效,但 2010 年投资对 GDP 增长的贡献率仍高达

---

* 在全国政协十一届四次会议小组会上的发言,2011 年 3 月 7 日。

5.6个百分点,消费的贡献率只有3.9个百分点,差距还是比较明显。消费率偏低已成为制约经济发展的突出矛盾。

"十二五"是我国提升消费率的历史拐点,关键在于推进相应的政策调整与体制变革,构建消费主导的格局。这个矛盾如果不解决,尽管我国在短期内仍然能保持较快的增长,但难以实现中长期的持续发展。"远虑大于近忧",我们应当立足中长期发展,客观判断最突出的经济社会矛盾。

2."十二五"消费率是个关键因素。《政府工作报告》《"十二五"规划纲要》都提出了几个约束性指标。例如,服务业占比增加4个百分点,城镇化率提高4个百分点,这些都是拉动消费的重要措施。在提出这些约束性指标的同时,也应当提出"十二五"消费率提升的目标要求。《政府工作报告》《"十二五"规划纲要》都强调"提高居民消费率""拉动消费",但都没有明确消费率提升的具体目标。

改变经济结构,首要任务是确立消费主导的地位。"十二五"需要实现投资—消费的基本平衡,初步实现由投资主导向消费主导的转型。如果"十二五"时期,最终消费率由2009年的48%提高到55%左右,居民消费率由现在的35%恢复到45%左右,就会初步形成消费主导的基本格局。建议在"十二五"规划具体实施细则中,把消费率尤其是居民消费率的提高作为一个约束性目标。我认为,这是"十二五"关键性的约束目标。

3.投资—消费失衡的矛盾越来越突出。当前,老百姓的消费意愿很低。为什么一方面GDP增长速度很快,一方面消费率不断下降?这反映了我国经济运行的结构性矛盾,反映了投资—消费失衡的突出矛盾。在这个背景下,需要适当控制地方的经济增长速度。有26个省的"十二五"规划提出GDP增长速度在两位数以上,其中有5～6个省提出GDP要翻番。不难看出,追求GDP总量扩张仍是相当多地方"十二五"发展的重点。尽管中央提出了以发展方式转型为主线的"十二五"规划,但如何约束地方行为,仍是一个突出的问题。

二、如何客观估计国内的消费需求

《政府工作报告》和《"十二五"规划纲要》都提出我国市场潜力巨大,

"十二五"规划明确提出经过努力逐步使我国消费总量位居世界前列。实现这个目标,必须高度关注以下几个问题:

1.消费潜力远未释放。在看到我国消费潜力巨大的同时,更要看到这个消费潜力远未释放出来。目前,农村居民的消费率很低。"十一五"期间,农民人均纯收入年均提高了近 9 个百分点,但是,根据《中国统计年鉴 2010》的数据,2006 年农村居民消费总额只有城镇居民消费总额的 34.95%,到 2009年下降到 23.8%。

2.消费需求,尤其是居民消费率下降原因何在? 在公共需求快速增长的背景下,公共产品严重短缺、基本公共服务不到位,是导致新阶段消费率下降的重要因素。当前,在老百姓的温饱问题总体解决以后,公共产品短缺成为拉动消费、扩大内需的制约因素。为此,需要从基本国情出发,在注重广大社会成员日益增长的物质文化需求同落后的社会生产之间这一主要矛盾的同时,更需要强调当前我国社会发展的阶段性特征。进入发展型新阶段,以温饱为特征的衣食住行等基本物质需求比例明显降低,而以人的自身发展为特征的消费需求快速增长且日趋多样化,如健康、住房、教育等。这些需求如果不能得到基本满足,要改变消费预期、拉动消费很困难。

3.如何建立拉动消费的长效机制? 第一,从收入分配来看,这件事情拖不下去了。今年应当尽快出台收入分配改革的具体方案。《"十二五"规划纲要》提出 2011 年城乡居民实际收入增长速度高于 GDP 增长速度,也就是不低于 8%。从整个拉动消费需求来看,收入分配需要有一些约束性指标。"十二五"能不能将城乡居民的收入差距控制在 3 倍以内,已经成为经济矛盾、社会矛盾高度融合在一起的全局性问题。

第二,原计划 2020 年初步实现基本公共服务均等化,现在看"十二五"时期提前实现这个目标是有条件的。"十二五"初步实现城乡基本公共服务均等化,对改变老百姓消费预期、提升消费率将有明显作用。

第三,《政府工作报告》《"十二五"规划纲要》提出,未来 5 年要把城镇化率提高 4 个百分点,我国的城镇化率将超过 50%,这对于我国来说是个历史性标志。这里的关键是农民工问题。去年,我提出"让农民工成为历史",社会上有一些不同的看法。有人提出农民工市民化可能到"十三五""十四五"都解决不了。我认为,在 80、90 后农民工成为主体的情况下,我们还有多少空间允许继续保留农民工身份并保证不演变成全局性的矛盾问题呢？"十二五"这个问题解决得不好,有可能为中长期经济社会发展埋下重大隐患。更何况,我们已经具备解决这个问题的条件。农民工市民化主要包括两个大问题:一是有条件的农民工市民化,总理在《政府工作报告》中已经讲得很清楚,这是一个重大突破;二是制度安排要合理,"农民工"身份是在我国改革开放30多年后,仍然保留的一种不公平的制度安排。我国在改革开放30多年后,还保留所谓的"农民工",无论从哪方面都说不过去。我们不能无休止地讨论解决所谓"新生代农民工"的问题。

4.如何拉动居民消费需求?关于拉动居民消费需求,《政府工作报告》《"十二五"规划纲要》都讲得很具体。例如:第一,全面拉动消费,即包括文化、旅游、养老在内的居民消费。文化消费中谈到"推动文化产业成为国民经济的支柱性产业"。我国的文化消费占GDP总量大约为2.5%,日本、韩国大约为15%,美国大约是20%。我国如果不采取一些大的举措,想要推动文化产业在未来5～10年成为国民经济的支柱性产业是有困难的。

第二,公共消费。公共消费是"十二五"拉动居民消费的重要部分。问题在于,公共消费的重点何在? 保障性住房同样可以拉动消费,既能解决社会问题,又能拉动消费,可能比某些基础设施投资的效应还大。另外,健康市场、教育市场潜力相当大。去年12月底,我应邀为美国通用公司主管做一场讲座。通用公司计划未来5～10年实现在我国县级以上地区都有他们的健康产品和服务。此外,我们还需要着力改善消费环境。消费环境、消费市场、消费基础设施建设和消费金融等方面,值得做的文章很大。

5.如何促进投资与消费的良性互动?《"十二五"规划纲要》提出的三点很重要。第一,严格限定政府投资范围。政府投资范围不限定,发展方式要转变很难。第二,严格规范国有资本的投资范围和投资行为。第三,适应消费市场的需求,适度开放教育、医疗、住房等服务市场,鼓励和扩大社会投资,使之成为拉动居民消费的重要领域。

三、如何建立扩大消费的体制保障

从总体上看,现行的发展方式以做大经济总量为重要目标,并带有国富优先的突出特征。"十二五"建立扩大消费的体制保障,重在实现从国富优先向民富优先的转变。

1.加快财税体制改革。现行财税体制在做大经济总量上是功不可没的,但在调节收入分配、拉动消费方面作用明显不足。加快启动新一轮财税体制改革,有利于拉动消费,有利于实现公平与可持续的科学发展。这个问题不尽快解决,要改变以投资为主导的增长方式,恐怕难以做到。

2.以公益性为重要目标的国有资本配置。《"十二五"规划纲要》提出"探索实行公益性、竞争性国有企业分类改革",这十分重要。在发展的新阶段,在公共产品短缺成为突出矛盾的背景下,国有资本的特殊作用就是要服务于公共产品供给,服务于拉动消费需求。目前,应当加快探索深化以公益性为目标的国有企业改革。

3.推进政府转型进程。在公共服务不到位、居民消费率明显偏低的情况下,需要明确提出以公共服务为中心的政府转型。老百姓需要政府创造好的市场环境、好的制度环境、好的社会环境,从而聚精会神地搞建设、搞发展。政府要做的公共服务可概括为三大项:经济性公共服务、社会性公共服务、制度性公共服务。

总的来说,把扩大消费需求作为发展方式转变的战略重点,涉及一系列的转型和改革。在这方面,应当有一些更具体的政策目标和约束性指标。

以拉动消费为重点的"十二五"改革*

研讨和制定"十二五"改革规划,我认为关键和重点是建立拉动消费的体制机制。这里,我就以拉动消费为重点的"十二五"改革,简要地提出以下5点建议。

一、关于"十二五"改革的突出特点

"十二五"规划纲要和今年改革重点工作部署都强调推进转变经济发展方式的改革,目标和方向是很明确的。从现实来看,我国确实到了从改变生产关系、做大经济总量转向改变经济结构、建设消费大国的历史拐点。为此,"十二五"要把改变经济结构、形成公平与可持续的科学发展,作为改革攻坚的重要目标。这既是"十二五"改革的突出特点,也是二次转型与改革的历史任务。无论是发展还是改革,"十二五"确实是历史转型的关键5年。把握"十二五"改革的突出特点,对加快推进"十二五"经济发展方式转变和改革攻坚具有重要意义。

二、关于"十二五"改变经济结构的关键和重点

我的基本看法是,"十二五"能不能初步实现由投资主导向消费主导的转型,既是转变经济发展方式的成败所在,也是改革攻坚的重点所在;既影响短

---

* 在李克强同志主持召开的国务院"十二五"国家级重点专项规划编制工作座谈会上的发言,2011年4月29日,北京。

期宏观经济稳定,又决定着长期的可持续发展。这是因为:

1.投资—消费失衡已成为经济生活和经济运行中的突出矛盾。虽然最近一两年消费率有所回升,但当前实际消费增速又出现了回落迹象,居民消费倾向尚未明显改善。这使经济增长被迫更加依赖于投资出口,进一步增大了经济生活和宏观经济运行的矛盾。

2.消费率持续下降的深层次根源是体制因素。这些年来,经济生活面临的突出矛盾是:GDP 增速很快,消费率不升反降。产生这个问题的深层次原因在于,以做大 GDP、国富优先发展为主要特征的政府主导型经济增长方式,使国家生产能力的增长快于居民消费能力的增长,并不断拉大贫富差距。应当说,改变投资—消费失衡,的确有一个发展导向的问题,即要从追求 GDP 总量导向转向国民收入导向,从国富优先的发展导向转向民富优先的发展导向。

3.如果相关政策和改革到位,"十二五"有可能初步实现从投资主导向消费主导的转型。力争用 5 年左右时间,把消费率从 48%提高到 55%左右,把居民消费率从 35%提高到 45%左右,就能初步形成消费主导的基本格局。对此,建议把提高消费率作为"十二五"改革专项规划的重要约束性目标。

三、关于以拉动消费为重点的几项改革建议

"十二五"时期,拉动居民消费重在推进相关改革。主要建议是:

1.建议在 2011 年内尽快出台收入分配改革方案。这项改革,不仅社会各方面的期盼非常大,而且对拉动消费具有决定性影响。建议上半年征求社会意见,年内尽快出台。当前,这项改革已箭在弦上,不得不发,而且要发而有力。(1)我国劳动报酬已经到了一个拐点。应当进一步完善劳资协商机制,适当提高劳动者报酬和最低工资标准。(2)确立"十二五"城乡差距、行业差距等收入分配差距控制目标,以及扩大中等收入者占比的目标。(3)进一步规范收入分配秩序,采取措施治理灰色收入,实现财政预算和国有资产管理透明化,为中长期收入分配治理奠定重要基础。

2.建议"十二五"初步实现城乡基本公共服务均等化。去年,我院受国家发展和改革委员会委托完成"十二五"基本公共服务均等化政策研究。总的结论是,"十二五"有条件比原计划提前 5 年初步实现城乡基本公共服务均等

化。这样,不仅有利于改变消费预期,而且对化解社会矛盾也具有重大影响。(1)建议年内出台"十二五"基本公共服务均等化全国性规划。(2)继续加大基本公共服务投入力度。根据我们的测算,未来5年,要初步实现基本公共服务均等化,中央及地方财政大概需要投入15万亿到20万亿元。从中央和省两级财政的综合情况看,只要下决心调整财政支出结构,这个投资规模是能够做到的。(3)重点推进教育医疗体制改革,尤其是要加快公立医院改革。(4)推进以公益性为目标的事业单位改革。刚刚出台的"事业机构改革方案"是个好文件,问题在于:首先,要把事业单位改革与基本公共服务体系建设相结合,统筹考虑;其次,要有推进力度,在未来的2~3年切实有所突破。

3.建议加快推进农民工市民化进程。"十二五"总体上解决有条件的农民工市民化的时机、条件成熟,建议尽快出台国家层面的行动方案,促进这项改革的重要突破。

4.建议加快城镇基本住房保障体系建设。在加大保障性住房建设的同时,需要注意的问题是:(1)基本保障性住房建设中要明确土地、政府投资等约束性指标,切实加强监督、监察。(2)防止基本住房保障体系建设走形变样,以及由此引发新的社会矛盾。(3)研究出台基本保障性住房的相关管理制度,包括后期管理、政府监管等。

四、关于中长期改革的几个问题

解决投资—消费失衡问题,拉动居民消费,既需要解决某些亟待解决的突出问题,也需要研究解决深层次的重大改革问题。

1.关于推进以扩大消费为重点的财税体制改革。从扩大消费需求、加快转变经济发展方式的要求看,当前宏观税负偏高,财税体制改革严重滞后。建议在"十二五"前两年,尽快出台并启动新一轮以民富优先发展为目标的财税体制改革。按照基本公共服务均等化的要求调整中央与地方的财税关系,破题地方土地财政的依赖问题。"十二五"末期努力实现各级政府事权与财力的基本平衡。

2.关于以公益性为重要目标优化国有资源配置。基本的判断是:公共产品短缺取代私人产品短缺已成为我国经济社会发展的突出矛盾。在这个特定背景下,不能继续把更多的国有资源用在做大 GDP 上,应下决心把一部分国有资源配置在公共服务领域。"十二五"头两年,应在加快研究的基础上,尽快出台进一步优化国有资源配置的改革方案。同时,加大对国有垄断行业收租分红的力度,用于补充基本公共服务投资。这应当成为"十二五"改革规划的重大课题。

3.尽快研究教育、医疗、文化市场的开放问题。在确立政府主体地位和主导作用的同时,为吸引社会投资,适应多元公共服务需求,建议尽快适度开放教育、医疗、文化市场。可选择有条件的地区进行试点探索,比如海南正在建设国际旅游岛,可以考虑支持鼓励海南在这方面先行先试。

4.关于以政府转型为主线的行政体制改革。"十一五"时期,行政体制在大部门体制改革等方面有一定进展,但与加快转变经济发展方式的要求还有明显差距:(1)经济运行中的政府主导,有明显强化的趋势,市场在资源配置中的基础性作用受到一定程度的削弱。(2)市场监管体制和市场流通体制改革的滞后,反映出政府在市场监管中的责任缺位、监管体制的低效率,以及市场流通环节的某些秩序混乱。(3)政府自身利益倾向日趋突出,行政成本膨胀等问题不仅有禁无止,而且有进一步扩大的势头。

加快以政府转型为主线的行政体制改革,是"十二五"加快转变经济发展方式和改革攻坚的关键和重点。对此建议:(1)加快完善中央、地方公共职责分工体制,进一步加强中央对地方的行政问责。(2)按照十七届二中全会的要求,努力建立决策权、执行权、监督权既相互制约又相互协调的权力规范运作机制,有效地规范部门利益。(3)切实加强政府自身建设与改革,在公车改革、削减行政支出等方面尽快取得实质性突破,提升社会各方面对行政体制改革的信心。

五、关于改革的高层次综合协调

"十一五"以来,中央一再强调改革是经济社会发展的主要动力,强调改革进入攻坚时期,强调要以"更大的决心和勇气"推动重点领域和关键环节的改革。应当说,过去几年,改革在多方面有一定进展。

随着内外环境的变化,"十二五"改革面临着更为复杂的形势和挑战。例如：第一，这些年的高增长掩盖了许多深层次的体制机制问题，由此弱化了改革力度，使某些改革实际上处于可有可无的状态。第二，对形成宏观经济波动中的体制问题研究解决得不够，一些重大改革存在着久拖不决或决而不做的问题。第三，协调各方面利益关系的改革难度明显加大，改革面临缺乏共识、动力不足的困境。

当前，社会各方面对"改革的顶层设计"寄予了很大期望。建议尽快成立高层次综合性的改革协调机构，其主要任务是：(1)加强对"十二五"改革的总体策划和行动方案研究。(2)加强对重大改革的统一协调。(3)加强推进改革的力度，改进推进方式。

加快消费主导的经济转型[*]

当前,从内外发展环境的变化趋势出发,推进消费主导的经济转型,对我国经济发展方式转变具有全局性意义:既是短期保增长政策的着力点,又是中长期改变经济结构的战略重点,更是我国走向公平与可持续发展的重大选择。对此,提出以下几点建议:

一、确立消费主导经济转型的基本目标

国家"十二五"规划纲要明确指出,"把扩大消费需求作为扩大内需的战略重点,进一步释放城乡居民消费潜力,逐步推动我国国内市场总体规模位居世界前列"。中央经济工作会议在部署 2012 年工作时又提出,"牢牢把握扩大内需这一战略基点"。应当说,这个"战略基点"的确立完全符合内外发展变化的大趋势。一方面,欧美主权债务危机的逐步发酵,将带来国际市场中长期的萎缩,过去行之有效的投资出口主导模式难以为继,形成倒逼扩大国内消费的巨大动力。另一方面,随着我国由生存型阶段进入发展型新阶段,13 亿人的发展型消费需求正处于全面释放的历史拐点。与欧美国家不同,我国仍然是一个发展中的大国,未来 5~10 年,城市化率和服务业比例至少还有 10~20 个百分点的上升空间,蕴含着巨大的消费潜力。仅以文化为例,未来 5 年,文化消费增加值占 GDP 比重如果从当前的 2.75% 提到 5% 以上,将新增约 4 万亿元的消费规模。

未来 5~10 年,我国能不能化不利为有利,因势利导,充分释放国内消费

潜力,取决于政府能不能适应经济发展方式转变的客观趋势,把走向消费主导的经济转型上升为国家战略。其中,重要的是确立消费主导经济转型的基本目标。建议分两步走:

第一步,初步实现消费主导。到"十二五"末期,最终消费率提高到55％以上,居民消费率提高到45％以上,消费贡献率稳定在40％以上。

第二步,基本实现消费主导。到2020年,最终消费率进一步提高到60％,居民消费率提高到50％,消费贡献率稳定在50％以上,基本实现消费主导的经济转型。

二、明确把提高消费率作为政府绩效考核的约束性指标

早在1998年的亚洲金融危机期间,我国就提出扩大内需的方针,国家"十五"计划也明确提出"居民消费率要提高到50％"的目标。实际情况是,这些年消费率不仅没有提升,反而降至历史最低点。为使提高消费率的战略目标在政府层面落到实处,建议把消费率作为政府的约束性指标。

第一,消费率是一个综合指标,既反映了居民实际收入增长、收入分配格局的调整进程,也反映产业结构、城乡结构调整等进程。与GDP和人均GDP增长率等指标相比,更能够体现科学发展的基本要求。为此,需要将消费率作为政府工作的硬指标。

第二,提高消费率需要推进系统性改革,需要推进深度的政策调整,涉及政府方方面面的工作。与GDP和人均GDP指标相比,消费率更能够体现出政府的工作成效和能力。为此,应当把消费率纳入各级政府业绩考核的指标体系,赋予较大权重,并作为官员任用选拔的重要参考。

第三,通过加大对消费率指标的考核力度,遏制比较盛行的增长主义倾向,倒逼地方政府推进扩大消费的相关改革,把地方政府的主要关注点从过多地关注GDP转向更多地关注公共服务等领域。

三、按照消费主导经济转型的要求推进相关改革

总体上看,制约国内消费潜力释放的体制性障碍远未破除,改革在消费

主导经济转型中的作用远未发挥出来。从这个现实出发，建议把消费主导的经济转型作为部署新阶段改革的重点。

第一，尽快出台收入分配改革方案。居民消费能力、消费水平有赖于提高居民收入和劳动者报酬，有赖于收入分配改革上的突破。当前，社会各方面对收入分配改革有广泛共识。建议在本届政府任期内出台收入分配改革方案，此事不宜再拖。

第二，加快推进基本公共服务均等化进程。居民消费预期的提升受制于公共产品短缺。建议本届政府任期内应当尽快制定并出台全国基本公共服务均等化规划，为提高居民消费预期创造条件。

第三，尽快让农民工成为历史。城市是消费的主要载体，城市化是拉动消费的战略重点。我国在快速城市化的进程中消费率逐年降低，突出的矛盾是人口城市化滞后。建议尽快出台全国农民工市民化的统一政策，由此进一步释放城市化拉动消费的潜力。

第四，财税体制改革不宜再拖。无论是扩大消费还是理顺收入分配关系，都与现行的财税体制直接相关。财税体制改革已讲了很多年，各方面也有很强的呼声。建议尽快出台以结构性减税为重点的财税体制改革方案，逐步降低中低收入者的税负，降低小微企业税负，为扩大中等收入群体提供更大的制度空间。

第五，政府转型要尽快破题。这些年，投资主导的经济增长方式难以打破，消费主导格局难以形成，突出的矛盾在于政府的增长主义倾向。按照十七届二中全会《关于深化行政管理体制改革的意见》的要求，建议尽快制定行政管理体制改革的总体行动方案，扭转政府自身利益倾向与增长主义政府倾向，推进以公共服务为中心的政府转型。

着力推进消费主导的转型与改革
（5点建议）[*]

  "十二五"规划纲要提出，"把扩大消费需求作为扩大内需的战略重点"。去年的中央经济工作会议又提出，"牢牢把握扩大内需这一战略基点"。李克强副总理也一再强调，"扩大内需是最大的结构性调整"。我认为，这是十分重大的判断。从内外发展环境的变化趋势出发，未来几年，着力推进消费主导的转型与改革，既是短期政策的着力点，更是中长期转型与改革的战略重点。这里，简要提出以下5点建议。

  1. 要把提高消费率作为政府工作的重要约束性指标。提出这个建议是基于这样3点判断：一是我国正处于走向消费主导的历史机遇期，城市化、服务业发展均有10～15个百分点的提升空间，消费需求正处于全面释放的历史拐点；二是如果居民消费潜力能够有效释放，最终消费率达到55％以上，未来10～20年保持8％左右的经济增长是有很大可能的；三是能不能化不利为有利，因势利导，充分释放国内消费潜力，取决于政府能不能适应内外发展变化的客观趋势，坚定地推进消费主导的转型与改革。

  （1）"十二五"时期力争使最终消费率从48％左右提高到55％，使居民消费率从34％左右提高到45％，初步实现消费主导的目标。

  （2）2020年使最终消费率进一步提高到60％左右，居民消费率提高到50％左右，基本实现消费主导的目标。

---

  * 在李克强同志出席的全国政协十一届五次会议小组会上的发言，2012年3月4日，北京。

2.建议尽快改变投资结构。从短期看,投资对保增长是重要的。从中长期看,投资要有效地转化为消费,才能形成内在的增长动力。这就需要把投资有机地融入消费主导的转型进程中。对此,提2条建议:

(1)调整投资结构。按照需求结构变化的趋势,未来几年的投资,要加大以教育、医疗、保障性住房等为重点的公共性投资。

(2)优化投资资金来源。要扩大民间资本投入,出台相关政策,引导民间资本进入教育、医疗、保障性住房建设等领域。

3.建议本届政府任期内出台收入分配改革总体方案。拉动消费究竟难在哪里?我认为,我国消费率逐年走低的重要原因是收入分配改革的滞后。能否尽快破题收入分配改革,对走向消费主导具有牵动全局的决定性影响。对此建议:

(1)这件事不能再拖下去了。建议本届政府任期内出台收入分配改革总体方案。

(2)建议相关部委高度重视收入分配改革方案的制定和出台,进一步明确工作的责任和时间表。

(3)建议由国务院领导牵头,组成收入分配改革领导小组,指导和协调改革。

4.建议以公益性为目标调整和优化国有资本配置。这些年,我国在做大国有资本方面取得了重要成绩。但需要提出的问题是:国有资本运营缺乏应有的公益性;盈利性国有资本的收租分红比例明显偏低。从公共产品短缺的基本国情出发,建议国有资本战略调整的重点,放在以公益性为目标调整优化国有资本配置上。具体建议是:

(1)将经营性和公益性国有资本分开,并在此基础上实行分类管理。

(2)逐步增大公益性国有资本的比重,并制定提出公益性国有资本一定比例的约束性指标。

(3)尽快制定出台国有企业支付国有资源使用租金和利润分红的实施条例和法规,力争"十二五"末期收租分红比例达到20%～25%左右,为公共服务提供重要的财力保障。

5.建议将农民工市民化作为城市化的战略重点。未来10年快速的城市化,将释放巨大的消费潜力。例如,城市化水平提高1个百分点,将拉动最终

消费增长约 1.6 个百分点。当前,城市化发展的突出矛盾是尚未实现农民工市民化。提 2 点建议:

(1)"十二五"让"农民工成为历史"。总体上说,"十二五"基本解决农民工市民化的条件初步成熟。应当尽快制定国家关于农民工市民化的行动方案和统一政策。

(2)国家出台政策鼓励支持有条件的地区率先实现农民工市民化。概括地说,未来 5~10 年,我国面临着走向消费主导的重要历史机遇。在这个特定背景下,需要明确提出以消费为主导、以结构调整为重点、以公平与可持续发展为目标的二次转型与改革,努力在"消费主导、民富优先、绿色增长、市场导向、政府转型"等方面有实质性突破。

着力推进消费主导的经济转型[*]

当前,面对世界经济深度调整和复杂多变的新形势,中国经济增长前景如何,成为国内外普遍关注的焦点。在我看来,尽管面临着增长下行的压力,但由于我国有着 13 亿人内需大市场的突出优势,有着全社会消费升级的重要历史机遇,有着人口城镇化的巨大潜力,只要坚定地发挥市场的决定性作用,只要消费主导经济转型取得实质性突破,我国就有经济持续增长的动力。

一、以释放 13 亿人市场潜力奠定中速增长的坚实基础

随着 13 亿人消费结构的不断升级、消费水平的不断提高、消费倾向的不断改善,以及消费释放带来的投资需求的不断扩大,我国内需市场的潜力将呈现不断扩大的趋势,有望成为世界经济版图中最为重要的市场之一。

1.消费需求规模巨大。近几年,我国社会消费品零售总额快速增长。2010 年为 15.7 万亿元,2013 年达到 23.4 万亿元,年均增长超过 13%。我国与美国等发达国家消费总额距离迅速缩小。2007 年我国消费总额仅相当于美国的 13%,而到 2012 年迅速提高到 27.20%,翻了一倍;在人均消费水平上,2007 年我国相当于美国的 29.67%,2010 年提高到 47.20%。保守估算,到 2020 年,我国消费规模有望达到 45 万亿～50 万亿元;乐观估算,有望达到 50 万亿～60 万亿元,成为世界的大市场。

2.巨大的消费潜力将带来有效投资的广阔空间。这既有利于短期内消化过剩产能,又有利于形成持续增长的强大动力。例如,当前我国城乡居民

<small>*　2014 年提交全国政协十二届二次会议书面发言。</small>

对健康、文化的需求不断提高。如果健康产业占 GDP 比重从当前的 5％左右提高到美国 2009 年 17.6％的水平，按 2012 年经济总量估算，将需要 2.6 万亿元新增投资；再例如，要进一步加强雾霾等大气污染治理，需要大量新增投资。仅治理首都的大气污染，未来 5 年就需要 2000 亿～3000 亿元，加上社会投资，接近 1 万亿元。

3.内需潜力有望支持 7％的中速增长。巨大的内需潜力是我国最大的战略优势。只要 45 万亿～50 万亿元左右的消费需求潜力得到有效释放，加上引致投资需求，我国内需潜力有望达到百万亿元。由此，将奠定我国 7％左右中速增长的坚实基础。

二、以消费主导的经济转型有效释放内需潜力

有增长潜力并不表明一定会有现实的增长。释放消费潜力，重在加快经济转型，改变投资主导的增长方式。

1.在资源配置上，尽快实现由行政主导转向市场决定的转型。尽管行政主导资源配置在特定历史阶段发挥了重要作用，但随着市场体系的不断完善，其扭曲市场、抑制需求、造成不公平竞争等弊端也日益凸显。实践表明，政府不能替代市场，任何其他工具都不能取代市场机制在增长体系中的决定作用。为此，在资源配置中需要回归市场决定性作用，尽快改变资源配置由行政主导的局面，全面激发市场活力；坚持在市场主导下更好地发挥政府的有效作用，形成有为政府，以此培育可持续增长的内生动力。

2.在增长动力上，尽快实现从投资主导向消费主导的转型。在资本短缺的历史阶段，投资主导发挥了积极作用。然而，长期实行投资主导，不可避免地带来全面性、长期性的产能过剩。加快消费主导转型进程，其突破口是加快投资体制改革，推进投资转型，使投资建立在真实消费需求上，实现投资与消费的动态平衡。

(1)推进投资结构转型，加大有消费需求的投资。加大对教育、医疗、公共文化等公益性项目投资，加大对健康、养老等服务业投资，加快服务业对内对外开放，提高服务业国际化水平。

(2)推进投资主体转型，让社会资本成为投资的主力军。尤其是在竞争性

领域,明确国有企业退出的基本思路,把国有资本重点配置到公共服务领域。

(3)在竞争中提高投资效率,充分发挥竞争和风险的约束作用。弱化政府对金融等特定行业的国家信用担保,强化消费者主权,发挥消费者"货币选票"在市场经济中的决定性作用,强化消费对投资的引导。

3.在城镇化上,尽快实现从规模城镇化向人口城镇化的转型。城镇化是我国内需最大的潜力所在。改革开放以来,城镇化在拉动经济快速增长中扮演了重要角色。问题在于,与行政主导、投资主导的经济发展方式相联系,当前城镇化有着比较突出的"以工业化为主导、以做大经济总量为主要目标、以扩大投资为重要任务、以土地批租为重要手段"的特点。出路在于加快规模城镇化向人口城镇化的转型,以人口城镇化为主要载体、以政策和体制创新为重点,有效释放城镇化的内需潜力,争取到2020年基本形成人口城镇化的新格局,并为实现人的城镇化奠定坚实基础。

(1)把尽快实现农民工市民化作为人口城镇化的突破口,到"十二五"基本解决60%左右具备一定条件的农民工市民化问题。

(2)尽快破解户籍制度改革难题,重点是改变户籍与福利合一的社会管理制度,将户籍与福利脱钩,让传统户籍制度退出历史舞台。

(3)加快建立城乡一体的基本公共服务体制,提高各项公共服务统筹层次。

(4)推进城乡一体化的社区管理体制改革,实现政社分开,社区自治,把社区打造为提供公共服务、化解基层社会矛盾的重要平台。

三、在释放市场活力中夯实经济增长的坚实基础

我国经济实现35年的快速增长,直接受益于培育市场、放松市场管制带来的经济活力,受益于一大批创新型、创业型企业家的活力。从现实情况看,我国的市场经济还有相当大的活力,创新创业空间巨大,只要理顺体制机制,就能有效释放这些市场活力,进而形成经济增长的强大动力。

1.释放市场机制的活力。加快市场化改革,进一步释放市场机制活力,将成为经济增长的重要动力源。

(1)打破垄断、放宽准入。对垄断产业实行结构重组,形成可竞争性的市

场结构。

(2)打破管制、放开价格。尽快形成企业自主定价的机制,实现价格决策主体的转换,由政府定价转变为企业定价。

(3)打破干预、强化竞争。优胜劣汰,要通过市场竞争决定。

(4)打破分割、统一市场。重点是实行统一的市场监管,清理和废除妨碍全国统一市场和公平竞争的各种规定和做法。

2.释放社会资本的活力。市场经济的活力主要取决于社会资本的活力,而社会资本的活力又取决于市场经济体制机制的安排。

(1)在完善产权保护制度、积极发展混合所有制等方面取得重要突破,为非公有制经济主体营造良好的政策与制度环境,以此稳定社会资本的预期。

(2)重点推进医疗、教育、文化等服务业的全面开放。

(3)强化社会资本的产权保护,对侵犯社会资本产权的事件进行重新审查。

(4)全面清理与市场决定相冲突的法律法规。

3.释放创新创业的活力,真正把市场活力建立在创新创业基础上。

(1)全面放活市场,打破准入限制,以保障创新创业自由。

(2)改革行政审批制度,有效降低创新创业的成本。

(3)尽快形成支持创新创业的资本市场等体制机制,如鼓励风险投资等。

加快服务业主导的转型与改革[*]

2015 年是"十二五"的收官之年,也是从中央到地方谋划"十三五"的关键一年。在这个承上启下的特定时期,增长、转型、改革高度融合,稳增长、调结构、转方式的压力越来越大。总的判断是:我国正处于走向服务业大国的历史节点,把握增长、转型与改革的主动权,关键是谋划、把握好"十三五"在服务业主导的经济转型升级上取得决定性成果。

一、2020:由工业大国走向服务业大国的窗口期

1. 由工业主导转向服务业主导的历史拐点

我国 2014 年第四季度 GDP 同比增速放缓至 7.3%,创 2009 年一季度以来的新低。另一方面,经济结构升级的态势初步形成。2014 年全年 GDP 增长 7.4%,而工业增长 7.3%,服务业增长 8.1%。2014 年,服务业增加值占 GDP 的比重达到 48.2%,创历史新高。这"一高一低"表明,我国经济增长的动力机制正在发生历史性变化,服务业开始成为我国经济增长的主要推动力。

2. "十三五"走向服务业大国的客观趋势

(1)工业转型升级为生产性服务业发展注入内在动力。当前,新一轮科技革命与我国经济转型升级形成了一个历史性交汇点。我国进入工业化中后期,适逢全球以能源互联网革命为重要特征的"工业 3.0"、以制造业数字化革命为重要特征的"工业 4.0"时代的到来。我国能不能在新一轮科技革命中把握先机,主要取决于能否有效提升研发、设计、物流、销售等生产性服务业

---

[*]　2015 年提交全国政协十二届三次会议书面发言。

的发展水平,从"中国制造"走向"中国智造"。对此建议:"十三五"要把生产性服务业比重从 15％提高到 30％~40％,推动制造业的全球化、信息化、服务化,到 2020 年初步完成从"工业 2.0"向"工业 3.0"的升级,并奠定"工业 4.0"的重要基础。

(2)人口城镇化释放生活性服务业发展的巨大空间。人口城镇化是生活性服务业发展的主要载体。从国际经验看,从工业化中后期走向工业化后期,城镇化率至少要达到 60％以上,但 2013 年我国城镇化率只有 53.73％,人口城镇化率仅为 36％,而 2012 年世界人口城镇化率已达到 52％左右。2015—2020 年这 6 年,从规模城镇化走向人口城镇化,意味着到 2020 年我国将有近 4 亿农业转移人口进城,这将为生活性服务业释放巨大的市场空间。

(3)服务型消费全面快速增长为服务业发展提供巨大市场空间。当前,我国城乡居民消费结构正处于由物质型消费向服务型消费升级的重要时期。2014 年我国社会消费品零售总额为 26.2 万亿元,估计到 2020 年有可能达到45 万亿~50 万亿元,有望实现消费规模的倍增,城镇居民服务消费支出占比可能提高到 40％~45％,一些发达地区甚至可能达到 50％~60％。

3.把握服务业主导经济转型升级的主动权

"十三五"如果能够顺势而为,基本形成服务业主导的经济结构,既可以形成 6％~7％左右的经济增长新常态,又能够为跨越中等收入陷阱、进入高收入国家行列创造有利条件;如果错失 2020 年这个重要历史机遇期,继续坚持工业主导、投资主导,不仅会失去经济转型与改革的主动权,还会助长投资消费失衡和全面的产能过剩,加剧经济领域的矛盾和风险,并给中长期的发展埋下重大隐患。

二、2020:形成服务业主导的经济结构

1.到 2020 年服务业占比达到 55％以上

与发展水平相近的金砖国家相比,我国服务业占比明显偏低。2013 年,巴西、俄罗斯和印度的服务业占比分别为 69.3％、60.3％和 57.0％,南非2011 年服务业占比已达到 68.3％。我国要在 2020 年基本形成服务业主导的经济格局,需要加快投资转型,扩大服务消费需求供给能力,力争"十三五"服

务业占比年均提高 1～1.2 个百分点,到 2020 年达到 55％以上,服务业就业占比达到 50％。

2.服务业保持两位数增长

2001—2013 年,扣除价格因素后我国服务业年均实际增长 10.6％。应当说,自 2001 年服务业占 GDP 比重首次超过工业占 GDP 比重后,除 2003 年、2004 年、2010 年和 2011 年这 4 年外,13 年间有 9 个年份服务业增速高于工业增速。初步测算,如果"十三五"要使服务业占比达到 55％以上,就需要服务业年均增长在 10％左右。建议把服务业实现年均两位数的增长作为"十三五"重要的政策目标。

3.服务业规模趋于再倍增

2008—2013 年,在国内外经济形势发生深刻复杂变化的背景下,我国服务业增加值从 13.1 万亿元增长到 26.2 万亿元,实现了规模上的倍增。如果"十三五"继续保持这个速度,甚至略低 1 个百分点,即年均增长速度为 8％～9％,我国服务业规模有望从 2013 年的 26.2 万亿元扩大到 2020 年的 47.3 万亿～51.1 万亿元,与再倍增(52.4 万亿元)的距离已经很小。在加快服务业市场开放的条件下,实现服务业规模再倍增不是没有可能的。

三、以服务业市场开放破题结构性改革

1.以结构性改革破解结构性矛盾到了关节点

服务业主导的转型升级,面临着多方面的结构性矛盾。例如:服务业与工业公平税负、公平资源配置的大格局尚未形成;作为服务业主体的中小微企业融资仍比较难;现代服务业发展缺乏相应的专业技术人才等。就是说,服务业发展面临的矛盾和问题是综合性的、结构性的,不是单纯哪一项改革单独推进所能够奏效的。未来 1～2 年,以结构性改革为重点推进结构性转型,不仅对缓解短期经济下行的压力有重大作用,而且对"十三五"的经济转型升级有决定性影响。

2.加快推进服务业市场开放

服务业发展不缺国内需求、不缺资金,关键在于市场开放。从实践看,改革停留在放松管制上很难适应服务业发展的大形势。这就需要确立服务业

市场开放的新思路,以尽快实现教育、医疗、健康、养老等服务业领域对社会资本的全面放开。把破除行政垄断作为加快服务业市场开放的重点,在加强服务业领域反垄断的同时,尽快放开服务业领域的价格管制,以形成市场决定服务业领域资源配置的新格局。

3.以"一带一路"为总抓手推进服务贸易强国进程

2013年我国服务贸易进出口总额在全球服务贸易的占比为6％,仅为货物贸易占比的50％。2013年全球服务贸易占全球贸易的比例达到20％,我国服务贸易占对外贸易总额的比例仅为11.5％,低于全球平均水平8.5个百分点。建议:推进国内自贸区"提质扩容",以促进服务贸易为重点加快双边多边自贸区建设,以服务外包为重点形成国内发展现代服务业的新平台,未来5年服务贸易继续保持10％以上的增长速度,到2020年,服务贸易总额达到1万亿美元以上,占对外贸易总额的比重提高至20％。

4.从多方面破题结构性改革

尽快启动消费税改革,并明确作为地方主体税种,有利于激励地方政府成为创造市场环境的主体、公共服务的主体;财税体制改革在"放水养鱼"上要有更大力度,为激发社会资本创新创业活力提供更加良好的制度预期,可以考虑对小微企业设置更低的增值税税率,提高企业所得税小规模纳税人标准,形成小微企业的自动减税机制;支持为中小微企业提供服务的社区银行、互联网金融机构等民间金融创新发展、规范发展;从经济转型升级的角度看,调整教育结构迫在眉睫,要进一步放宽社会资本进入职业教育的门槛,提高技术应用型高校的比例。

5.以深化政府改革推动结构性改革的突破

结构性改革涉及政府理念的深刻变革,更涉及部门利益、地方利益、行业利益的调整。这就需要继续加大政府改革的力度。例如:把全面推行负面清单管理作为行政审批制度改革的目标,争取1～2年内在中央和省一级政府中有重大突破。建议尽快把建立公益法人制度提上改革日程,形成政府购买服务与事业单位改革、公益性社会组织发展的联动改革方案,形成多元供给的公共服务新体制。在政府购买服务上,需要进一步解放思想,打破体制内外分别,谁提供的服务质量高、成本低就向谁购买,以真正形成事业单位与公益性社会组织的竞争机制。

以结构性改革破解结构性矛盾[*]

2014 年以简政放权为重点的政府改革,在理顺政府与市场关系、激发市场活力上取得了明显成效,并成为实现经济增长 7.4% 的重要因素。2015 年,在增长、转型、改革高度融合的背景下,更需要加快政府改革,破题结构性改革,以解决深层次的结构性矛盾,实现结构性转型的重大突破。正如李克强总理在今年的达沃斯论坛提出的,把更多精力放在结构性改革上。对此,提以下 4 点建议:

1. 以结构性改革破解结构性矛盾到了关节点。当前,经济增长动力正在发生趋势性的重大变化,消费对经济增长的贡献率连续 4 年超过 50%;更重要的是服务业发展开始成为稳增长、转方式、调结构的重中之重。问题在于,实现从工业主导向服务业主导的转型升级,面临着多方面的结构性矛盾。例如:服务业与工业公平税负、公平资源配置的大格局尚未形成;作为服务业主体的中小微企业融资仍比较困难;现代服务业发展缺乏相应的专业技术人才等。就是说,结构性改革不破题,服务业发展面临的结构性矛盾、问题是难以解决的。未来 1～2 年,以结构性改革为重点破解结构性矛盾、推进结构性转型,不仅对缓解短期经济下行压力有重大作用,而且对"十三五"经济转型升级具有决定性影响。

2. 从多方面破题结构性改革。从当前的实际情况看,宏观经济政策的有效性直接依赖于结构性改革的突破,结构性改革不突破,宏观经济政策的有效性就会大打折扣,宏观调控的作用空间也会越来越小。这样,就需要在多方面推进结构性改革。例如:尽快启动消费税改革,并明确消费税作为地方主体税种,这有利于形成激励地方政府的"正能量";财税体制改革在"放水养

---

* 2015 年提交全国政协十二届三次会议书面发言。

鱼"上要有更大力度,这有利于激发社会资本创新创业的活力;对小微企业设置更低的增值税税率,提高企业所得税小规模纳税人标准,形成小微企业的自动减税机制;支持为中小微企业服务的社区银行、互联网金融机构等民间金融创新发展、规范发展;从经济转型升级的角度看,调整教育结构十分迫切,要进一步放宽社会资本进入职业教育的门槛,提高技术应用型高校的比例;尽快把学前教育纳入义务教育,加快普及高中阶段教育。

3.全面推进服务业市场开放。消费的本质是服务。这些年,国内消费潜力难以释放,而大量消费外流的重要原因在于消费供给不足和服务业市场开放滞后。创新消费供给重在发展服务业。当前,服务业发展既不缺市场需求,也不缺资金,关键在于形成市场开放的大环境。近年来,服务业领域正处在由放宽准入到市场开放的进程中。问题在于,市场开放的程度与全面快速增长的服务需求仍不相适应。适应全社会消费结构升级大趋势,尤其是从物质型消费向服务型消费的大趋势,应尽快实现教育、医疗、健康、养老等服务业领域对社会资本的全面放开。把破除行政垄断作为加快服务业市场开放的重点,在加强服务业领域反垄断的同时,尽快放开服务业领域的价格管制,形成市场决定服务业领域资源配置的新格局。过去工业发展有园区作为抓手,可以有效吸引外资集聚发展,今天发展服务业同样要有得力的抓手。从改革实践看,服务外包是个比较好的抓手。建议以打造生产性服务业聚集区为重点,推进国家级、省级产业园区提质升级,争取形成一批上规模、高水平的服务业外包基地,使其成为新阶段服务业领域对外开放的重要平台。

4.以政府改革带动结构性改革的突破。结构性改革涉及政府理念的深刻变革,涉及部门利益、地方利益、行业利益的深刻调整。这就需要继续加大政府改革的力度。随着行政审批制度改革和上海自贸区负面清单管理的深入推进,未来3~5年全面实施负面清单管理的条件基本具备。建议:第一,未来1~2年全面推行负面清单管理,在中央和省一级政府有重大突破。第二,尽快实现行政审批和市场监管的分离,需要实现市场监管由以行政为主向以法治为基础的转型,建设法治型的市场监管体制,组建综合性、强有力的市场监管机构。第三,新阶段创新公共服务体制,重在全面推行政府购买公共服务。建议尽快把建立公益法人制度提上改革日程,形成政府购买服务与事业单位改革、公益性社会组织发展的联动改革方案,形成多元供给的公共服务新体制。

把服务业占比作为"十三五"规划
约束性目标的建议*

从发展趋势看,从工业大国走向服务业大国是我国经济转型升级的重大任务。为此建议:在制定"十三五"规划时,把服务业占比作为重要的约束性目标。

1.形成服务业主导的经济格局是"十三五"经济转型升级的重大任务

我国经济结构调整,关键在于改变传统工业主导的经济增长方式,实现从工业主导向服务业主导的转变,使服务业成为经济增长的主导产业。实现这个转型,不仅可以消化当前全面过剩的产能,化解短期风险,而且可以有效满足社会不断增长的服务型消费需求;不仅可以在结构升级的基础上形成6%~7%的经济增长新常态,而且能够为我国跨越中等收入陷阱、进入高收入国家创造有利条件。为此,到2020年基本形成服务业主导的经济结构,应成为"十三五"经济转型升级的基本目标和历史性任务。

2.把服务业占比不低于55%作为"十三五"规划的约束性目标

(1)服务业占比不低于55%,争取达到60%。具体看:

第一,从2014年的48.2%提高到2020年的55%左右,形成服务业主导的经济格局。

第二,服务业实现两位数增长,保持过去12年来服务业增加值年均实际增长10.6%的速度。

第三,服务业发展规模实现倍增,从2014年的30.7万亿元扩大到2020年的50万亿元以上。

第四,服务贸易规模达到1.2万亿美元,在2014年5686亿美元的基础上

---

* 2015年提交全国政协十二届三次会议提案。

实现倍增;服务贸易占对外贸易总额的比重从2014年上半年的12.3%提高到2020年的20%。

(2)服务业占比约束性目标有条件实现。"十二五"时期,服务业实现较快增长,占比首次超过第二产业。总的看来,2020年服务业占比达到55%是有条件的。

一是工业转型升级为生产性服务业发展注入内在动力。当前,新一轮科技革命与我国经济转型升级形成了一个历史性交汇点。如果能够在新一轮科技革命中把握先机,有效提升研发、设计、物流、销售等生产性服务业的发展水平,到2020年我国有望初步完成从"工业2.0"向"工业3.0"的升级,并奠定"工业4.0"的重要基础。

二是人口城镇化释放生活性服务业发展的巨大空间。当前我国人口城镇化率仅为36%,还有比较大的提升空间。2015—2020年这6年,如果人口城镇化率达到50%,将有近4亿农业转移人口进城,这将为生活性服务业带来巨大发展空间。

三是服务型消费全面快速增长为服务业发展提供巨大市场空间。我国城乡居民消费结构升级蕴藏着巨大的消费潜力。2013年我国社会消费品零售总额为23.4万亿元,2020年有望达到45万亿～50万亿元,在2013年基础上实现倍增,由此为服务业发展提供巨大空间。

3.推进服务业主导的转型与改革

(1)进一步开放服务业市场。总的看来,我国服务业发展不缺国内需求、不缺资金,关键在于市场开放。要把破除行政垄断作为加快服务业市场开放的重点,在加强服务业领域反垄断的同时,尽快放开服务业领域的价格管制,以形成市场决定服务业领域资源配置的新格局。

(2)以"一带一路"为总抓手扩大对外开放。把握服务业市场开放的主动权,推进国内自贸区"提质扩容";以促进服务贸易为重点加快双边多边自贸区建设;以加快推进服务外包为重点形成国内现代服务业发展的新平台。

(3)多方面破题结构性改革。一是尽快启动消费税改革,并明确将其作为地方主体税种;二是实施更大力度的结构性减税,"放水养鱼",鼓励各领域,尤其是服务业领域的中小企业创新创业;三是支持为小微企业服务的社区银行、互联网金融机构等民间金融创新发展、规范发展;四是加快调整教育结构,进一步放宽社会资本进入职业教育的门槛,提高应用技术型高校比例。

(4)深化政府改革。负面清单管理是加快服务业市场开放、实现服务业主导转型升级的关键一招。目前,全面实施负面清单管理的时机与条件基本成熟,建议1~2年内在全国范围内推开。同时,把建立各级政府的权力清单、责任清单、财政支出清单和企业投资负面清单作为政府改革的重大举措;通过"四张清单"确保政府职能行使的有责、有为、有效。

专栏:提案答复情况

对政协十二届全国委员会第三次会议
第 0688 号(经济发展类 041 号)提案的答复(节选)

迟福林委员:

......

一、关于把服务业占比不低于55%作为"十三五"规划约束性目标的建议。

......

如何在"十三五"规划中设置结构调整指标、如何确定指标属性,我们将在广泛听取各方面意见的基础上深入研究、认真考虑。

二、关于推进服务业改革的建议。

......

根据党的十八届三中全会要求,财政部将结合财税体制改革总体方案的要求,统筹考虑您提出的将消费税作为地方税种的建议。

......

三、关于"把建立各级政府的权力清单、责任清单和财政支出清单作为政府改革的重大举措;通过'四张清单'确保政府职能行使的有责、有为、有效"的建议。

......

目前,中央已经把推行权力清单和责任清单列为全面深化改革的一项重要举措,积极加以推进。下一步,中央编办将继续按照中央精神,不断加强对地方的指导,确保改革任务落实到位。

感谢您对国家发展改革工作的关心和支持。

中华人民共和国国家发展和改革委员会

2015 年 9 月 29 日

"十三五":形成服务业主导的经济结构牵动影响转型发展全局[*]

习近平总书记最近提出,"各级党委和政府要明大势、看大局,深刻把握国际国内发展基本走势"。"十三五"是我国经济转型升级的关键时期,"明大势、看大局"至关重要。总的判断是:"十三五"经济发展方式转变正处于形成服务业主导的历史节点。适应引领经济新常态,关键是现代服务业发展要取得突破性进展。

一、把握"十三五"经济转型升级的基本走势

1.从"中国制造"走向"中国智造"的大趋势。当前,新一轮科技革命与我国转型升级形成历史性交汇。"十三五"以信息化牵引工业结构升级,形成创新驱动的增长动力,客观上要求加快发展以研发为重点的生产性服务业,形成"中国智造"的新格局。

2.从规模城镇化走向人口城镇化的大趋势。2014年我国城镇化率为54.77%,而人口城镇化率仅为36%左右。到2020年,我国城镇化率有望达到60%左右,人口城镇化率有可能达到50%左右。

3.从物质型消费走向服务型消费的大趋势。当前,城镇居民服务型消费比重达到40%,预计到2020年将超过45%,一些发达地区有可能超过50%。消费结构升级蕴藏着巨大的消费潜力,消费总规模到2020年有可能达到45万亿~50万亿元左右。这个消费潜力的释放,将成为经济增长的最大动

---

* 提交全国政协十二届常委会第十一次会议的书面发言,2015年6月15—17日,北京。

力、经济结构调整的最大空间。

二、把形成服务业主导的经济结构作为"十三五"规划的重要目标

1. 现代服务业发展滞后成为转型升级的突出矛盾。第一,我国以研发为重点的生产性服务业发展滞后,占 GDP 的比重仅为 15% 左右,同发达国家有 1 倍以上的差距,由此掣肘了"中国智造"进程。第二,服务业占比偏低。今年第一季度服务业占比达到 51.6%,创历史新高。但与发达国家 70% 以上水平相比仍然偏低,与巴西和俄罗斯相比也有 10 个百分点以上的差距。这使"有需求缺供给"的矛盾日益突出。第三,服务业市场开放尚不到位。2014 年我国服务贸易占外贸比重为 12.3%,明显低于 2013 年全球 19.6%、美国 22.1% 和印度 26.5% 的水平。

2. 形成服务业主导的经济结构牵动经济社会发展全局。第一,我国服务业每增长 1 个百分点,可以拉动 0.4 个百分点的经济增长。"十三五"服务业年均增长 10%,可以拉动经济增长 4 个百分点左右。第二,这两年服务业每增长 1 个百分点,吸纳就业 100 万人左右。"十三五"服务业年均增长 10%,每年可以吸纳新增就业 1000 万人左右,2020 年服务业就业比重有望达到 50% 以上。第三,如果 2020 年服务业比重达到 55%,能源消耗量将下降 14% 左右,SO_2 将减排 18% 左右。

3. 把形成服务业主导作为"十三五"规划的重要约束性目标。第一,"十三五"服务业实现两位数增长;第二,服务业规模实现倍增,从 2013 年 26.2 万亿元增长到 2020 年的 50 万亿元左右;第三,服务业占比从 2014 年 48.2% 提高到 2020 年 55% 以上,生产性服务业占 GDP 比重从 15% 提高到 30%～40%。

三、"十三五"加快实现服务业主导的转型突破

1. 加快服务业市场开放,使社会资本成为服务业发展的主体力量。重点是打破服务业领域的垄断,鼓励和吸引社会资本进入服务业领域;改善研发

等生产性服务业发展的经济社会环境。

2.依托"一带一路",推进服务业市场对外开放。建议把 2020 年服务贸易规模达到 1 万亿美元,服务贸易占对外贸易比重提高到 20% 作为"十三五"对外开放的重要目标之一。把加快服务业开放作为双边多边自由贸易重点,通过发展服务外包提升国内服务业发展水平,促进服务业企业"走出去"。

3.实现结构性改革的重大突破。第一,加快财税体制改革与财税政策调整。切实降低服务业税负,加大对服务业的财力支持,尽快启动消费税立法程序。第二,加快推进金融体制改革与金融政策调整。鼓励民间资本进入金融机构,促进民间金融健康发展。第三,加快理顺服务业要素价格。在用地、用水、用电、用气等方面实现服务业与工业同一价格。第四,加快教育结构性改革,打破"考试型、封闭性、行政化"的教育模式,重点是大力发展现代职业教育,推动高等教育结构的转型升级。

"十三五":推进结构性改革
重点突破的四点建议[*]

当前,我国转型发展的特点突出:一方面,经济结构调整的矛盾与风险日益增多,经济下行压力明显加大;另一方面,经济转型升级蕴藏着巨大的内需潜力与市场空间。在这个特定背景下,不仅需要宏观经济政策的调整,更需要结构性改革的重点突破;不仅需要需求侧结构性改革,更需要供给侧结构性改革。对此,提出以下4点建议。

1. 以服务业市场开放为重点推进市场化改革。"十三五"经济结构调整的重点是推动服务业主导的产业结构变革。努力实现到 2020 年服务业增加值占 GDP 比重达到 60% 左右,这不仅能够为去产能、去库存、去杠杆创造有利条件,还能够推进制造业的转型升级,释放巨大的消费需求,走出一条转型发展新路子。"十三五"降低制度交易成本,形成结构调整新动力,关键是在服务业市场开放上要破题发力。一是进一步鼓励、支持社会资本进入服务业领域。当前,尽管某些服务业领域出台了鼓励社会资本进入的政策,但缺乏具体操作办法,行政垄断和市场垄断在服务业领域还比较突出,这就需要在服务业领域形成新的市场准入制度。二是有序扩大服务业对外开放。适应新一轮全球化新特点与国内经济转型升级的新趋势,国内自贸区需要把重点放在服务贸易对外开放先行先试上,打破目前对服务贸易的较多限制,形成可复制、可推广的重要经验。三是实现服务业与工业的政策平等。例如,缩小服务业与工业的用地价格差距,实现工商业"同地同价";加快推进工商业水、电、气"同网同价";加大服务业领域中小企业减税力度。

＊ 2016 年提交全国政协十二届四次会议口头发言。

2.以破题去产能为重点,调整优化国有资本布局。"十三五"以结构性改革推进结构调整,关键是国有企业去产能要有重大突破,并且在推动产业结构变革中发挥重要作用。建议尽快形成新阶段国有资本战略布局调整的分类改革方案:一是部分国有资本需要通过优化重组实现去产能和转型升级,对于钢铁、煤炭、有色金属等产能严重过剩领域的国有资本,加大国企并购重组力度,提升产业集中度,使其在整体优化国家生产布局上发挥重大作用。二是部分国有资本转移到公共服务领域,一些确实需要从所在产业领域退出的国企,可以采取国家扶持、转换为公益性国企等办法推进改革。争取到2020年,形成国有资本合理配置的新格局,明显提高国有资本使用效率。

3.加快以居住证制度取代城乡二元户籍制度。人口城镇化蕴含着释放新需求、形成新供给的巨大潜力,仍是我国转型发展的"最大红利"。"十三五"深化户籍制度改革不能把"暂住证"换个名变成"居住证",而是要着力推进居住证取代城乡二元户籍制度进程和省际居住证制度的相互衔接,到2020年基本建立以身份证号为唯一标识、全国统一的居住证制度,并力争使户籍人口城镇化率(居住证率)达到50%以上,由此基本形成人口城镇化的新格局。这就需要推进三个重要转变:一是实现由人口控制向人口服务与管理的转变;二是实现由城乡二元户籍制度向全面实施居住证制度的转变;三是实现由"条块分割"的人口管理向人口综合服务管理系统的转变。

4.以监管变革为重点深化简政放权改革。我国经济转型发展的最大潜力在于处理好政府与市场关系。近两年,简政放权改革在释放市场潜力、激发企业活力上取得了重要进展,但监管转型滞后成为制约政府向市场放权的"最大短板"。当前,无论从哪方面看,深化简政放权改革最突出、最急迫的问题都是监管变革要有实质性突破:一是实现行政审批与市场监管严格分离,在这个前提下,建立独立性、权威性的专业化市场监管机构;二是调整优化市场监管的行政权力结构,在金融领域、消费领域、反垄断等领域,尽快建立全国统一的综合性市场监管机构;三是积极引导各类市场主体自治,充分发挥行业组织的自律作用与舆论和社会公众的监督作用。着力推进由传统市场监管方式向市场治理的监管方式转型。

关于全面实施企业自主登记制度的建议[*]

近两年来,为了培育大众创业、万众创新的市场环境,各级政府开始全面推行商事登记制度改革,尤其是"三证合一、一证一码"的全面实施,赢得了市场主体的广泛支持。从实践看,这项改革在一定程度上降低了企业制度交易成本,优化了企业发展环境,激发了市场主体的活力。但与各类市场主体的实际需求相比,我国商事登记制度仍有较大的改革空间。

(1)我国企业注册登记仍不够简便。例如,新加坡的企业注册登记只需 3 小时就能在网上完成;我国香港地区公司注册处于 2011 年建立了"注册易"一站式服务网站,企业登记最快仅需要 1 小时。目前,内地在全面实施"三证合一"后,企业注册登记在相关资料齐全的情况下仍需要 3 个工作日左右。

(2)个体工商户尚未纳入"三证合一"。2015 年,我国商事登记制度开始全面实施"三证合一、一证一码"。由于多方面的原因,个体工商户办理组织机构代码证却被相关部门"拒之门外"。

(3)企业注册登记容易,但企业注销变更程序仍较为繁琐。当前,企业注销仍需要国税、地税、工商、银行、质监等多个部门的审核,而每个部门都有审核周期。例如,一些地方的公司注销需要两个月之久。

从"十三五"时期开始全面实施企业自主登记制度:一是为了全面降低企业制度交易成本,进一步激发市场活力,加快形成"大众创业、万众创新"的新局面;二是进入"互联网＋"时代,全面实现企业自主登记注册的技术条件和时机已经成熟。为此,建议:

1.尽快建立全国统一的企业自主登记注册网络平台。一是借鉴国际经

---

　　* 2016 年提交全国政协十二届四次会议提案。

验,在企业注册登记方式上充分运用大数据,最大限度地实现企业登记注册便利化,切实降低企业制度交易成本,促使企业集中精力开展生产经营活动;二是在四大自由贸易试验区实施企业一站式登记注册的基础上,近1~2年内尽快建立全国统一的企业自主登记注册网络平台;三是进一步缩短企业登记注册时间,争取"十三五"中期全面实现企业登记注册当日办结。

2. 尽快将个体工商户纳入"三证合一"。一是加快相关部门间的政策协调,在个体工商户暂未纳入"三证合一"的情况下,仍为其办理组织机构代码证,为其从事相关经营活动提供便利;二是经过1~2年的过渡,争取在"十三五"中期全面将个体工商户纳入"三证合一、一证一码",扩大政策受益面,使该项政策尽快覆盖到所有市场主体。

3. 加快推进企业简易注销制度改革。一是"十三五"期间加快推动企业简易注销改革试点,并在试点的基础上,不断总结经验和教训,尽快形成全国统一的企业简易注销方案;二是"十三五"头1~2年率先在全国全面实施个体工商户、未开业企业以及无债权债务企业简易注销程序;三是争取在"十三五"中后期在全国全面实施企业简易注销制度,彻底改变企业"出生容易死亡难"的局面。

专栏:提案答复情况

工商总局关于政协十二届全国委员会第四次会议
第 0224 号(商贸旅游类 003 号)提案答复的函(节选)

迟福林委员:

您提出的《关于全面实施企业自主登记制度的提案》收悉。经商国家质检总局,现答复如下:

您提出的要尽快建立全国统一的企业自主登记注册网络平台、尽快将个体工商户纳入"三证合一"、加快推进企业简易注销制度改革等建议,对于完善企业登记管理相关制度和机制,进一步改善我国营商环境具有重要意义。

中华人民共和国国家工商行政管理总局

2016 年 9 月 18 日

关于适时取消企业一般投资项目
备案制的建议*

2013年以来,我国两次对《政府核准的投资项目目录》进行修订,中央层面核准的项目数量减少约76%。从实践看,这两年来从上到下各级政府加大以简政放权为重点的行政审批制度改革力度,全面推行企业投资项目备案制,进一步为企业"松绑"。但由于多种因素,这项改革仍难以满足市场主体的实际需求。尤其是某些备案走形变样,不仅增加了市场主体的制度交易成本,而且不利于全面激发市场主体的活力。例如:

(1)有些备案成为变相审批。在实际操作中,有些项目审批虽然名义上被取消了,但受传统行政审批体制的影响,一些地方把审批改为前置性备案,不完成备案就不能做,有些备案甚至比审批需要耗费更多的时间。

(2)有的部门仍按照审批制的流程标准实行备案。一些行政审批"明放暗不放",隐晦地实行"备案",看起来是备案,实际上是行政审批,使得备案制的效果大打折扣。

(3)备案制仍是企业投资项目的前置条件之一。我国实行备案制的初衷是尽可能减少行政审批环节,缩短企业到政府相关部门的办事时间,提高政府办事效率。但从实践看,企业一般投资项目备案制仍属于前置性的行政控制,并不能有效减少企业的不正当竞争和违法行为。

"十三五"期间,随着我国全面推行负面清单管理,进一步优化企业发展环境,需要深化备案制改革,最大限度地减少企业的制度交易成本。为此,建议:

---

* 2016年提交全国政协十二届四次会议提案。

1. 深化企业投资项目备案制改革。真正的备案制就是"我告知你，我做了这件事"，不是企业投资决策的前置性条件。全面激发市场主体活力，形成"大众创业，万众创新"的新格局，首要任务是确立企业投资主体地位。为此，与全面实施负面清单管理相适应，统筹推进备案制改革，尽快形成企业投资项目备案制改革的总体方案，将项目投资决策权彻底交还给企业。

2. 适时取消企业一般投资项目备案制。在市场经济条件下，在政府严格管理城乡规划、土地利用、环境保护、安全生产等事项的前提下，除关系国家安全和生态安全、涉及全国重大生产力布局、战略性资源开发和重大公共利益等项目之外，企业一般投资项目一律应当由企业依法依规自主决策，不再需要备案。

3. 加快出台各级政府的权责清单。现代市场经济是透明经济，不仅要求市场行为透明，还要求权力运作透明。这就需要加快在全国范围内普及实施权力清单制度，真正把权力关进制度的笼子里，而不是把市场关进权力的笼子中。建议在全面推进负面清单管理的同时，争取在 2018 年年底前出台各级政府的权力清单和责任清单，规范地减少政府干预企业的自由裁量权。

攻坚结构性改革[*]

　　攻坚结构性改革是我国"十三五"实现转型发展的重大举措。我理解,李克强总理作的《政府工作报告》,结构性改革是一条主线。

　　(1)报告中一再提到结构性改革。例如:在谈到 2015 年的工作时提出"我们不搞'大水漫灌'式的强刺激,而是持续推动结构性改革";在谈到"十三五"时期主要目标任务和重大举措时提出要大力推进结构性改革,突出抓好供给侧结构性改革;在谈到 2016 年重点工作时提出 2016 年是推进结构性改革的攻坚之年。

　　(2)提出结构性改革面临的矛盾和困难。当前,国内外对我国经济下行议论很多。应当说,我国经济发展确实面临着相当复杂的外部环境和内部环境变化,确实面临着相当大的困难,下一步的发展确实有很多不确定性因素。对此,报告提出要"闯过这个关口""没有过不去的坎"。如何越过坎,在我看来,思路很明确,关键是结构性改革,尤其是供给侧结构性改革。

　　(3)提出 2016 年结构性改革攻坚的八项具体任务,以着力解决当前经济转型升级面临的结构性政策体制矛盾。

　　如何有效地推进结构性改革,我认为有 4 个关系要处理好:

　　1.速度和结构。报告中谈到"当前发展中总量问题与结构性问题并存"。其实,我认为这就是速度和结构问题。总的看来,当前我国转型发展的特点比较突出:一方面,不转型很难找到新的发展路子;另一方面,宏观经济波动性比较大。增长是有波动、有区间的,既要稳增长,又要调结构,稳增长很重要,调结构对中长期更重要。从现实情况看,为了保增长尤其是为了保短期

---

　　* 在全国政协第十二届全国委员会第四次会议分组讨论的发言,2016 年 3 月 6 日,北京。

增长采取了不少的措施,我想这种倾向值得关注和警惕。如果 2016 年把过多的精力放在保持 6.5%～7% 的增长上,但结构性改革没有取得突破,那么即使今年实现了 6.5% 以上的增长,恐怕对"十三五"的转型发展都很不利。今年是结构性改革攻坚之年,上下要高度关注结构调整,在结构调整上要取得一定突破。这对"十三五"转型发展将产生重大影响。

2. 政策和体制。当前,供给侧的政策调整有若干措施,例如:财政政策要加大力度;货币政策要灵活适度;金融监管要全覆盖。

(1)货币政策灵活适度需要严格把握,适度中灵活而不能过于灵活。比如房地产,最近几个一线城市的房地产销售火爆,不能不说与货币政策"过于"灵活是有关联的。现在,这个倾向值得关注和警惕。同时,货币政策要与金融监管改革有机结合,把防止系统性风险摆在突出位置。

(2)财政政策加大力度,重要的在于要加快财税体制改革。《政府工作报告》提出,"合理确定增值税中央和地方分享比例。把适合作为地方收入的税种下划给地方,在税政管理权限方面给地方适当放权",这有利于调动地方的积极性。财税体制改革和财政政策要很好地结合,适应经济转型升级实现提升财政公共性的重大突破。这样,在把握短期的时候才能更好地兼顾中长期。

3. 政府和市场。推动结构性改革主要动力来源于市场。政府是推动者、促进者,重要问题是要发挥市场的活力。我一再主张加快服务业市场开放,为什么? 就在于服务业领域市场垄断、行政垄断比较突出,这些问题不解决,仅加大供给、加大服务业投资,最后遗留下来的问题将会很多。包括去产能,都需要采取综合措施,做好统筹安排。所以,结构性改革攻坚要落实十八届三中全会提出的"使市场在资源配置中起决定性作用"。在这个前提下,更有效、更充分、更好地发挥政府的作用。

4. 顶层设计和基层创新。《政府工作报告》提出,对基层的改革创新要"健全激励机制和容错纠错机制",而且特别提出"给改革创新者撑腰鼓劲"。现在很大的问题是,基层改革创新的氛围尚未真正形成。有专家提出改革"空转",说的是改革在文件中提的特别多,而实际落地的并不是太多。中央从十八届三中全会、十八届五中全会到经济工作会议,一再强调改革,为什么会出现改革"空转"? 为什么中央这些年一再强调改革要落地却难以落地？我想，重要的是对改革创新的官员要建立有效的激励机制。报告提出"给改革创新者撑腰鼓劲"，这个提法很好，应当尽快出台具体的制度安排，这样才能把中央的顶层设计与依靠基层改革创新相结合，以尽快形成结构性改革的大氛围。

深化以经济转型为目标的结构性改革[*]

当前,各方高度关注我国经济增长前景:一方面经济增长正处于新旧动能转换的关键时期,结构性矛盾凸显,不可避免带来下行压力及某些阵痛;另一方面经济全球化不确定性明显加大,经济增长的外部挑战更为严峻。面对内外发展的新环境和新变数,把自己的事情做好,关键是深化以经济转型为目标的结构性改革。

一、经济转型蕴藏巨大的增长潜力

从这几年的经济运行情况看,我国经济转型升级的趋势已经形成,并将带来巨大的增长潜力。

1. 经济转型升级呈现历史性趋势。产业结构正由工业主导向服务业主导转型。服务业占比有可能由 2016 年的 51.6%[①]提高到 2020 年的 58%~60%,基本形成以服务业为主导的产业结构。

城镇化结构正由规模城镇化向人口城镇化转型。常住人口城镇化率有可能由 2016 年的 57.35% 提高到 2020 年的 60% 以上,同期户籍人口城镇化率有望由 41.2%[②]提高到 50% 左右,基本形成人口城镇化的新格局。

消费结构正由物质型消费为主向服务型消费为主转型。服务型消费比重有可能从当前的 40% 提高到 2020 年的 50% 左右,消费贡献率基本稳定在

---

　　[*] 2017 年提交全国政协十二届五次会议提案。
　　① 国家统计局. 2016 年 4 季度和全年我国 GDP 初步核算结果[EB/OL]. 国家统计局网站,2017-01-21.
　　② 2016 年中国户籍人口城镇化率已达到 41.2%[EB/OL]. 新华网,2017-02-12.

65%左右,初步形成消费拉动经济增长的新格局。

开放结构正由货物贸易为主向服务贸易为重点转型。服务贸易规模有望从 2015 年的 7130 亿美元[1]提高到 2020 年的 1 万亿美元,占外贸比重有望由 15.3%提高到 20%以上,初步形成以服务贸易为重点的对外开放新格局。

2.经济转型蕴藏着百万亿级的内需潜力。初步测算表明,2020 年我国消费规模有望达到 50 万亿元,加上引致的投资需求,内需规模将达到百万亿元[2]。仅以农村大市场为例,如果农村居民消费水平接近或达到全国平均水平,全国 5.9 亿农民一年新增消费就将超过 4 万亿元[3]。

3."十三五":经济转型的关键时期。无论是一个国家、地区,还是一个企业,主要不是赢在起点,而是赢在转折点。未来几年,适应大趋势,实现经济转型的突破,对企业、地区、国家来说,都具有决定性影响。转型得好,可以释放巨大的增长动力,实现可持续增长;转型得不好,错过了重要战略机遇,有可能带来比较大的风险。

二、经济转型决定经济增长前景

各方对经济增长比较担心,把"稳增长"看得比较重。短期"稳增长""触底"固然十分重要,更重要的是通过经济转型挖掘增长的新源泉,释放增长潜力。

1.经济转型实现中高速增长。未来几年经济转型如果取得实质性突破,我国实现 6%~7%的中高速增长是有条件、有能力的。从消费角度看,2020年我国消费规模有望达到 50 万亿元,能够支撑 6%~7%的经济增长;从产业角度看,服务业在"十三五"保持 9%左右的增长,将带动 3.8~4.3 个百分点的经济增长,为中高速增长奠定重要基础;从人口城镇化角度看,城镇化每提高 1 个百分点,为经济增长贡献 3 个百分点左右。未来几年我国人口城镇化至少还有 10 个点的空间,是支撑中高速增长的重要因素;从服务贸易角度看,

---

① 商务部综合司.2015 年中国对外贸易发展情况[EB/OL].商务部网站,2016-05-10.

② 中改院课题组.推进消费主导的经济转型——我国经济增长方式转变的路径研究[R].2014-05.

③ 中改院课题组根据 2016 年全国居民消费情况测算.原始数据来源于:国家统计局.2016 年全国居民收入稳步增长居民消费进一步改善[EB/OL].国家统计局网站,2017-01-20.

随着服务贸易的快速发展，服务供给将明显加大，有助于释放潜在服务型需求，成为拉动经济增长的重要动力①。

2.以经济转型改善经济增长质量。吸纳更多的新增就业。2016年服务业增长7.8%，城镇新增就业达到1314万人。"十三五"期间，如果服务业保持同一增速，每年将吸纳1000万人以上的城镇新增就业。2020年服务业就业有望达到4亿人，占总就业比重达到50%②。

优化分配格局，建设共享社会。"十三五"期间，如果服务业占比提高10个百分点左右，劳动者报酬有可能提高3.8个百分点，到2020年达到50%左右。这有助于改变劳动者报酬下降的格局，为我国中等收入群体比重在2020年达到35%～40%奠定重要基础③。

助推绿色增长。如果服务业占比从46.1%提高到55%，以2012年GDP总量估算，年能耗总量将从36.17亿吨标准煤下降到27.65亿吨标准煤，减排效应明显④。

3.经济转型为全球经济增长带来重要动力。在全球需求不足的背景下，"中国需求""中国市场"引起各方普遍关注。例如，我国未来5年将进口8万亿美元商品，对外投资7500亿美元，出境旅游7亿人次⑤。更重要的是，面对保护主义、民粹主义、孤立主义抬头的势头，我国坚持自由贸易战略、"一带一路"战略、服务贸易战略，转变开放模式，成为应对全球化逆潮、引领全球自由贸易的重要力量。

三、结构性改革决定经济转型进程

"十三五"期间，经济转型要取得实质性突破，关键在于结构性改革要破题发力，以破解经济生活中的结构性矛盾和结构性失衡。

1.放开服务业市场。一是着力破除服务业领域行政垄断与市场垄断，在服务业领域全面实施企业投资负面清单，各类资本平等进入负面清单之外的领域。二是有序放开服务业领域市场价格。自然垄断环节实行政府定价，竞

---

①②③④　迟福林.转型抉择[M].北京:中国经济出版社,2015-02.
⑤　习近平.共担时代责任　共促全球发展——在世界经济论坛2017年年会开幕式上的主旨演讲[EB/OL].新华网,2017-01-17.

争性环节全面放开价格管制,推动服务企业在竞争中形成价格。三是加快服务业发展的政策调整,包括土地、财税、政府购买等政策。例如,争取使政府采购规模占财政支出比重到 2020 年达到 15%～20%,服务类占政府采购总额比重提高到 30%～40%左右。公共服务购买对所有主体一视同仁,形成事业单位、社会组织、企业等多元供给主体的新格局。

2.改善企业发展环境,振兴实体经济。一是进一步强化产权保护,推进产权保护的制度化、法治化。对改革开放以来各类企业尤其是民营企业因经营不规范引发的问题,严格遵循法不溯及既往、罪刑法定、从旧兼从轻等原则公正处理,不盲目翻旧账,在这方面要尽快出台具体措施。二是加快在混合所有制企业推进员工持股改革。目前已有企业开始试点,需要尽快拓宽试点范围,逐步推开。三是培育和保护企业家精神。拓宽创新创业空间,鼓励试错,鼓励企业家,尤其是年轻企业家成长。

3.以落实农民土地财产权为重点深化农村改革。近年来,城镇化中暴露出来的农村土地矛盾,与法律尚未赋予农民土地使用权完整的物权性质直接相关。根本出路在于尽快在法律上落实农民土地财产权。一是尽快修改相关法律法规,赋予农民土地使用权以物权性质,使农民真正享有支配土地使用权的权利。二是要把家庭承包土地纳入财产权法律保护范畴。三是从法律上赋予农民住房财产权的完整产权,赋予其占有、使用、收益、转让、抵押等完整权利。四是实现城乡资本、土地和住宅市场双向流通,研究城乡房地产两个市场接轨的政策。

破题结构性改革,释放经济增长潜力、激发市场活力,是全球面临的共同挑战。在一个拥有 13 亿人口的大国,推进以经济转型为目标的结构性改革,就其对经济发展方式的变革,就其所蕴藏着的经济增长新潜能、就其对利益结构冲击的深度、广度和复杂程度而言,都不亚于 38 年前开启的改革开放。它不仅将决定我国经济增长前景,而且将对全球经济增长和治理格局产生重大影响。

深化结构性改革　释放内需潜力 *

2016 年,面对内外诸多矛盾与困难,经济运行呈现缓中趋稳、稳中向好的趋势,这很不易。正如《政府工作报告》指出的,"经济能够稳住很不容易,出现诸多向好变化更为难得"。从实际看,去年我国不仅实现了 6.7% 的经济增长,而且在产业结构变革、消费结构升级等方面都有新的突破。

我国是一个转型中的大国,内需潜力巨大,这是一个符合国情的大判断,也是符合发展趋势的大判断。未来几年,我国经济转型的时代性趋势明显、阶段性特点突出,无论是产业结构、消费结构、城乡结构还是外贸结构都将发生历史性变化。抓住这些趋势性变化释放内需潜力和经济增长潜力,是我国经济增长的突出优势。

第一,在产业结构方面,服务业占比有可能由 2016 年的 51.6% 提高到 2020 年的 58%～60%,基本形成以服务业为主导的产业结构,由此将催生巨大的服务型消费需求。

第二,在城镇化结构方面,2016 年,我国农村户籍人口占总人口数的 58.8%,与我国进入中高收入阶段的发展要求严重不相适应。加快推进人口城镇化进程,常住人口城镇化率有可能由 2016 年的 57.35% 提高到 2020 年的 60% 以上,同期户籍人口城镇化率有望由 41.2% 提高到 50% 左右,基本形成人口城镇化的新格局,由此将释放城镇化所蕴含的巨大内需潜力。

第三,在消费结构方面,我国正处在消费结构升级的重要拐点,农村居民服务型消费占消费总量的 25%～30%,城镇居民的服务型消费占消费总量的 35%～40%。到 2020 年,我国农村居民服务型消费占比将提高到 35% 左右,

---

　　* 在全国政协十二届五次会议小组会议上的发言,2017 年 3 月 6 日,北京。

城镇居民将提高到50％左右,消费对增长的贡献率基本稳定在65％左右,初步形成消费拉动经济增长的新格局。

在这样的大背景下,供给侧结构性改革的重大任务之一是释放巨大的内需增长潜力。正如《政府工作报告》提出的,"我国内需潜力巨大,扩大内需既有必要也有可能,关键是找准发力点"。我认为,这个"发力点"就在于要以深化供给侧结构性改革,释放内需潜力。这里,提出以下几点建议。

一、减税降费要取得实质性进展

《政府工作报告》提出,"今年赤字率保持不变,主要是为了进一步减税降费,全年再减少企业税负3500亿元左右、涉企收费约2000亿元"。我的看法是,现行的税收结构同实体经济发展,尤其是经济转型不相适应的矛盾日益突出。我国的总体税负在全球并不算很高,但是税收结构不合理是一个很大的问题。就是说,继续坚持在以间接税为主的前提下进行减税降费,能否达到预期目标,能否促进实体经济的转型升级?

总的看法是,企业反映的税收成本问题与税收结构矛盾有直接关系。某些直接税酝酿了很多年,却迟迟没有推出来,比如房产税、财产税、遗产税。当前,减税降费的空间仍很大,尤其是制度性交易成本还有很大的缩减空间。问题在于,不能拿税负整体不高来推迟税收结构的调整。我认为,加快推进以直接税为主的税制结构改革,总体条件基本成熟。

二、推进服务业市场开放

《政府工作报告》提出,"开展新一轮服务业综合改革试点,支持社会力量提供教育、养老、医疗等服务"。当前,居民的消费结构正在发生革命性变化,消费需求与消费供给不相适应的矛盾比较突出。客观讲,这与服务业市场开放严重滞后相关联。

当前,全球自由贸易的焦点在服务贸易,如果服务业市场开放滞后就会制约服务贸易发展,这也是我国服务贸易国际竞争力不强的主要原因。"十三五"规划中提出"到2020年,服务贸易占贸易比重达到16％"。我在国家"十三五"规划专家委员会开会讨论时就建议,与其提出这个 16％的目标,不如不提。2012 年全球服务贸易占比已达到 20％以上,以 2020 年达到 16％为规划目标,与我国贸易大国地位及服务贸易快速发展的趋势严重不相适应。事实上,2016 年我国服务贸易占贸易总额的比重已达到 18％,超过"十三五"规划目标。服务业市场开放是服务贸易发展的重要条件和基础。目前,我国服务业市场的开放程度仅为 50％左右,还存在比较多的市场垄断、行政垄断。习近平主席曾在 G20 峰会上提出"加快服务业开放步伐"。建议要尽快形成服务业市场开放的行动计划,以适应全球经济竞争的需要,并适应全社会消费结构变化的需求。

三、深化农村土地制度改革

《政府工作报告》提出,"稳步推进农村集体产权制度改革,深化农村土地制度改革试点,赋予农民更多财产权利"。深化农村土地制度改革是释放内需大市场的重点所在,是农业供给侧结构性改革的重大任务。从实际情况看,深化农村土地制度改革主要涉及两大问题:

一是农民土地承包权是物权还是债权?《关于完善农村土地所有权承包权经营权分置办法的意见》中明确提出"不论经营权如何流转,集体土地承包权都属于农民家庭","土地承包权人对承包土地依法享有占有、使用和收益的权利"。但是《土地管理法》并未明确农民土地承包权用益物权性质,《物权法》中也没有明确规定农民土地承包权具有收益、转让、抵押、继承等在内的权利。因此,农民土地承包权还不是一个完整的产权。

二是农民宅基地。党的十八届三中全会提出,"保障农户宅基地用益物权,改革完善农村宅基地制度"。按照这一要求,需要进一步完善农民宅基地的统计和登记工作,把农民宅基地的所有权和使用权分离,做实农民宅基地使用权这个用益物权,从法律上赋予农民对宅基地使用权用益物权性质,赋予其占有、使用、收益、转让、抵押、继承等在内的完整权利。现行政策限定农民宅基地"一户一宅"、转让对象限于本村村民。目前,城乡关系发生了重要变化,城里的一部分人也愿意到农村去。现在的争论是,能否放宽农民住房流转的限制条件,允许农民住房抵押、担保、转让,并允许因房地不可分离、随房屋流转而必然产生的宅基地使用权的流转。

四、加快国有企业改革

《政府工作报告》提出，"要以提高核心竞争力和资源配置效率为目标，形成有效制衡的公司法人治理结构、灵活高效的市场化经营机制"，"深化混合所有制改革"。今年，在一些重要的国有垄断行业推出一批重要项目，实现混合所有制改革的实质性突破。目前，国企改革面临的最大问题是国有资本的投资运营管理，政府向"管资本"为主转变的方案至今尚未出台，现在国资主管部门的主要精力仍是"管企业"，在这种形势下，国有企业的改革就很困难。为此，《政府工作报告》要求"推进国有资本投资、运营公司改革试点"。建议今年出台国有资本的所有权、投资权、运营权开放的具体方案，为企业层面实行公司治理结构改革提供重要条件。

如果2017年能在以上四个方面的改革有重要突破，扩大内需就大有希望，我建议在扩大内需上能够采取一些更重要的举措。在我看来，扩大内需是我国保持未来中长期发展最突出的优势，不仅是"必要"和"可能"的问题，而且是需要下大功夫来解决的重大问题，是供给侧结构性改革的重大任务。

供给侧结构性改革重在处理好
政府与市场关系[*]

党的十八届三中全会明确了"使市场在资源配置中起决定性作用和更好发挥政府作用"的改革方向与重点。当前,由于政府与市场关系尚未理顺,经济转型与增长面临着体制成本过高、市场开放不足等突出问题。深化供给侧结构性改革,重在处理好政府与市场关系。为此,提出以下 5 点建议。

1.处理好"三去一降一补"中的政府与市场关系。去产能、去库存、去杠杆的本质是实现市场的供求平衡,推进新旧发展动能转换。为此,要更多地运用市场手段、法治手段,推动企业优胜劣汰、优化重组,防止已经化解的过剩产能死灰复燃。政府的主要职责是降成本、补短板:要在减税、降费、降低要素成本上加大力度,尤其是降低制度性交易成本要有实招。要尽快实施企业自主登记制度,适时取消企业一般投资项目备案制等。要尽快补上人口城镇化这个短板,通过释放新型城镇化的巨大内需潜力,为扩大就业与房地产去库存找到根本性出路。

2.处理好深化国企改革中的政府与市场关系。以"管资本"为主是国有资本做活、做优、做强的重要条件,但目前尚未破题,使混合所有制改革难以有大的突破。建议:加快推进政府由"管企业"为主向"管资本"为主的转型,抓紧出台国有资本投资、运营的改革方案,尽快形成国有资本管理新体制;尽快向社会资本推出一批垄断行业重大项目,使重点领域和关键环节的混合所有制改革在今年能有实质性进展。

3.处理好深化农村土地制度改革中的政府与市场关系。以落实农民土

---

* 2017 年在全国政协十二届五次会议上的发言。

地财产权为重点推动城乡关系的深刻变革,盘活农村土地资源,释放城乡一体化的巨大红利,是农业供给侧结构性改革的重要任务。建议在严格用途和规划管制的前提下,发挥市场在农村土地资源配置中的决定性作用。要尽快实现农村集体经营性建设用地与国有土地同等入市、同权同价;修改相关法律,赋予农民土地使用权以物权性质,包括占有、使用、收益、转让、抵押、继承等在内的完整产权;打通城乡资本、土地和住宅市场双向流通。

4.处理好服务业发展中政府与市场的关系。破解服务业领域有需求与缺供给之间的突出矛盾,关键是打破行政垄断与市场垄断。要把服务业市场开放作为供给侧结构性改革的重大任务之一,尽快出台改革行动方案。建议:在1～2年内实现服务业竞争性领域对社会资本全面放开,非竞争性领域引入竞争机制,争取到2020年使服务业市场化程度接近工业;要推动服务业市场双向开放,到2020年服务贸易占外贸的比重要达到20%以上;以服务贸易为重点推进国内自贸区转型,大幅缩减负面清单;全面推进粤港澳服务贸易一体化,促进和服务于"一国两制"进程;加快推进某些产业项下的自由贸易进程,支持具备条件的地区先行先试。

5.处理好监管变革中的政府与市场关系。当前,简政放权到了放管结合的新阶段,需要把监管变革作为政府改革的重点,加快推进审批与监管严格分开,提高监管的独立性、专业性和权威性。着眼于防范系统性、区域性金融风险,尽快组建综合性国家金融监管机构,强化监管的统筹协调;尽快组建统一的国家反垄断机构,统一反垄断执法权,建立行政垄断的审查机制;从中央到地方建立统一权威的食品药品监管体制,实现职能、机构、队伍"三统一"。

以处理好政府与市场关系为重点,深化供给侧结构性改革,决定经济增长潜力的释放,决定经济转型升级的进程,决定结构性改革的成效。为此,需要紧紧抓住政府与市场关系这个"牛鼻子",实现全面深化改革的重大突破。

第四篇　建言社会体制改革

政协委员是各个界别的代表,有责任、有义务反映提出社会关注的重要问题,反映提出增进人民福祉中的难点,反映提出民生改善的建议提案。10年来,我努力在这方面建言发声。例如,我在2011年提交的"建议'让农民工成为历史'列入国家'十二五'规划"的提案、2016年提交的"以居住证制度取代城乡二元户籍制度的建议"的提案、2017年提交的"2020:让城乡二元户籍制度成为历史"的提案,尽管至今尚未实现,但在多方面产生影响,对推进相关政策决策发挥了一定的作用。

关于尽快制定全国性基本公共服务
均等化规划的建议[*]

在国际金融危机背景下,尽快制定基本公共服务均等化全国性规划,并由此加大基本公共服务的投资力度,既有现实性,又有紧迫性。首先,它是扩大国内消费的重要条件。这些年居民收入明显增加,居民消费率却逐年下降,重要原因之一在于城乡居民基本公共服务的缺失,使得居民对未来预期不稳,有明显加大预防性储蓄的倾向。其次,公共服务均等化有利于在危机中化解社会矛盾,调整收入分配结构,缓解收入分配差距,平衡不同利益群体关系。

目前,广东、浙江、海南等地已制订基本公共服务均等化地方规划并积极推进。但从地方实践看,实现基本公共服务均等化是一项全国范围内的系统工程,许多重要方面需要中央统一规划。例如,上亿农民工既跨城乡又跨不同省区,如果没有中央的统筹安排,很难全面解决这个问题。为此,建议尽快出台全国基本公共服务均等化规划,由此明确基本公共服务中中央与地方的职责划分以及相关政策。

1.建议把城乡经济社会一体化的政策重点放在基本公共服务均等化上。把城乡基本公共服务均等化这件大事情抓好,既可以在启动农村消费大市场方面取得突破,又可以破解城乡二元制度结构的难题。(1)重点推进农村新型养老保险体系建设。2002—2007 年,城镇养老保险参保人数增长了36.6%,而农村养老保险参保人数却减少了 5.3%。重要原因在于,中央财政对城镇企业职工养老补贴将近上千亿元,但农村养老基本靠农民自己交费。

---

* 2009 年提交全国政协十一届二次会议提案。

应当说,现在已具备条件尽快建立起低水平的、人人都享有的农村社会养老保险体系。(2)统筹解决农民工基本公共服务问题。建议由中央制订规划,在全国范围内统一政策,争取在 3 年左右,解决农民工基本公共服务制度的城乡对接问题:第一,将农民工纳入城镇公共就业服务体系;第二,尽快推出农民工子女义务教育券制度;第三,抓紧出台具体措施,落实农民工基本社会保障跨地区、跨城乡流动的管理办法。

2. 建议把强化政府基本公共服务职能作为下一步行政管理体制改革的重点。(1)明确划分中央、省及以下政府在基本公共服务供给中的分工和职责,建立基本公共服务绩效评价指标体系与严格的问责体系。(2)以基本公共服务均等化为目标启动新一轮财税体制改革,在调整财政支出结构上有实质性的突破。(3)在公共服务体系框架下统筹安排事业机构改革。作为公益性服务主体的事业机构,改革的主要目的不在于减机构、减人员、削福利,而在于推进其转型中强化其公益性。(4)建议在西部选择一、两个省(区)进行基本公共服务均等化的综合改革试点。

3. 建议出台进一步加大基本公共服务的投资计划。初步测算,未来 10 年左右,要实现党的十七届三中全会提出的城乡基本公共服务均等化水平明显提高的目标,需要基本公共服务财政支出年增长 5% 左右,投资总额估计在 15 万亿~20 万亿元。按照这个测算,未来 3 年左右在已确定的 8500 亿元医疗卫生体系建设支出的同时,在教育领域需要投入 1.3 万亿元左右的投资,在基本社会保障领域需要投入 2.2 万亿元左右的投资。这三项支出总投资约 4.4 万亿元,占财政总支出的 20% 左右。由此,未来 3 年的居民消费率大概可以提高十多个百分点;未来 10 年,可初步建立一个惠及 13 亿人的基本公共服务体系。从而,走出一条以扩大内需为主线的改革发展新路子。

加快推进我国收入分配体制改革的建议[*]

着眼于转变发展方式,建议把全面推进收入分配体制改革作为我国"十二五"转变发展方式的重点,在2010年年内尽快出台系统、具体、操作性强的收入分配改革方案。

1.明确收入分配改革目标,并将其作为约束性指标纳入"十二五"规划中。着眼于发展方式转型,建议"十二五"时期,把我国消费率从2008年的48.6%提高到55%~60%,确立为收入分配体制改革的重要目标。

(1)实施国民收入倍增计划,使城乡人均收入在"十二五"翻一番,年均增长不低于15%。(2)居民收入在国民收入中的占比从60%左右提高到70%左右。(3)劳动报酬占GDP比重从2007年的39.7%提高到50%左右。(4)城乡收入差距从2008年的3.31∶1控制到3∶1以内。(5)中等收入群体占比达到30%左右。

2.以资源红利的社会共享为目标推进国有资源的重新配置。当前,收入分配差距扩大的一个重要原因是国有资源在很大程度上配置于市场领域而不是公共领域。着眼于调整国民收入分配基本格局,建议加快国有资源配置的结构性调整。

(1)重新反思当前相当多的央企涉足房地产开发这一现象。国有资本进入竞争性的房地产,应不以赢利、做"地王"为第一目标,而是主要限定在提供保障性住房和廉租房领域。

(2)尽快推进资源税改革,改革国有资源的税费体系,理顺资源性产品的分配格局,改变少数企业享受资源红利的格局。

---

[*] 2010年提交全国政协十一届三次会议提案。

3. 把理顺收入分配关系作为新阶段打破垄断、推进国有企业改革的重大举措。垄断是造成国民收入分配失衡的重要因素之一。缩小收入分配差距，需要进一步打破垄断，尽快建立起规范化的收租分红制度，提高国有企业上缴租、税的比重。

(1) 防止"国进民退"。这两年社会对"国进民退"有比较大的意见。建议尽快出台详细的《反垄断法》实施细则，放开垄断领域门槛、引入竞争，通过市场法律规范国有企业的投资领域。

(2) 尽快建立常态化的垄断行业和国有企业收租分红机制。建议将征收"特别收益金"改为征收"超额利润税"，将垄断利润以税收名义收归公共所有。

(3) 建立全口径的财政预算体系，尤其是涵盖国有企业的资源使用租金和利润分红。

4. 建立稳定的劳资关系，实施工资集体谈判制度和工资定期增长制度。其中的关键在于赋予并保障工人进行工资集体谈判的权利。除了工会外，鼓励探索多种形式的工资集体谈判机制。此外，应当加强对最低工资的监管力度，切实保护劳动者权益。

5. 构建财产性收入的体制基础，缩小居民财产性收入差距。当前，居民收入差距的很大部分来源于财产性收入。落实党的十七大提出的"创造条件让更多群众拥有财产性收入"，关键在于加快相应的体制变革。

(1) 推进农村集体土地流转制度改革，使农民真正享受到土地资产增值的红利。土地是农民最重要和最主要的财产，由于土地制度不完善，土地市场化功能未能充分发挥，农民无法享受土地资产增值带来的收益。有资料显示，在土地用途转变增值的权益的分配中，地方政府大约得 60%～70%，村集体组织得 25%～30%，失地农民只得到 5%～10%，甚至更少。改变这个格局，使农民拥有物权性质、可转让的土地使用权，是增加农民财产性收入的重要条件之一。为此，建议尽快出台土地物权法配套法规，明晰农村土地产权并赋予农民产权主体的地位，使农民能够充分享受土地流转的增值收益。

(2) 规范和完善资本市场，保障投资者权益。着眼于居民财产性收入，应积极完善资本市场，建设法治环境，开放理财业务，为社会提供公平、健康的投资理财环境。

(3) 推行"职工持股计划"，使职工真正享受到企业增值红利。职工工资调整在很大程度上受制于企业经营效率。而职工持股计划则可以有效避免这一点。不少发达国家推行这项带有福利性质的计划。职工无偿或低价获得企业股票,参与分红。"十二五"鼓励中小企业率先探索,条件成熟时大中企业再进行探索。

6.以缓解和缩小收入差距为目标启动新一轮税收改革。总的建议是显著加大对所得和财产的课税力度。

(1)适时开征遗产税,作为个人所得税的补充。

(2)完善个人所得税制度,实行综合和分类相结合的个人所得税模式,对劳动所得、经营所得和财产所得实行综合课税,对资本所得和偶然所得实行分类课税,与综合课税相分离,以便于征管和调节。

(3)开征社会保障税,将社会保障的收支纳入国家预算。

7.控制政府财政收入增长速度,调整财政支出结构。建议合理控制各级政府的财政收入增长速度,尤其是税收的增长速度。

(1)预算内财政收入增长速度以不超过上年 GDP 为宜。

(2)控制预算外收入规模。尤其是改革地方政府土地出让金管理制度。

(3)调整财政支出结构,使财政支出更多地用于公共服务供给,由此大幅度提高中低收入群体的实际收入水平。

8.解决分配不公关键在于政府,要打破政府自身利益的束缚。

(1)规范公务员的工资外收入,全面实施阳光工资制,取消实物分配(尤其是取消福利性的住房分配制度),将实物分配货币化,消除灰色收入。

(2)加强反腐败力度,杜绝腐败等形成的黑色收入。

(3)控制行政成本,推进政府预算与支出的公开化。

加快推进收入分配体制改革是一项涉及中长期发展的重大改革。要保证这项改革在实施中不流于形式或者走形变样,建议尽快建立收入分配体制改革的高层协调机制。

建议"让农民工成为历史"列入
国家"十二五"规划[*]

    农民工是我国经济社会转型时期形成的一个规模庞大的特殊群体。30多年来,这个特殊群体为工业化、城市化做出了历史性巨大贡献,但却难以公平分享改革发展成果。"十二五"加快转变经济发展方式,无论是推进城市化、城乡一体化,还是解决城乡差距、贫富差距,都绕不过"农民工"这个坎。

    农民工市民化具有全局性意义,应当成为"十二五"改革发展的约束性目标。第一,农民工市民化有助于形成消费主导的格局。农民工市民化可以将2.3亿人的潜在消费变成现实需求。目前农村外出从业劳动力约1.5亿人,假定其中的20%变成市民,其消费水平将达到城市居民平均消费水平,以2008年消费水平计算,新增的城市消费规模能促进经济增长率提高近1个百分点。第二,农民工市民化有助于加快城市化进程。农民工市民化不仅有助于提升农业规模和生产效率,也有利于城市服务业的发展。更为重要的是,农民工市民化将释放巨大"质量型"人口红利。第三,农民工市民化有助于社会稳定。当前,特别是新生代农民工,面临城市生活、工作压力以及相关制度障碍,他们普遍处于"进退两难"境地,导致社会不稳定因素增加。从根本上解决农民工市民化的问题,有利于维护社会稳定。

    "十二五"全面解决有条件农民工市民化问题的时机成熟、条件具备,且有望在发达地区率先取得突破。第一,农民工市民化已成客观趋势。现实情况表明,农民工不仅已成为城市产业工人的主体,而且也是城市新增人口的

---

    * 2011年提交全国政协十一届四次会议提案。

主要来源。尤其是1亿左右的新生代农民工在经济社会发展中日益发挥主力军的作用。第二,农民工市民化的财政实力初步具备。近年来我国财政实力大幅增长,从总体上说,国家有实力解决农民工市民化的问题。第三,农民工市民化的相关政策进展明显。"十一五"时期,城乡基本公共服务均等化有了明显进展。预计"十二五"时期,无论是在政策创新上,还是在基本公共服务均等化程度提高上,都会有重要突破,这将为实现农民工市民化提供重要条件。第四,从实践来看,发达地区有望率先取得突破。长三角、珠三角是农民工最集中的地区,这些地区已经开始着手解决农民工问题,估计在2~3年内会有一定的突破。

"让农民工成为历史"应当作为"十二五"城乡一体化的突破口。第一,以落实农民工就业落户政策为突破口,放开城乡二元的户籍限制。建议分两步走:第一步,"十二五"前三年实现中小城镇户籍制度全面放开;第二步,"十二五"后两年实现大城市户籍制度基本放开。第二,以农民工市民化为突破口,推进城乡基本公共服务均等化进程。尽快出台全国统一的农民工基本公共服务相关政策,保障农民工无论在什么地区就业,都能享受到与该地区户籍居民大致相同的基本公共服务。重点解决农民工子女的义务教育问题和建立农民工基本社会保障制度。第三,以创新农民工土地制度安排为突破口,统筹推进城乡土地一体化。建议"十二五"创新农民工土地制度安排。一方面,尽快剥离土地社会保障功能。应当叫停诸如"土地换社保"等各种不合理的做法。尤其是在农村土地得不到物权保障、不能抵押贷款的情况下,不能硬性要求农民工以放弃土地权利为代价来获得城市基本公共服务。另一方面,切实保障农民工的土地收益权。在符合城乡土地规划的前提下,统一建立完善农民工土地使用权的转让、出租、抵押、入股的相关制度安排。第四,把政府土地收益的一部分用于解决农民工基本住房保障问题。建议"十二五"时期明确规定50%的土地收益要用于包括农民工在内的住房保障,并建立符合农民工实际需求的住房公积金制度。

专栏:提案答复情况

对政协十一届全国委员会第四次会议
第 379 号(经济发展类 41 号)提案的答复(节选)

迟福林委员:

您提出的关于"让农民工成为历史列入国家'十二五'规划"的提案收悉,经商农业部、公安部、财政部、住房和城乡建设部,现答复如下:

农民工为我国城乡经济社会发展和现代化建设做出了重要贡献。维护农民工权益、促进农民工发展,是推进城乡统筹发展,建设中国特色社会主义的重要任务。

……

二、关于推进户籍制度改革问题

积极稳妥推进户籍管理制度改革,逐步放宽各类城市和城镇户口迁移政策限制,对于促进农村富余劳动力就地就近转移,统筹城乡经济社会协调发展具有重要作用。对此,中共中央、国务院高度重视,采取一系列政策措施,积极稳妥地推进户籍管理制度改革。……您提出在"十二五"期间分两步走放开城乡二元的户籍限制的建议对我们工作是有益的促进。

中华人民共和国人力资源和社会保障部

2011 年 9 月 8 日

建议把民富优先作为
国家"十二五"规划的政策目标[*]

党的十七届五中全会确立的"以科学发展为主题、以转变经济发展方式为主线",对国家"十二五"规划具有十分重要的全局性和战略性意义。"十二五"加快转变经济发展方式,实质是实现发展导向由经济总量向国民收入的历史性转变,走公平与可持续的科学发展之路。"十二五"实现这一政策目标的关键在于确立民富优先的改革发展导向。对此,提出以下 3 点建议。

建议国家"十二五"规划明确提出民富优先的发展方针

国富、民富都十分重要。问题在于,我国实行政府主导型的增长模式,带有国富优先的突出特征。这在集中力量办大事、扩大经济总量、反贫困中都取得了重大历史成效。"十一五"时期,国家财政收入增长速度、国有资本扩张速度、土地出让金增长速度均远高于同期经济增长速度,国富优先的发展特征仍然突出。这些年的实践说明,长期实行国富优先的增长,使国家生产力优先并快于社会消费能力的增长,使城乡差距、贫富差距不断拉大,社会矛盾、社会风险有加大的趋势。

"十二五"确立民富优先的发展方针,将为经济发展创造良好社会预期:它是释放社会总需求、培育经济内生增长动力的重大选择;它是缓解并缩小收入分配差距的重大选择;它是让全体社会成员共享发展成果、实现公平发

---

　　* 2011 年提交全国政协十一届四次会议提案。

展的重大选择。为此,国家"十二五"规划中应当十分明确地确立民富优先发展的政策目标。

建议国家"十二五"规划明确民富优先发展的重大任务

1.收入分配体制改革需要取得重大突破。按照民富优先的发展方针,"十二五"收入分配制度改革方案要有相关的约束性指标。建议把"两个同步"具体化,确保城乡居民收入的实际增长不低于8%;劳动者报酬年均增长不应低于10%作为约束性指标。设置有效地缓解和缩小收入分配差距的约束性指标。目前城乡居民名义收入差距是3.3∶1左右,建议到"十二五"末控制在3∶1左右。建议国家尽快出台收入分配体制改革和财税体制改革的总体方案,为"十二五"民富优先的发展起好步、开好头。

2.加快推进农民工市民化。"十二五"时期,无论是城市化还是城乡一体化,都绕不过"农民工"这个坎。"农民工"已成为城乡差距、贫富差距的焦点所在。立足现实条件,并着眼于经济社会发展全局,"十二五"应当把"有条件的农民工市民化"作为经济社会发展的约束性指标。"十一五"时期,一些地区已经做了先行的探索。建议"十二五"时期国务院出台农民工市民化的新政策,采取包括加快农村土地流转、实行城乡基本公共服务均等化、扩大城市保障房和廉租房覆盖范围等在内的综合性措施,在全国范围内加快推进农民工市民化进程。

3."十二五"要加快推进财税体制改革。我国1994年分税制改革以来形成的财税体制在激励做大经济总量上的效应明显,在调节收入分配上的作用不足。实施民富优先的发展战略,需要使财税体制在收入分配调节中扮演重要角色。为此,建议,"十二五"前两年,应尽力启动新一轮以民富优先为目标的财税体制改革。要按照基本公共服务均等化的要求调整中央与地方财税关系,实现各级政府事权与财力的基本平衡。尽快改变干部考核选拔机制,努力推动中央地方关系、财税体制和行政体制等联动的结构性改革。

建议将政府转型作为"十二五"民富优先发展的关键和重点

我国发展进入新阶段,经济发展方式转变对政府转型的依赖性全面增强。没有政府转型的重大突破,经济发展方式转变就难以有大的进展。从这个意义上说,实行民富优先,关键在于政府转型。在市场经济体制初步建立的背景下,政府要实现由经济建设主体向经济性公共服务主体的转变;面对公共产品短缺的突出矛盾,政府要作为社会性公共服务的主体,为城乡居民收入普遍较快增长提供重要保障;在经济转轨、社会转型的特定背景下,要加大改革力度,使政府成为制度性公共服务的主体。"十二五"实行民富优先的发展,尤为需要确立以公共服务为中心的政府理念。政府要从自身利益束缚中超脱出来,强化公共利益代表的地位,提供充足的公共产品,走向公共治理。为此,建议明确把加快以政府转型为主线的行政体制改革作为"十二五"改革攻坚的关键和重点。

专栏:提案答复情况

对政协十一届全国委员会第四次会议
第5135号(经济发展类480号)、第0439号(经济发展类50号)、
第1259号(经济发展类131号)、第1859号(经济发展类179号)、
第0130号(经济发展类18号)提案的答复(节选)

台盟中央,胡先春、李铀、张道宏、迟福林等委员:

您们提出的关于改善收入分配制度,促进社会公平和谐的提案(第5135号),关于加强改革国民收入分配结构、积极构建扩大内需长效机制的提案(第0439号),关于将居民收入同步增长纳入"十二五"规划约束性指标的提案(第1259号),关于加快收入分配制度改革的提案(第1859号),关于把民富优先作为国家"十二五"规划的政策目标的提案(第0130号),经商中组部、财政部、人力资源和社会保障部、住房和城乡建设部、农业部,现答复如下:

一、关于优化国民收入分配格局

台盟中央及迟福林、李铀、张道宏、胡先春等委员建议要优化国民收入分配格局、协调经济发展与收入分配政策。对此,我委将重点抓好以下三方面工作:

一是充分发挥规划、计划在调节收入分配中的指导作用。"十二五"规划《纲要》提出:加快城乡居民收入增长。健全初次分配和再分配调节体系,合理调整国家、企业、个人分配关系,努力实现居民收入增长与经济发展同步、劳动报酬增长与劳动生产率提高同步,明显增加低收入者收入,持续扩大中等收入群体,努力扭转城乡、区域、行业和社会成员之间收入差距扩大趋势,我委将在国民经济和社会发展的工作安排中,认真落实以上要求。同时,研究提出把《纲要》中收入分配的指标任务,与跟踪、评价制度结合起来的实施方案,使加快城乡居民收入增长的具体目标纳入各级政府工作的考核内容。

二是继续加强宏观调控与经济运行管理。通过调整经济结构和转变经济增长方式,维护国民经济的健康稳定运行,更好地促进增加城乡居民收入。继续优化投资结构,投资重点向"三农"和民生领域倾斜。优先支持农业发展,努力促进农民增收。深入落实西部大开发、振兴东北地区等老工业基地、中部地区崛起和鼓励东部地区率先发展的区域协调发展战略,努力缩小区域发展差距,为改善地区间的居民收入分配结构创造条件。

三是积极推进收入分配制度改革。第一,深化工资制度改革。按照市场机制调节、企业自主分配、平等协商确定、政府监督指导的原则,形成反映劳动力市场供求关系和企业经济效益的工资决定机制和增长机制。完善最低工资和工资指导线制度,积极稳妥扩大工资集体协商覆盖范围。改革国有企业工资总额管理办法,加强对部分行业工资总额和工资水平双重调控。第二,健全资本、技术、管理等要素参与分配制度,完善公平、公正、公开的公共资源出让制度,出让收益主要用于公共服务支出。扩大国有资本收益上交范围,提高上交比例,统一纳入公共财政。完善股份制企业,特别是上市公司分红制度。建立健全根据经营管理绩效、风险和责任确定薪酬的制度。第三,加快完善再分配调节机制。逐步建立综合与分类相结合的个人所得税制度,健全财产税制度。调整财政支出结构,加大社会保障投入,提高保障水平。第四,整顿和规范收入分配秩序。健全法律法规,强化政府监管,加大执法力度,加快形成公开透明、公正合理的收入分配秩序。保护合法收入,取缔非法收入,清理工资外收入。加强政府非税收入管理,加快收入信息监测系统建设。

二、关于基本公共服务均等化

迟福林、张道宏等委员建议优化财政支出结构,促进基本公共服务均等化。“十二五”规划《纲要》提出,把基本公共服务制度作为公共产品向全民提供,完善公共财政制度,提高政府保障能力,建立健全符合国情、比较完整、覆盖城乡、可持续的基本公共服务体系,逐步缩小城乡区域间人民生活水平和公共服务差距。

经国务院批准,我委正在牵头组织编制“十二五”时期国家基本公共服务专项规划,这是基本公共服务领域里首个国家专项规划。围绕建立均等化的基本公共服务,将提出基本公共服务的重点任务、指导思想、发展目标、基本标准、重大工程、实施机制等,并通过公共财政给予投入保障,全力确保完成。

在基本公共服务均等化方面,中央财政逐步建立了一般性转移支付和专项转移支付相结合的转移支付制度。其中,一般性转移支付不规定具体用途,可由地方政府作为财力统筹安排使用,促进基本公共服务的均等化;专项转移支付以实现中央的特定政策为目标,覆盖“三农”、义务教育、医疗卫生、社会保障等基本公共服务领域,资金分配主要向中西部地区倾斜。通过转移支付制度,已经初步遏制了地区间财力差距扩大的趋势,提高了地方基本公共服务均等化水平。2010年均衡性转移支付总额为4760亿元,其中中西部地区为4467亿元。2010年中西部地区由于转移支付,一般预算支出由40%和34%提高到75%和72%。衡量地区财政收入差距的财政支出差异2010年比2003年下降了30%,中央财政将进一步加大对中西部地区的转移支付力度,着力促进基本公共服务均等化。下一步,逐步提高一般性转移支付的规模和比例,促进登记区间基本公共服务均等化。改进转移支付测算办法,推进专项转移支付的清理整合,研究建立转移支付绩效评价体系,提高财力薄弱地区的基本公共服务保障能力。

在优化财政支出结构方面,中央财政近年不断优化支出结构,加大对民生的投入力度。2010 年中央财政用于在教育、医疗卫生、社会保障和就业、住房保障、文化方面的民生支出为 8899 亿元,比 2007 年增长 1.07 倍,年均增长 27.5%,高于同期中央财政收入和支出的年均增幅。2010 年上述五项民生支出占中央财政支出的比重比 2007 年提高 3.5 个百分比。中央财政对地方税收返还和一般转移支出大部分也用于民生支出。"十二五"期间国家根据经济社会发展需要,进一步完善中央和地方财力与事权相匹配的财税体制,随着中央财力的逐步增强,将进一步加大对民生的支出和投入。

三、关于加强税收对收入分配的调节

台盟中央和迟福林委员建议完善税收政策,发挥好税收调节收入分配的作用。有关部门的政策和工作措施是:

个人所得税政策。我国个人所得税贯彻"高收入者多交税,中等收入者少缴税,低收入者不纳税"的立法精神。今年 4 月,国家税务总局发布了《关于切实加强高收入者个人所得税征管的通知》,重点对非劳所得的高收入者加强征管。主要加强对高收入者财产性转让所得、私营企业投资者个人所得、法人企业向投资者分股息、红利个人所得的税收征管。并积极开展高收入者个人所得专项检查。今年新修改的个人所得税法实施条例进一步提高了工薪所得减除费用标准,同时调整了税率级次级距,减轻了中低收入者税收负担,最近已经国务院令发布,于今年 9 月 1 日起实施。下一步个人所得税改革将按照"十二五"规划《纲要》要求,积极研究建立综合与分类相结合的个人所得税制度,更好体现税收公平和调节收入差距的作用。

房产税政策。随着居民收入水平大幅提高和住房制度改革不断深入,商品房市场日趋活跃,一些地区投机性购房较多,有必要适时调整个人住房免征房产税的政策,但需要在制度设计和管理机制方面进行充分论证。目前上海、重庆两市开展了对部分个人住房征收房产税改革试点,有关部门将及时总结经验,积极推进此项改革,发挥其调节收入分配作用。

中华人民共和国国家发展和改革委员会

2011 年 9 月 2 日

由灾后重建向发展振兴的转型[*]

在参加全国政协调研组对四川灾区做的调研中,我确实感受到了灾后重建取得了突破性进展,灾区建设有了巨大变化。当前,尽管恢复重建工作还未全部完成,但灾区总体上已经进入发展振兴的新阶段。

总的考虑是:灾区的发展振兴不应把追求速度作为硬性指标,而要在结构调整上下功夫。"十二五"时期,发展振兴要以发展方式转变为主线,以政策与体制创新为重点,加快调整经济结构,全面增强灾区自身的可持续发展能力。对此,个人提出以下几点初步建议供参考。

一、以小城镇建设为重点推进结构调整

我在调研中了解到,有些干部群众担心灾区20多万失地农民住进新房后面临着下一步如何就业、如何获得新的生活来源等问题。灾后重建阶段,相当部分灾区农民参与了工程建设,现在大部分工程已完成,他们担心未来还能干什么。解决这些问题,关键是要形成灾区的内生增长动力。这个动力的来源是多方面的,小城镇建设是其中的重点。就灾区而言,小城镇建设既可以为扩大就业提供条件,又是推进结构调整的重要选择。

1. 对灾区小城镇建设做出总体规划和布局。在调研中,很高兴看到映秀新镇和水磨镇的游客人气很旺,旅游业发展颇见成效,并成为有特色的旅游小镇。在北川新县城,我们看到巴拿恰商业街建设得很好,但人气不旺,旅游

---

* 应邀参加由李金华同志带队的全国政协四川地震灾区发展振兴联合调研之后形成的调研报告,2011 年 5 月 17—22 日。

购物的人不多。但是,灾区的旅游潜力还相当大。灾区独特的文化风情和人文地理景观对游客有很大的吸引力,游客一方面要亲眼看看灾区建设情况,另一方面也可以游览当地一些有特色的旅游景点。

大多数灾区离成都为 2 个小时以内的行程。随着交通条件的进一步改善,大部分灾区有条件纳入以成都为中心的旅游经济圈,建设成各种旅游特色小镇和旅游风情小镇。这就需要对灾区的旅游特色小镇、风情小镇进行总体规划和布局,加快推进旅游基础设施的完善,充分整合灾区的旅游资源。

2.加快推动灾区以旅游为重点的相关服务业的发展。在映秀新镇和水磨镇,我看到小宾馆平时的旅客已经很多,周末客房更是供不应求,价格也不算很便宜。应当说,灾区以旅游业为龙头发展相关服务业还有很大空间,尤其是餐饮、住宿、购物、娱乐等行业。并且,有条件进一步开拓文化、医疗、会展、交通等服务业发展的空间。围绕小城镇旅游来推动相关服务业发展,既可以丰富灾区旅游小镇的旅游内容,增加对游客的吸引力,也有助于增加就业机会,解决灾民的就业问题。

3.进一步完善管理,提升灾区旅游水平。旅游小镇的建设是灾区结构调整的重点所在,需要制定灾后旅游发展的总体规划,进一步创新旅游管理体制,吸引更多中小企业和社会资本参与旅游小镇的建设,推动旅游业和相关服务业的发展;改善旅游管理和服务,创建一流的旅游环境,为游客提供更高品质的旅游服务,提升灾区的旅游水平。

4.把有条件的村逐步建成有特色的小镇。对绵竹市孝德镇年画村考察后,发现当地基础设施建设得相当不错,年画更是当地的一大特色。如果当地综合条件能够提升,在年画的基础上发展相关服务业,将会对国内外游客产生很大的吸引力。建议创造条件,给予政策扶持,将类似年画村这种有自身特色、有独特资源优势的村,逐步开发建设成旅游特色小镇。

5.促使灾区失地农民尽快融入小城镇。灾后重建中,当地已有部分失地农民在小城镇就业、创业,但公共服务方面还有许多问题尚未得到解决。建议相关方面应积极支持灾区失地农民到小城镇就业和居住。他们到城镇后,应与当地居民一样,在就业、社保、住房、子女教育、医疗卫生等基本公共服务上享受同等待遇,推进灾区失地农民尽快融入小城镇。

6.建议相关部门进一步加大对小城镇建设的支持力度。建议相关部门进一步加大对灾区小城镇交通基础设施建设的支持力度；对创业的农民、灾民在一定时期内实施税收减免、金融扶持等优惠政策；对于到灾区进行小城镇投资建设、符合国家产业发展政策的中小企业，给予一定的税收优惠政策。

二、以加快推进灾区基本公共服务均等化为重点改善民生

当前灾后重建面临两个情况：一是尽管国家给当地农民一定数量的补贴，帮助农民建设新房、改造旧房，但在就业、创业等方面上面临的问题还很突出；二是灾区失地农民高达 20 万左右，如何保障他们的生活来源成为灾区的一大问题。解决这些问题，不仅需要把灾区纳入国家扶贫工作的重点，更要在灾区加快推进基本公共服务均等化，并将其作为灾区发展振兴的重大任务之一。

1.加快灾区城乡基本公共服务均等化进程。建议加快推进实施新型农村养老保险制度，将灾区农村优先全部纳入新型农村养老保险试点范围，争取 1～2 年基本完成灾区农村养老保险体系的建立；加快完善灾区基本公共服务，努力在"十二五"初步实现城乡基本公共服务均等化。"十二五"解决灾区农村基本公共服务问题，将会对解决灾区农民生活的后顾之忧、改善民生起到重要作用。

2.建议中央和地方加大对灾区基本公共服务均等化的一般性转移支付力度。建议未来一段时期内中央和地方财政继续加大对灾区的均衡性转移支付力度，同时要把对灾区的一般性转移支付重点放到基本公共服务均等化上来，尤其是放到灾区的公共就业、公共教育、医疗卫生、生态环保、社会保障等方面。

3.推进灾区基本公共服务体系建设。当前，全国正在推进事业单位改革。事业单位是经济社会发展中提供公益服务的主要载体，也是公共服务体系的重要主体。建议支持灾区加快推进事业单位改革，并以此为突破口，全面推进灾区基本公共服务体系建设。

4.重点发展灾区教育和医疗。地震对灾区的教育、医疗等公共服务破坏很大，凸显当地在教育、医疗等方面长期投入不足的问题。灾区应将教育和医疗作为下一步发展的重点，一方面中央和地方要加大对口支援力度，另一

方面要采取措施加强以教育、医疗为重点的职业培训。

5.加大对灾区的金融支持。要进一步加大对灾区基础设施、农业、中小企业和特色产业发展的金融支持力度,信贷投放适当向灾区倾斜;建议加强对灾区提供小额贷款服务,重点支持灾区的农户经营;相关金融机构要为灾区发展提供低息贷款,尤其是政策性金融机构要加大对灾区的金融服务;重点支持和引导金融资金向教育、医疗、环保等关系国计民生的项目上倾斜,推进灾区的基本公共服务发展。

6.鼓励社会资本和国际力量参与灾区公益事业发展。灾区重建中有一些国际援助的公共设施。建议在发展振兴阶段,灾区要进一步开放市场,鼓励社会力量和国际社会到灾区开办教育、医疗等公益事业,并与当地教育机构、医疗机构享受同等待遇,在从事的公益事业范围内给予税收减免;同时鼓励社会采取灵活多样的形式参与公益事业。

三、以政策和体制创新为重点增强灾区发展的动力和活力

新时期,灾区要抓住发展振兴带来的历史机遇,加大改革力度,推进政策创新,从而进一步为灾区可持续发展积蓄动力、激发活力。

1.在城乡一体化的体制创新上取得实质性突破。与灾区的小城镇建设相适应,要在城乡一体化的政策体制上有所突破,争取在城乡一体化体制创新上走在全国前列。

2.尽快建立灾区生态补偿机制。据介绍,灾区大概有134万亩耕地已丧失或不具备基本耕种条件。建议尽快在这些土地上实施退耕还林,实行生态补偿,并且真正做到让灾区农民受益。另外,生态环境建设是灾区的重要任务,需要中央和地方加大对生态补偿的资金投入力度,促进退耕还林政策真正落到实处。这既有利于灾区生态建设,又有利于解决部分失地农民的生活来源问题。

3.创新金融体制。尽快推进灾区的金融政策和金融体制创新,加大对灾区金融机构的支持力度。例如,适当放宽灾区银行的信贷额度、对灾区的农信社在税收上予以减免等;支持灾区金融机构积极推进小额贷款、财产保险、农业保险等金融产品的创新;支持灾区开办与农产品加工、储藏等相关的低

息贷款等金融服务,积极促进灾区农业水平提升;加快在灾区探索建立覆盖全区的巨灾保险制度,建立巨灾保险基金。

4.加快完善对灾区中小企业的税收减免政策。为了创造更多的就业机会,应积极支持灾区中小企业的发展。建议对灾区的中小企业,特别是能吸纳就业的中小企业实施税收减免政策。

5.在灾区发展振兴阶段实施开放政策。在救灾援助中,社会力量和国际力量发挥了很大的作用。灾区的发展振兴也需要向社会资本开放。为此,建议灾区创新开放体制,实现开放政策的突破,进一步加大开放力度,创新社会资本的参与形式,鼓励各方力量以自己的方式直接参与灾区的发展振兴。

6.尽快建立灾区的评估机制。评估机制对于灾后重建和发展振兴都具有重要意义。建议:一方面,各级政府部门对灾后重建要予以评估;另一方面,对灾区发展振兴的各个阶段也要加强评估。评估要以政府为主导,支持社会公众的广泛参与,增强评估的公开性、透明性、公正性。

以社会化为重点强化公共文化体系建设[*]

基本公共文化均等化是基本公共服务均等化的重要组成部分,但又有其特殊性:即基本公共文化均等化的吸引力、影响力。近些年,城乡基本公共文化服务均等化的进程明显加快,但基本公共文化的吸引力、影响力不强,与全社会的公共文化需求尚有较大差距。目前的突出矛盾和问题是:投入明显增大,体制转型相对滞后;基础设施建设加快,使用效益较低;转企改制普遍推行,公益性下降。解决这些矛盾与问题,我认为关键在于以社会化为重点强化公共文化服务体系建设。

一、推进公共文化事业单位转型

公共文化事业单位的转型有一个目标选择问题:

1.回归公益性。公共文化事业单位的定位不清,已成为日益突出的问题。既负责公共产品生产,同时还承担着某些行政职能和市场职能,行政性、公益性和市场性错综复杂地交织在一起,加大了改革的难度。当前的主要做法是,"普遍转企"。初步的实践证明,以减少财政拨款和人员编制为初衷的公共文化事业单位改革,使其属性容易从公益性转向逐利性,使追求利润、以营利为主积累的矛盾与问题逐步突出。建议明确以公共文化事业单位作为公共文化服务生产主体的基本定位,应当把公益性回归作为改革的首要目标,把提高公共文化的吸引力、影响力作为出发点和落脚点。

---

* 在全国政协"深化文化体制改革,繁荣发展文化事业和文化产业"专题协商会上的发言,2011年8月26日,北京。

2.强化专业性。公共文化事业单位有非常强的专业性。从强化专业性的要求出发,公共文化事业单位改革要弱化行政色彩,着力强化专业性,要更多地按专业属性管理,改善公共服务质量和绩效。

3.提高独立性。公共文化事业单位要实现公益性回归,关键在于改变"行政化"倾向。例如,要把政府严格定位为出资者和监管者,不再履行直接管理责任;探索建立公共文化事业单位出资人制度和独立事业法人财产制度;构建并完善政府监管与社会监督机制。再例如,要加快剥离公共文化事业单位行政级别,在去行政化的基础上建立法人治理结构。为此,建议尽快研究制定相关规定,以防止文化事业领域可能会出现的过度产业化倾向。

二、鼓励社会力量参与公共文化服务

从实践看,以公共文化事业单位为主的单一供给体系,难以适应新时期公共文化服务体系建设的目标。这就需要既鼓励社会力量参与文化产业建设,更要支持社会力量参与公共文化的服务生产,以创新公共文化的提供方式。应当说,这方面的改革还有很大的空间。

1.推进制度创新,鼓励社会力量参与。构建平等准入的环境,还面临着一些政策和制度障碍。例如,"民办"文化公益机构在财税、人事、职称等方面的政策歧视。鼓励支持社会力量兴办公共文化事业,需要完善相关政策,放宽"准入门槛",并有相关的制度和法律保障。

2.积极推进文化市场的开放。在确立政府主体地位和主导作用的同时,为吸引社会投资,适应多元公共文化服务需求,加快推进文化市场的开放:第一,凡法律未禁止的公共文化服务领域,都应对社会民间资本放开。第二,一些公共文化服务可以通过公开招标、合同、特许或建立公私合作伙伴等方式让渡给市场主体经营。第三,通过减税、免税、财政补贴和财政转移支付等多种方式鼓励社会组织参与公共文化服务的供给。

3.采取政府购买公共文化服务的方式。凡是可以通过采购提供的公共文化服务,在不影响该项服务稳定供给的前提下,采取政府"花钱买服务、养事不养人"的办法。对包括公共文化事业单位在内的机构一视同仁,以降低公共文化服务的单位成本,提高公共文化服务的效能和水平。

三、支持社区作为公共文化服务体系建设的重要载体

从现实看,实现基本公共文化服务均等化这一目标的工作重心在基层、在城镇社区。为此,要把社区作为公共文化服务网络建设的重要载体,发挥其具有距离需求方最近、最能反映真实需求、能将服务传递到最基层的优势,把社区公共文化服务做实、做强、做大。

1.强化城镇社区的公共文化职能。加大对社区公共文化服务的投入力度,将文化站网络覆盖城镇社区;赋予社区文化站比较大的独立性和经营自主权,搞活社区文化体制,整合基层文化资源,广泛吸引社会资金投入社区公共文化服务体系建设中来;鼓励社区改变运行机制,调动工作人员积极性,采取多种方式,提供多样化的公共文化服务;把农民工公共文化服务纳入城镇社区网络。

2.以社区为重要载体加强基层公共文化服务人才队伍建设。当前,我国基层从事公共文化服务工作人员的严重短缺,是制约社区公共文化服务建设的一大难题。为此,建议从基层公共文化服务的现实情况出发,以社区为载体组建一支社会化的人才队伍,以相关政策和体制安排,吸引一批热心于公益性文化和社会民间文化的爱好者、离退休人员,建立一支社会广泛参与、稳定的公共文化服务队伍。

四、成立公共文化服务基金,改革公共文化服务投资体制

近年来,我国公共文化服务支出向大型场馆为主的公共文化基础设施倾斜的特征突出,这在一定程度上改变了公共文化基础设施落后的局面。但也要看到,这种投资方式的效率比较低,相当多的公共文化基础设施建成后的使用效率并不高,而且还需要财政继续投入维持基本运行。"重硬件、轻软件"的倾向比较突出。

建议从中央、省市做起,以政府财政资金为引导,成立公共文化服务基金,改革公共文化服务投资体制。这至少有四个方面的好处:第一,可以带动

社会资本进入,实现公共文化服务资金来源的多渠道,弥补财政投入的不足。第二,可以确保投资的稳定性和可持续性,使公共文化服务稳步发展。第三,注重成本效益核算,有利于节约成本和提高社会效益。第四,能够支持社会效益高的公共文化事业机构实现优胜劣汰,并推动现有文化事业机构的重组与改革。

尽快出台收入分配改革总体方案 *

当前,收入分配改革牵动改革发展全局,成为全社会关注的焦点问题。第一,我国转变经济发展方式正处于重要的历史机遇期,尽快实现收入分配改革的突破,对消费主导的经济转型具有决定性影响。第二,我国正处于走向共同富裕的历史拐点,收入分配改革的突破,对逐步实现共同富裕的目标至关重要。第三,2012 年是十八大召开的重要一年,社会对改革有很大的期待。收入分配改革的突破,对于协调重大利益关系、形成广泛的改革共识、提振社会对改革的信心,意义重大。为此,需要把推进收入分配体制改革作为"十二五"改革的重点,并建议年内尽快出台收入分配改革总体方案。

一、把本届政府任期内出台收入分配改革方案作为重要约束

党的十六大明确提出"调高、提低、扩中"的收入分配改革思路,但至今仍未有一个总体的改革方案出台。面对改革发展新形势,收入分配改革方案的出台不宜再往后拖。改革实践表明,由于利益关系的固化,收入分配改革越往后拖越被动。对此建议:第一,国务院及其相关部委高度重视收入分配改革方案的制定和出台,进一步明确工作责任和时间表。第二,考虑到收入分配改革涉及财政税收、国有垄断行业、公共服务领域等多个部门,建议由国务院领导牵头,组成收入分配改革领导小组,有效地协调改革方案中的部门利益和相关事宜。第三,尽快形成收入分配改革总体方案,提出改革的短期和中长期目标,具体确定改革重点任务和改革路径。

---

* 2012 年提交全国政协十一届五次会议提案。

二、争取年内在征求社会意见的基础上出台收入分配改革方案

争取在十八大之前出台收入分配改革草案,广泛征求社会意见,在2012年内,最迟不超过本届政府任期,出台正式的改革总体方案。

为此,建议以收入分配改革方案制定为起点完善改革决策机制:第一,收入分配改革牵动千家万户利益,建议采取开放式、互动式的工作机制,广泛征求社会意见修改和完善改革草案。第二,收入分配改革与其他方面的改革相比更具复杂性,需要科学决策和理性设计,建议成立专家咨询委员会,充分利用专家和智库的力量修改和完善改革草案。第三,加强改革调研,综合多方面的意见和建议,争取出台一个具有广泛民意基础又具有现实可操作性的收入分配改革方案。

三、在出台收入分配改革方案的同时,出台相关配套改革方案

收入分配改革牵一发而动全身。收入分配领域的问题,涉及多方面深层次和结构性的体制矛盾,并不是一个收入分配改革方案所能够解决的。建议与收入分配总体改革方案相配套,本届政府任期内出台重点领域和关键环节的改革方案。

第一,尽快出台以公益性为目标的国有资本调整方案。在细化非公经济新36条,注重通过打破行政垄断、建立公平竞争市场秩序完善初次分配的同时,进一步规范对国有企业的分红收租,把更多的国有资本配置在基本公共服务领域,发挥国有资本在完善再分配中的作用。

第二,尽快出台全国性基本公共服务均等化改革方案。把基本公共服务向农村、落后地区和困难群体倾斜,实现基本公共服务均等化作为完善再分配的重点加快推进落实。

第三,尽快出台财税体制改革方案。注重通过控制过高的财政收入增长速度和实行结构性减税调整国家、企业和居民之间的收入分配格局。积极探索开征物业税、遗产税、赠予税等新税种,发挥财税体制在再分配中的杠杆作用。

关于西咸新区发展定位问题的
几点初步建议[*]

通过几天调研,在西安看到、听到的都给我留下了很深的印象。几年没来西安,现在变化很大。这里,我就西咸新区的发展定位提出三个问题,与大家讨论。

一、明确"创新城市发展方式"的重点

西咸新区以田园城市为主要标志,争取成为国家创新城市发展方式的示范区,我认为,提出这个定位的理念很好。我国的城市化正处在发展的关键时期,城市化的发展方式是一个十分重要的问题。如何实现城市发展方式的转变,需要深入研究,具体分析。

未来10年,我国城镇化将快速发展,到2020年城市化率有可能达到60％～65％左右,每年约有1～1.2个百分点的增长。"创新城市发展方式"是一个有现实意义的理念,问题在于从实际出发,要明确"创新城市发展方式"的重点何在。目前,城市创新发展方式需要解决的问题很多,主要集中在三个方面:

1. 城市的转型升级。城市转型升级往哪里转?其中有两个重要问题:首先,工业主导的城市化如何向服务业主导的城市化转型?目前,我国的城市化滞后于工业化,服务业发展比例太低,只有43％左右,这和同类发展水平国家城市化率达到50％以上、一般的中等发达国家达到60％、发达国家达到

---

* 在全国政协调研组内部讨论的发言,2012年4月26日,陕西西安。

70％左右的差距甚大。其次,城市转型还有一个以行政为主向以经济为主推动城市化的转变。需要符合经济规律,按照经济发展程度来推进城市化进程。

2.城市的合理布局。现在的城市布局面临很多问题,包括如何推动区域的一体化,如何合理调整城市范围等。比如,未来城市布局,过去属于农村的郊区,现在发展起来能不能纳入城市管理,促进城市布局的合理化。就是说,城市化合理布局要根据经济社会发展需求有所创新。

3.城乡一体化。城市化要建立在城乡一体化的基础上,而不是数量型的发展,是真正实质性的发展,从而使得城市发展能够反映在老百姓公平分享城市的发展成果上。这就涉及一系列的问题,包括如何实现农民工市民化、如何推进城郊农村的社区化、如何加快小城镇建设等。

从以上3个方面看,西咸新区定位于"创新城市发展方式"的内涵、重点,需要做深入研究。要把西咸新区作为城市发展方式转变的示范区,重点是什么? 是城市的转型升级? 是城市布局合理化? 还是城乡一体化?

二、建立"西咸新区国家历史文化特区"

关于西咸新区的发展定位,我的建议是:突出优势、服务全局、立足长远、统筹考虑。

1.建议设立"西咸新区国家历史文化特区"。西咸新区独一无二的优势就是历史文化遗产,特色优势突出,是其他地区不可比的。这是我国的一大财富,是国际化的一大特点,时间越长越有意义,历史价值就越大。

2.定位于"西咸新区国家历史文化特区"的主要理由。随着我国发展需求,尤其文化需求的发展,西咸新区历史文化的未来价值将不断升值,对拉动全局的文化消费需求有重要作用。目前我国文化增加值占 GDP 比重还不到3 个百分点。据测算,如果"十二五"期间我国的文化产值增加 1 倍,至少有4 万亿～5 万亿元的消费需求。如果 2020 年文化增加值占 GDP 的比重能达到 10％,初步估计至少将有 10 万亿元左右的消费需求,这是个大市场。

基于此,把西咸新区定位为国家历史文化特区,是有巨大需求的。目前,国家不再批经济类特区。从国家全局和发展需求出发,把西咸新区建成国家历史文化特区,既有独一无二的优势,又有巨大的需求。我认为,有很大的可批性。

3.发挥西咸新区的综合优势。在建立国家历史文化特区的同时,还可以发挥西咸新区的三个优势。第一,生态文明示范区。西安的生态环境较前些年已经有了很大的改善,历史文化的发展和良好的生态环境结合才能越来越彰显出优势和生命力。第二,教育发展与教育开放示范区。西咸新区有这个条件。第三,科技创新与科技国际合作示范区。经过努力,西咸新区有条件成为科技创新和科技国际合作的重要基地。这三大优势相结合,才能走出一条新路子。

将西咸新区定位为国家历史文化特区,这无论对国内还是国际,眼前还是长远,都十分有意义,其价值会越来越大,需求也越来越大,既能发挥优势,又着眼于全局。历史文化是西安国际化大城市发展中最突出的亮点。

三、西咸新区建设重在制度创新

1.把行政推动的积极性与市场需求统筹考虑,更注重市场需求。注重行政推动的同时,重视市场需求,逐步形成市场拉动型的开发模式,从而使开发有可持续性。目前可以看到,从省里到五个新城,积极性很高,加快建设,争取一年两年大变样,这个劲头很好。与此同时,需要更重视市场需求带来的经济推动。选在西咸新区创新城市发展方式最重要的是要看到其市场潜力、高科技资源和人才。今天企业所看重的,不仅是政府给的特殊政策和土地优惠,这个优势有吸引力但在逐步减弱;综合发展环境、市场区位、市场需求越来越成为吸引投资的主要因素。由此,发展规划更重要的是看市场需求,短期、中期、长期的市场需求何在,这应当引起高度重视。

2.注重土地的合理利用。第一,严格保护耕地。实现农业现代化有着多种途径。882平方公里是最宝贵、最肥沃的平原,这块土地对西咸新区、整个陕西的发展是极其重要的大资源,要非常珍惜。第二,严格保护农民的土地使用权。现行财税体制下,土地是政府开发的主要目标,这是现行制度安排的一大缺陷。我问了一下,给农民的土地补偿大概是3.5万元一亩,加上养老补偿2万元,给到农民手上是5.5万元。我认为,近两年土地法和物权法可能会有某些重要的修改,把农民的土地承包权变为物权而不是债权,这可能是一个重大修改,以实现温总理承诺的农民对土地的权利不容许任何人侵犯。第三,充分考虑失地农民长远的生活出路。我很担心,几十万农民住上高楼以后的生活出路。城市化绝不是消灭农民,要充分考虑广大农民未来10～20年的出路问题。

3.注重制度创新。在争取国家相关政策支持的同时,以改革行政体制为重点推动制度创新,实现统一规划、统一土地利用、统一资源环境、统一基础设施建设等。

这几天的考察,收获很多,提出以上几点建议,供参考。

尽快制定中等收入群体倍增国家规划[*]

中等收入群体持续扩大,是释放消费潜力、扩大内需的重要基础,是建设"橄榄型"社会、走向共同富裕的重大任务。当前,我国中等收入群体比重偏低、规模过小、身份认同感不强,不仅抑制了潜在消费需求的有效释放,还导致社会结构失衡、贫富差距过大、利益矛盾增多。为此,建议尽快制定《中等收入群体倍增国家规划》。

1.把中等收入群体倍增作为国家战略,尽快制定专项国家规划。十八大报告提出"中等收入群体持续扩大";国务院批转的《关于深化收入分配制度改革若干意见的通知》把"中等收入群体持续扩大,橄榄型分配结构逐步形成"作为改革目标之一。但如何"扩中"缺乏具体的体制与政策设计。中等收入群体倍增是一个大战略,涉及经济社会各个领域的改革。建议在收入分配改革总体方案基础上,尽快出台《中等收入群体倍增国家规划》。

2.建议明确提出到 2020 年中等收入群体倍增的目标。实现十八大报告关于到 2020 年实现城乡居民人均收入倍增的目标,不是指贫富差距扩大基础上的倍增,而是中等收入群体的倍增。为此,建议明确提出到 2020 年中等收入群体倍增的目标要求。

(1)总体目标。在目前大约 23% 的基础上,每年提高 2 个百分点,到 2020 年努力达到 40% 以上,由此使中等收入群体规模从 3 亿人扩大到 6 亿人左右。

(2)阶段性目标。未来 2～3 年,即到 2015 年左右,中等收入群体比重提高到 30% 左右,规模接近 4 亿人左右;再用 2～3 年左右的时间,即到 2017

---

* 2013 年提交全国政协十二届一次会议提案。

年,中等收入群体比重提高到 35% 左右,规模达到 4.6 亿人左右;随后再用 3 年左右的时间,即到 2020 年,实现倍增的总体目标。

(3)把扩大中等收入群体规模作为国家发展的预期性指标。中等收入群体倍增是一个综合指标,既反映经济发展的实际成果,也反映社会建设的实际进程,与 GDP 等单项指标相比,更具综合性。建议把中等收入群体规模倍增作为经济社会发展的预期性指标,并鼓励地方政府把中等收入群体倍增作为重要的约束性指标。

3.制定中等收入群体倍增的行动计划。扩大中等收入群体,一方面时间空间约束不断增强,另一方面现实条件总体具备,关键是要尽快制定可操作的综合性行动计划。

(1)加大结构性减税力度。建议实施大规模的国家减税计划。未来 5 年,重点是有效控制财政收入过快增长,有效控制行政成本过快增加,使城乡居民在国民收入分配格局中的比重明显提高。

(2)加快推进农民工市民化。以保障基本公共服务为重点,加快农民工市民化进程:先用 3 年左右的时间,在全国范围内基本上使有条件的农民工市民化;再用 2 年左右的时间,形成人口城镇化的制度框架;随后再用 3 年左右的时间,基本形成人口城镇化的新格局。

(3)尽快改革征地制度,提高农民在土地增值收益中的分配比例。加快推进农村土地确权进程,赋予农民长期而有保障的土地使用权,实现农民土地使用权的物权化。近期的重点是尽快改革征地制度,使农民成为农村土地流转的法定谈判主体,保障并提高农民在土地流转中的权益。

(4)以提高财产性收入为目标规范资本市场发展。中等收入群体的一个重要收入来源是投资收益。我国资本市场的体制性缺陷,在很大程度上制约中等收入群体扩大。需要尽快推进资本市场的体制机制改革,尤其是完善上市公司年度现金分红制度,加大给中小股民分红的力度,使城乡居民能够获得更多的财产性收入。

(5)加大教育投资,提高劳动者就业能力。重点是以提高人力资本为目标,扩大与就业结构相适应的教育投资,建立有利于就业和创业的体制机制,使新进入劳动力市场的大学生等群体尽快成长为中等收入群体。

推进人口城镇化的转型与发展*

作为一名专家委员，我就人口城镇化的转型与发展，提出三个基本性问题，与各位协商讨论。

一、新型城镇化是一个大战略

当前提出的新型城镇化，同以往相比，大背景发生了重要的变化。例如：我国城镇化水平滞后于工业化进程至少有 5～10 个百分点，未来的 5～10 年需要在新型城镇化的进程中促进工业化的转型升级；我国进入拉动消费、扩大内需的新阶段，城镇化的作用有其特殊性。从发展的客观趋势看，新型城镇化将在未来 10～20 年的经济社会转型与发展中扮演历史性角色。

新型城镇化承载着转变经济发展方式的重大使命。人口城镇化是服务业发展的内在推动力。为什么这些年服务业比重长期徘徊在 40% 左右，原因之一是人口城镇化发展的严重滞后。

新型城镇化承载着释放内需潜力的重大使命。初步估算，到 2020 年，我国消费、投资需求规模可能高达百万亿元。如果这个巨大的内需潜力能够得到充分释放，将支撑我国经济未来 10 年 7%～8% 的中速增长。毫无疑问，人口城镇化是释放内需的最大潜力和主要载体。

新型城镇化承载着推进城乡一体化的重大使命。总的判断是，我国已进入以城镇化拉动城乡一体化的新阶段。客观说，前些年新农村建设投入不

---

* 在全国政协"积极稳妥推进城镇化，着力提高城镇化质量"提案办理协商会上的发言，2013 年 3 月 6 日，北京。

少,但总体来看成效不明显,并且难以持久。为什么? 重要原因在于没有把城镇化的因素综合考虑在内。因此,新农村建设不能脱离城镇化进程,通过城镇化拉动城乡一体化,应当成为城镇化建设的重大任务。

二、推进规模城镇化向人口城镇化的转型

人口城镇化是新型城镇化的核心。2012 年我国名义城镇化率达到52.6%,但人口城镇化率只有 35% 左右,高达 2.6 亿的农民工尚未真正融入城市。未来 5～10 年,新型城镇化重在推进人口城镇化的转型发展。

需要把人口城镇化作为新型城镇化的出发点、落脚点。坚持以人口城镇化带动工业化的转型升级,带动结构调整,带动城乡一体化。

需要明确 2020 年人口城镇化的目标。到 2020 年,人口城镇化率应当达到 50% 以上,初步接近 60% 左右的名义城镇化率。这样,人口城镇化率每年需要提高 2 个百分点。有没有条件? 如果有条件农民工的市民化能够实现重要突破,就有条件实现这个目标。

需要尽快实现有条件农民工的市民化。对于农民工市民化的具体条件,大、中、小城市可以有不同的标准。但是,这件事方向要明确、决心要坚定,争取未来 3 年左右把有条件农民工市民化的问题初步解决。随着新生代农民工规模的逐步扩大,这件事不能再长期拖下去了。

三、关键是人口城镇化的体制机制创新

当前,城镇化进程中的许多矛盾、问题,都与人口城镇化的体制机制改革滞后直接相关。推进人口城镇化的转型发展,关键是加快体制机制变革与创新。

尽快破题户籍制度改革。与此相联系,基本公共服务制度、农村土地制度等需要加快改革,逐步建立与人口城镇化相适应的制度保障。

着力改革行政体制。过去几十年我国城镇化制度安排的突出特点是"行政化",按行政级别确定城镇规格,由此形成某些城镇化发展的行政体制掣肘。按照经济社会发展需求推进城镇化进程,需要突破这种"行政化"的束

缚,形成经济主导的城镇化格局。并且,适当调整行政区划体制,尤其在经济社会发展较快的区域,需要加快调整行政区划,以适应经济社会发展的大趋势。

强化人口城镇化的综合协调:一是需要尽快出台《国家城镇化规划》;二是由于人口城镇化是个系统工程,涉及方方面面的重大问题,需要建立国家综合性的协调机构;三是支持有条件的地方先行试点。

我向大会提交了"把海南作为我国新型城镇化综合试点省"的提案。在海南推进新型城镇化的试点,一是有现实条件:海南建省以来一直实行省直管市、县,并且人口较少,比照一些人口大省,推进的困难相对少些。二是有迫切需求:建设国际旅游岛,需要按照"一个大城市"的布局,实现城乡规划统一、土地利用统一、基础设施统一、社会政策统一。这样,既能适应国人对海南的消费需求,提高土地等资源的价值,又能加快现代化发展进程,切实提高海南城乡居民的生活水平。希望这个提案能够得到相关部委的重视。

尽快从法律上赋予农村土地
使用权的物权性质[*]

1998 年中共中央十五届三中全会通过的《中共中央关于农业和农村工作若干重大问题的决定》明确提出，"赋予农民长期而有保障的土地使用权"。2008 年十七届三中全会通过的《中共中央关于推进农村改革发展若干重大问题的决定》进一步提出，"赋予农民更加充分而有保障的土地承包经营权，现有土地承包关系要保持稳定并长久不变"。从现实情况看，尽快从法律层面赋予农村土地使用权的物权性质，既有现实性，又有迫切性。

当前，农村土地领域暴露出来的问题与法律尚未赋予土地使用权完整的物权性质直接相关：(1)农村征地强拆、补偿标准过低等问题，深层次的原因在于农村土地实际上为债权而非物权，农民难以成为征地中的谈判主体。(2)农业产业化、规模化经营受制于农村土地交易市场发育滞后。按照《土地管理法》规定，"土地承包经营期限为三十年"，使土地使用权的交易面临难以逾越的法律规定。(3)城市企业可以通过自身资产抵押获得银行贷款，但按照《物权法》规定，"耕地、宅基地、自留地、自留山等集体所有的土地使用权不得抵押"，使得农民通过土地使用权抵押获得银行贷款面临法律障碍。(4)由于农村土地和宅基地的物权性质不完整，农民难以通过承包地和宅基地流转，带着资本进城，由此导致人口城镇化严重滞后。

未来 5～10 年，我国扩大内需的最大潜力在于人口城镇化。在这个特定背景下，尽快修改相关法律法规，赋予农村土地使用权以物权性质，可以收获多方面的改革红利：(1)有利于使农民带着土地财产权或流转所得的资本进

_{* 2013 年提交全国政协十二届一次会议提案。}

城,加快人口城镇化进程。(2)有利于推动农村土地流转,推动农业产业化、规模化经营。(3)有利于提高农民在土地出让中的主体地位,保护农民土地权益,提高农民的土地收益。(4)有利于从全国层面统筹考虑指导和规范地方农村土地制度改革试点。目前包括成都、重庆等地的改革试点,取得了一定的成绩,但也暴露出不少矛盾和问题,迫切需要从法律层面进一步规范。

考虑到 2007 年出台的《物权法》已经将农村土地承包权、建设用地使用权、宅基地使用权等列入用益物权范围,建议进一步修改相关法律,以确保农村土地使用权具有完整的用益物权性质。

(1)赋予农民土地用益物权主体地位。按照《物权法》的规定,用益物权是指用益物权人对他人所有的不动产或者动产依法享有占有、使用、收益的权利。建议在《土地管理法》第二条中增加一款"赋予农村土地使用权人土地用益物权,使其拥有对土地依法享有占有、使用、收益的权利"。

(2)明确规定建立城乡统一的土地市场。建议在《土地管理法》第九条中增加一款"县级以上地方人民政府应当建立城乡统一的土地市场,主要通过市场配置土地资源",为农民土地使用权的流转提供法律依据和制度保障。

(3)从法律层面落实土地承包关系保持稳定并长久不变,简化土地承包权流转程序。《土地管理法》第十四条规定"土地承包经营期限为三十年",建议修改为"实现农村土地承包关系稳定并长久不变"。该条款还规定,"在土地承包经营期限内,对个别承包经营者之间承包的土地进行适当调整的,必须经过村民会议三分之二以上成员或者三分之二以上村民代表的同意,并报乡(镇)人民政府和县级人民政府农业行政主管部门批准",建议修改为"农村土地承包人可依法自主决定土地承包权流转"。

(4)完善征地补偿相关法律规定。当前,中央已明确提出显著提高农地征用补偿标准。建议修改《土地管理法》第四十七条:将"征收土地的,按照被征收土地的原用途给予补偿"改为"征收土地的,应当依照合法、公正、公开的原则制定严格的程序,按照市场价格给予公平补偿";删除"土地补偿费和安置补助费的总和不得超过土地被征收前三年平均年产值的三十倍";在征收耕地的补偿费用中增加"社会保障补偿";新增"补偿资金不落实的,不得批准和实施征地。"

(5)取消农村土地使用权不能抵押的法律限制。目前《物权法》明确规定房屋可以抵押,但在《物权法》第一百八十四条又规定"耕地、宅基地、自留地、自留山等集体所有的土地使用权不得抵押",建议删除该规定,并在第一百八十条中,将农村土地使用权列为可抵押的财产权。

专栏:提案答复情况

关于政协十二届全国委员会第一次会议
第 0567 号(政治法律类 039 号)提案答复的函

迟福林委员:

您提出的关于从法律上赋予农村土地使用权物权性质的提案收悉,现答复如下:

关于修改土地管理法第二条,赋予农民土地用益物权主体地位。考虑到物权法已对用益物权作了规定,肯定了农民的土地用益物权主体地位,土地管理法该条规定可以修改,以和物权法相衔接,但不作修改似不影响农民的土地用益物权主体地位。

关于修改土地管理法第九条,建立城乡统一的土地市场。土地管理法、农村土地承包法明确规定,土地承包经营权可以依法流转。对农村集体建设用地,土地管理法规定,兴办乡镇企业,经依法批准可以使用本集体经济组织农民集体所有的土地;符合土地利用总体规划并依法取得土地建设用地的企业,因破产、兼并等情形致使土地使用权依法发生转移的,可用于非农业生产。党的十七届三中全会提出,在土地利用规划确定的城镇建设用地范围外,经批准占用农村集体土地建设非公益项目,允许农民依法通过多种方式参与开发经营并保障农民合法权益;逐步建立城乡统一的建设用地市场,对依法取得的农村集体经营性建设用地,必须通过统一有形的土地市场、以公开规范的方式转让土地使用权,在符合规划的前提下与国有土地享有平等权益。中共中央、国务院关于加快发展现代农业进一步增强农村发展活力的若干意见(2013 年中央 1 号文件)提出,农村集体非经营性建设用地不得进入市场。近些年有些地方对农村集体建设用地流转进行了多种形式的试验探索,应当进一步总结实践经验,对农村集体建设用地流转的法律规范问题继续深入研究。

关于修改土地管理法第十四条,从法律层面落实土地承包关系保持稳定并长久不变、简化土地承包权流转程序。我们认为,现行土地管理法、农村土地承包法相关规定与十七届三中全会"现有土地承包关系要保持稳定并长久不变"的基本精神是一致的。

关于修改土地管理法第四十七条,完善征地补偿相关法律规定。全国人大常委会已于2012年12月对土地管理法修正案草案进行了初次审议,修正案草案对现行土地管理法第四十七条有关征地补偿规定作了修改完善。提案中所提意见建议在修正案草案中已有体现。我们将在修正案草案的审议修改工作中,研究吸收采纳这些意见建议。

关于修改物权法第一百八十条、第一百八十四条,取消农村土地使用权不能抵押的法律限制。考虑到目前我国农村社会保障体系尚未健全,农村土地承包经营权和宅基地使用权是农民的安身立命之本,从全国范围看,现在放开农村土地承包经营权、宅基地使用权抵押的条件尚不成熟,如果贸然放开家庭承包的农村土地承包经营权、宅基地使用权的抵押,农民一旦不能返还贷款,将失去承包地和房屋,从而有可能引发严重的社会问题。据此,物权法并没有放开农村土地承包经营权、宅基地使用权的抵押。同时,为了维护现行法律和现阶段我国有关农村土地政策,并为今后根据情况的变化修改有关法律或者调整有关政策留有余地,物权法也规定,土地承包经营权人依照农村土地承包法的规定有权将土地承包经营权采取转包、互换、转让等方式流转。宅基地使用权的取得、行使和转让,适用土地管理法等法律和国家有关规定。

土地管理法的修改正在进行中,您提出的进一步修改相关法律,以确保农村土地使用权具有完整的用益物权性质的建议,我们将在下一步的修改工作中认真研究。

全国人民代表大会常务委员会法制工作委员会

2013年6月25日

尽快从法律上赋予农民长期而有保障的土地财产权的建议[*]

十八届三中全会提出"赋予农民更多财产权利""赋予农民对集体资产股份占有、收益、有偿退出及抵押、担保、继承权",这给亿万农民带来信心和期盼,也是深化农村改革的重大举措。

(1)土地权益是农民最大的财产权,赋予农民更多财产权利重在保障农民土地权益。

(2)由于法律保障不到位,侵犯农民权益的现象比较普遍,在某些地方比较突出。

(3)深化农村土地制度改革的核心和关键,是从法律上赋予农民长期而有保障的土地财产权。为此建议:

1. 从法律上把农民土地使用权纳入财产保护范畴。

(1)把家庭承包土地纳入财产权法律保护范畴。在《土地管理法》第二条中增加一款"赋予农村土地使用权人土地用益物权,使其拥有对土地依法享有占有、使用、收益的权利";第十四条规定"土地承包经营期限为三十年",建议修改为"实现农村土地承包关系稳定并长久不变";法律将农民土地使用权界定为"农民财产权",纳入财产保护范畴。

(2)从法律上赋予农民住房财产权的完整产权。尽快结束现行法律限定农民宅基地"一户一宅"、转让限于本村的半商品化状况,赋予农民宅基地及其房屋所有人以完整的财产权;从法律上赋予农民对宅基地使用权用益物权性质,赋予其占有、使用、收益、转让、抵押的完整权利。

---

* 2014年提交全国政协十二届二次会议提案。

（3）实现农村建设用地平等入市。建议在《土地管理法》第九条中增加一款"县级以上地方人民政府应当建立城乡统一的土地市场，主要通过市场配置土地资源"，为农民土地使用权的流转提供法律依据和制度保障；年内出台建立城乡统一建设用地市场的实施方案，以严格规划和用途管制为前提，建立公开、公正、公平的统一交易平台和交易规则，打破目前地方政府独家垄断供地的格局，活跃土地二级市场，促进土地抵押、租赁、出让市场的发展和完善。

2. 强化农民在征地中的主体地位。

（1）按市场价格补偿。修改《土地管理法》第四十七条，将"征收土地的，按照被征收土地的原用途给予补偿"改为"征收土地的，应当依照合法、公正、公开的原则制定严格的程序，按照市场价格给予公平补偿"；删除"土地补偿费和安置补助费的总和不得超过土地被征收前三年平均年产值的三十倍"；在征收耕地的补偿费用中增加"社会保障补偿"，尽快叫停"土地换社保"等做法，将被征地农民纳入城镇社保体系；探索留地安置、土地入股等多种模式，确保农民的长远受益；新增"补偿资金不落实的，不得批准和实施征地"的条款。

（2）进一步完善征地程序，保障被征地农民的知情权、参与权、申诉权、监督权。废除《土地管理法实施条例》第二十五条规定："对征地补偿标准有争议的，由县级以上人民政府协调，协调不成的，由批准征地的人民政府裁决。征地补偿、安置争议不影响征收土地方案的实施。"建立完善论证和听证制度，听证论证的范畴从补偿标准扩大到是否具有公益性。论证或听证认为结果不符合公共利益的，不允许征地。

（3）保障被征地农民申诉权。尽快赋予农民就征地决定向诸如法院之类的独立机构提出申诉的权利。农户对征地内容有异议时，可向省级政府申请行政复议、向省级土地庭申请裁决，或向县级法院提起行政诉讼。

3. 立法禁止政府从事商业性土地经营。对政府从事商业性土地经营，世界上绝大多数国家法律都是禁止的。我国政府经营土地，虽然有其历史的原因和贡献，但其弊端日益凸显。建议修改《物权法》《土地管理法》，明确禁止政府从事商业性土地经营。

4. 鼓励地方改革试点。农村土地虽然有一定的特殊性，但在严格规划和用途管制的前提下,其配置应主要由市场决定。建议鼓励地方推进农村土地资源配置的市场化改革,及时将地方成熟的改革做法全面推广并适时上升为法律。

专栏:提案答复情况

关于政协十二届全国委员会第二次会议
第 0661 号(农业水利类 074 号)提案答复的函(节选)

迟福林委员:

您建议鼓励地方改革试点,及时将成熟的改革做法全面推广并适时上升为法律,我们同意您的建议。中共十八届三中全会决定明确了深化农村土地制度改革的方向、重点和要求,对有些问题也提出选择若干试点,取得成熟经验后再推进修改相关法律,坚持在法治轨道上推进深化改革,发挥立法的引领和推动作用。

土地问题重大复杂,社会关注度高。我们将根据中央统一部署,认真总结改革经验,积极做好土地管理法的研究修改工作。

全国人民代表大会常务委员会法制工作委员会

2014 年 7 月 14 日

以公益性为标准的公共文化
服务社会化发展[*]

公益性是公共文化发展的主流,是深化文化体制改革的导向,是公共文化服务体系的本质特征。落实十八届三中全会《决定》关于"推动公共文化服务社会化发展"的精神,关键在于要坚定地、自觉地把公益性作为构建现代公共文化服务体系的主要标准。

一、公益性应当成为公共文化服务社会化发展的主要标准

公益性标准是否要以所有制划线？这个问题在经济生活领域已经取得实质性突破。但是,在国家软实力建设、公共文化发展中尚未真正破题。

1.发展公共文化、建设公共文化服务体系,需要明确无论是官办还是民办的文化团体,都是我国文化市场的重要组成部分,都是公共文化服务体系的重要力量。实践证明,在公共文化领域,政府包办的效果不一定好,社会办的不一定差。

2.在公共文化生活领域,无论是官办还是民办的文化团体,都要以公益性为主要标准,平等竞争、公平发展。建议尽快改变简单按照官办与民办区分支持与不支持的传统做法。

3.推动公共文化服务社会化,无论是官办还是民办的社会团体,都应当按照公益性标准获得相关的政策保障和财力支持。不能因为其是官办出身

---

[*] 提交全国政协召开的"促进基本公共文化服务体系"双周协商座谈会的书面发言,2014 年 7 月 22 日。

而不管它的公益性作用如何,都能长期"吃大锅饭"。建议尽快引入独立的第三方机构对公共文化服务主体的公益性进行定期评估,依据客观公正的评估结果确定政府的支持力度。

就是说,推动公共文化服务社会化发展,仍然有一个思想解放的问题。只有改变那些不合时宜的旧观念,打破妨碍公共文化发展的旧框框,才有可能加快构建现代公共文化服务体系。

二、以公益性为标准支持社会力量参与公共文化服务

最近几年,国家文化主管部门陆续出台了相关政策,鼓励社会力量参与公共文化建设,并取得了一定进展。关键在于,要以公益性为主要标准出台具体政策,并做出体制安排。

1.社会力量参与公共文化服务体系建设还面临着某些政策和体制障碍。如"民办"公益性文化机构在财税、人事、职称等方面仍难以与公立机构享有平等的政策。建议尽快调整社会力量办公益性文化机构的税收政策、价格政策以及人才政策。

2.社会力量办公益性文化机构还面临着一些体制障碍。如民办公益性文化机构大都在工商登记,由此难以得到税收减免等一系列公办公益性机构享受的政策待遇。建议进一步明确界定各类公益性文化类民办机构的功能和范围,把培育各类公益性文化类民办机构及社会组织作为文化管理体制改革的重大课题。

3.公共文化市场开放尚不到位。建议凡是法律未禁止的公共文化服务领域,都应对社会民间资本放开;政府管理的公共文化资金、项目等应向社会开放,调动社会力量提供多样化、专业性的公共文化产品与服务的积极性。

三、以公益性为标准推进公共文化事业单位改革

从近几年的实践看,以减少财政拨款和人员编制为初衷的公共文化事业单位"普遍转企"的改革,使其属性容易从公益性转向逐利性。公共文化事业单位的改革仍有一个目标选择问题与逐步深化的过程。

1.按照公益性标准深化公共文化事业单位改革。当前的文化事业单位改革,划分公益一类、二类固然也需要,但这种划分有局限性:一是公益不公益,不在于是不是事业单位,社会办的公益性文化机构也是公益机构;二是公益性大小要与贡献挂钩,国家对公办事业机构应当"养事不养人",财政支持多少,不以人数为依据,而是以公益性为标准。

2.将购买公共文化服务纳入政府采购的范围。建议出台政府购买公共文化服务的产业目录,制定公共文化服务标准、购买方式及实施细则,建立公开透明的公共文化服务购买流程,对公共文化事业单位和社会办的公益文化机构一视同仁。

3.成立公共文化服务基金,改革公共文化服务投资体制。建议从中央、省市做起,以政府财政资金为引导,成立公共文化服务基金,以委托经营、合同契约等多种形式,改革公共文化服务的投资体制。

在事业单位改革中发展公益性社会组织*

近两年来,中央出台了一系列政策,鼓励支持公益性社会组织发展。总的来看,公益性社会组织在经济社会生活的多方面严重缺失,其发展明显滞后于社会的公共需求。为此,建议在事业单位改革中积极发展公益性社会组织,同时加快公益法人的相关立法,由此作为落实十八届三中全会关于"解放和增强社会活力""创新社会治理体制"的重大任务。对此,简要提出以下3点建议。

一、把向公益性社会组织转型作为事业单位改革的重点之一

事业单位是我国公共服务体系的重要力量。当前,正在进行的事业单位分类改革,对哪些划分为公益类很清楚,哪些转为企业也比较明确。但是,如何推进事业单位向公益性社会组织转型,无论在改革的整体部署上,还是具体的改革实践中,都尚未破题。

总体来看,部分事业单位转型为公益性社会组织是可行的。

(1)有条件、有基础。一些事业单位长期以来在公益性领域发挥了重要作用,有条件转型为公益性社会组织。

(2)有很强的现实需求。在社区服务、社会福利、慈善基金、科技文化、经济社会改革发展研究等领域,迫切需要发展一大批具有公益性、独立性、专业

---

　* 在全国政协"更好发挥社会组织在社会治理中的作用"双周协商座谈会上的发言,2014 年 7 月 24 日,北京。

性的社会组织。

（3）有重大现实意义。推进事业单位向公益性社会组织转型，不仅需求性很强，而且切实可行，由此会带来多方面的改革红利。例如：有利于拓宽公益性社会组织的发展空间，有效提供公共产品；有利于事业单位去行政化，促进政府职能转变；有利于解放和发展社会生产力，创新社会治理体制。

推进事业单位向公益性社会组织转型，需要产权、编制、经费、人员、社保、管理等一系列改革及体制调整。建议有关方面尽快研究提出事业单位向公益性社会组织转型的综合性改革方案和实施办法，以实现行政体制改革、事业单位改革、社会治理体制改革的联动。

二、以公益性为标准理顺政府与公益性社会组织的关系

从改革的实践看，把部分事业单位成功转型为公益性社会组织，关键在于"进一步解放思想"，以公益性为标准，加快推进政社分开，以落实十八届三中全会提出的，"适合由社会组织提供的公共服务和解决的事项，交由社会组织承担"。

（1）明确事业单位向公益性社会组织转型后的独立法人地位。从增强可持续发展能力的现实需求出发，建议在转型时，在严格评估的前提下，将原事业单位全部或部分财产明确转为社会团体财产，实现产权上的政社分离。我认为，这是鼓励和支持事业单位强化公益性的重要手段，更是国有资产在公益性领域发挥重要作用的具体体现。对此，需要相关方面出台具体办法。

（2）以购买公共服务、项目补贴等方式加大政府对事业单位向公益性社会组织转型的支持力度。把公益性作为政府购买公共服务的主要标准，纳入政府采购法的范围，打破以往以所有制类型或以谁出资为标准、以养人为主的财政支持模式。

（3）事业单位转型为公益性社会组织需要加强政府的法治监管。建议加快公益性社会组织的监管立法，以逐步实现从以行政监管为主向以法治监管为主的转变。

三、鼓励和支持社会力量参与事业单位转型为公益性社会组织的改革

推动事业单位向公益性社会组织转型,既需要政府大力支持,也需要借助社会力量,以加快公益性社会组织发展。对此,建议:

(1)对社会资本参与公益性社会组织的准入、权益、管理、税收等做出具体政策规定。应当以公益性为主要标准,而不是以谁出资划线为标准,使公益性社会组织都能平等地获得政策保障和财力支持。

(2)把《政府采购法》中的"服务"从后勤类服务扩展到包括健康、养老、医疗、研究等公共服务项目,以此拓宽社会资本进入公益性社会组织的范围。

(3)扩大社会捐赠税收减免范围。建议尽快研究制定"免税清单",具体列举各级政府认可的公益性行为。不管谁出资,只要符合公益性标准,就可以纳入免税范围,以此鼓励支持社会力量向公益性社会组织出资、捐赠的积极性。

尽快启动公益法人立法的建议[*]

近年来,中央出台了一系列政策鼓励支持公益性社会组织发展,取得了比较明显的效果。但与社会需求相比,公益性社会组织发展仍然滞后,其中一个重要原因在于,公益法人制度缺位,公益性社会组织发展缺乏相应的法律保障。为此,建议尽快启动公益法人立法的相关研究和制定工作。

一、尽快把公益法人立法纳入立法规划

1.按上位法优先的原则,先行制定《公益法人法》。发展公益性社会组织需要法律保障,这是各方共识。有学者建议制定《社会组织法》,这很重要,但公益法人范围更广、领域更宽,更具有上位法的特点。为此,建议先制定《公益法人法》这个上位法。在制定《公益法人法》时,对现行的《民办非企业单位登记管理暂行条例》《基金会管理条例》《社会团体登记管理条例》三个条例做出相应调整。

2.2015 年启动《公益法人法》的研究制定工作。争取在近一两年正式出台。《公益法人法》要涵盖社会组织、基金会、民办非企业单位、新型智库以及其他公益法人主体,并且对公益法人的规范对象、设立与解散、业务开展、内部管理、税收政策等做出明确法律规定。

3.如果近期内难以启动立法,建议先以行政法规的形式对公益法人进行规范。待时机条件成熟时再上升到法律层面,以此形成政府改革与社会转型互动的新格局。

---

*　2015 年提交全国政协十二届三次会议提案。

二、赋予公益性社会组织公益法人地位

1.把公益法人引入民法体系。借鉴国外的立法模式,结合我国实际情况,可以在民法典中明确将法人分为营利法人和非营利法人,同时在非营利法人之下划分互助法人和公益法人。同时,建立公益法人财产权保护制度。明确界定其从事活动的范围,尽可能限定其盈利行为,依法保护公益法人财产权。只要公益法人从事的营利活动是作为实现其公共利益目的的一种手段,就不影响其作为公益法人所具有的性质。

2.改革完善公益法人的认定方式。建立独立的公益法人认定机构,如公益法人认定委员会,对公益法人进行资格认定。建议以行业为依托,根据不同行业、不同领域、不同层级的公益服务特点,制定和完善公益法人机构准入条件,核准公益法人资格;推动落实平等准入政策,引入竞争机制,鼓励、支持和引导不同所有制形式的公益服务机构共同发展。

3.鼓励一部分事业单位成为公益法人。当前,正在进行的事业单位分类改革,对哪些划分为公益类很清楚,哪些转为企业也比较明确。但是,如何推进事业单位向公益性社会组织转型,无论在改革的整体部署上,还是具体的改革实践中,都尚未破题。总体来看,部分事业单位转型为公益性社会组织是可行的,而且将带来多方面的改革红利。通过明确公益性社会组织的独立法人地位,强化法律保障,可以开辟事业单位转型为公益法人的一条新途径。

三、以公益性为标准加大对公益性社会组织支持

1.以免税制度为重点建立规范的政府支持制度。把公益性作为政府支持公益性法人的根本标准,打破以往以所有制或以谁出资为标准、以养人为主的财政支持模式。参照国际惯例,对公益性社会组织实行捐赠免税,对其从事的公益性活动免税。政府依据公益法人所提供的公益性服务,确定每年给予一定比例的财政支持。

2.进一步细化政府购买服务的相关政策。最近中央出台的《政府购买服务管理办法(暂行)》反映了社会需求,有不少亮点。建议在此基础上,进一步

细化政府购买公共服务的指导目录,使其更具操作性,实现政府购买公共服务更加规范化和制度化。

3.加快公益法人监管制度建设。从各国经验看,各国政府在加快公益法人支持力度的同时,均建立了相应的监督机制。建议在制定《公益法人法》中把公益性社会组织的法治监管作为一个重要组成部分,尽快实现从行政监管为主向法治监管为主的转变。

专栏:提案答复情况

关于政协十二届全国委员会第三次会议
第1440号(政治法律类179号)提案答复的函

迟福林委员:

您提出的关于尽快启动公益法人立法的提案收悉,现答复如下:

党和国家高度重视发挥社会组织在加强和创新社会管理中的作用。党的十八大提出引导社会组织健康有序发展,十八届三中全会提出激发社会组织活力,十八届四中全会进一步提出加强社会组织立法,规范和引导各类社会组织健康发展。

公益法人是社会组织的重要类型,公益法人立法是社会组织立法的重要内容。我国民法通则、红十字会法等法律对公益法人做了规定,《社会团体登记管理条例》《基金会管理条例》和《民办非企业单位登记管理暂行条例》等行政法规对公益法人制度做了较为详细的规定。2014年,我国出台了一系列涉及社会组织管理制度改革的配套制度,如《关于推进行业协会商会诚信自律建设工作的意见》《关于加强社会团体分支(代表)机构财务管理的通知》《关于支持和规范社会组织承接政府购买服务的通知》等。民政部还根据《国务院机构改革和职能转变方案》开展了部分社会组织的直接登记工作。

全国人大常委会全面贯彻党的十八大和十八届三中、四中全会精神,加强重点领域立法,积极推进社会组织立法研究工作。慈善事业法、红十字会法(修改)以及行业协会商会等方面的立法项目已经列入十二届全国人大常委会立法规划,这些立法都直接涉及社会组织制度。其中,慈善事业法的制定和红十字会法的修改工作已纳入2015年全国人大常委会的工作安排。目前民政部等有关部门也正在抓紧开展社会组织立法的研究工作,通过委托课题研究、前期论证、调查研究等多种形式推动相关立法活动。

公益法人等社会组织是重要的民事主体类型,我国民法通则规定了社会团体法人制度。根据党的十八届四中全会的要求和全国人大常委会的工作安排,民法典编纂工作已经启动,我们将在民法典中进一步完善公益法人等社会组织的相关制度。

国务院2015年立法工作计划也将修订《社会团体登记管理条例》列为力争年内完成的项目,将修订《基金会管理条例》列为预备项目,将修订《民办非企业单位登记管理暂行条例》列为研究项目,相关部门正在积极推进相关工作。

您在提案中提出的制定《公益法人法》的建议以及完善社会组织的其他相关建议,我们将认真研究,在完善相关法律制度时统筹考虑,更好地激发社会组织活力,充分发挥好社会组织的作用。

全国人民代表大会常务委员会

法制工作委员会

2015 年 7 月 15 日

关于设立智库研究基金的五点建议[*]

一、建议设立智库研究基金

在我看来,十分有必要单独设立智库研究基金。因为智库的研究和一般的社会科学研究有相同点,这是基础,但是又有诸多方面的不同。第一,突出特点不同。智库研究既是有一定学术背景的研究,又主要是问题导向的战略性、行动性研究,服务于党和国家决策,服务于国家发展战略。第二,研究方式不同。智库的课题研究费用很高,需要到诸多地方做实地调研,召开多个座谈会听取不同方面意见等。第三,组织方式不同。智库研究基本上不是"单打独斗",而是集体研究、集体讨论。例如,我院很多的研究都要汇聚集体力量加班加点,一方面时间要求很急,另一方面出发点不一样,委托方希望我们独立提出客观意见和建议。由此,智库研究既同人文社科研究有很大的相关性,但更要注重它的特点。在国家高度重视智库发展的背景下,我呼吁尽快在国家社会科学基金中设立一个智库研究专项基金,或者专门单设一个国家智库研究基金,这对于"加强中国特色新型智库建设,建立健全决策咨询制度"十分有必要。

二、智库研究的方式

我十分赞成智库研究基金尽可能采取政府采购、招标的办法,列入政府

＊　在全国政协第十二届全国委员会第四次会议分组讨论上的发言,2016 年 3 月 11 日,北京。

的公共采购预算。智库的研究在很大程度上是自主研究,是根据国家重大需求的研究,研究方法与社会科学的基础性研究课题有明显不同。现在采取的办法是一般社会科学研究的办法,包括评估办法等都没有区别。而一个重大智库研究课题的研究花费巨大。例如,去年我院参与国务院"简政放权、放管结合、优化服务"相关政策落实情况的第三方评估,我们自筹资金、加班加点,赴六个省市开展实地调研,召开多个座谈会听取各方意见,这是社会智库首次参与国事评估,在国务院常务会议汇报会上,与其他机构的汇报相比,我院的方法和观点确实有所不同。我建议,对智库研究课题基金的确定应该尽快拿出具体办法,国家可采取招标的方式,列入公共服务预算,这是一个主要方式。

三、加大对智库进行国际学术交流的资助

我国是发展中大国,过去有许多双边、多边的国际援助项目支持,现在情况发生了很大变化,援助项目逐渐缩减。但要看到,国际交流亟须智库进行重大问题学术交流。例如我院正在进行中欧自贸区的可行性研究,我去年去了 7 次欧盟,今年 6 月我院将与欧盟政策研究中心联合召开中欧改革论坛,这是一个重大课题,对我国将产生极为重要的影响。但要在欧盟召开这样一个高层次的研讨会,我们作为社会智库自筹资金十分艰难。我国智库要更好地在国际上发出中国声音,加强智库的学术交流极为迫切,加大这方面的资助对提升国家软实力有极为重要的作用。

四、加大对智库的税收支持

税收问题是智库发展面临的突出问题。目前税收按行政单位、事业单位和企业划分,行政事业单位的智库享受政府免税待遇,但企业类智库却需要缴纳相应的税收,这在客观上制约了企业类智库的发展。为此,建议国家尽快出台支持各类智库公平发展的相关财税措施,打破企业类智库发展的掣肘。

五、智库研究应坚持成果导向

智库研究有现实问题的研究,也有战略储备性的研究,要根据智库研究的特点形成智库的评价标准,坚持成果导向。我院作为社会智库,既立足短期,又着眼长远;不是简单地就问题谈问题,而是紧密结合宏观背景,务实地提出解决问题的方案。

以居住证制度取代
城乡二元户籍制度的建议[*]

　　人口城镇化是"释放新需求、创造新供给"的重要载体。"十三五"实现十八届五中全会提出的"户籍人口城镇化率加快提高"的目标要求，关键是到2020年在全国范围内实施居住证制度，以取代城乡二元的户籍制度。

　　(1)释放人口城镇化内需潜力关键在于破除城乡二元户籍制度。2014年我国城乡居民消费水平比为2.9∶1，以此推算，到2020年，户籍人口城镇化率提高到50%，城镇将新增近2亿农业转移人口，估计将累计带来3.3万亿元左右的新增消费规模。

　　(2)深化户籍制度改革是"十三五"劳动力要素改革的重中之重。"十三五"是我国人口红利的历史转折期，通过户籍制度、基本公共服务制度改革，推进农业转移人口市民化，优化劳动要素配置，将延长人口红利期，由此推动全要素生产率的提高。

　　(3)以全面实施居住证制度落实《宪法》赋予公民的迁徙自由权。以居住证制度取代城乡二元户籍制度，是消除城乡居民身份歧视，从法律上强化公民平等权和迁徙自由权，实现以"人"为核心的城镇化的重大制度变革。

　　基于以上考虑，建议"十三五"加快推进居住证制度改革。

　　1.把全面实施居住证制度作为深化户籍制度改革的重大目标。"十三五"深化户籍制度改革，不能把"暂住证"换个名变成"暂时居住证"，也不能长期实行户籍制度和居住证制度"双轨制"，而是从中央层面下决心，强力推动，着力推进居住证取代城乡二元户籍制度进程和省际居住证制度的相互衔接，到

---

　　* 2016年提交全国政协十二届四次会议提案。

2020 年基本建立以身份证号为唯一标识、全国统一的居住证制度,并力争使人口城镇化率(即居住证率)达到 50％以上,由此基本形成人口城镇化的新格局。

2.进一步完善全面实施居住证制度的条件。一是逐步扩大为居住证持有人提供公共服务和便利的范围,提高服务标准,使"居住"与"福利"挂钩;二是通过构建国家财政、农民工自身收入、土地财政和国有企业分红以及社会资本参与的成本分担机制,形成以 3 个 1 亿人市民化为重点的财力保障机制;三是尽快落实"全面实施城乡居民大病保险制度""整合城乡居民医保政策和经办管理"等改革举措,为"十三五"以实施居住证制度为目标推动城镇常住人口基本公共服务均等化创造有利的政策条件;四是完善信息科技手段,为推行居住证制度提供技术保障。

3.重在加快推进三个转变。一是由对人口的控制向对人口的服务与管理转变,构建现代化的社会治理体系;二是按照"扩大覆盖范围、降低申领门槛、提高服务水平、完善技术手段、推进制度并轨"的基本思路,实现由城乡二元户籍制度向居住证制度的转变;三是由治安部门的管理向人口服务部门的管理转变,探索建立以民政部门为主,由公安、统计、卫生、工商、教育、社保部门共同参与的人口综合服务管理系统。

4.加快推进配套制度改革。从各地实践看,由于配套制度改革滞后,缺少全国统一的政策指导,各地居住证制度差异较大,影响其实施效果。为此建议:一是尽快出台《居住证暂行条例》实施细则,明确全国范围实施居住证制度的具体管理办法;二是强化中央政府在基本社会保障服务中的责任,尽快实现由中央统一标准,并以流动人口变动为基础,建立财力与事权动态匹配的中央地方财税体制;三是到 2020 年基本实现"实际全覆盖、保障基本需求、城乡制度统一、转移续接无障碍"的城乡统一的社会保障制度;四是从法律上赋予农民长期而有保障的土地财产权,让农业转移人口带着土地财产权进城。

2020：让城乡二元户籍制度成为历史
（5条建议）*

我国经济转型和经济增长的最大优势和最大潜力在于人口城镇化。到2020年，实现"推进以人为核心的新型城镇化""实施居住证制度，努力实现基本公共服务常住人口全覆盖"的目标，关键在于深化户籍制度改革，让城乡二元户籍制度退出历史舞台。近年来，尽管国家出台了一系列文件推进户籍制度改革，但总的看来，并未明确"以全面实行居住证制度取代城乡二元户籍制度"的改革目标，也未明确到2020年即全面建成小康社会时，基本完成户籍制度改革任务。总的判断是：让城乡二元户籍制度成为历史，是推进城乡一体化、扩大内需的最大潜力；让城乡二元户籍制度成为历史的时机条件成熟；与农村土地制度三权分置改革相结合深化户籍制度改革面临重要机遇。为此，提出以下5条建议。

1. 把2020年作为让城乡二元户籍制度退出历史的时间节点。"十三五"深化户籍制度改革，不应在原有制度上修修补补，不能把"暂住证"换个牌子变成"居住证"，也不能长期实行户籍制度和居住证制度"双轨制"，而是要积极创造条件，到2020年让城乡二元户籍制度退出历史。

2. 全面实行居住证制度，取代城乡二元户籍制度。建议从中央层面下决心，着力推进居住证取代城乡二元户籍制度进程和省际居住证制度的相互衔接，到2020年基本建立以身份证号为唯一标识、全国统一的居住证制度，并使人口城镇化率（即居住证率）达到50%以上，由此基本形成人口城镇化的新格局。与之相适应，要推进人口管理理念、人口管理制度、人口管理主体的重大

---

* 2017年提交全国政协十二届五次会议提案。

变革。

（1）由对人口的控制向对人口的服务与管理转变，实现对流动人口的精细化管理和服务。

（2）按照"扩大覆盖范围、降低申领门槛、提高服务水平、完善技术手段、推进制度并轨"的基本思路，实现由城乡二元户籍制度向居住证制度的转变。

（3）由治安部门的管理向人口服务部门的管理转变，探索建立以民政部门为主，由公安、统计、卫生、工商、教育、社保等部门共同参与的人口综合服务管理系统。

3.统筹推动户籍制度和农民土地财产权制度改革，让农民带着土地财产权进城。农村土地制度改革问题不破题，要实现人口城镇化的目标就很困难。如果在农村土地、户籍、基本公共服务三大制度创新上实现突破，到2020年就有条件全面实行以居住证制度取代城乡二元户籍制度。深化农民集体产权制度改革，加快落实农民土地财产权，尤其是落实农民宅基地完整的财产权和确权登记发证工作，将显著增加农民的财产性收入，增强农业转移人口融入城市的能力，为总体实现城乡社会保障制度统一、水平大致相当提供重要条件。由此，为全面实施统一的居住证制度奠定重要基础。

4.强化各级政府在基本公共服务上的责任分工。以全面实行居住证制度取代城乡二元户籍制度，关键是到2020年总体实现城乡基本公共服务均等化。建议：

（1）强化中央政府在基本社会保障服务中的责任。由中央统一制度、统一标准，尤其是规范中央和省级政府在养老保障、基础教育、公共卫生和基本医疗服务中的责任。

（2）进一步细化中央和省级政府的服务范围、支出比例、管理权限等，按照受益范围确定支出责任分担比例。针对流入地和流出地义务教育经费衔接困难的问题，对义务教育实行全国通用的教育券制度，尽快出台全国统一的异地高考方案。

（3）以流动人口变动为基础，建立财力与事权动态匹配的财税体制，完善中央转移支付制度，保障流入地的财力。建立辖区财政责任机制，实现城镇基本公共服务常住人口全覆盖。

5.尽快制定并实施"废除城乡二元户籍制度,全面实行居住证制度"的具体行动方案。建议尽快明确提出到 2020 年"废除城乡二元户籍制度、全面实行居住证制度"的目标、时间表和重点突破,并强化督查督办工作,使这项历史性的重大改革落地。

尽快落实农民土地财产权(4 条建议)*

落实《中共中央关于全面深化改革若干重大问题的决定》提出的"赋予农民更多财产权利",是我国新阶段打破城乡二元结构、维护农民合法权益、推进农村发展的重大举措。推进农业供给侧结构性改革,最大的红利是盘活农村土地资源,这将为我国充裕资本找到新的投资空间,形成"三农"发展的巨大新动能,并为去产能、去库存开辟巨大市场空间。从现实需求看,盘活农村土地资源既有利于农业转型升级,又有利于释放人口城镇化的巨大内需潜力。为此,提出以下 4 条建议。

1. 改变农村土地承包权流转限于集体成员内流转的相关政策规定。

(1)农村土地承包权限于集体成员内流转,土地价格不可能反映市场均衡价格。市场经济中,交易范围越小,成交价偏离均衡价越远。由于集体成员卖者多,买者少,购买能力有限,使土地卖出方的财产利益不可避免地受到损害。

(2)农村土地承包权限于集体成员内流转,容易形成新的"地主"。限定交易范围,压低交易价格,农村土地容易向少数农村有钱人集中。

(3)在政策上突破农村土地承包权只能在集体成员内部流转的规定。这样才能在提升农村土地价值、严格保护农民土地使用权的同时,吸引社会资本进入农村农业。落实党的十八届三中全会提出的"允许农村集体经营性建设用地出让、租赁、入股,实行与国有土地同等入市、同权同价"的精神,建议尽快修改相关法律法规,在严格农村土地用途管制和规划限制的前提下,赋予农民土地使用权物权性质。

---

* 2017 年提交全国政协十二届五次会议提案。

2.在法律上明确农民土地的物权属性。

(1)明确农民土地用益物权主体地位。按照《物权法》的规定,用益物权是指用益物权人对他人所有的不动产或者动产依法享有占有、使用、收益的权利。建议在《土地管理法》第二条中增加一款"赋予农村土地使用权人土地用益物权,使其拥有对土地依法享有占有、使用、收益、让子女继承等的权利"。

(2)从法律层面落实土地承包关系保持稳定并长久不变。《土地管理法》第十四条规定"土地承包经营期限为三十年",建议修改为"实现农村土地(耕地、林地、鱼塘等)承包关系稳定并长久不变";研究土地承包关系长久不变的具体实现形式;以农村土地承包经营权登记试点为契机,解决"地证不符、四至不清、位置不明、簿记不全"等问题,为土地承包由合同管理向物权化管理转变创造条件,进一步加强对农村土地承包经营权的保护。

(3)农民土地统一确权颁证。由政府统一推进覆盖所有土地资源的确权、登记、颁证,确认土地所有者和土地使用者的土地权属关系,由此保障土地财产权,提高土地交易便捷程度。

3.从法律上赋予农民长期而有保障的土地使用权。

(1)从法律上赋予农民土地使用权的完整产权。从法律上赋予农民宅基地使用权用益物权性质,赋予其占有、使用、收益、转让、抵押、继承的完整权利。

(2)打通城乡资本、土地和住宅市场双向流通,推进乡村房地产与城市国有房地产两个市场接轨。建议改变目前以成员资格无偿分配的制度,不能再无偿取得,使宅基地真正成为商品;改变转让限于本村成员内的相关规定,赋予农民宅基地及其房屋所有人以完整的物权。

4.打破城乡建设用地市场分割,统一城乡用地市场。

(1)建立两种所有制土地"同地同价同权利"的平等制度。改变同一块土地因所有制不同导致权利不同的格局,赋予集体所有土地与国有土地同等的占有、使用、收益和处分权,对两种所有制土地所享有的权利予以平等保护,实现宪法和相关法律保障下的同地同权。建议在《土地管理法》第九条中增加一款"县级以上地方人民政府应当组建、改革或调整形成供需竞争性的城乡统一的土地市场,并打破土地要素的地域限制,允许在更高层级和其他地域的土地市场上出租交易等,同时可形成全国和几大区域的土地交易市场,电子平台、供需挂牌、价格撮合、政府监督,实现土地资源主要由市场配置;同时也给予城乡自然人和法人以处置自己物权更大的权利,允许协议出租和转让等"。为农民土地使用权的流转提供法律依据和制度保障。

(2)打破地方政府行政独家垄断供地的格局,实现不同主体平等供地。从改革实践看,由地方政府独家垄断供应土地,既不利于保护农民土地权益,又不利于抑制城市房价过高。这就需要建立公开、公正、公平的统一交易平台,明确交易规则,保障不同市场主体权利平等,让市场供求关系决定价格形成,形成"同一交易平台、不同主体平等供地"的局面。只要符合相关法律,遵守交易规则,无论政府、农民集体、国有土地用地单位等,都可以在统一的土地交易市场从事土地交易。

(3)简化农村土地承包权流转程序。《土地管理法》第十四条规定,"在土地承包经营期限内,对个别承包经营者之间承包的土地进行适当调整的,必须经过村民会议三分之二以上成员或者三分之二以上村民代表的同意,并报乡(镇)人民政府和县级人民政府农业行政主管部门批准"。建议将其修改为"农村土地承包人可依法自主决定土地承包权流转",提高农村土地承包权流转的便利性。

专栏:提案答复情况

关于政协十二届全国委员会第五次会议
第 0181 号(农田水利类 017 号)提案答复的函

迟福林委员:

您提出的关于尽快落实农民土地财产权的提案收悉,经商全国人大常委会法工委、国务院法制办、国土资源部,现答复如下。

一、关于改变农村土地承包权流转限于集体成员内的相关政策规定

2015 年中共中央、国务院《关于加大改革创新力度加快农业现代化建设的若干意见》指出,抓紧修改农村土地承包方面的法律,明确现有土地承包关系保持稳定并长久不变的具体实现形式,界定农村土地集体所有权、农户承包权、土地经营权之间的权利关系。该

意见同时要求统筹推进与农村土地有关的法律法规制定和修改工作。2016 年中共中央、国务院《关于落实发展新理念加快农业现代化实现全面小康目标的若干意见》提出，稳定农村土地承包关系，落实集体所有权，稳定农户承包权，放活土地经营权，完善"三权分置"办法，明确农村土地承包关系长久不变的具体规定。2016 年 10 月，中办、国办印发《关于完善农村土地所有权承包权经营权分置办法的意见》，明确了集体所有权、农户承包权和土地经营权的权能内涵及相互关系，强调要落实集体所有权，稳定农户承包权，放活土地经营权。当前，编纂民法典和修改农村土地承包法已列入本届全国人大常委会立法规划，相关工作正按照步骤有序进行。您所提出的修改农村土地承包经营权流转规定的相关建议，全国人大常委会法工委将在下一步立法工作中认真研究。

二、关于在法律上明确农民土地的物权属性，赋予农民长期而有保障的土地使用权

（一）关于明确农民土地用益物权主体地位，从法律上赋予农民土地使用权的完整产权。目前，物权法第三编用益物权部分，已经专章规定了土地承包经营权、宅基地使用权等权利种类，在法律层面已经确认其用益物权性质。同时，为切实贯彻中央有关农村土地制度改革的一系列精神，2015 年 12 月 27 日，第十二届全国人民代表大会常务委员会关于授权国务院在北京大兴区等 232 个试点县（市、区）、天津蓟县等 59 个试点县（市、区）行政区域分别暂时调整实施有关法律规定的决定，在两年的授权期限内，试点地区可暂时调整实施物权法、担保法中关于集体所有的耕地使用权及宅基地使用权不得抵押的有关规定。上述调整在 2017 年 12 月 31 日前试行。对经过试点实践证明可行的，有关方面将提出修改完善物权法、担保法等有关法律的建议。

（二）关于从法律层面落实土地承包关系保持稳定并长久不变。改革开放以来，党中央、国务院始终坚持稳定农村土地承包关系的方针政策。1984 年明确第一轮土地承包期为 15 年；1993 年明确第二轮土地承包期延长为 30 年；2002 年颁布《农村土地承包法》，强调

依法保护农村土地承包关系的长期稳定；2007年颁布《物权法》，实行对土地承包经营权物权保护。实践证明，家庭承包经营制度符合我国国情和农业生产特点，具有广泛的适应性和强大的生命力，农民群众是认可和满意的。2008年党的十七届三中全会提出"现有土地承包关系要保持稳定并长久不变"。2013年党的十八届三中全会再次强调"稳定农村土地承包关系并保持长久不变"。按照党中央、国务院决策部署，农业部、中央农办连续多年开展了"稳定农村土地承包关系并保持长久不变"研究，并形成了一些初步意见。下一步，农业部将会同有关部门继续扎实做好承包地确权等基础性工作，及时总结好的经验做法，做好有关法律法规的修订完善，为不断完善农村基本经营制度打下坚实基础。

（三）关于农民土地统一确权颁证。一是农村集体土地所有权确权登记发证基本完成，房地一体的宅基地和集体建设用地使用权确权登记颁证工作加快推进。为贯彻落实2010年中央1号文件提出的"力争用3年时间把农村集体土地所有权证确认到每个具有所有权的农民集体经济组织"，国土资源部先后印发《关于加快推进农村集体土地确权登记发证工作的通知》（国土资发〔2011〕60号）、《关于农村集体土地确权登记发证的若干意见》（国土资发〔2011〕178号）等文件，2012年底基本完成农村集体土地所有权确权登记发证工作，发证率达到94.7%。在此基础上，2013年、2014年中央1号文件提出加快包括农村在内的农村地籍调查和农村集体建设用地使用权确权登记颁证工作。2016年国土资源部明确提出"加快推进房地一体的农村集体建设用地和宅基地使用权确权登记颁证"。在国家建立和实施不动产统一登记的前提下，国土资源部与财政部、住房和城乡建设部、农业部、国家林业局共同下发《关于进一步加快推进宅基地和集体建设用地使用权确权登记发证工作的通知》（国土资发〔2014〕101号），明确将房产等地上建筑物、构筑物纳入工作范围，同时印发《农村地籍和房屋调查技术方案》，与国土资发〔2014〕101号文一并下发，指导各地稳妥有序开展农村地籍调查工作。自2015年起，国土资源部逐步落实《不动产登记暂行条例》（以下简称《条例》），制定出台了《不动产登记暂行条例实施细则》（以下简称《细则》），并根据《物权法》《条例》《细则》等法律法规和规章，研究制定了《不动产登记操作规范（试行）》（以下简称《规范》）。《条例》《细则》和《规范》明确了农村集体土地所有权、宅基地使用权、集体建设用地使用权确权登记方式等事项。2016年，印发了《关于进一步加快宅基地和集体建设用地确权登记发证有关问题的通知》（国土资发〔2016〕191号），要求进一步加快宅基地和集体建设用地确权登记发证工作，有效支撑农村土地改革。各级国土资源部门全面落实中央的决策部署，加快推进农村集体土地所有权、宅基地使用权、集体建设用地使用权登记工作。截至2016年底，全国集体土地所有权已发证808万多宗，发证率95.9%；集体建设用地使用权已发证973万多宗，发证率77.2%；宅基地使用权已发证2亿多宗，发证率83.2%。为落实2017年中央1号文件中深化农村集体产权制度改革的有关任务，下一步，国土资源部将按照不动产统一登记的要求，继续深化细化集体土地所有权确权登记颁证发证成果，深入梳理房地一体的宅基地和集体建设用地使用权工作中的有关难点热点问题，完善并出台切实可行的确权登记政策，加快推进相关工作。二是承包地确权登记颁证稳步推进。2007年《物权法》颁布实施后，中央提出开展农村土地承包经营权确权登记颁证工作，要求健全土地承包经营权登记制度。2014年，中办、国办印发《关于引导农村土地经营权有序流转发展农业适度规模经营的意见》，对土地承包经营权确权登记颁证工作做出了系统部署，明确"用5年左右时间基本完成土地承包经营权确权登记颁证工作"，此后多个中央1号文件进一步强调要抓紧抓实这项工作。贯彻落实中央要求，农业部积极推动农村土地承包经营权确权登记颁证试点。自2009年以来，试点范围不断扩大。截至2017年6月底，全国2705个县、3.3万个乡镇、53.4万个村开展了土地承包经营权确权登记颁证工作，已完成确权面积10.5亿亩，占二轮家庭承包耕地面积的76%。山东、宁夏、安徽、四川4省（区）已基本完成，其他进展较快省份也正处于紧张收尾阶段。从试点取得的成效看，各地反映，开展承包地确权登记摸清了承包地底数，基本解决了承包地地块面积不准、四至不清等历史遗留问题，化解了大量土地承包纠纷；特别是西部省区和一些山区，原来承包地账面面积和实际面积出入较大，通过这次确权搞清了家底，为土地资源优化配置奠定了基础。另一方面，让农户吃上了"定心丸"，通过采用先进测绘技术，将承包地的位置、大小、坐标等信息详细记录在案，并附有清晰的地块示意图，许多农民群众拿到证书后感觉心里踏实，自己的承包地有了"身份证"，真正成了土地的主人。农村土地承包经营权确权登记颁证是一项涉及面广、政策性强的工作。下一步，农业部将继续按照中央要求，会同有关部门做好分类指导，强化工作督导，加快数据汇交，指导各地积极探索确权成果转化应用的多种方式，维护好、实现好广大农民群众的土地承包权益。

三、关于打破城乡建设用地市场分割，统一城乡用地市场

2015年，十二届全国人大常委会通过关于授权国务院在北京大兴区等33个试点县（市、区）行政区域暂时调整实施有关法律规定的决定，内容之一是暂时调整实施土地管理法关于集体经营性建设用地入市的规定，对农村土地入市进行改革试点。目前，国土资源部正在会同有关部门，依法有序稳妥推进农村经营性建设用地入市和农村宅基地制度改革试点工作。上述调整在2017年12月31日前试行。对经过试点实践证明可行的，有关方面将提出修改完善土地管理法、城市房地产管理法等有关法律的建议。

感谢您对"三农"工作的关心，希望今后继续对我部工作给予支持。

中华人民共和国农业部

2017年9月18日

经济转型升级中的再就业[*]

总的判断是:"十三五"我国正处于经济转型升级的历史关节点。与20世纪90年代有很大的不同:一方面,经济转型升级使得部分行业的产能过剩,并形成再就业的压力;另一方面,经济转型升级又产生大量新的就业岗位,为就业结构调整和再就业提供机遇、拓宽空间。从现实看,当前解决过剩产能,不仅没有造成较大失业,而且新增就业逐年有所增加,有些领域还面临着招工难的现象。这主要在于,随着我国初步形成以服务业为主体的产业结构,就业容量在逐步提高。在这个背景下,要实现去产能与扩大就业的双重目标,重要的是抓住经济转型升级的大趋势,在扩大就业的同时调整就业结构,提高就业质量。

一、充分发挥中小服务型企业在吸纳再就业中的主体作用

当前,我国服务业发展比重与服务业就业比重还存在较大的缺口。2016年,服务业占比为51.6%,但服务业就业占比仅为43.5%。这与中等收入国家的60%左右(俄罗斯66.1%、墨西哥61.2%)、与高收入国家的70%以上(韩国70.2%、美国80%),尚有较大差距。就是说,尽管服务业开始成为我国吸纳再就业的主渠道,但其潜力尚未充分释放出来。当前的突出问题是,服务业吸纳就业的90%以上都由中小企业贡献。由于民间投资下降、电商垄断性经营,导致相当多的实体零售店关门。实践证明,实现经济转型升级与扩大就业同步,必须高度重视中小服务型企业的发展。建议:第一,把扶持中小

---

[*] 在俞正声同志主持召开的全国政协"重视去产能过程中职工就业再就业问题"双周协商座谈会上的发言,2017年7月6日,北京。

服务型企业发展作为扩大就业的重点方向,出台相关的支持性措施。第二,尽快在服务业领域实施负面清单管理,鼓励企业与个人在服务业领域创业创新。第三,认真研究"电商垄断"的现状及其矛盾,并适时出台相关规定。这几点对中小服务型企业发展至关重要,各方面呼声也很高,需要做出符合客观实际与发展趋势的评估。

二、把公益法人作为扩大就业的重点之一

从国际经验看,公益性服务是一个国家进入中高收入阶段扩大就业的重要领域。例如,美国非营利部门从业人员占美国全部就业人口的10％左右。我国由于公益性法人制度改革尚未破题,由此,其在扩大就业中的作用远未发挥出来。未来几年,适应经济社会转型发展进程,公益领域的就业规模可能有数倍的增长空间。当前,在公益法人制度改革难以有大的突破的前提下,建议:第一,推动政府购买服务对事业单位、社会公益组织一视同仁,使政府购买成为公益性组织进一步发展、扩大就业的重要动力。第二,废除社会型公益性组织就业歧视,在社保、职称评定等方面实现与体制内事业单位平等,提升社会型公益性组织吸引就业的能力。

三、以扩大职业培训教育为重点强化政府再就业职能

从现实情况分析,我国经济转型升级中的再就业问题,突出的矛盾不是就业规模,而是就业结构。由于职业培训教育发展滞后,"大国工匠"、技工技师严重短缺。例如,日本产业工人队伍中的高级技工占比为40％,德国为50％,我国仅为5％左右,缺口近1000万人。再以养老护理为例,实际需要1000万有资质的养老护理人员,但实际供给严重短缺。适应经济社会转型的大趋势解决再就业,重在强化职业培训教育与职业教育市场开放。建议:第一,尽快出台去产能中下岗工人的职业教育培训计划,由政府购买再就业培训服务。第二,将部分行业职业资格认定权逐步下放给有条件的行业组织、社会组织。第三,利用社会力量发展职业教育,并把职业教育市场的有序开放作为教育结构性改革的重大任务之一。

第五篇　建言扩大开放

全面深化改革需要推动形成全面开放新格局。在经济全球化新的十字路口，我国的对外开放面临新机遇、新挑战。担任全国政协委员的 10 年间，特别是近几年，我就扩大开放提交了相关提案与建议。其中，"推进以服务贸易为重点的开放转型""推进粤港澳服务贸易一体化"等相关建议，引起多方关注。

加快打造中国—东盟自贸区升级版的建议[*]

在内外形势发生深刻复杂变化的大背景下,打造中国—东盟自由贸易区升级版(以下简称 10＋1 升级版),不仅对我国形成对外开放新格局具有战略性、重要性、基础性作用,而且其现实迫切性不断上升。

(1)区域经济一体化成为新阶段经济全球化的重头戏,推进亚洲区内双边、多边自由贸易区建设已成为我国深化对外开放的战略重点。

(2)加快打造 10＋1 升级版,是落实十八届三中全会决定提出的"以周边为基础加快实施自由贸易区战略""加快同周边国家和区域基础设施互联互通建设"等战略部署的突破口和重大任务。

(3)美国加快在亚太地区的战略布局,使得我国周边形势的不确定性加大,尽快取得打造 10＋1 升级版重大突破的时间空间约束全面增强。

为此建议:把打造 10＋1 升级版作为形成全方位开放新格局的重点,在 10＋1 中国—东盟自由贸易区的良好基础上,利用我国与东盟携手共建 21 世纪海上丝绸之路等合作新机遇,3 年左右做到明显突破,5 年左右形成 10＋1 经济一体化的新格局。

一、走向以"类欧盟"为目标的10＋1经济一体化

建议借鉴欧盟模式,在各国平等协商的前提下,加快 10＋1 人流、物流、资金流、信息流区内无障碍流通,基础设施区内无障碍互联互通,政策规划区内无障碍协调沟通,尽快形成较高水平的区域经济一体化新格局。

＊ 2014 年提交全国政协十二届二次会议提案。

(1)形成区域共同市场。不断提升、完善双方自由贸易安排,进一步降低和取消相互投资的准入门槛,形成区内货物、服务、资本、资源、劳动、技术和管理自由流通的统一市场。

(2)深化货币金融合作。在各国仍拥有主权货币的前提下,尽快使人民币成为区内贸易投资主要结算货币,争取成为东盟国家的主要储备货币之一。

(3)加强宏观政策协调。借鉴欧盟起步阶段煤钢同盟的做法,以部分产业政策的统一行动为突破口,逐步建立起共同应对全球和区域性危机的政策协调体系。

二、尽快取得打造 10＋1 升级版的重点突破

东盟成员中新加坡、文莱、马来西亚和越南已先后加入 TPP(Trans-Pacific Partnership Agreement)谈判。在这个特定背景下,未来 2～3 年内打造 10＋1 升级版需要有大的突破。

(1)全面提速国际大通道建设。加快"海上丝绸之路"大通道建设,并尽快打通我国与缅甸、老挝、越南、泰国等国的"断头路""瓶颈路",形成放射线、网络化的交通布局。

(2)尽快形成基础设施互联互通的新格局。提出重大项目清单,争取1～2年内全面推进,2016 年初步形成新格局。

(3)加快沿边开放的新突破。鼓励与东盟国家陆上相邻的云南、广西,整合沿边开放资源,设立"沿边自由贸易试验区",探索沿边开放的新模式、新体制、新机制。

(4)探索更高标准的自由贸易区。考虑东盟不同国家发展阶段和开放重点的差异,加快推进与东盟国家一对一的 FTA(Free Trade Agreement)谈判。

三、加强 10＋1 升级版的组织协调

打造 10＋1 升级版涉及贸易、投资、产业、货币、外汇以及外交等方方面面,既需要加强我国与东盟国家之间高层次、广领域的协调,也需要加强内部

部门间、中央与地方的协调推动。建议尽快建立 10＋1 升级版的高层次协调机制：

（1）形成国家层面统筹推进的工作机制，明确急需研究的重大议题和重要任务清单，组织专家进行分析评估，制定备选方案。

（2）尽快制定出台我方行动计划，明确行动目标、行动路径、行动主体、体制机制与政策支持等。

（3）建立相关部门和地区参与的高层次的协调机制，分解任务，确保责任落实到相关部门和地区。

提案答复情况

关于政协十二届全国委员会第二次会议
第 1038 号（商贸旅游类 035 号）提案答复的函（节选）

迟福林委员：

您提出的关于加快打造中国—东盟自贸区升级版的提案收悉，现答复如下：

中国—东盟自贸区于 2010 年 1 月 1 日全面建成，是我国对外建立的第一个自贸区。2013 年 10 月 9 日，李克强总理在中国—东盟领导人会议上，倡议启动中国—东盟自贸区升级版谈判。目前，双方正在积极磋商，推动尽快启动升级版谈判进程。我部将会同相关部门，在工作中积极研究有关建议，共同推动贸易投资的进一步自由化和便利化。

关于进一步降低和取消相互投资的准入门槛。我部将继续研究放宽外资准入，不断拓宽开放领域，结合各领域改革方向，推进更宽领域、更高层次的对外开放，形成新的推动力，促进产业发展不断壮大……

关于深化货币金融合作。我国一直重视与东盟国家的货币合作。中国人民银行已与马来西亚、印尼、新加坡、泰国等国央行签署了双边本币互换协议，以维护地区金融稳定，便利双边贸易和投资。此外，部分东盟国家的央行或货币当局还通过投资境内银行间债券市场、在离岸市场购买人民币产品等方式,将人民币纳入其外汇储备。下一步,我国将继续加强与东盟国家的货币合作,努力推进区域内跨境本币结算,促进区域经济发展。

……

关于推动互联互通建设。我国高度重视推进中国—东盟边境地区的跨境基础设施建设。目前,我国与缅甸、老挝、越南、泰国等国公路通道境内段已建成通车。……下一步,我部将会同有关部门在工作中积极研究相关建议,继续支持与东盟交通项目合作,统筹推进与东盟国家互联互通建设。

关于加快沿边开放。商务部、发展改革委牵头负责编制的《沿边地区开发开放规划(2014—2020 年)》已经国务院印发(国发〔2014〕24 号),我们将按照该规划要求,制定规划分工方案,认真组织落实,支持沿边地区扩大开放。

中华人民共和国商务部

2014 年 9 月 2 日

开放服务业市场的建议[*]

"十二五"以来,我国服务业领域经历了一个从放宽准入到市场开放的过程。总的看来,服务业市场开放程度与我国走向服务业大国的实际进程不相适应,与广大社会成员全面快速增长的服务需求不相适应。"十三五"加快服务业市场开放仍面临诸多挑战。

1.服务业领域的行政垄断远未打破。我国服务业行政垄断的特点仍然比较突出。

2.中小企业发展严重滞后。当前,我国大学生就业难的一个突出矛盾在于国有垄断的服务业部门能够容纳的就业有限,而民间的服务业部门又没有真正做大。

3.服务业与工业的某些发展政策不平等。例如,在生产要素使用上,服务业与工业价格不平等,服务业用水、用电、用气、用地价格普遍高于一般工业。

我国服务业发展不缺少资本,更不缺少市场需求,关键是形成服务业市场开放的大环境。"十三五"要破除服务业市场垄断,形成服务业市场开放的新格局,成为深化市场化改革的重大任务。为此建议:"十三五"把破除行政垄断作为服务业市场开放的重点,彻底打破社会资本进入服务业市场的制度"玻璃门""弹簧门",最大限度地激发社会资本活力。

1.打破服务业市场的行政垄断。建议尽快出台垄断行业改革的总体方案,下决心破除服务业领域的行政垄断。

(1)垄断行业竞争环节对社会资本全面放开。以电力、电信、石油、民航、

---

[*]　2015年提交全国政协十二届三次会议提案。

邮政等为重点的行业,要进一步破除各种形式的行政垄断。

(2)按照"非禁即准"原则,凡是法律法规没有明令禁入的服务领域,都要向社会资本开放;允许服务企业、服务产品自由进入市场;各地区凡是对本地企业开放的服务业领域,应全部向外地企业开放。

(3)考虑到行政垄断是妨碍公平竞争市场秩序的主要矛盾,建议把反行政垄断纳入《反垄断法》,并建立反垄断的审查制度。

2.理顺服务业市场的价格形成机制。除政府必须确保的基本公共服务领域之外,"十三五"争取在绝大多数服务业领域放开价格管制。

(1)尽快修订《政府定价目录》,凡在竞争性领域的服务业,政府原则上不进行价格限制,逐步放开价格管制。

(2)对自然垄断环节的服务业,仍实行政府定价;对竞争性环节的服务业,政府全面放开价格控制,引入竞争机制,实行企业自主定价。

(3)政府定价范围主要限定在重要公用事业、公益性服务、网络型自然垄断环节;对基本公共服务领域,政府仍保留定价权,以保障公益性;对非基本的公共服务,全面放开价格管制。

3.加快形成服务业创新创业的制度环境。"十三五"要加快形成服务业市场创新创业的制度环境,实现服务业领域的创新驱动。

(1)扩大国家中小企业发展基金规模,支持和鼓励更多的地方政府设立中小企业发展基金;尽快出台综合性的扶持政策,鼓励各类人员在服务行业创新创业;搭建中小企业创新创业的制度平台,支持中小企业实行职工持股;鼓励发展众筹、互联网金融等新的融资模式,支持草根创业。

(2)以发展生产性服务业为重点,推动大企业向创新型企业转型;尽快培育一批具备国际竞争力、在国际国内具有资源配置能力的专业化研发服务机构。

(3)全面实施企业自主登记制度,实现工商登记由"先证后照"向"先照后证"的根本性转变,全面落实注册资本由实缴登记制改为认缴登记制,全面实施服务企业投资项目备案制。

4.实现服务业与工业政策平等。"十三五"加快调整服务业发展的相关政策,纠正对服务业不合理的歧视性政策。

(1)加大服务业用地供给,对列入国家鼓励类的服务业在供地安排上给予倾斜,通过采取过渡式的办法逐步缩小服务业与工业用地价格差距,到2020年全国基本实现服务业与工业"同地同价"。

(2)抓紧落实国家关于服务业发展的价格政策,在全国范围内加快推进工商业水电气"同网同价"。

(3)民办机构人才在户籍迁移、住房、子女就学等方面享受与当地同级同类公办机构同等的人才引进政策。

(4)打破所有制界限,对体制内外的服务业企业和非营利机构,政府采购政策应一律平等。

加快推进服务业市场开放[*]

我国进入工业化后期,经济转型升级的关键是形成服务业领域的有效供给;落实"中国制造2025",实现生产型制造向服务型制造的转型,需要着力发展以研发、设计为龙头的生产性服务业;满足全社会日益增长的服务型消费需求,重在释放生活性服务业发展的巨大市场空间。2015年我国服务业占GDP的比重为50.5%,如果"十三五"服务业市场潜力充分释放的话,到2020年,服务业占GDP的比重有望达到58%左右,从而形成产业变革的新动力,并为未来5~10年6.5%左右的经济增长奠定坚实基础。

问题在于,由于服务业市场开放远远滞后于工业市场开放,利用社会资本、外资做大服务业"蛋糕"还面临着多方面的体制性障碍。深化结构性改革,重中之重是在服务业市场开放上破题发力。

一、把服务业市场开放作为新阶段市场化改革的重点

当前服务业供给矛盾突出,根源不在于国内没有需求,不在于国内资本缺失,而在于服务业行政垄断和市场垄断的问题突出、市场开放程度较低。"十三五"形成市场决定资源配置的新格局,"重头戏"是服务业市场开放。

1. 服务业市场开放滞后是市场化改革的"突出短板"。

(1)服务业市场化程度低。多年来,由于市场开放的重心主要在工业领域,现在工业部门的市场开放程度至少在80%以上,而服务部门50%左右的垄断格局尚未打破。

---

* 2016年提交全国政协十二届四次会议书面发言。

（2）服务业对外开放的程度较低。例如，国内自贸区 122 项的负面清单中，有 80 余项针对服务贸易领域，也就是说对服务贸易的限制仍然较多。

（3）服务型经济水平低。以房地产为例，应当说房地产从规模上看已经到了一个相对饱和的状态，现在面临着规模房地产如何向服务型房地产转型的问题。

（4）服务价格高。例如，2014 年我国的宽带平均上网速度排在全球第 75 位，仅为韩国的 15％。但是，平均一兆每秒的接入费用却是发达国家的 3～5 倍。

2. 服务业市场开放是市场化改革的"最大红利"。

（1）服务业领域社会资本投资增速将超过工业。近两年受宏观经济下行的影响，工业与服务业民间投资增速均出现大幅下降，但服务业投资增速仍高于工业，在稳定经济增长中发挥了重大作用。据统计，2015 年 1—11 月，服务业的民间投资同比增长 9.7％，高于工业 0.3 个百分点。

（2）服务业固定资产投资中社会资本投资占比过半。据统计，服务业民间固定资产投资由 2012 年的 10.1 万亿元增长到 2015 年的 16.4 万亿元，占全社会固定资产总额的比重由 51.3％上升到 52.7％。

（3）服务业市场开放将给社会资本带来巨大的投资空间。以教育市场为例，截至 2014 年底，全国共有各类民办学校（教育机构）15.52 万所，各类在校生达 4301.91 万人。有机构预测，到 2018 年我国民办教育市场规模将超过 1 万亿元人民币。

3. 制定"十三五"服务业市场开放的行动计划。

改革开放以来，工业领域的市场开放在推动我国工业化进程中扮演了重要角色。"十三五"时期，无论从国内经济转型升级的客观要求看，还是从新一轮全球自由贸易的大趋势看，服务业市场双向开放是大势所趋：形成服务业为主导的产业结构，需要通过服务业市场开放，形成有效投资；形成消费拉动经济增长的格局，需要通过服务业市场开放，扩大服务型消费供给能力；推进双边、多边自由贸易进程，需要有序扩大服务业对外开放，并通过服务业市场的双向开放，形成以服务贸易为重点的开放型经济新格局。就是说，落实十八届五中全会提出的"开展加快发展现代服务业行动"，关键在于尽快形成"十三五"服务业市场开放的行动计划。

二、实现服务业市场开放的重大突破

改革开放以来,我国在工业领域放开市场,引入竞争,从而有效做大了工业"蛋糕"。"十三五"期间,通过开放服务业市场做大服务业"蛋糕",需要实现服务业市场开放的重大突破。

1.打破服务业市场的行政垄断与市场垄断。

近几年,尽管某些服务业领域已经明确鼓励社会资本进入,但是缺乏具体的操作办法进一步鼓励,行政垄断和市场垄断问题在服务业领域还比较突出。这就需要推动服务业领域国有资本的战略性调整,全面推进垄断行业竞争环节向社会资本开放,尽快破除生产性服务业和生活性服务业领域的行政垄断和市场垄断。

2.推进服务业市场的便利化改革,使社会资本成为现代服务业发展的主体力量。

加快服务业市场开放,将为"大众创业、万众创新"打开产业空间和制度空间,为服务业发展提供源源不断的新动能。从实践看,某些服务业价格管制的效果并不理想,在相当大程度上束缚了企业竞争,并扭曲了供求关系。这就需要:全面放开服务业市场价格,以形成统一开放、公平竞争的市场体系;在银行、证券、保险、电信、邮政快递等行业进一步放开市场准入,取消某些不合理的经营范围限制;实质性打破对社会资本的限制,鼓励支持社会资本进入教育、医疗、健康、文化等领域。

3.以政府购买公共服务为重点加快公共服务业市场开放。

把形成多元供给主体、多元竞争主体作为发展和完善政府购买公共服务的基本目标,支持公益性社会组织在公共服务领域有所作为,发挥其独特的作用;加快公共资源配置市场化,在城镇公用事业领域特许经营权的出让上全面引入竞争机制,在行政系统服务资源配置方面规范完善政府采购。

4.推进服务业市场开放的相关政策调整。

尽快纠正服务业发展的某些不合理政策,实现服务业与工业政策平等。实现服务业与工业用地、用电、用水、用气等要素价格政策平等。以促进服务业市场开放为导向加快税收政策调整,尽快完成"营改增",全面推进消费税改革,使消费税成为地方的主体税种。

三、加快服务贸易双向开放,积极有序扩大服务业市场对外开放

服务贸易的兴起成为新一轮全球化的大趋势,服务贸易成为双边、多边、区域性、全球性自由贸易谈判的重点领域。未来5年,如果能在以服务贸易为重点的双向市场开放方面有所突破,不仅牵动影响国内的经济结构升级,还将充分发挥我国在新一轮全球自由贸易进程中的重要作用。

1."十三五"基本形成以服务贸易为重点的对外开放新格局。

(1)经济转型升级对服务贸易依赖性明显增强。与2001年我国加入WTO时的对外贸易不同,如今我国面临着的突出挑战是服务贸易的双向市场开放。当前,国人到海外旅游、做健康体检、求学等已经比较普遍。

(2)以服务贸易为重点优化对外贸易结构。我国已经成为世界货物贸易的第一大国,但服务贸易比重过低。2014年,全球服务贸易占整个对外贸易的比重为20%左右,我国仅为12.3%。

(3)把提高服务贸易比重作为"十三五"对外开放的重大任务。到2020年,我国服务贸易占对外贸易的比重至少要达到20%。

2.以服务贸易为重点加快国内自贸区建设。

在全球双边、多边、区域性、全球性自由贸易进程加快推进的特定背景下,自贸区的重要使命是推进服务贸易开放。适应新一轮全球自由贸易与国内经济转型升级的需求,自贸区要在促进服务贸易上努力实现重大突破,为全国提供可复制、可推广的实践经验。

3.以服务贸易为重点推进双边、多边、区域性、全球性自由贸易进程。

(1)把加快服务业市场开放作为双边、多边自由贸易的重点。加快与"一带一路"沿线国家或地区共建自由贸易区网络,扩大双边和区域服务贸易协定,打破对我国的服务贸易壁垒。

(2)大力发展服务外包,推动服务业企业"走出去"。在积极参与新一轮全球化与国际分工中做大现代服务业规模,培育服务业领域竞争的新优势。

　　(3)推动中欧自贸区的可行性研究。当前的国际形势下,中欧在服务业领域的合作潜力巨大、互补性强,有望成为我国服务业市场开放的战略重点。建议以加强服务贸易合作为重点,推动中欧服务业领域的合作共赢。

推进以服务贸易为重点的开放转型[*]

2017 年,不确定性增大是实现"稳中求进"的一大挑战,并成为转型与增长的突出矛盾,影响社会资本投资走向的重要因素。尤其是发达国家贸易保护的严重冲击及其可能带来的全球市场分化,将使今年经济增长面临多重风险。在这个特定背景下,我国坚持扩大开放,坚持在开放中谋求共同发展,既是坚定推进全球自由贸易进程的重大举措,又是务实推进自身经济转型与结构性改革的重要行动。

一、适应服务贸易发展趋势,推进服务业市场开放

总的判断是:在经济全球化新变局下,我国实行自由贸易战略,重点在服务贸易,难点在国内,国内的难点在服务业市场开放,服务业市场开放的难点在理念、在政策体制。

1.由货物贸易为主向服务贸易为重点的开放转型,是新一轮经济全球化的重要趋势。近些年,货物贸易增速明显下降,但服务贸易却增长较快。2008—2014 年,全球服务贸易比货物贸易的年均增速约高 1 倍。2015 年,我国服务贸易占比低于全球平均水平 8 个百分点左右,比发达国家低 10 个百分点以上,尽管 2016 年占比提升 3 个百分点,但仍然有明显差距。究其原因,主要是服务业市场开放滞后。当前,服务贸易发展水平低,不仅成为扩大开放的突出短板,也成为阻碍供给结构与消费需求结构相适应的突出矛盾。

2.以服务业市场开放为重点深化供给侧结构性改革。我国服务业市场

---

* 在全国政协 2017 年第一次宏观经济形势分析座谈会上的发言,2017 年 1 月 20 日,北京。

开放滞后,突出表现在四个方面:一是市场化程度低。工业部门尤其是制造业80%以上已高度市场化,但服务业约50%仍被行政垄断和市场垄断;二是对外开放程度低;三是服务水平低;四是服务价格高。

以服务业市场开放为重点深化结构性改革,形成转型增长的新动力:第一,拓宽社会资本投资空间,有效激发市场活力,扩大服务型消费的有效供给。第二,有效对接国际国内市场,拉动外来投资,做强服务业这个经济增长的"第一引擎"。第三,促进"一带一路"自由贸易区网络建设,推动双边、多边投资贸易谈判进程。以中国—欧盟自贸区为例,如果双方能在服务贸易上达成共识,就有可能把目前正在进行的中欧投资协定谈判与服务贸易谈判相结合,实质性推进中欧自贸区进程。

3.以服务业市场开放为重点推进服务业创新发展。目前,有关部委正在广泛征求关于《服务经济创新发展大纲(2016—2025年)》的意见。建议明确把服务业双向市场开放作为重大任务。例如:出台相关政策,支持、鼓励社会资本进入服务业市场;推进服务业投资便利化改革,建立服务业领域平等竞争的市场环境;抓住大健康产业等全社会关切的消费热点,实现生活性服务业重点领域市场开放的政策突破。

4.服务业市场开放重在破除行政垄断和市场垄断。全面推进垄断行业竞争环节向社会资本开放;推进服务业市场开放的相关政策调整,尽快实现服务业与工业、服务业体制内外政策平等;以政府购买公共服务为重点加快公共服务领域市场开放。

二、推进以服务贸易为重点的国内自贸区转型

这几年,国内自贸区以负面清单为重点的改革取得重要进展。问题在于,目前国内自贸区负面清单仍有122项,其中80余项针对服务贸易。

1.把服务贸易开放先行先试作为国内自贸区建设的当务之急。当前,重点不在于多批几个自贸区,而是现有11个自贸区要适应新形势的需要,在服务贸易发展和服务业市场开放中扮演重要角色。建议尽快研究推出相关的行动方案,推进自贸区以服务贸易为重点的开放转型进程。

2.大幅缩减负面清单。正在修订的《外商投资产业指导目录》,拟把93条

限制性措施减少到 62 条,压缩 1/3。这个目录的修订,为自贸区压缩服务贸易负面清单创造了条件。建议参照国际经验逐步减少负面清单,争取到 2020 年把自贸区服务贸易负面清单压缩到 40 项以内。

3.在条件成熟的地区推进产业项下的自由贸易。支持具备条件的地区率先实行旅游、健康、医疗、文化、职业教育等产业项下以及制造业研发等生产性服务业的自由贸易,以为全国范围内的全面推开积累经验。如果产业项下的自由贸易政策能尽快在一些地区落地,其影响和带动效应可能比多批几个自贸区的作用更大。

三、全面推进粤港澳服务贸易一体化

在服务贸易开放方面,粤港澳服务贸易一体化有条件率先突破,也需要率先突破。首先,粤港澳服务贸易一体化可以在"一国两制"中发挥特殊作用;其次,它可以发挥广东在服务贸易开放中的先行先试作用。

1.尽快在中央层面制定并出台粤港澳服务贸易一体化行动方案。由于粤港澳服务贸易一体化涉及多方面的协调,仅靠三地自身力量难以突破。建议在中央层面制定并出台粤港澳服务贸易一体化总体方案,并建立协调机制。

2.在管住货物贸易的同时全面放开人文交流。我在珠海横琴自贸区调研时看到,在澳门大学珠海校区外建了一堵高墙,据说,以前还有一道铁丝网。我认为,这种安排不利于自贸区的发展,更不利于"一国两制"的实践。建议全面放开人文交流,尤其是鼓励并支持三地青年人积极开展多种形式的沟通、对话、交流。

3.赋予地方先行先试的更大权限。粤港澳服务贸易一体化在一些领域有所推进,但在实践中面临着地方管理权限的制约。建议在比较成熟的领域,比如旅游、健康、教育、医疗、文化等方面,赋予广东更大的开放管理权限。

2017 年,如果能够务实推进以服务贸易为重点的开放转型,将有利于应对经济全球化带来的新挑战,将有利于经济转型,激发市场活力,实现中央经济工作会议要求的"推进更深层次更高水平的双向开放,赢得国内发展和国际竞争的主动"。

尽快出台服务业市场开放的行动方案
（6 条建议）[*]

我国进入经济转型的关键时期，无论是形成现代服务业主导的产业结构，还是形成以服务贸易为重点的对外贸易新格局，都需要把服务业市场开放作为供给侧结构性改革的重大任务。近年来，政府出台了加快生活性服务业、生产性服务业领域发展的指导意见，但由于服务业市场开放滞后，社会资本进入服务业市场仍面临多方面的体制与政策制约。为此，建议国务院尽快出台服务业市场开放的行动方案。

一、把服务业市场开放作为深化供给侧结构性改革的重点

2016 年，我国服务业占比已经达到 51.6％，成为拉动经济增长的"第一引擎"。客观地看，以服务业市场开放为重点深化供给侧结构性改革，能够形成转型增长的新动力。第一，可以拓宽社会资本投资空间，有效激发市场活力，扩大服务型消费的有效供给。第二，可以有效对接国际、国内市场，拉动外来投资，做强服务业这个经济增长的"第一引擎"。第三，可以促进"一带一路"自由贸易区网络建设，推动双边、多边投资贸易谈判进程。

---

* 2017 年提交全国政协十二届五次会议提案。

二、使社会资本成为服务业市场的主体力量

目前,我国工业部门尤其是制造业约80％以上已高度市场化,但服务业约50％仍被行政垄断和市场垄断。我国进入工业化后期,无论是产业结构升级,还是消费结构升级,都依赖于服务业市场的开放程度。在这个背景下,需要明确到2020年服务业领域基本实现市场化的重要目标。

三、打破服务业市场的行政垄断与市场垄断

推动服务业领域国有资本的战略性调整,全面推进垄断行业竞争环节向社会资本开放。在电力、石油、电信、民航、邮政等行业进一步放开市场准入,取消某些不合理的经营范围限制;实质性打破对社会资本的限制,鼓励支持社会资本进入教育、医疗、健康、文化等高端服务业领域;对于养老服务、职业教育、专业培训、健康保健、家政服务等非基本公共服务,全面降低市场准入,引入竞争机制。

四、加快服务业市场双向开放进程

1.加快推进生活性服务业市场双向开放。重点推进教育、文化、医疗、健康等生活性服务业有序对外开放,支持具备条件的生活性服务业企业"走出去"开拓国际市场。

2.加快推进生产性服务业市场双向开放。出台实施细则,有序放开建筑设计、会计审计等领域外资准入限制,支持外资以特许经营方式参与能源、水利、环保、市政等基础设施建设运营。

3.扩大金融业双向开放。有序扩大银行、证券、保险等市场准入;鼓励支持具备条件的金融机构到境外开展业务。

五、加快推进以服务贸易为重点的国内自贸区转型

1. 把服务贸易开放先行先试作为国内自贸区建设的当务之急。建议尽快研究推出相关的行动方案,推进自贸区以服务贸易为重点的开放转型进程。

2. 大幅缩减负面清单。建议参照国际经验逐步减少负面清单,争取到2020年把自贸区服务贸易负面清单由目前的80余项压缩到40项左右。

3. 在条件成熟的地区推进产业项下的自由贸易。支持具备条件的地区率先实行制造业研发等生产性服务业以及旅游、健康医疗、职业教育等产业项下的自由贸易,为全国范围内的全面推开积累经验。

六、加快以激活社会资本为重点的政策与体制调整

1. 实现服务业与工业用地政策平等。加大现代服务业用地供给,大幅降低服务业用地价格,采取过渡式的办法逐步缩小服务业与工业用地价格差距,争取到2020年全国基本实现服务业用地与工业用地"同地同价"。

2. 实现体制内外人才政策待遇平等。全面放开体制外人才职称评定门槛,打破户籍、地域、身份、档案、人事关系等制约;尽快出台实施细则,逐步提升非公有制机构和公益性社会组织各类人才的社会保障水平;鼓励中高级人才利用知识产权入股创办企业或到企业兼职,鼓励中高级人才通过提前退休、保留社保待遇等方式"下海"创新创业。

3. 在政府采购中平等对待各类所有制企业。除明令禁止社会资本参与政府采购的项目外,在其他领域的政府采购项目均向社会资本开放;参与政府采购的项目,对各类所有制企业一视同仁,实行同等待遇。

4. 放开服务业市场价格。尽快放开竞争性领域服务价格;对自然垄断环节的服务业,仍实行政府定价;对竞争性环节的服务业,政府全面放开价格控制,引入竞争机制,实行企业自主定价;对基本公共服务领域,政府仍保留定价权以保障公益性,对非基本公共服务领域,全面放开价格管制。

服务于"一国两制"大局,加快推进粤港澳服务贸易一体化(6 条建议)*

粤港澳服务贸易一体化,是指通过实行国际通行的自由贸易政策和更加开放的体制机制,实现"三地"之间跨境服务贸易自由化,在服务领域推动"三地"打破境内外的各种体制壁垒,促进服务和与服务有关的人员、资本、货物、信息等要素自由流动。今年是香港回归 20 周年、澳门回归 18 周年,加快推进粤港澳服务贸易一体化,不仅对实现粤港澳区域经济一体化有着重要作用,而且对"一国两制"将产生重要影响。

1.粤港澳服务贸易一体化有利于实现"一国"前提下的"两制"深度对接。"一国两制"的核心目的是为了在凸显"一国"共同利益的前提下,突出两种制度之间的协调、互补、共生、共享、相融。由于粤港澳分属不同的独立关税区,推进粤港澳服务贸易一体化,重点是推进"三地"的服务业投资自由化,由此扩大港澳在广东省服务业投资自由化的覆盖范围,并通过促进粤港澳区域经济一体化实现"两制"的有效衔接。

2.粤港澳服务贸易一体化成为区域经济一体化的重大选项和现实选择。以服务贸易为重点,推进粤港澳服务贸易一体化,有利于实现"三地"生产要素无障碍自由流通;有利于拓宽港澳服务业发展空间,推进广东产业转型升级,提升"三地"产业国际竞争力。这是"一国两制"方针下发挥各自优势、创新区域合作模式、深化区域合作领域、谋求利益共同体的重要举措。

3.粤港澳服务贸易一体化有利于保持港澳政治稳定和长治久安。以服务贸易为重点推进粤港澳区域经济一体化,将带动港澳地区与大陆社会融合

---

* 2017 年提交全国政协十二届五次会议提案。

和政治融合,为保持港澳政治长期稳定和经济繁荣发展提供重要条件。

从现实情况看,粤港澳服务贸易一体化合作基础良好、合作潜力大,有条件率先突破,但需要从中央层面加大顶层设计与顶层推动。为此,提出以下 6 条建议。

一、在管住货物贸易的同时全面放开人文交流

1.全面放开人文交流。尤其是鼓励并支持粤港澳三地青年积极开展多种形式的沟通、对话、交流。

2.率先在广东实行对港澳居民的自由落户政策。广东率先对港澳居民全面实行居住证制度,保证港澳人才在广东享受当地教育、医疗等公共服务。

3.鼓励港澳人才到广东就业创业。设立港澳青年创业园,为港澳青年的创业项目提供孵化器等支持;探索在广东自贸试验区工作、居住的港澳人士社会保障与港澳地区的社会保障有效衔接;专门制定港澳人才认定办法,给予项目申报、创新创业、评价激励、服务保障等方面政策支持。

二、创新粤港澳服务贸易负面清单管理模式

1.对港澳地区全面放开服务业市场。广东在教育、医疗卫生、基本住房、公共文化等公共服务行业向港澳地区全面放开;在金融、电信、铁路、民航等垄断服务行业进一步向港澳地区开放,实现粤港澳服务业市场一体化。

2.为港澳地区制定优惠的准入负面清单。在现有对全球投资者负面清单的基础上,梳理对港澳服务提供者更开放的措施,实行更加开放的服务贸易市场准入机制,对港澳投资服务贸易制定实施准入前"国民待遇＋负面清单"的特别管理措施。

3.赋予广东自贸试验区在负面清单管理上拥有更大的试点权。放宽服务领域投资准入,对负面清单以外的外商投资项目实行备案制,同步实施内资投资项目负面清单。建议尽快在广东自贸试验区实现按照港澳服务业投资标准对港澳企业放开服务业投资。

三、推进粤港澳通关体制一体化

1. 推行通关监管服务一体化。在广州南沙保税港区、深圳前海湾保税港区等海关特殊监管区域，实行"一线放开""二线安全高效管住"的通关模式。

2. 简化检验检疫流程。推进二线监管模式与一线监管模式相衔接，在一线实施"进境检疫，适当放宽进出口检验"模式，在二线推行"方便进出，严密防范质量安全风险"的检验检疫监管模式。

3. 对于海关特殊监管区域规划面积不能满足发展需求的，可根据实际情况适当扩大区域面积。

四、推进粤港澳行业标准与管理规则相对接

1. 在深圳前海、珠海横琴、广州南沙三大粤港澳合作平台全面试点制度创新。

2. 在广东自贸试验区内实行"一次认证、一次检测、三地通行"。放开港澳认证机构进入自贸试验区开展相关业务，并享受与内地认证机构、检查机构和实验室同等待遇；加强粤港澳产品检验检测技术和标准的研究合作，推动粤港澳现代服务业标准体系建设。

3. 充分发挥行业协会在对接行业管理标准和规范中的作用。针对与港澳市场监管执法标准差异问题，制定与港澳市场经营行为差异化责任豁免目录。

五、建立粤港澳服务贸易一体化协调机制

1. 成立粤港澳服务贸易一体化领导小组。粤港澳服务贸易一体化涉及广东与香港、澳门之间的有效协调，建议从中央层面建立协调机制，加强对粤港澳服务贸易一体化的指导、督办、落实。

2. 形成粤港澳三地共同参与的联席会议制度。建立粤港澳高层定期会晤机制，推动重大合作事项，协调各方利益关系，形成发展共识；推动建立以

粤港澳服务贸易一体化为重点的粤港澳三方联席会议制度,形成粤港澳三地服务贸易一体化的长效合作机制。

3.推动粤港澳三地社会组织的合作。支持粤港澳三地不同的商会、行业协会等社会组织加强交流与合作,形成粤港澳区域经济一体化的社会合力。

六、赋予广东更大的开放管理权限

1.在比较成熟的领域,比如旅游、健康、教育、医疗、文化等,赋予广东更大的开放管理权限。

2.以横琴自贸区为突破口,率先实现横琴、澳门旅游贸易一体化,逐步将横琴自贸区由28平方公里扩展到横琴整个管理区。

3.实行更加便利开放的出入境政策。广东自贸试验区内地人才赴港澳实行"一签多行"。自贸试验区对广东居民往来澳门、澳门居民往来内地推行"一地两检""合作查验""一次放行"等查验方式,并逐步扩大适用范围。

推进以服务贸易为重点的开放转型[*]
（5点建议）

习近平主席在达沃斯世界经济论坛2017年年会的讲话中指出："中国将大力建设共同发展的对外开放格局，推进亚太自由贸易区建设和区域全面经济伙伴关系协定谈判，构建面向全球的自由贸易区网络。"李克强总理在2017年《政府工作报告》中提出："面对国际环境新变化和国内发展新要求，要进一步完善对外开放战略布局，加快构建开放型经济新体制，推动更深层次更高水平的对外开放。"

总的看法是：当前，全球经济到了一个新的十字路口，面临的不确定性明显增大。从短期看，自由贸易与经济全球化进程将经历一个重大调整。但从中长期看，自由贸易大趋势难以逆转。适应经济全球化新变局，推进以货物贸易为主的"一次开放"转向以服务贸易为重点的"二次开放"，不仅将为经济转型与结构性改革注入强大动力，而且将为全球自由贸易与经济全球化带来重要影响，使我国由经济全球化的重要参与者转变为主要引领者。为此，下面简要提出5点建议。

一、推进以构建自由贸易区网络为重点的"一带一路"进程

中央深改小组第十八次会议提出"推进'一带一路'与自由贸易区网络的直接融合"。从现实看，"一带一路"沿线部分国家基础设施落后，各种形式的贸易壁垒盛行，导致沿线国家贸易自由化程度比较低，贸易成本居高不下。

---

* 在全国政协十二届五次会议小组会上的发言，2017年3月7日，北京。

为此建议,推进"一带一路"建设进程,要在加快贸易便利化的同时,以基础设施为依托,以产能合作和服务贸易为重点,以建立多层次、多种形式的自由贸易区网络为重要平台。例如,与有条件的沿线国家争取建立多种形式的双边自由贸易区;以上海合作组织为重点,争取建立多边自由贸易区网络。

1."一带一路"事实上已成为经济全球化的新主角,成为引导经济全球化的重大倡议。在此背景下,是否考虑不要将其作为国内三大区域倡议之一,而应该是"1+2"。在经济全球化新背景下,"一带一路"的作用与重要性已大大提升。如果把它同京津冀协同发展、长江经济带这两个战略平列,是否合适?

2.提升"一带一路"高层次协调机构。建立高层次、由中央统筹的协调机构,协调"一带一路"建设中的重大问题,并对"一带一路"建设推进中的某些重大问题进行重要指导。

3.支持建立多种形式的"一带一路"多边、双边的国际智库合作联盟,提升我国在"一带一路"中的软实力。

二、尽快形成以服务贸易为重点的开放新格局

服务业市场开放是服务贸易发展的基础。2015年,我国服务贸易占比低于全球平均水平8个百分点左右,比发达国家低10个百分点左右,重要原因在于我国服务业市场开放严重滞后。建议尽快形成国家层面的服务业市场双向开放行动计划,加快推进服务贸易与服务业市场开放相融合,落实习主席提出的"有序扩大服务业对外开放"的主张。

1.扩展社会资本投资空间。有效激发市场活力,扩大服务型消费的有效供给。

2.有效对接国际国内市场。拉动外来投资,做强服务业这个经济增长的第一引擎。

3.推动多边、双边投资贸易谈判进程。以中欧自贸区为例,如果双方能在服务贸易上达成共识,就有可能把目前正在进行的中欧投资协定谈判与服务贸易谈判相融合,实质性地推进中欧自由贸易进程。

三、推进以服务贸易为重点的国内自贸区转型

这几年,国内自贸区在以负面清单为重点的改革试验方面取得了重要进展。目前的突出问题是,自贸区的 122 项负面清单中,有 83 项针对服务贸易。适应经济全球化新变局,要把服务贸易先行先试作为国内自贸区建设的重大任务之一。为此,建议尽快研究并提出相关的行动方案,推动以服务贸易为重点的开放转型进程。当务之急是大幅度缩减负面清单,争取到 2020 年,把自贸区服务贸易负面清单压缩一半左右。

四、加快推进产业项下的自由贸易进程

从不同区域的特定优势出发,支持具备条件的地区率先实行旅游、健康、医疗、文化娱乐、职业教育等产业项下的自由贸易政策,走出一条开放转型的新路子,为全国范围内更大程度的开放积累经验。我认为,推进产业项下的自由贸易进程比多建立几个自贸区的实际效果更好,也更务实。比如,在海南可以探索健康、医疗、旅游、职业教育项下的自由贸易。如果产业项下的自由贸易政策能够尽快在一些地区落地,其影响和带动效应可能比目前的自贸区还大。

五、全面推进粤港澳服务贸易一体化

我举两个案例说明。第一个案例是目前澳门大学珠海校区仍由围墙隔开,澳门大学珠海校区内的师生不能进入珠海市,也不能进入珠海横琴自贸区。另一个案例是珠海横琴自贸区的长隆公园内,70％以上的节目是由外国人提供的。一台马戏,由 10 多个国家的演员来表演,质量很高。我认为,澳门大学珠海校区的师生不能进入珠海市区,可能并不符合"一国两制"的本意。所以,加快推进粤港澳服务贸易一体化,不仅对粤港澳区域经济一体化有重要作用,而且对促进和服务"一国两制"将产生重要影响。

为此建议:在管住货物贸易的前提下,要逐步全面放开人文交流,尤其是

鼓励并支持粤港澳三地青年积极开展多种形式的沟通、对话、交流。从这几年的推进情况看,尽管广东前几年提出粤港澳一体化,但是由于涉及多方面协调,始终没有实质性突破。因此,需要在中央层面尽快制定出粤港澳服务贸易一体化的总体方案,加大顶层设计与顶层推动。同时,在比较成熟的领域,如旅游、健康、教育、医疗以及会计、物流、咨询等,赋予广东更大的开放管理权限。

以扩大开放形成东北振兴的新动力[*]

　　总的判断是,开放度低、开放进程滞后是制约东北振兴的"突出短板"之一。以东北三省对外贸易依存度为例:由 2003 年的 24.7% 下降到 2015 年的 14.6%,而且从 2010 年开始下滑速度明显加快;2015 年,低于全国平均水平 21.8 个百分点。从目前情况看,仍有进一步下滑的趋势。为此,振兴东北需要着力扩大开放,由此形成倒逼深化改革和转型增长的新动力。

一、以基础设施互联互通为依托,提升东北融入"一带一路"的战略地位

　　东北在"一带一路"建设中面临着成为我国向北开放重要窗口和东北亚地区合作中心枢纽的历史新机遇。主要建议是:以建立东北亚自贸区网络为总抓手,加快沈阳、长春、哈尔滨、大连四大城市协同开放;以中俄蒙经济走廊建设为重点,加快推进基础设施互联互通;建设外接俄罗斯和欧洲、内联国内腹地的贸易大通道;引入沿海发达地区的体制与管理,发展"飞地型产业园区""特别合作区",创立"中外服务业合作园区",促进优势产业集聚发展。建议国家发改委牵头,尽快形成《东北地区参与"一带一路"的行动方案》。

二、以生产性服务业为重点,加快发展服务贸易

　　2014 年东北三省生产性服务业占服务业的比重为 35%～40%,低于全国

---

　　*　参加全国政协"东北三省工业转型升级问题"专题协商会的发言,2016 年 7 月 19 日,北京。

平均水平约 5～10 个百分点,低于德国 30～35 个百分点。如果东北三省能在生产性服务业发展上有所突破,将形成东北制造业转型升级的推动力。主要建议是:国家重点支持东北推进以研发为主的生产性服务业开放,扩大与制造业发达国家和地区的技术合作。例如,以中德高端制造业园区为载体,扩大与德方的研发合作;并把生产性服务业双向开放作为东北亚深化合作的重点。

三、全面推进服务业市场开放

2015 年,东北三省第三产业占比为 44.7%,与全国平均水平相差近 6 个百分点;2014 年,东北三省第三产业外商直接投资占比为 44%,比全国平均水平大约低 18 个百分点。主要建议是:加快向社会资本和外资开放服务业市场。以金融开放为例,东北亚地区货币金融合作空间很大,有条件吸引俄罗斯、韩国、日本等国的金融机构在东北地区设立分支机构,发展相关金融业务。

四、加快实施自贸区战略

主要建议是:设立以大连为龙头,以丹东、营口为两翼的大连自由贸易试验区;以黑龙江绥芬河口岸、吉林珲春口岸为重点建立跨境自由贸易区;按照自贸区标准推进以图们江为重点的跨境经济合作区建设。

五、助力企业"走出去"

东北三省装备制造业增加值占三省工业增加值的比重超过 20%。建议国家出台相关政策,支持东北装备制造业发展;并购海外科技型企业;建立跨境生产和营销网络;支持企业到海外设立研发中心;提高"东北制造"的全球竞争力。

在国家发改委支持指导下,中改院与东北大学联合创立了"中国东北振兴研究院"。在各方面的领导支持下,我们在改革发展研究与人才培训等方面,努力为东北振兴做出贡献。

以构建自由贸易区网络为目标
推进"一带一路"进程[*]

当前,经济全球化正处于新十字路口。面对保护主义、民粹主义、孤立主义等全球化逆潮的严峻挑战,我国坚定自由贸易战略,重在务实推进"一带一路"进程。从现实情况看,在推进"一带一路"基础设施互联互通与产能合作的同时,要加快构建自贸区网络,以形成"一带一路"的制度安排。

一、以建设自贸区网络深化"一带一路"倡议

从现实看,"一带一路"沿线部分国家和地区基础设施落后,各种形式贸易壁垒盛行,重货物贸易而轻服务贸易,导致沿线国家和地区贸易自由化程度比较低,贸易成本居高不下。推进"一带一路"进程,要以基础设施为依托,以产能合作和服务贸易为重点,以建立多层次、多种形式自由贸易区网络为重要目标。

1.以建立自由贸易区网络为目标。建立自由贸易区网络是"一带一路"沿线国家和地区的共同需求。世界银行数据显示,2010—2013 年,"一带一路"沿线对外贸易、外资净流入年均增速分别达到 13.9% 和 6.2%,比全球平均水平高出 4.6 和 3.4 个百分点[①]。国际货币基金组织预测,到 2020 年,"一带一路"沿线国家和地区货物贸易总额将达到 19.6 万亿美元,占全球货物贸易总额的 38.9%[②]。在全球化新变局中,"一带一路"实施面临的国际环境更

---

* 2017 年提交全国政协十二届五次会议提案。

① 张茉楠."一带一路"重构全球经济增长格局[J].发展研究,2015(5).

② 刘华芹.贸易畅通与发展:"一带一路"建设的基点[N].光明日报,2015-10-29.

加复杂,干扰因素明显增多。为此,要先易后难、循序渐进,采用"早期收获计划"、框架协议、双边投资协定等多种形式,与"一带一路"沿线国家和地区共建灵活多样的双边、多边自贸区。

2.以服务贸易和产能合作为重点。"一带一路"倡议实施3年多来,我国与沿线区域的产能合作已在多个领域展开,但以金融业为重点的服务业企业"走出去"滞后于实体企业"走出去"的实际需求。建议在深化产能合作的同时,把加快服务贸易作为"一带一路"可持续发展的重大任务。

3.以基础设施互联互通为依托。目前"一带一路"框架内的基础设施在建项目已经覆盖了44个国家[①]。未来10年,需要积极探索实行基础设施项下的自由贸易政策,加快推进"一带一路"沿线铁路、公路、油气管道、电网、信息网等关键基础设施的"无缝衔接",为推进双边、多边自由贸易区建设创造条件。

二、成熟一个推进一个,加快双边、多边自贸区进程

当前,我国与"一带一路"沿线40多个国家和地区签订了各种相关合作协议,但贸易投资自由化进程尚未取得大的突破。在经济全球化新形势下,应采取多种形式,加快构建自由贸易的制度安排。

1.与"一带一路"沿线区域建立多种形式的双边自由贸易区。对条件成熟的国家,采取双边自由贸易区的形式;对条件尚不成熟的国家,实行基础设施、产能、旅游等方面项下的自由贸易政策安排,以实现双边自由贸易的突破。

2.探索建立多边自由贸易区网络。比如,加快推进上海合作组织自由贸易进程,使之成为"一带一路"中多边自由贸易区典范;打造"10+1升级版",推动与东南亚国家的"一带一路"合作进程;把形成灵活多样的自由贸易安排,作为推进与中东欧("16+1")合作的重点之一。

3.把跨境经济合作区和产业园区提升为自贸区。我国企业已经在"一带一路"沿线20多个国家建立了56个跨境经济合作区[②]。建议将"一带一路"六大经济走廊上具备条件的跨境经济合作区提升为自由贸易区,消除生产要

---

①② "一带一路",通向共同繁荣的未来[EB/OL].人民网,2016-12-28.

素跨境流动的障碍,推进资金流、物流、人员流动的便利化。一是依托中巴经济走廊,逐步将瓜达尔港打造成以能源资源储备加工为重点的自由贸易区;二是依托中俄蒙经济走廊,推进以能源矿产电力等产业为重点的中俄、中蒙跨境自由贸易示范区建设;三是把黑龙江绥芬河、云南临沧等跨境经济合作区上升为跨境自由贸易区。

三、推进产业项下灵活多样的自由贸易进程

从实际情况看,"一带一路"沿线国家和地区构建自由贸易区网络,重要的突破口之一,是在旅游、医疗健康、能源等产业项下推进双边、多边的自由贸易进程。

1.加快推进能源项下、旅游项下等多种形式的自由贸易进程。重点与"一带一路"沿线国家和地区开展以教育、健康、医疗、旅游、文化、金融、免税购物、会展等领域为重点的服务业项下的自由贸易试点。

2.构建形式多样的经济合作圈,对产业项下贸易投资自由化、便利化的制度安排先行先试。在能源、旅游、医疗健康、数字经济和电子商务、科技创新等领域建立广泛的经济合作圈,提升双向开放水平。比如,与沿线能源生产国签订双边、多边能源自由贸易与产业合作协议,稳步推进能源项下的双边、多边自由贸易合作,加强能源安全合作,深入推进能源技术合作,构建"一带一路"能源治理新机制。

四、推进基础设施互联互通、产能合作与服务贸易的相互融合

推进基础设施互联互通以及直接投资项目、国际产能合作,这不仅将在当地市场衍生出大量的工业品和消费品等长期而稳定的市场需求,还将衍生出大量相关服务贸易需求。

1.通过服务贸易合作,优化提升区域供应链、产业链和价值链,引领和促进基础设施互联互通、产能合作。2016 年前 3 季度,我国与"一带一路"沿线

国家和地区服务贸易额超过 4400 亿元,同比增长 30%①。我国通过服务贸易开放推动自身服务型制造业发展,带动更多国家参与区域产业链、供应链和价值链,将为"一带一路"基础设施互联互通和产能合作带来新的需求和空间。

2.统筹推进基础设施合作、产能合作和自由贸易区网络建设。构建基础设施合作的多边机制,把整合全球性、区域性的基础设施投资计划作为加快实施自由贸易区战略的重要任务。在"一带一路"自贸区网络建设的大框架下对基础设施投资、产能合作、服务贸易进行战略布局,形成基础设施互联互通、产能合作与服务贸易互为依托、互为促进、统筹推进的新格局。

五、鼓励和支持建立"一带一路"智库合作国际联盟

推进"一带一路"进程,需要智力支持。建议设立"一带一路"智库合作国际联盟,各国政府、企业应予以相应的资金支持,形成联盟研究基金。一是支持沿线智库对"一带一路"以及全球化基本趋势与共同挑战,开展前瞻性的合作研究;二是支持沿线智库联合召开各种形式的论坛,提交政策建议,供相关政府参考;三是支持沿线智库的人员相互交流,促进智库间以及国别间的相互了解;四是支持"一带一路"智库信息平台或云平台建设,促进信息共享和政策沟通。

---

① 中国与"一带一路"沿线国服务贸易额同比增长 30%[N].中国贸易报,2016-12-29.

第六篇 建言海南改革发展

　　我是海南省推荐的全国政协委员,海南是我深爱的一片热土。在海南从事改革研究,是我 30 年来无悔的选择;为海南发展建言献策,亦是我义不容辞的责任。10 年来,把握全局、结合省情,通过人民政协平台为海南改革发展献良策,我相继提出"支持海南按照'一个大城市'深化'多规合一'改革试点""关于支持以海南为中心构建泛南海旅游经济圈的建议""关于支持海南健康服务业发展的建议"等 20 多份提案。

关于在海南建立国家环保特区的建议[*]

　　所谓环保特区,是划定一个特定的区域(一般是指一个水循环流域或者一个岛屿地区),采取严格的环保措施保护自然生态环境与天然林、海防林、海岸带、海水、沙滩等,运用世界上先进的环境治理技术和治理机制,治理各种污染,采用严格、科学、有效的环境保护标准进行工农业生产和从事经济运行、城市管理的特定区域。同时运用市场的手段对一定流域内的水源、空气、排污、固体废弃物协调管理、综合整治,使经济和环境协调发展。环保特区执行较其他地区更严格的环境标准、污染物排放标准和节水、节能标准,并且更多关注于环境的保护、整治。

　　党的十七大报告明确提出"建设生态文明,基本形成节约能源资源和保护生态环境的产业结构、增长方式、消费模式"。海南拥有得天独厚的热带风光和丰富多样的生物资源。从海南的情况看,它最有条件建成全国生态文明示范区。

　　1999年,海南省人民代表大会通过《关于建设生态省的决定》,使生态省建设规划在海南生态环境建设中开始发挥积极作用。但从实践看,由于各种原因,海南环境污染和生态破坏严重,生态环境压力很大。海南岛中高周低,河流短促,多台风,干湿季节明显,东部湿润,西部干旱,具有较显著的地域特征;生态环境脆弱,热带天然林的保护投入少,难以解决周边地区人民群众的生活生产问题,盗砍滥伐、乱捕滥猎现象难以杜绝,天然林及生物多样性保护受到威胁;保护区面积分散,生物物种的繁衍和生存缺少足够的活动和生态空间;海防林带树种单一,加上台风侵袭,多处撕裂,生态防护效能降低;沿海风沙化土地存在的流动沙丘与半流动沙丘没有得到根本治理,局部地区荒漠化还有扩大之

---

　　*　2008年提交全国政协十一届一次会议提案。

势。随着工业化和城市化的提速,一些资源将难以为继,环境问题会更加突出。

为了使海南真正起到生态示范省的作用,迫切需要研究生态示范省建设面临的文化、观念、公众意识、政策、体制、机制、企业行为、政府行为、生态建设关键地区民众生产生活需要等约束,采取非常规的政策和体制安排,保证海南生态省建设规划的顺利实施。为此,建议在海南建立国家第一个环境保护特区,为海南生态省建设提供制度保障,并为全国建立两型社会的体制机制保障进行积极的探索。

建立海南环保特区,对海南的发展有重大意义:第一,有利于发挥海南的资源优势,使海南在发展经济的同时保护好生态环境。第二,有利于发展旅游,实现海南旅游的升级转型,使海南成为中国一流、世界知名的国际旅游休闲度假胜地。环境是海南旅游的基础,海南的旅游要有新的发展,关键是要保护好环境。第三,有利于发展海南绿色农业,热带高效无公害农业是海南农业的最大特色,如果土壤、水体等生态环境受到破坏,这个优势将受到严重影响,甚至不复存在。环保特区的建设,有助于进一步保持海南无公害的绿色农业及无疫区的优势地位。第四,有利于发展海南新型工业。海南发展新型工业的基本要求是不破坏环境、不浪费资源、不低水平重复。建设环保特区既有利于合理规划、布局新型工业,又有利于环境保护。

鉴于此,建议在海南建立国家第一个环境保护特区。

专栏:提案答复情况

对政协十一届全国委员会第一次会议
第 1285 号(经济发展类 076 号)提案的答复

迟福林等 6 名委员:

您们提出的"关于在海南建立国家环保特区的提案"收悉,现答复如下:

1999 年 7 月,海南省人大二届八次会议正式审议通过了《海南生态省建设规划纲要》,2004 年海南省对该规划纲要进行了修编,2006 年 7 月,海南省政府召开了生态省建设暨全省环境保护大会,进一步推动了生态省建设工作。

海南的生态省建设,不仅仅是做好环境保护工作,而是在整体上规划海南的经济发展、社会进步、环境和资源的保护和利用。即,一是大力发展生态农业,建立高效、低耗、低污染的生产体系。二是大力改善生态环境,建立稳定、和谐、高质的生态环境体系。三是大力推进生态人居建设,努力建设优美舒适、协调和谐的人居体系。四是大力倡导生态文明,建设现代、文明、各具特色的环境文化体系。围绕上述四个方面,原国家环保总局支持海南省编制并修编了《生态省建设规划纲要》,其主要目的:一是在指导思想上要适应落实科学发展观、五个统筹等新形势的需要;二是将生态省建设与建设社会主义新农村相结合,大力发展环境优美乡镇、文明生态村等细胞工程,由点到面,推动农村社会、经济与环境的协调发展;三是通过该规划纲要的实施,在生态省建设的体制和机制上有所创新,包括整合现有各部门的资源配置和资金投入、政府与社会相结合、企业与保护区联合等,使生态省建设达到"事半功倍"的效果。

由于体制和职能所限,环境保护部没有批准或建立"环境保护特区"的权力和职责,但可以支持和指导海南的生态省建设。2006年12月,原国家环保总局组织已经开展生态省建设的海南、吉林、黑龙江、福建、浙江、山东、安徽、江苏、河北、四川、广西、辽宁、天津等13个省(自治区、直辖市),以及中央文明办、国家发展改革委、中国工程院等部门在海口召开了第四届生态省建设论坛,围绕生态省建设的理论和实践等问题进行了研讨。

综上所述,我们认为海南建设环保特区与建设生态省的内涵是一致的,海南目前开展的生态省建设就是建设资源节约型和环境友好型社会的有效载体。海南生态省建设是否有成效、生态环境质量是否改善,关键在于:全省上下对生态省(市、县)、环境优美乡镇、文明生态村等系列创建工作长抓不懈,使《海南生态省建设规划纲要》真正落到实处,生态文明的理念在全省深入人心。

感谢您们对环境保护工作的关心和支持!

中华人民共和国环境保护部

2008 年 7 月 3 日

关于建立海南日用消费品免税区的建议[*]

  海南省正式提出建设国际旅游岛的行动方案,得到各方面的重视和支持。2008年,国务院批复同意海南省在旅游业对外开放和体制机制创新上先行试验,全国政协也将海南国际旅游岛建设作为重点调研课题。

  以旅游业开放为先导、推动相关服务业的开放,尤其实行日用消费品的免税政策,是一些岛屿国家(地区)快速发展的重要经验。借鉴国际经验,建议将国务院批准在海南办4家免税商店的政策扩展到全岛,使海南成为我国内地第一个日用消费品免税区。

  建立海南日用消费品免税区,即在海南全岛实行与旅游相关的日用消费品的免税政策,在限额、限量的范围内,对海内外旅游购物者在海南购买的日用消费品免征消费税。关于具体的政策设计,建议参照日本的冲绳岛、韩国的济州岛等符合国际惯例的相关规定和管理办法。

  建立海南日用消费品免税区,有着多方面的重要意义。首先,它有助于实现海南国际旅游岛建设的重大突破,并由此明显拉动海南旅游产业的快速发展,促进海南相关服务业的进一步开放。其次,它对我国旅游产业发展会产生重要影响,并成为我国旅游产业扩大开放的重要举措之一。第三,在国际金融危机的背景下,它既有利于扩大国内消费,又有利于吸引国际消费。

  建立海南日用消费品免税区,条件完全具备。首先,海南独特的区位优势、岛屿优势以及旅游度假的资源优势,使其有多方面条件成为国内第一个日用消费品免税区。其次,近些年海南国际旅游度假的发展势头很好,尤其是对俄罗斯等国家的游客有很强的吸引力,国际性的休闲度假旅游,已对建

---

  * 2009年提交全国政协十一届二次会议提案。

立日用消费品免税区提出现实需求。第三,海南是一个独立的岛屿,实行全岛免税政策的管理相对容易。

鉴于此,建议国家尽快批准海南建成日用消费品免税区。我们的邻国已有多年的成功实践,我国完全可以而且有条件做得更好。由此,实质性地推进海南国际旅游岛进程。这无论对海南还是全国的对外开放都会产生重要而积极的影响。

专栏:提案答复情况

对全国政协十一届二次会议第0856号
(城乡建设类097号)提案的答复

迟福林委员:

您提出的《关于建立海南日用消费品免税区的提案》收悉。经认真研究并商财政部,现答复如下:

海南作为我国最大的经济特区,在开发旅游资源和发展现代服务业方面具有得天独厚的优势,旅游业作为支柱产业,在促进当地经济社会发展方面发挥着重要作用,受到了国务院领导的高度重视。近日,国务院已原则同意在海南省实施境外旅客购物离境退税政策。目前,我署正会同财政部、税务总局研究制定具体实施方案和管理办法;有关离岛境内旅客购买免税商品问题,我署也正会同财政部等相关部门进行调研论证。关于将海南岛建设成为日用消费品免税区的问题,因涉及国家重大税收政策调整,需要国家各有关部门进行认真、审慎、全面的研究。我们将按照职责分工,认真进行研究,积极做好有关工作。

感谢您对海关工作的关心与支持,并欢迎继续对我们的工作提出宝贵意见和建议。

中华人民共和国海关总署

2009年7月13日

关于推进海南城乡一体化的建议*

《国务院关于推进海南国际旅游岛建设发展若干意见》中提出用 10 年左右的时间,即到 2020 年第三产业增加值占地区生产总值比重达到 60％,城乡居民收入达到国内先进水平。实现这一目标的关键在于,海南要按照一个大城市思路推进城乡一体化的体制机制创新。为此,提出以下建议:

1.打破 18 个市县的行政区划体制,形成"省下辖五大区域性中心城市"的行政格局。全岛按照一个大城市的思路,通过城乡规划一体化、城乡基础设施一体化、城乡土地开发利用一体化、城乡社会事业一体化、城乡行政一体化的体制安排和政策突破,整合分散在城乡的独特资源,并由此逐步提高城乡居民收入水平。具体建议是:以海口、三亚、五指山、琼海、儋州为中心,合并相关市县,形成"省下辖五大区域性中心城市"的行政格局,即三亚为中心的南部热带滨海旅游经济区、海口为中心的北部滨海文化旅游经济区、儋州为中心的西部生态工业经济区、琼海为中心的东部"国际会展、温泉旅游"经济区、五指山为中心的中部热带雨林旅游经济区。

2.改县为区,形成统一的市辖区。在 5 大城市下,撤销县级市改设市辖区。有两种方案可选择:

(1)"撤县改区":在 5 大城市内,设 20 个左右市辖区。主要通过"撤县改区",把原有县市直接转变为市辖区。

(2)"按人口规模重组市辖区":按照人口经济发展需要,跳出既有市县的行政区划范围,重新组合 5 大城市的市辖区。

3.城乡管理社区化。各乡镇统筹规划,实现农村居民居住适当集中,管

---

* 2010 年提交全国政协十一届三次会议提案。

理社区化;逐步将村委会改为社区居委会,作为依法成立的自治组织,形成城乡社区一体化管理的新格局。

4.农垦管理融入地方。打破城市、农村、农垦三元分治的格局,垦区人口纳入属地统筹管理;农垦社会管理和公共服务职能纳入地方统筹管理;场部融入所在街道或乡镇,推行社区化管理。

5.海口、三亚率先突破。发挥海口省会城市经济相对发达的优势,争取用3~5年的时间,在推进文昌、定安、澄迈行政一体化方面率先突破。发挥三亚国际旅游城市的优势,以市联县,统一三亚与陵水、乐东、保亭四个市县旅游资源开发,在以旅游业国际化带动城乡一体化的体制安排上率先走出一条新路子。

6.全岛按照一个城市思路推进政策创新。海南以资源整合、优化配置为重点的城乡一体化是一项系统工程,既需要体制机制的创新,又需要相关政策的突破:在城乡一体化的土地政策、户籍政策、基本公共服务政策、生态环境政策等方面实现突破。

专栏:提案答复情况

海南省人民政府关于对政协十一届三次会议第000472号 (城乡建设61号)提案的答复

迟福林委员:

您提出的《关于推进海南城乡一体化的建议》(全国政协十一届三次会议第000472号〔城乡建设61号〕提案,以下简称《提案》),全国政协提案委员会已转来我省承办。您在《提案》中提出通过打破现有行政区划,全岛按照一个大城市建设的思路,形成城乡规划一体化、城乡基础设施一体化、城乡土地开发利用一体化、城乡社会事业一体化、城乡行政一体化的体制安排和政策突破,很有启发意义,对于促进海南国际旅游岛建设的体制机制创新,推动我省城乡统筹协调发展意义深远。经研究,现就有关问题答复如下:

一、关于打破18个市县的行政区划体制,形成"省下辖五大区域性中心城市"的行政格局问题

这一提法符合我省区域经济发展的战略思路。我省国民经济

和社会发展"十一五"规划已明确提出把海南岛作为一个整体进行规划发展,按照人口资源分布、产业布局和环境承载能力,将海南岛划分为"琼北综合经济区、琼南旅游经济圈、西部工业走廊、东部沿海经济带、中部生态经济区"五个功能区,明确各区域的功能定位,制定区域政策,建立互动机制,逐步形成东西南北中互动、优势互补、相互促进、共同发展的区域经济格局。目前,省委、省政府已在儋州市推行西部中心城市开发建设试点工作,积极探索区域中心城市发展改革体制机制创新的路子。

二、关于改县为区,形成统一的市辖区问题

我省是全国唯一一个完全意义上实行省直管市、县管理体制的省份,行政管理层次少,行政管理效率相对高,这是我省行政管理体制的特色和优势所在。目前,全国其他省、市也在积极探索省直管市、县管理体制的改革,从当前情况来看,实行扁平化的行政管理结构特别是财政管理体制是今后改革的方向。省下辖五大区域性中心城市,在中心城市设市辖区,可能会增加一个管理环节,对这一问题,需认真研究,审慎对待。原则上讲,行政管理结构层次的改革和行政区划的调整应该符合省直管市管理体制的总体要求。

三、关于城乡管理社区化问题

根据农村地区经济发展情况,实现农村村民居住适当集中,逐步在农村推行社区化管理,改农村村委会为社区居委会,这是我国社会主义新农村建设的趋势,符合改革发展方向。但是,在农村实行居民社区化管理,需要随着农村经济社会的发展逐步推动,并与城市社区管理、新农村社区管理和村委会管理的有关法律、法规及政策衔接、完善相适应,这需要一个过程。

四、关于农垦管理融入地方问题

2008年7月,我省全面接管农垦后,全面加快农垦社会管理融入地方步伐,实现了农垦21万名在职、19万名退休职工养老、医疗、失业、工伤、生育五项社会保险移交市县管理,农垦494所中小学全部移交属地管理。下一步,将进一步移交劳动就业管理、农场社区管理服务、公共卫生和基本医疗服务等其他社会职能,将农垦的社会经济发展全面纳入地方统一规划,协调发展,真正实现农垦体制融入地方、管理融入社会、经济融入市场的改革目标。

五、关于海口、三亚率先突破问题

您关于五大区域性中心城市建设在海口、三亚率先突破的建议,认为发挥海口省会城市经济相对发达的优势,争取用 3～5 年的时间,在推进文昌、定安、澄迈 3 个市县行政一体化方面率先突破;发挥三亚国际旅游城市的优势,以市联县,统一三亚与陵水、乐东、保亭 4 个市、县旅游资源开发的思路方向正确,操作性强,对于加速培育我省五大功能区域建设,推进我省南北两大中心城市建设将会起到重大的促进作用。

六、关于全岛按照一个城市思路推进政策创新问题

《提案》中有关行政区划的突破和城乡一体化体制机制的创新理念,具有可借鉴性,计划在编制"十二五"规划和进一步深化省直管市、县管理体制改革过程中加以研究并吸收。

综上所述,鉴于行政区划调整是国家大政,直接体现海南省委、省政府的治理理念和发展思路,推进这一系列的体制机制创新,需要海南省委、政府的主导,更需要中央及有关部委的大力支持,它打破了省和市、县治权的既定格局,政策性强,涉及面广,必须科学论证,分期推进、稳妥慎重。下一步工作,我省将组织力量开展推进海南国际旅游岛建设行政区划调整的调研,邀请有关专家、学者共同进行探讨吸取良策,广泛听取市、县干部群众意见,通过加强与国家有关部委沟通协调,适时将这一行政区划调整构想方案报送民政部,争取民政部的工作指导和支持。

非常感谢您对我省行政体制机制改革工作一直以来的关注和支持。

海南省人民政府

2010 年 8 月 12 日

关于支持海南设立地方性商业银行的建议[*]

近 10 多年来，我国地方金融，尤其是地方性商业银行呈现快速发展的态势，在推动地方经济社会发展中扮演着重要的角色。与全国的情况比较，海南省自从 1998 年海发行被行政关闭之后，地方金融发展严重滞后，处于边缘化的状态。

《国务院关于推进海南国际旅游岛建设发展的若干意见》明确提出，加快"发展金融保险业，推动建设农村商业银行等地方性金融机构"。这对海南地方金融发展提出新的要求，也为海南重振地方金融提供新的历史机遇。为此，建议国家有关方面积极支持海南尽快组建地方性金融机构。

一、海南设立地方性商业银行的重要性和迫切性

1. 建设海南国际旅游岛直接依赖以金融业为重点的现代服务业的发展。美国佛罗里达州在气候、地理环境、经济发展历史和旅游市场定位方面与海南很相似。该州旅游经济快速发展的重要因素是金融业十分发达，有 300 多家金融机构，仅迈阿密一个城市就有 100 多家银行。

2. 设立海南地方性银行关系到国际旅游岛建设的信心问题。组建地方性商业银行是方方面面关注和期待的重要举措。从全局考虑，直接发起组建"海南商业银行"，尽可能地缩短发起成立的时间周期，对吸引岛内岛外投资建设国际旅游岛意义重大。

3. 设立地方性商业银行是促进地方经济社会发展的重要条件。海南是目前除西藏以外唯一没有地方性商业银行的省份，金融服务主要由四大商业

---

* 2010 年提交全国政协十一届三次会议提案。

银行在海南的分支机构提供,而这些金融服务又往往由于多种因素,很难贴近海南发展的实际需求。2008 年,海南通过银行系统体系净流出资金累计达219.9 亿元,占当年新增存款的 44.6％。

二、海南设立地方性商业银行的条件已趋成熟

1.政策环境。国际旅游岛建设上升为国家战略,中央希望海南在加快体制机制创新,推动旅游业及相关服务业转型升级方面走在全国前列。海南至今没有一家地方性商业银行的现状与国际旅游岛建设需求严重不适应。因此,应利用国家给予的相关政策,加快组建海南地方性商业银行。

2.资金条件。根据《中华人民共和国公司法》和《中华人民共和国商业银行法》,以及银监会的规定,海南利用中央财政补贴 50 亿元中的20％～40％左右,就可以成立一家具有相当规模的地方性商业银行。

3.战略投资者和金融人才。随着国际旅游岛建设的逐步推进,为海南吸引国内外实力雄厚的战略投资者和高水平的专业化金融人才提供了良好的环境。

三、设立海南地方性商业银行的建议

支持海南直接发起设立地方性商业银行。可由海南省级财政出资成立一家投融资平台,并在此基础上发起并引入合格的战略投资者,直接组建海南商业银行。鉴于此,建议国家有关方面能够尽快批准设立海南地方商业银行。由此,实质性地推进海南国际旅游岛进程。

专栏:提案答复情况

中国银监会对政协十一届三次会议

第 000468 号(财贸金融类 72 号)提案的答复

迟福林委员:

您提出的关于支持海南设立地方性商业银行的提案收悉。现答复如下:

　　一、经过三十多年的改革与发展，我国目前已建立了政策性银行、国有商业银行、股份制商业银行、城市商业银行、农村商业银行、农村合作银行、农村信用社以及新型农村金融机构等竞争发展、功能互补、层次多样的银行服务体系，机构数量已基本能满足国民经济各个领域、不同层次经济主体的金融需要。国有商业银行的分支机构、股份制商业银行、城市商业银行、农村信用社等中小金融机构已具备服务一定区域经济发展的天然优势和能力。

　　二、在海南金融机构的设立和发展方面，为支持海南国际旅游岛建设，我会积极引导和鼓励全国性股份制商业银行以及部分经济状况较好的城市商业银行在海南省内设立分支机构，进一步完善当地的金融服务。

　　三、由于我国银行业金融机构的市场定位尚处于不断探索之中，其市场退出机制也有待完善，银监会一直对新设银行业金融机构实施审慎的市场准入措施。但银监会考虑到海南当地的两家法人机构——海南发展银行和海南临高县金牌城市信用社由于种种原因至今未实现市场退出，在海南国际旅游岛建设上升为国家战略后，引进或组建银行业金融机构的愿望更加强烈的背景下，如能将组建新银行业金融机构与海南发展银行关闭清算、金牌城市信用社风险处置一并考虑，银监会将予以支持。

　　感谢您对银行业监管工作的关心与支持！

中国银行业监督管理委员会
2010 年 7 月 26 日

关于把海南作为全国城镇化
综合改革试点的建议[*]

党的十七届三中全会提出,"促进大中小城市和小城镇协调发展,形成城镇化和新农村建设互促共进机制。积极推进统筹城乡综合配套改革试验"。从各地情况看,地区间、城乡间面临的行政体制的束缚和行政区划壁垒的矛盾越来越突出,迫切要求加快推进城镇化的综合配套改革。从综合因素看,海南最有条件成为全国推进城镇化综合配套改革的试点省。为此,建议国务院把海南作为国家推进城镇化综合改革试验区。

一、海南最有条件成为全国城镇化综合改革试验区

1.国际旅游岛建设上升为国家战略,要求海南加快推进城镇化进程。《国务院关于推进海南国际旅游岛建设发展的若干意见》明确提出"用 10 年左右的时间,即到 2020 年第三产业增加值占地区生产总值比重达到 60％",为全国调整优化经济结构和转变发展方式提供示范。实现这一目标的关键在于,整合城乡、区域资源配置,全岛要按照"一个大城市"的思路推进城镇化进程。

2.海南岛作为一个独立的地理单元,人口少,面积小,易于把全岛作为一个整体,科学规划城镇化建设。

3.海南交通等基础设施明显改善。"十二五"海南将形成衔接快捷的现代综合交通体系,将进一步强化城乡、区域的有机对接。

---

* 2011 年提交全国政协十一届四次会议提案。

4.海南建省之初就实行了行政上省直管县体制。这为进一步打破地区间的行政壁垒,按照经济社会发展的需要,加快市县之间的融合,扩大中心城市规模,提供了体制保障。

二、加快推进海南城镇化综合改革的建议

1.全岛按照"一个大城市"统一规划。从国际旅游岛建设的现实需求出发,允许海南全岛按照"一个大城市"的发展思路,统一规划、统一基础设施建设、统一土地开发利用、统一社会事业发展,由此加快推进城镇化进程。

2.重点推进中心城市建设。国家支持海口、三亚、儋州、琼海、五指山5个中心区的发展,使5大中心区成为海南国际旅游岛的重点发展区,从而带动相关市县以及小城镇的发展。建议的方案是:(1)"撤县改区"。在5大城市内,设20个左右市辖区,主要通过"撤县改区",把原有县市直接转变为市辖区。(2)"按人口规模重组市辖区"。按照人口经济发展需要,打破既有市县的行政区划范围,重新组合5大城市的市辖区。

3.城乡一体化,城乡管理社区化。对乡镇发展统筹规划,乡镇融入市辖区管辖范围;实现农村居民管理社区化;逐步将村委会改为社区居委会,作为依法成立的自治组织,推动居民参与社区管理,维护社区治安稳定;建立社区决策、执行、议事等组织,形成城乡社区一体化管理的新格局。

4.以大部门体制改革为重点,加快政府职能转变。以资源利用最大化为导向,整合重复管理、交叉管理的职能部门,减少审批环节,简化审批程序,提高部门行政效率。推进决策、执行、监督适度分离,强化省、区域中心城市的决策职能和监督职能,强化市辖区以下政府的执行力。

三、建议国家相关部门多方面支持海南城镇化综合改革试验

1.支持海南按照"一个大城市"思路制定总体规划。突破市县间的地域分割和行政分割,把海南岛作为一个整体科学规划,合理布局。建立城镇总体规划与经济社会发展规划、区域规划、土地利用规划、主体功能区规划等相

关规划的衔接和协调机制,形成推进城镇化的合力。

2.支持海南推进行政区划体制改革。打破18个市县的行政区划体制,通过区域行政一体化的体制安排和政策突破,形成"省下辖5大区域性中心城市"的行政格局。

3.支持海南城乡一体化体制机制创新。重点在建立城乡一体化户籍管理体制、基本公共服务体制、土地管理体制等方面给予支持。

4.支持海南行政体制改革。以海南为试点,探索建立以基本公共服务均等化为目标的中央地方关系。明确各级政府公共职责分工,使其法定化、可问责。支持海南在公共服务体系框架下整体设计和全面推进事业单位改革试点,把事业单位建设成依法独立行使职能、高效运作的公共服务供给服务主体。支持海南制定出台《海南省政府绩效管理条例》,强化"执行力"。

5.在重大项目建设上给予海南支持。重点在铁路、公路、机场、港口、电力、通信、环保等基础设施建设上给予海南更多的政策和资金支持。

关于在海南建立国家环保特区的建议[*]

《国务院关于推进海南国际旅游岛建设发展的若干意见》(以下简称《意见》)明确提出,把海南建成"全国生态文明示范区",使海南成为全国人民的"四季花园"和"冬季菜篮子基地"。从近年来的情况看,海南省的环境保护和节能减排的压力不断增大。

无论从全国还是从海南的实践看,不实行严格的环境约束和制度安排,试图在现行体制下通过常规的方法来治理环境,不仅难以达到预期效果,而且更容易增大治理难度。我曾在 2008 年提交了"关于建设海南环境保护特区的建议"。国家环保总局以"海南建设环保特区与建设生态省的内涵是一致的"为由拒绝采纳这一建议。顺应全国人民对海南的期望和海南国际旅游岛的建设要求,我再次建议国家有关方面支持在海南建立国家环境保护特区。

一、在海南建立国家环保特区具有全局意义

1. 建设"全国人民四季花园"的迫切要求。海南不仅是海南 800 万人的宝岛,也是全国人民的宝岛。保持优良的生态环境不仅是海南可持续发展的生命线,更是全国人民对海南环境保护的中长期需求。失去这一优势,不仅海南的发展优势无从谈起,更是全国人民的重大损失,对此要"倍加珍惜"。运用世界上先进的治理环境技术和标准,采取最严格的环境保护措施和治理机制,是保护好、建设好"全国人民四季花园"的迫切要求。

2. 建立安全放心的"全国冬季菜篮子基地"的基本要求。吃得放心成为

当前老百姓的首要要求。海南农业的最大特色应是打好"绿色牌"。这既能满足广大人民群众对绿色、无公害农产品的要求，也能提高农产品附加值，提升国际竞争力，促进农民增收。从现实情况看，农业污染正成为威胁海南生态环境的重要因素，由此制约了海南农产品优势的发挥。

3.发展低碳经济的重要探索。发展低碳经济需要一系列政策和体制、法律的保障。从综合因素看，海南最有条件，也最需要加快推进低碳经济发展的体制机制创新。为此，国家应积极支持海南在低碳经济发展的体制机制创新上先行先试，为我国转变发展方式提供示范。

4.履行国际承诺的重要举措。在海南建立国家环保特区，推进相关的体制建设，是我国履行国际承诺的具体体现，必将产生积极的国际影响。

二、加紧研究制定在海南建立国家环保特区的相关制度

1.尽快研究制定《国家环保特区发展规划》。建议国家环保总局会同海南省政府尽快研究提出《国家环保特区发展规划》，以确保规划执行的权威性。

2.建立健全最严格的环境保护法律体系。借鉴国际最先进环保立法经验，结合海南地方资源环境特色，建立以防为主、可操作性强、处罚面广且严厉的生态环境保护法律法规体系。健全环境保护司法体制，比如，借鉴国际经验，设立环保警察，专司环境执法。

3.实施最严格的环境治理机制。（1）建立环保投入的法定标准。建议国家支持海南到2015年，环境保护投入占GDP比重达到2％，初步达到发达国家平均水平。（2）实施严格的市场准入制度和产业生产、流通以及监管制度。例如，建议国家采用世界先进的农业种植标准，严格限制海南农业的化肥、农药施用水平，切实遏制农业污染源，确保农产品绿色无公害。（3）建立健全环境影响评价制度和先进的环境监测、预警机制。确保环境污染可防、可控、可查、可应对，将环境损失降低到最小。当前，应重点加大对海岸线的监察和保护力度。

4.加快推进环境行政管理体制改革。建议在海南建立环保的"大部门制"，整合分散在各职能部门的环境行政权，统一集中到环境行政主管部门。

实行最严格的干部考核机制,强化生态环境保护在领导干部综合考核中的权重。严格实施环境保护行政首长问责制,实行环境保护一票否决制。

5.建立广泛的环境保护公众参与和社会监督机制。建立社会公众、非政府组织参与环境保护的支持机制,形成以环境行政主管部门为中心,其他职能部门充分协助、广大社会公众积极参与的环境保护的合力。

三、建议国家给予海南特殊政策支持

1.支持海南环境保护的相关立法建设。支持和允许海南利用特区立法权,推进地方性环境保护法律法规建设,为建立环保特区提供法律制度保障。

2.把海南作为"十二五"财税体制改革试点省。在海南先行推行环境资源税改革。尽快制定和落实中央决定的把海南作为"全国生态补偿机制试点省"的实施方案。加大中央财政对海南的生态补偿力度,尽快改变海南地方财政过度依赖土地的局面。

3.推进现代环境产权制度建设。国家应积极支持海南启动环境产权改革,建立完善的现代环境产权制度、资源能源价格形成制度,有效保护环境投资者的合法利益。加快"碳交易"体制机制建设,支持海南建立碳交易市场体制,成立碳交易所。

4.加大对海南环保产业的支持。积极支持海南发展风能、太阳能等新能源产业,把国家重大新能源项目优先放在海南,使新能源开发成为海南的重要支柱产业。加大对海南环保投资的政策扶持力度,鼓励支持社会资本进入环保产业。

专栏:提案答复情况

对政协十一届全国委员会第四次会议

第 0239 号(经济发展类 025 号)提案的答复(节选)

迟福林委员:

您提出的关于在海南建立国家环保特区的提案由我部会同发展改革委、财政部、能源局办理,现答复如下:

一是探索建立有利于海南生态文明建设的环境管理政策,出台实施绿色价格、绿色保险和绿色信贷等政策,开展环境税费改革,建立重污染企业退出机制。我部会同财政部、税务总局于2010年年底初步形成我国开征环境税方案,按照国家"十二五"规划纲要提出的"积极推进环境税费改革,选择防治任务较重、技术标准成熟的税目开征环境保护税,逐步扩大征收范围"的要求,就开征环境税涉及的法律路径问题征求全国人大意见,经进一步完善后上报国务院,并启动开征环境税立法工作。

二是加强对海南生态文明建设工作的指导。我部将积极协调组织有关部门和专家在规划修编、环境保护、生态建设、循环经济和节能减排等方面提供技术支持与帮助,推动海南扎实开展产业结构调整和规划布局调整,发展生态产业和生态服务业,推进生态人居和生态文化建设,提高生态文明水平。

三是全面推动海南可再生能源资源开发利用工作。"十二五"期间,国家将加快风电开发建设,启动以太阳能分布式发电、地热能利用和生物质能供热等可再生能源开发利用为内容的"新能源城市"建设,抓紧实施绿色能源示范建设,扩大可再生能源在农村的应用。国家能源局将在促进海南可再生能源资源开发方面,充分考虑海南国际旅游岛建设的战略要求,加大可再生能源资源勘察、规划研究等工作力度,有效促进海南的环境保护和可持续发展。

中华人民共和国环境保护部

2011 年 7 月 25 日

关于促进港澳(台)参与
海南国际旅游岛建设的建议[*]

海南国际旅游岛重在建设国际化的海南岛。与旅游相关的现代服务业发展水平是国际化程度的重要标志,是决定海南国际旅游岛建设成败的关键。从现实情况看,海南服务业发展现状,与国际旅游岛建设要求不相适应。

为提升海南国际化水平,并有利于实现琼港澳(台)优势互补,在更大空间上发挥"一国两制"的作用,建议国家有关方面积极支持港澳(台)参与海南国际旅游岛建设。

支持港澳(台)参与国际旅游岛建设是提升海南国际化水平的重大举措。2010 年海南服务业比重为 46.2%,与香港(92.3%)、澳门(89%)、台湾(68.7%)相比,无论在比重、结构还是发展水平上,都存在较大差距。从海南的现实需求看,加大与港澳(台)的合作,是破解海南服务业发展"底子薄与要求高"突出矛盾的现实途径,对提升海南国际化水平至关重要。

一、支持琼港澳(台)在现代服务业领域的合作

1. 积极推进以免税业务为重点的国际购物中心合作建设。逐步将海南建设成为国际购物中心是海南国际旅游岛建设的大目标、大政策。目前海南离境退税政策已经实施,但在相关的配套设施和服务管理方面差距较大。香港是国际上公认的国际购物中心,有一整套成熟的免税购物服务体系和

---

* 2011 年提交全国政协十一届四次会议提案。

监管措施。加强与香港合作是 5～10 年内初步建成海南国际购物中心的重要选择。

2.加大金融领域的合作。海南应借助香港的国际金融中心地位,探索在香港发行海南国际旅游岛债券;支持香港相关方面参与海南离岸金融等方面的合作。

3.加大文化产业的合作。海南是国务院确定的"探索发展竞猜型体育彩票和大型国际赛事即开彩票"的大陆唯一省份,但至今难以有大的突破。澳门、香港博彩业有上百年历史,海南应积极引入港澳的直接投资,尽快在博彩业及人员培训方面破题。

二、探索建立多种形式的合作机制

在有利于发挥各自优势、有利于推进海南国际旅游岛建设、有利于"一国两制"的大原则下,应积极探索多种形式的合作。比如博彩业,在国家法律框架下,利用澳门的经验,委托澳门运营海南博彩业,把主要利益留在海南,管理交给澳方。再比如,在不断扩大合作领域的基础上,可以先行建立港澳(台)资本进入教育、医疗等中高要素市场的综合试验区;在适合的时候,建设集旅游休闲、彩票、商务会展、免税购物于一体的"服务业综合改革试验区",推动琼港澳(台)服务产业集聚发展;积极创造条件,促进琼台农业出口加工基地建设。

三、加大对港澳(台)资本进入的政策支持

重点在市场准入、财税、土地、开发管理等方面给予港澳(台)政策支持与体制保障。例如,港澳(台)企业应视同国内企业,给予税收等方面的国民待遇;对于符合土地利用总体规划和海南产业发展政策的港澳(台)投资项目,所需用地纳入年度土地利用计划,确保优先报批,优先供地。

专栏：提案答复情况

　　《促进港澳（台）参与海南国际旅游岛建设》提案被政协全国委员会办公厅于 2011 年 6 月 22 日摘编刊发于《重要提案简报》，报政协全国委员会主席、副主席、中共中央办公厅、国务院办公厅；送国务院港澳办、国家旅游局等部门。

　　资料来源：《重要提案摘报》第 54 期（总第 447 期）

政协全国委员会办公厅

2011 年 6 月 22 日

关于支持海南加快"国际购物中心"建设的建议[*]

  《国务院关于推进海南国际旅游岛建设发展的若干意见》明确提出"逐步把海南建成国际购物中心"。这是国家赋予海南的大政策、大目标,对拉动全国消费需求,吸引国人消费回流具有重要作用。目前我国已成为世界奢侈品消费大国。世界奢侈品协会2011年数据显示,中国人每年在国外奢侈品消费达数百亿美元,是国内市场的4倍之多。为此,应积极创造条件,加快推进海南国际购物中心建设进程,把国人巨大的旅游购物潜力留在国内释放。

  国际购物中心建设也是提升海南国际化水平的重要举措。海南国际旅游岛重在建设国际化的海南岛。国际购物中心建设是贯穿以服务业为重点的相关产业开放和政策创新的一条主线。海南国际化水平相当大程度上取决于国际购物中心建设目标的实现程度。对此,提出以下几点建议。

一、支持海南免税购物政策进一步突破

  免税购物是国际购物中心的政策重点。国家赋予海南的"境外旅客购物离境退税和离岛旅客免税购物政策"相继实施后,国人的旅游购物热情高涨,但受到经营主体、经营范围、购物点区域分布和免税购物额度、次数等限制,现行的免税政策效应还远未释放。保持岛内外旅游消费热情,建议国家支持海南在免税购物政策上实现更大突破。

  我曾在2009年提交了"关于建立海南日用消费品免税区的建议"。现在

---

  * 2012年提交全国政协十一届五次会议提案。

看,各方面条件更加成熟。建议国家支持海南建立我国内地第一个"日用消费品免税区":即在严格监管和市场准入的情况下,允许更多有实力、有资质的国内外企业进入海南免税市场经营;购物免税区域由现有的海口、三亚扩展到全岛;免税品种由国外产品扩大到国内名优产品;免税对象在境内外游客的基础上扩大到本岛居民,本岛居民无论是否离岛均可购买免税商品。

二、支持海南拓展离岛旅客免税购物方式

目前,世界免税市场主要销售渠道除市内免税店和机场免税店外,还有客运站免税店、供船免税店、火车站免税店、驻华外交官免税店等形式。未来国人对海南免税购物的刚性需求将不断增强。现行的免税购物方式和销售渠道显然不能满足国人旺盛的免税购物需求。建议借鉴国际经验,由海关总署会同海南省政府研究制定拓展离岛旅客免税品的销售、运送渠道和提取方式,逐步增加客运站免税店、供船免税店、火车站免税店,完善监管办法,做大海南的免税购物市场。

三、支持海南与香港免税业合作

海南免税购物政策实施两年来,相关的配套设施和管理服务方面还存在明显差距。香港是国际上公认的国际购物中心,在免税购物的经营、管理、服务、营销、人才建设上积累了丰富经验,形成了一整套成熟的免税购物服务体系和监管措施。为提升海南国际化水平,并有利于实现琼港优势互补,更大空间发挥"一国两制"作用,应积极支持香港参与海南国际购物中心建设。例如,建议国家支持在海南建立"琼港服务业合作试验区",在试验区内划定特定免税购物区域,探索建立委托经营、独资经营等多种形式的合作机制,引进香港资本以及先进的经营、管理和人才,以市场换管理,以政策换人才,尽快实现国际购物中心建设的实质性突破。

四、建议国务院批准《海南国际购物中心建设总体规划》

为保证海南国际购物中心建设的加快推进,建议国务院、全国政协等相关部门加强对海南国际购物中心建设的调研和论证,会同海南省政府制定《海南国际购物中心建设总体规划》,并上报国务院,明确提出到 2020 年初步建成海南国际购物中心的目标,部署海南国际购物中心建设的空间布局、主要任务、政策体系。在广泛论证的基础上,由国务院批准该规划。

关于把海南作为全国新型城镇化
综合改革试点省的建议[*]

未来 5～10 年是我国推进人口城镇化转型发展的重要时期。与全国其他省相比,海南城镇化既有其他省区普遍面临着的突出问题,例如地区间、城乡间的行政体制的束缚和行政区划壁垒;又有其特殊性,例如农垦体制、生态保护、陆海统筹等问题;作为岛屿省份,海南人口少、面积小,易于把全省作为"一个大城市"科学规划新型城镇化建设,相关改革也能够较快在面上推开;海南行政上的省直管县体制也为推进新型城镇化综合改革提供了体制保障。综合各方面因素看,海南最有条件成为全国新型城镇化综合改革的试点省,为全国新型城镇化改革发展积累经验、提供示范。

一、从国家层面指导编制和批准《海南省新型城镇化总体规划》

建议年内,国家相关部委会同海南省政府尽快研究制定《海南新型城镇化建设综合改革试点省实施方案》,重点指导和支持海南在新型城镇化的体制机制创新方面先行先试。在此基础上,国家有关部委会同海南省政府编制《海南省新型城镇化总体规划》,并上报国务院批准。

---

* 2013 年提交全国政协十二届一次会议提案。

二、重点支持海南推进行政区划体制改革

新型城镇化需要行政体制与行政区划体制改革。建议国务院允许和支持海南省按照"一个大城市"的思路推进行政区划体制改革试点,整合城乡、区域资源配置,提升全岛土地、旅游等重要资源的综合利用效益。

三、支持海南推进新型城镇化的体制机制创新

新型城镇化转型发展重在体制机制创新。以强化城乡、区域资源有序流动和优化配置、让城乡居民共享改革发展成果为导向,重点支持海南推进土地管理制度、户籍制度、基本公共服务制度、投融资体制、人口政策等综合改革试点。

1.加快建立城乡土地一体化管理体制。支持海南推进农村土地的物权化改革,抓紧研究现有土地承包关系保持稳定并长久不变的具体实现形式,推动完善《农村土地管理法》《农村集体所有土地征收补偿安置条例》等相关法律制度试点。

2.支持海南推进户籍与基本公共服务制度联动改革。探索在海南全岛建立统一的居住证制度;试点将户籍管理统一纳入民政部门,消除依附在户籍上的福利功能,强化户籍管理的公共服务功能;率先在海南实现城镇居民养老保险、城镇职工养老保险、新型农村养老保障之间的制度对接和逐步统一;支持海南继续扩大省际异地就医结算试点范围。

3.支持海南逐步建立城乡统一的人口政策。我国正处在"人口红利"的拐点。从改善人口结构和提高人口素质的现实需求出发,支持海南实施"两胎化"人口政策试点,建立城乡统一的人口政策,促进人口长期均衡发展。

四、加大相关政策支持

建议国家相关部门重点在教育、医疗、文化、体育、金融、物流等方面支持海南服务业更大程度的开放,尽快落实国际旅游岛建设的各项特殊政策。年

内,建议国家相关部委会同海南省政府尽快研究编制《海南国际购物中心建设总体规划》,上报国务院批准;研究制定海南作为"全国生态补偿机制试点省"的实施方案,加大中央财政对海南的生态补偿力度,鼓励生态保护核心地区的村民向城镇迁移;支持海南推进资源、环境税改革试点;在重大项目建设上给予海南支持,重点在铁路、公路、机场、港口、电力、通信、环保等基础设施建设上给予更多的政策和资金支持。

关于支持海南成为全国服务业综合改革试点省的建议[*]

海南国际旅游岛建设重在服务业发展。国家明确要求国际旅游岛建设要"形成以旅游业为龙头、现代服务业为主导的特色经济结构",为全国"调整优化经济结构和转变发展方式提供重要示范"。从现实情况看,服务业,尤其是现代服务业发展严重滞后,是海南国际旅游岛建设的"软肋"。2012年,海南服务业比重仅为46.9%,传统服务业比重占到40.7%,高出全国4.3个百分点,与新加坡、中国香港、佛罗里达等地区相比,差距更大。为了适应全国对海南不断上升的旅游消费需求,加快实现国家提出的服务业发展目标,其根本出路在于更大程度的开放和体制机制创新。为此,建议国务院将海南列为"国家服务业综合改革试点省",给予多方面支持。

一、批准实施《海南服务业发展规划》

为加快实现海南服务业发展目标,形成更加灵活的体制机制与更加开放的政策环境,建议国务院批准《海南服务业综合改革试点省实施方案》。在此基础上,由海南省政府提出《海南服务业发展规划》,上报国家相关部委批准。

二、重点支持以教育、医疗为重点的服务业全面开放

服务业开放是国际旅游岛建设的重中之重。具有国际标准的教育、医疗

---

* 2013年提交全国政协十二届一次会议提案。

服务是营造一流的人文旅游环境、拉动旅游消费的基本前提和重要保障。从现实情况看,海南医疗、教育发展严重滞后。当务之急是争取国家政策支持,重点引进社会资本,尤其是外资参与海南教育、医疗发展。

1.扩大教育市场开放。在严格监管的前提下,允许和支持国外和港澳台地区的知名大学、职业教育机构,以控股、独资等方式在海南设立分校,并将相关的审批权下放给海南;支持海南民办教育综合改革试点。明确对中外资非营利性民办教育机构在管理、税收、财补、土地、招生、人员福利等方面享受与公办教育机构同等的优惠政策。

2.扩大医疗市场开放。允许并支持外商独资在海南办医疗机构,并将审批权下放给海南;将海南引进的先进医疗技术和医疗设备纳入国家颁布的《鼓励进口技术和产品目录》,享受财政、税收等优惠政策;对于经过欧盟、美国、日本和韩国等国家药监部门依法注册审批的医疗器械和药品,免办进口注册许可,简化通关手续;延长外籍医师在琼行医执业时间至3年以上;扩大医疗保险市场开放,试点与主要旅游客源国(地区)医疗保险支付系统的对接。

三、支持海南服务业发展的体制机制创新

以扩大服务业开放为目标,重点支持海南发展服务业的财税体制、投融资、土地等体制机制创新。例如,支持海南在全岛范围内推进服务业的"营改增"改革,促进中小企业发展;支持海南出台服务产品出口退税政策;支持海南探索推进服务业与工业用地同价改革;支持符合条件的服务业企业上市融资,探索发行国际旅游岛债券等。

四、支持琼港澳在免税购物、博彩业等领域的合作

为提升海南服务业的国际化水平,并在更大空间上发挥海南在实施"一国两制"战略中的作用,建议国家有关方面积极支持港澳参与海南国际旅游岛建设,形成优势互补、资源共享、协作配套的现代服务业体系。

1.支持海南与香港免税购物的合作。海南免税购物政策实施3年来,配套设施和管理服务与其国际购物中心的发展目标还存在明显差距。香港是

国际上公认的国际购物中心,形成了一整套成熟的免税购物服务体系和监管措施。为此,建议国家支持在海南建立"琼港服务业合作试验区",在试验区内探索建立委托经营、独资经营等形式的合作机制,引进香港资本以及先进的经营、管理和人才,尽快实现国际购物中心建设的实质性突破。近期,建议国家相关部委会同海南省政府抓紧研究制定《海南国际购物中心建设总体规划》,明确国际购物中心建设的时间表和路线图,并上报国务院批准。

2. 支持海南与澳门博彩业的合作。海南是国务院确定的"探索发展竞猜型体育彩票和大型国际赛事即开彩票政策"的唯一内地省份,但该政策至今尚未有实践上的突破。澳门在博彩业的运营、管理、培训和服务方面积累了相当成熟的经验。建议国家支持海南与澳门博彩业在管理和职业培训等领域的合作。近期,建议全国政协等相关部门加强对海南发展博彩业的调研,国家相关部委会同海南抓紧研究制定《海南博彩业发展专项规划》,并上报国务院批准。

五、加大对海南服务业重大项目的支持

重点在教育、医疗、文化体育、金融、物流、会展、旅游房地产等服务业发展的基础设施和旅游公共服务设施上给予海南更多的项目和资金支持。例如,优先考虑将国家重要教育类国际项目和基地建设放在海南;支持国际医疗旅游类重点项目优先落户海南;支持海南承办国际大型文化体育赛事和国际会议。

建立洋浦自由工业港区的建议[*]

党的十八届三中全会《中共中央关于全面深化改革若干重大问题的决定》提出，"选择若干具备条件地方发展自由贸易园（港）区"。从实施南海综合开发战略、打造中国—东盟自由贸易区升级版、加快海南国际旅游岛建设的现实需求出发，建议洋浦保税港区升级为自由工业港区。所谓洋浦自由工业港区，就是在洋浦经济开发区范围内，以油气综合开发为重点，以实行自由港区的发展模式为目标，把洋浦建成具有国际竞争力的现代化油气综合开发基地和新型工业基地，使其成为我国对外开放程度最高的自由工业港区。

一、建立洋浦自由工业港区具有独特的地位和作用

1. 建立南海资源开发和服务基地的迫切要求。在实施南海综合开发战略的背景下，洋浦自由工业港区的建立，将使海南成为我国挺进南海的后方基地，对推动南海开发进程、维护我国南海主权和海洋权益具有重要战略意义。

2. 打造中国—东盟自由贸易区升级版的战略需求。海南是中国—东盟自由贸易区的最前沿，洋浦自由工业港区的设立对推进"10＋1"在海洋领域的双边、多边合作有着不可替代的作用。

3. 建设海上丝绸之路的重大任务。设立洋浦自由工业港区，有利于加快发展海上丝绸之路经济走廊，加强旅游、能源开发、保税物流、加工制造、融资租赁、离岸金融、国际航运等多领域国际合作，使海南成为海上丝绸之路服务

基地,为我国形成全方位对外开放新格局助力。

4.对保障国家能源安全和经济安全有着重要作用。南海被称为"第二个中东",海南在保障我国能源安全中有着重要作用,洋浦的油气资源优势和特殊地理优势,使洋浦自由工业港区成为解决我国能源问题的出路之一。

二、洋浦有条件成为自由工业港区

1.洋浦是最接近自由港区体制的经济开发区,有条件建成符合国际惯例、高度开放的新型自由工业港区。以洋浦保税港区为基础,逐步接轨国际通行的自由贸易港区政策,将为推进临港综合保税区转型升级,建设自由贸易港区奠定重要基础。

2.经过多年不懈的开发、积累,洋浦开发区正强势崛起。海南正举全省之力加快洋浦开发区建设,使之成为建设国际旅游岛的强力支撑和对外开放新高地。

3.国家已经赋予了部分自由贸易港区的特殊政策。《国务院关于推进海南国际旅游岛建设发展的若干意见》赋予了海南"在洋浦保税港区实施启运港退税政策""探索开展离岸金融业务试点""推动开展跨境贸易人民币结算试点"等特殊开放政策。这些开放政策落实为推进洋浦保税港区转型升级奠定了政策基础。

三、具体建议

1.把洋浦作为我国自由工业港区的先行试验区。明确把自由工业港区作为洋浦未来发展的目标定位,出台具体措施探索十八届三中全会决定提出的"加快海关特殊监管区域整合优化"。

2.尽快研究制定洋浦自由工业港区的产业发展规划。在已有洋浦各种规划的基础上,在总的发展目标认可的前提下,尽快制定和通过洋浦自由工业港区产业发展规划。总体思路是:"一个基地、三个集群",即把洋浦自由工业港区定位为中国南海油气综合开发基地,同时发展油气综合开发产业集群、现代物流产业集群和特色制造业产业集群。

3.构建洋浦自由工业港区的管理体制。现行的管理体制与自由港区的目标定位不相适应,需要改造和创新。构建洋浦自由工业港区新的管理体制,需要适应我国新时期对外开放新形势,特别是打造中国—东盟自由贸易区升级版的新要求,并充分借鉴国内外自由贸易园(港)区成功经验。基本思路是:(1)以服务于中国—东盟自由贸易区升级版为重要目标;(2)采取境内关外、一线放开、二线管住、高度开放;(3)推进区港一体化,工业区与港口相互依存、共同发展;(4)发展以油气综合开发为主体的产业集群;(5)统一协调,高效管理。通过人大立法,建立依法管理的体制;在微观管理层面,建立政府主导、政企分开型管理体制;在地方监管层面建立独立性直接监管体制;在管理机构设置上,建立精干、高效、廉洁的管理机构。

支持琼港合作发展海南免税业的建议[*]

未来5～10年是我国消费需求释放的重要时期。问题是,由于国内消费环境、消费政策等因素制约,相当大规模的国内消费潜力并未留在国内实现,消费外流问题比较严重。据中国旅游研究院统计,在我国出境游客海外消费占比中,有65％的钱花在购物方面,赴香港地区游客中购物消费占比高达71％。据统计,2013年中国人奢侈品消费总额为1020亿美元,买走了全球47％的奢侈品,其中本土消费280亿美元,境外消费达到740亿美元,境外消费是本土消费的2.6倍。

《国务院关于推进海南国际旅游岛建设发展的若干意见》明确提出"逐步把海南建成国际购物中心",并赋予了海南离岛免税购物政策,这是国家赋予海南"含金量"极高的政策,对拉动全国消费需求、吸引国人消费回流具有重要作用。从免税购物政策实施4年情况看,海南相关的配套设施和管理服务与国际购物中心的发展目标还存在明显差距,离岛免税购物销售总规模还较小,离岛免税购物政策还有相当大的创新空间。

香港是国际公认的国际购物中心,形成了一整套成熟的免税购物服务体系和监管措施。近年来,香港对参与海南免税业发展表现出强烈投资意愿。促进香港参与海南免税业发展,不仅不会形成对香港的冲击,而且有利于分流一部分涌入香港抢购免税消费品的游客,有利于发挥琼港互补优势和实现共赢,维护香港的繁荣稳定。为此,建议国家支持香港参与海南免税业发展,尽快实现海南国际购物中心建设的实质性突破,为国家扩大内需战略的实施探索新路子。

---

[*]　2014年提交全国政协十二届二次会议提案。

1.探索建立多种形式的合作机制。在有利于发挥各自优势、有利于推进海南国际旅游岛建设、有利于"一国两制"的大原则下,积极探索多种形式的琼港合作。例如,建议国家支持在海南设立"琼港服务业合作试验区",在试验区内探索建立委托经营、独资经营等形式的合作机制,引进香港资本以及先进的经营和管理人才,加快国际购物中心建设。

2.探索琼港海关监管合作。积极拓展海口海关和香港海关的合作领域,推进贸易便利化,提高海口海关综合监管和服务能力。支持海口海关与香港海关实施监管互认、执法互助、快速通关、信息互换、数据共享、实时监控,建立快速反应联络机制。可以考虑采取特殊的政策,例如将海口海关交由香港海关代管,收益留在海南。

3.探索建立琼港旅游商品自由贸易区。在中国—东盟自由贸易区为海南旅游业发展带来巨大利好的背景下,依托海南国际旅游岛的政策优势、海南旅游业的发展优势以及旅游商品在旅游业中的重要地位,加快与香港合作,探索建立琼港国际旅游岛旅游商品自由贸易区。

(1)免税消费品保税物流。利用进口保税功能,为"离岛免税"进口商品提供保税仓储、分拨服务;利用出口退税功能,为"离岛免税"国产商品提供入区退税、保税仓储、分拨服务;对于通过加工贸易等方式生产的免税商品,可直接入区进行保税仓储、分拨服务。

(2)免税消费品保税展示。为已经列入免税品目录的产品提供保税展示服务,促进免税品目录产品的销售,为海南打造国际购物中心提供服务。

(3)免税消费品加工。适应我国消费结构转型升级的大趋势,引进相关服装、珠宝等高端消费品的生产环节,企业生产产品一方面供应国际市场,一方面供应免税店,实现就近供货,降低高档消费品生产成本,提高海南免税业竞争力。

(4)免税消费品交易。利用免税消费品现货生产、保税存储(含退税后)和保税展示的综合优势,进一步拓展免税消费品的交易业务,从而丰富海南离岛免税购物的业态。

4.与香港共同研究制定《海南国际购物中心建设总体规划》。着眼于2020年初步建成海南国际购物中心的目标,支持海南与香港共同研究提出国际购物中心建设的空间布局、主要任务、政策体系和行动计划,建议全国政协与有关部委来海南进行该专题的调研。

支持海南健康服务业发展的建议[*]

《国务院关于推进海南国际旅游岛建设发展的若干意见》明确提出"形成以旅游业为龙头、现代服务业为主导的特色经济结构"。健康服务业是现代服务业的重要组成部分,海南独特的生态环境具备发展健康服务业的天然禀赋优势。大力发展健康服务业,既是带动海南旅游、教育、文化、金融、信息、房地产等现代服务业转型升级的重要抓手,也能为全国加快发展健康服务业、扩大旅游消费、促进经济转型、培育新的经济增长点提供重要示范。

从现实情况看,全国对海南全面快速增长的健康服务需求与海南健康服务产品供给总量不足、结构不合理、服务水平不高、人才缺乏之间的矛盾比较突出。对此建议国务院给予海南发展健康服务业多方面支持。

1.批准实施《海南省健康服务业综合改革试点实施方案》。海南省尽快编制出台《海南健康服务业发展规划》,在此基础上,由海南省会同国家相关部委提出《海南省健康服务业综合改革试点实施方案》,上报国务院批准。

2.加大对医疗旅游的政策支持。建议尽快出台落实国务院关于博鳌乐城国际医疗旅游先行区9条政策的实施细则,使政策早日落地;将先行区内医疗机构的医用设备设置、重要医疗技术的临床应用以及国外批准上市、国内还未批准药品的进口审批权下放给海南省,海南省向国家相关部门备案;将博鳌乐城国际医疗旅游先行区的优惠政策扩大到海南全省;扩大医疗保险市场开放,试点与主要客源国家医疗保险支付系统的对接;保障医疗旅游项目的用地指标需求,探索实行与公立医院一样的供地方式。

3.扩大养老服务业市场开放。进一步降低社会力量、境外资本举办养老

<small>*　2015年提交全国政协十二届三次会议提案。</small>

机构的准入门槛;将海南纳入国家养老服务业综合改革试点,鼓励在财政、金融、用地、税费、人才、技术及服务模式等方面进行探索创新;鼓励和支持具备条件的境外养老机构开设医疗机构,将养老机构中的医疗纳入医保定点;开展公办养老机构改制试点,支持海南养老机构"公建民营"改革,通过委托管理、合作运营、购买服务等方式进行社会化运营;加快推进面向养老机构的远程医疗服务试点。

4.扩大健康服务业职业教育市场开放。健康服务业技能型职业人才短缺是我国健康服务业发展面临的突出矛盾。建议在严格监管的前提下允许国外和港澳台地区健康教育机构以控股、独资等方式在海南设立分校,并将相关的审批权下放给海南;允许和支持有条件的科研机构、高校与社会力量合作举办健康服务职业教育机构;支持民间资本采用民办公助、公益信托投资、公益教育基金、协议投资等形式参与民办健康职业教育机构办学;支持海南成为民办教育综合改革试点省,明确对中外资非营利性民办教育机构在管理、税收、财补、土地、招生、人员福利等方面与公办教育机构享受同等优惠政策;扩大民办健康职业教育机构在招生、专业设置、收费等方面的办学自主权。

5.支持琼台在健康服务业领域的合作。支持海南建立"琼台健康服务业合作示范基地",探索以独资、合资、合作等形式与台湾开展健康服务产业、健康管理、健康职业教育、健康技术研发等领域的合作;在市场准入、财税、投融资、土地等方面给予政策倾斜;将符合条件的台资医院纳入医保报销范围;支持海南设立"两岸健康服务业发展论坛",使论坛成为两岸专家学者、政府机构、健康产业企业、健康产业协会以及其他国际机构合作交流的重要平台。

6.支持现代服务业发展的体制机制创新。支持海南在全岛范围内推进服务业的"营改增"改革;先行在海南开展消费税试点,尽快使消费税成为海南地方主体税种;支持海南实行服务产品出口退税制度;支持海南实施服务业与工业用地、用水、用电、用气同价政策;支持符合条件的健康服务业企业上市融资,探索发行国际旅游岛债券等;在服务业领域全面实施"负面清单"管理,激发社会资本活力。

7.国家健康服务业重大项目和资金向海南倾斜。支持健康养老、康复保健、度假养生、医疗旅游等重点项目优先落户海南;对海南保健产品和技术的研发与孵化、"大数据"系统建设、健康技能型职业人才实训示范基地建设、基础设施建设等重大项目给予多方面扶持。

专栏：提案答复情况

对政协十二届全国委员会第三次会议
第 0645 号（经济发展类 037 号）提案的答复（节选）

迟福林委员：

您提出的《关于支持海南健康服务业发展的提案》（第 0645 号）收悉，经商财政部、卫生计生委，现答复如下：

一、关于促进健康服务业发展

下一步，我们将认真研究您提出的促进健康服务业发展的相关意见建议，会同有关部门重点加强推动社会办医加快发展、研究设立健康服务产业发展集聚区、研究推进医疗卫生与养老服务相结合的意见、研究推进医药产业发展的意见等方面工作，同时，组织开展政策落实情况专项核查工作，清理政策执行中的薄弱环节和存在的突出问题，发掘好的典型和做法，提出下一步工作的措施建议。

二、关于鼓励海南省先行先试发展健康服务业

我们将会同相关部门全面、系统、客观地评价海南博鳌乐城国际医疗旅游先行区设立两年来的进展情况，深入剖析存在的困难和问题，加强协调指导，推动海南省用足用好中央赋予的特殊政策，结合自身优势加快发展健康服务业，也为在国内打造一批良性循环的健康服务产业集群探索路子，积累经验。

中华人民共和国国家发展和改革委员会

2015 年 9 月 29 日

把海南建设成为海上丝绸之路
"南海服务合作基地"的建议[*]

　　"一带一路"是我国新形势下形成全方位对外开放新格局的重大战略举措。破题海上丝绸之路建设,重在南海,难在南海,突破口亦在南海。海南地处南海前沿,特殊的历史、区位、政策、交通、外交、人文优势,使海南在建设 21 世纪海上丝绸之路中具有不可替代的重要地位和作用。对此,建议把海南建设成为海上丝绸之路的"南海服务合作基地",争创海上丝绸之路沿线国家开放合作的"排头兵"和"试验田"。把海南建设成为海上丝绸之路的"南海服务合作基地",不仅是新形势下海南承担国家赋予的新战略、新使命,也是进一步提升海南在我国经济社会发展全局中的战略地位,推进海南国际旅游岛"升级版"建设的重大举措。

　　1.把海南建设成为海上丝绸之路的"南海服务合作基地"纳入"一带一路"总体规划。在国家总体规划的引领下形成推进"南海服务合作基地"建设的合力。

　　2.尽快落实海南"西南中沙海域管辖权"。作为全国唯一被授予有西南中沙海域管辖权的省份,为更好地发挥和体现海南省在南海维权、南海开发、南海服务中的行政管辖和治理职能,建议尽快落实海南在西南中沙海域的相关立法权和执法权;支持海南省制定《海域使用管理法》《海岛保护法》《海洋环境保护法》等法律法规的实施细则和执法程序;授予海南统一或协调西南中沙海域相关执法的权力等。

　　3.加大对海南海洋产业的政策扶持力度。为给海上丝绸之路"南海服务

———————

合作基地"建设提供产业支撑,建议国家加大对海南海洋支柱产业和新兴海洋产业的政策支持。例如在旅游方面,支持海南建设环南海地区邮轮旅游航线,争取开辟赴印度洋和太平洋周边国家的邮轮航线;在渔业方面,支持海南与海上丝绸之路沿线国家开展远洋捕捞合作,把海南作为我国发展西南中沙渔业生产、维护南海权益的基地,进一步扶持海南加大对西南中沙渔业资源的开发力度,在海洋捕捞渔船控制指标上给予扶持,在政策和税收上允许并鼓励各类企业到南沙投资养殖基地;在油气方面,进一步支持海南参与南海油气开发,合理调整中央与地方在南海油气开发的收入分配比例。

4.建立南海新能源和可再生能源开发服务基地。建议中央批准在海南设立可再生能源示范区,将海南新能源和可再生能源项目列入国家重点支持项目;国家给予海南海洋新能源建设应用专项资金支持和税收优惠;鼓励和支持外资、社会资本、国际能源组织投资合作相关开发领域;鼓励和支持商业银行和政策性银行投资南海能源开发建设;建立国家海洋新能源和可再生能源产业发展投资基金。

5.设立南海生态环境保护示范区。支持海南在海陆联动防治海洋污染、海洋碳汇试点等方面积极探索;大力实施珊瑚礁生物资源护养增殖工程,尽快设立三沙珊瑚礁自然保护区,推动设立三沙国家海洋公园。

6.支持海南扩大与东盟国家的区域开放。建议中央批准在海口、三亚建设海上丝绸之路临空自贸区;在洋浦建设自由工业港区,把洋浦建成具有国际竞争力的现代化油气综合开发和加工基地;在博鳌建立南海区域合作与文化交流基地,大力推动海上丝绸之路沿线国家和地区人文交流合作。

专栏:提案答复情况

关于政协十二届全国委员会第三次会议
第1134号(经济发展类059号)提案答复的函

迟福林委员:

您提出的关于把海南建设成为海上丝绸之路"南海服务合作基地"的提案收悉,现答复如下:

"一带一路"倡议是党中央、国务院准确把握全球政治经济形势深刻变化,统筹国内国际两个大局做出的重大决策。商务部将按照党中央、国务院统一部署,继续支持海南国际旅游岛开发开放,支持海南开展面向"一带一路"沿线国家的贸易投资促进活动,深化与沿线国家的经贸合作,共同推进重大项目建设,大力支持企业走出去开拓沿线国家市场。支持海南发展海洋经济,深化与沿线国家的蓝色经济产业合作,加强港口码头、物流园区、集散基地和配送中心等建设管理方面的合作,推进更高水平的对外开放。

设立自由贸易试验区(以下简称自贸试验区),是党中央、国务院做出的重大决策,是新形势下推进改革开放的重大举措。

2014 年 12 月 24 日,国务院印发《关于推广中国(上海)自由贸易试验区可复制改革试点经验的通知》(国发〔2014〕65 号,以下称 65 号文),提出国务院 8 个部门牵头向全国范围推广的改革事项 22 项、向其他海关特殊监管区域复制推广的改革事项 6 项,以及各省级人民政府借鉴推广的改革事项 6 项。根据 65 号文要求,海南省人民政府制定了复制推广上海自贸试验区改革试点经验工作方案。目前,复制推广工作进展顺利。

2015 年 4 月,商务部已收到国办转来的海南省人民政府《关于设立中国(海南)自由贸易试验区的请示》(琼府〔2015〕23 号)。商务部将充分发挥国务院自由贸易试验区工作部际联席会议办公室的统筹协调作用,在及时会同成员单位对自贸试验区试点运行情况进行全面客观评估的基础上,向国务院提出下一步的工作建议。

感谢您对我国商务事业的关心和支持。

中华人民共和国商务部

2015 年 9 月 14 日

专栏:提案答复情况

对政协十二届全国委员会第三次会议
第 1134 号提案分办意见的函(节选)

迟福林委员:

　　首先感谢您对旅游事业的关心和支持。我局对您提出的"把海南建设成为海上丝绸之路南海服务合作基地"的建议十分赞同。海南位于中国最南端,具有守护南海的特殊使命,地处改革开放前沿,是中国最大的经济特区和唯一热带岛屿省份,特殊的历史、区位、政策、交通、外交、人文优势,使海南在建设 21 世纪海上丝绸之路的进程中,具有不可替代的重要地位和作用。因此,把海南建设成为海上丝绸之路"南海服务合作基地",对于我国经济、外交、军事等方面都具有十分重要的作用。

中华人民共和国国家旅游局

2015 年 7 月 31 日

关于在三沙市设立海洋型海关
特殊监管区域的建议*

  海关特殊监管区域是经国务院批准,设立在中华人民共和国关境内,赋予承接国际产业转移、联接国内国际两个市场的特殊功能和政策,由海关为主实施封闭监管的特定经济功能区域。海关特殊监管区域作为我国开放型经济发展的先行区和加工贸易转型升级的集聚区,一般包括保税区、出口加工区、保税物流园区、保税港区、综合保税区等多种模式。2013 年 11 月,《中共中央关于全面深化改革若干重大问题的决定》提出"加快海关特殊监管区域整合优化"的重要举措;2015 年 8 月,国务院出台加快海关特殊监管区域整合优化方案,明确指出新设立的海关特殊监管区域统一命名为综合保税区。

  2012 年 6 月,三沙地级市经国务院批准设立。作为我国特殊的海洋边境城市,三沙市授权管辖西沙群岛、中沙群岛、南沙群岛的岛礁及其海域,岛礁陆域总面积约 13 平方公里,海域面积 200 多万平方公里。三沙海洋资源丰富、区位优势突出,海洋经济发展潜力巨大,在推进南海开发建设、服务海洋强国建设等方面具有极其重要的战略地位和作用。

  基于国家对海关特殊监管区域改革精神及有关要求,结合三沙市管辖岛礁面积小、海域广、暂不对外开放等特点,三沙完全有条件设立海洋型海关特殊监管区域。一方面,三沙市可选择合适的区域设立综合保税区,给予综合保税区政策支持。例如,保税区内自用基建物资及进口设备免征进口关税和进口环节增值税,进口货物入区保税;区内企业之间货物交易免征增值税、消费税;与境外之间进出的货物,一般不实行进出口配额、许可证件管理;可在

---

 * 2016 年提交全国政协十二届四次会议提案。

区内设立保税燃油供养基地,进口燃油予以保税,用于国际航行船舶、远洋业务船舶、油气勘探工程船舶等。另一方面,海口海关驻三沙市办事处有能力通过创新管理方式实施有效监管。海关具有成熟的陆上海关特殊监管区域管理经验,完全可在现有管理模式框架下,探索实施"一线放宽,二线管住,人货分离,分类管理"的分线管理体制;在区内探索建立以企业、项目为单元的监管模式,依托现代科学技术和信息化、智能化进行监管。因此,为促进三沙市开放发展,加强三沙市与21世纪海上丝绸之路沿线经济往来与合作,加快三沙市经济建设,建议在三沙设立海洋型海关特殊监管区域。为此,建议:

1.支持三沙市设立西沙、南沙综合保税区。西沙综合保税区以永兴岛部分陆地和周边海域为范围,或者以永兴岛为中心,把三沙市西沙群岛行政区域整体划定为综合保税区,海关依托信息化管理系统,实施电子围网,参照海关特殊监管区域政策管理。在保税区内,境外物资入区保税,出区到境内向海关申报进口;区内自用基建物资及进口设备免征进口关税和进口环节增值税,区内货物自由流转;暂不实施国内货物入区退税和出区自产货物进入境内销售按货物进口报关。进一步支持三沙市西沙保税油库建设,针对三沙执法用船、商船、渔船等,在提供用油方面,给予政策上的支持。

2.支持三沙市探索发展离岸经济。基于三沙市特殊的地理条件,支持三沙市借鉴维尔京群岛、开曼群岛等发展模式,探索离岸金融、离岸贸易等离岸经济发展。允许三沙市设立商业银行,并逐步建立离岸金融中心,借鉴国际离岸金融中心通行做法,划定一定范围区域,尽早启动开展离岸金融业务;积极吸引已经获准开办离岸业务资格的中资银行设立三沙分支机构,吸引知名外资银行、保险、基金、信托、证券等金融机构设立分支机构开展离岸金融业务,鼓励海南省内金融机构以服务三沙建设发展为契机,择机开展多边离岸金融业务的合作和战略联盟。从三沙市发展实际出发,制定要求减免或完全豁免利息预扣税、所得税、地方税和印花税等税收优惠政策及实施细则,推动金融体制机制创新。

关于统筹推进南海大开发的建议[*]

推进海洋强国建设和 21 世纪海上丝绸之路进程,重点在南海,突破在南海。加快南海大开发对于维护我国南海权益、保障南海航运安全与贸易畅通、引领和促进南海区域合作具有重要的战略意义。

从多年的具体实践来看,南海开发作为一项综合性系统工程,涉及政治、外交、经济以及军事等诸多领域工作,需要进行多方沟通和协调,理顺各方面关系,形成整体合力。建议从国家层面统一部署,加快海洋生产要素和资源在南海区域的投入、集聚和布局,统筹推进南海大开发。具体建议如下:

1.加强南海大开发的统筹协调和顶层设计。建议构建强有力、权威性、跨部门、跨地区的统筹协调机制,为推进南海大开发提供体制机制保障。可参照西部大开发战略的具体实践,建议国务院成立南海综合开发领导小组,加强对南海开发的组织领导;也可考虑参考三峡开发模式,在国家层面设立南海开发总公司,牵头推进南海重大开发项目建设和战略规划,形成中央统一领导,各方协调配合推进南海开发的局面。

2.进一步理顺中央与地方关系,加强中央与地方、地方间的统筹协调。我国位于南海区域的地区除台湾外,还有琼粤桂三省和港澳两个特别行政区。这些地区要在中央统一领导和协调下,配合中央,切实履行好地方政府维护南海权益、推动南海大开发的政治责任。与此同时,也要充分发挥琼粤桂以及港澳地区的行政管理职能和开发南海的积极作用,逐步理顺中央和地方共同事权关系,建立起中央与地方的利益分享机制,在南海产业开放与开发、双边合作等一些经济活动领域,赋予地方更大的自主权。

---

* 2016 年提交全国政协十二届四次会议提案。

3.统筹协调军队与地方关系,加强南海军事、民事建设融合式发展。深入实施军民融合发展战略,特别是在南海维权方面,军地双方都要自觉站在国家发展和安全战略的高度,着力形成军队与地方政府共同维护南海权益、推进南海大开发的协作机制,实现寓军于民、军民统筹发展,形成全要素、多领域、高效益的军民融合发展的新格局。

4.积极发挥海南的特殊地位与作用。海南地处南海,授权管辖南海,具有得天独厚的地理区位优势和资源条件。特别是经多年建设,作为南海区域交通枢纽的海南,已形成航空、港口、铁路和公路等较为完善的综合交通体系。三沙设市后南海岛礁基础设施建设加快完善,为南海大开发创造了良好的基础条件。建议把海南作为南海大开发的综合保障基地,进一步落实西南中沙海域立法权、开发权、管理权等,更好地发挥和体现海南在南海大开发中的特殊作用和行政管理职能。

5.加强南海大开发的能力保障,加快推进重点项目建设的突破。大力完善南海岛礁港口、码头、船坞、仓储、通信、信息网络等基础设施建设,完善海上油、气、淡水、蔬菜、冷链物流、灾害预警、海事搜救等综合保障服务;推动和协调各省区实施对口援建,高水平规划建设一批南海特色产业园区;加快海洋渔业、油气、旅游等传统产业开发与转型升级。以重点项目建设为抓手,动员全社会力量,营造良好的舆论环境和氛围,鼓励、引导社会资本和个人参与海洋开发建设,形成多种力量、多种方式推进南海大开发的良好局面。

关于尽快批准设立海口国家级新区的建议[*]

海南地处 21 世纪海上丝绸之路关键节点，在海洋强国、"一带一路"和经略南海中肩负特殊使命与担当。立足南海、服务南海，设立海口国家级新区，既是海南主动参与和服务国家战略的重大任务，也是突出海口优势，打造海南经济增长极、推进国际旅游岛升级版建设的重大举措。

一、设立海口国家级新区战略意义重大

1. 对接国家"一带一路"倡议。建立海口国家级新区，可充分发挥海南区位优势，助推海南更好地对接和融入"一带一路"倡议，打造 21 世纪海上丝绸之路的重要支点。

2. 服务海洋强国战略。建立海口国家级新区，加快我国涉海资源、产业等在南海方向集聚布局，有利于发挥海南战略前沿优势，突出海南在南海维权、行政管辖、经济开发等方面的综合职能，将促进海南岛屿与海洋一体化建设，以海洋强省更好地服务我国海洋强国战略和经略南海战略。

3. 推动三沙市建设发展。把服务三沙市建设发展的相关功能纳入海口国家级新区，打造以综合后勤保障、维权指挥为核心的战略基地，与前方战略支点功能互补、互为依托与支撑，将为推动三沙市经济社会发展提供有力保障。

4. 统筹国家级新区战略布局。建立海口国家级新区，将填补我国面向南海开发和东南亚区域合作尚无国家级新区的空白，更好地统筹国家级新区战

---

* 2016 年提交全国政协十二届四次会议提案。

略布局。

5.助推国际旅游岛升级版建设。缺少经济增长极是海南国际旅游岛建设中面临的突出问题。建立海口国家级新区,高起点、高标准地统筹整合琼北核心区域和板块资源,有利于打造以海口为中心的省会经济增长极,为推动国际旅游岛升级版建设增添新动力。

二、海口具备设立国家级新区的现实条件

1.较好的经济基础。海口作为省会城市、琼北经济圈龙头城市,经济规模不断扩大,为建立国家级新区奠定了较好的经济基础。

2.基础设施日趋完善。"三纵四横"公路网络贯穿全岛,环岛高铁全线贯通,国内外民航航线四通八达,"四方五港"的港口布局特色突出,海南基本实现了与大陆交通的对接。海口作为琼北交通物流枢纽,已形成包括航空、港口、铁路和公路等多种方式并存且较为完善的综合交通体系,为建立国家级新区创造了良好的基础条件。

3.区位影响不断扩大。博鳌亚洲论坛国际影响日益扩大,海南正成为我国对外开放和国际交流的重要窗口;海口成为世界城市和地方政府联合组织等国际机构成员,与世界五大洲 25 个国家的 28 个城市建立了友城关系,国内外影响力日益提升。

三、具体建议

1.合理规划海口国家级新区范围。根据海南区位特点,按照有利于服务我国南海战略,有利于推动"多规合一"改革试点,有利于打造海南新的经济增长极的三原则,整合区域资源,建议海口国家级新区由海口江东组团、海口综合保税区、美兰空港保税区、海口国家高新区、美安科技新城以及澄迈老城经济开发区、文昌木兰湾新区(包括三沙市战略腹地)7 个板块组成,土地规划总面积约为 565 平方公里。

2.高起点、高标准编制《海口国家级新区建设发展总体规划》。建议海南省会同国家相关部委,年内形成《海口国家级新区建设发展总体方案》;在此

基础上,由海南省编制完成《海口国家级新区总体规划》,上报国务院批准。

3.加大对海口国家级新区的政策支持。第一,全面复制上海自贸区政策;探索实行企业自主登记制度;探索实现与香港商事制度接轨,形成更为精简的负面清单;取消企业一般投资项目备案制。第二,以琼港澳台合作为重点扩大区域深度开放,进一步扩大旅游、免税购物、金融、健康、科技等高端服务业以及海洋产业对港澳台开放。第三,重点支持以教育、健康、医疗为重点的服务业市场全面开放,放宽社会资本尤其是外资参与海南教育、医疗发展的限制。

4.放宽对设立海口国家级新区的一般性审批要求。考虑到海口新区的特殊作用,建议国家放宽对设立海口国家级新区的一般性审批要求,突出特色、突出使命,尽快批准设立海口国家级新区。

关于支持海南开展旅游、健康医疗、职业教育等服务业项下自由贸易(4 条建议)[*]

在经济全球化的新背景下,实施某些产业项下的自由贸易政策可能比设几个自贸区的效果要好。随着我国居民消费结构升级、人口老龄化进程的加快,旅游、健康成为全国居民对海南的最大需求所在。2016 年,国务院同意海南省开展服务贸易创新发展试点。在国家支持下,海南旅游、健康等服务业及服务贸易发展有一定进展。海南当前面临的突出矛盾是,在旅游、健康等领域,具有国际化标准的产品、服务的供给与广大消费者日益增长的中高端服务型消费需求不相适应。

为适应国内消费结构变化,尽快提升海南在旅游、健康医疗、职业教育等方面的发展水平,建议国家支持海南开展旅游、健康医疗、职业教育等服务业项下的自由贸易,充分利用"两个市场"和"两种资源",尽快实现旅游、健康医疗与职业教育发展的重大突破。为此,建议:

一、全面实施旅游、健康医疗、职业教育等服务业项下的自由贸易

1.打造旅游、健康医疗、职业教育等服务业项下的自由贸易发展平台。

——按照有利于服务国家战略及突出海南特色、优势和潜力的原则,以旅游、健康等服务业为重点,支持海南与相关国家和地区共同打造跨境服务业合作园区。

---

* 2017 年提交全国政协十二届五次会议提案。

——服务国家"一带一路"倡议,鼓励海南与相关海上丝绸之路沿线岛屿建立以旅游、健康医疗、免税购物等服务贸易为重点的自由贸易合作区。

——充分发挥海南资源优势与香港、澳门的资金、人才优势,鼓励、支持在海南设立以旅游、健康医疗、职业教育等为重点的琼港澳合作园。

2.国家允许并支持海南实施旅游、健康医疗、职业教育等服务业项下的自由贸易政策。例如,支持海南将博鳌乐城国际医疗旅游先行区的 9 条优惠政策扩大到全省。

3.提升服务业项下自由贸易便利化水平。

——借鉴 APEC 商务旅行卡的成熟模式,支持海南与主要旅游岛屿探索发起岛屿旅游卡发展计划,以实现岛屿经济体成员旅游互通免签。

——支持海南进一步完善旅游免签政策,取消现有政策对范围、人数进行限定的相关内容,将海南作为个人旅游免签证开放试点。

二、全面放开旅游、健康医疗、职业教育等服务业市场

1.赋予海南服务业市场对社会资本开放更大权限。在旅游、健康医疗、职业教育等现代服务业进一步放开市场准入,取消某些不合理的经营范围限制。鼓励和支持社会资本投资旅游、健康医疗、职业教育等相关领域的基础设施和公共服务项目,新增项目优先考虑社会资本进入。

2.赋予海南服务业市场对外资开放更大权限。探索对外商投资实行准入前国民待遇加负面清单的管理模式。在风险可控的前提下,旅游、健康医疗、职业教育等服务业市场向外资开放,并实行内外资、内外地企业同等待遇。

3.在海南先行探索医疗保障制度对接试点。将符合医保定点规定的非公立医疗机构、健康管理机构、养老机构纳入城镇职工基本医疗保险、城镇居民基本医疗保险、新型农村合作医疗、医疗救助等定点服务范围,签订服务协议进行管理,并执行与公立健康医疗机构相同的政策。

三、调整服务业市场开放的相关政策

支持海南尽快消除服务业发展的某些不合理政策,实现服务业与工业用

地、用电、用水、用气等要素价格政策平等。以服务业市场开放为导向加快税收政策调整,支持海南率先开展消费税改革试点,使消费税成为地方的主体税种。

四、从国家层面支持海南形成服务业项下自由贸易行动方案

1. 支持海南全面实施服务业项下自由贸易政策。赋予海南更大试点权,探索实现与香港商事制度接轨,并形成更为精简的负面清单。引导社会资本及境外资本进入旅游、健康医疗、养老、职业教育等服务业领域。

2. 尽快形成服务业项下自由贸易的行动计划。建议由国家相关部委牵头,尽快研究形成《海南服务贸易发展及服务业市场开放的行动计划》,明确提出推进服务贸易发展及服务业市场开放的时间表和路线图。

关于支持以海南为中心
构建"泛南海旅游经济圈"（5 条建议）[*]

　　我国推进 21 世纪海上丝绸之路建设，重在南海，难在南海，突破也在南海。当前，我国加强与南海周边国家和地区的产业合作、共建 21 世纪海上丝绸之路，面临着某些难得的历史机遇。

　　1. 我国与周边国家共建 21 世纪海上丝绸之路，首要的选项是构建"泛南海旅游经济圈"。即以海上基础设施互联互通为依托，以旅游等现代服务业为重点，构建开放性的次区域经济合作网络，促进区域内生产要素和商品服务的自由流动。

　　2. 以海南为中心构建"泛南海旅游经济圈"。发挥海南岛的区位优势，以国际旅游岛为载体，打好经济牌、开放牌，以开放带动开发，以开发彰显主权，以开放、开发带动合作，发挥海南在"泛南海旅游经济圈"中的重要作用，将为建立"泛南海经济合作圈"寻求重要突破口。

　　3. 以海南为中心构建"泛南海旅游经济圈"条件成熟。尤其是《国务院关于推进海南国际旅游岛建设发展的若干意见》，赋予海南诸多含金量很高的旅游及相关服务业开放政策，能为海南与泛南海岛屿经济国家和地区开展旅游合作创造良好的政策环境。

　　为此，建议：

　　1. 支持海南与泛南海岛屿经济国家和地区实现互联互通。例如：开辟泛南海重点岛屿经济国家和地区至海南的中转、直达空中航线；进一步密切与泛南海沿线岛屿经济国家和地区在港口、码头建设、邮轮客运等方面的合作，

---

　　*　2017 年提交全国政协十二届五次会议提案。

在扩建、新建港口的同时，组建港口联盟，提升海上互联互通水平；借鉴 APEC 商务旅行卡的成熟模式，探索发起岛屿旅游卡发展计划，努力实现岛屿经济体成员之间旅游互通免签；搭建"泛南海旅游经济圈"国家和地区的旅游信息和电子商务平台，实现信息互联互通。

2.支持海南与泛南海岛屿经济国家和地区发展海上旅游。支持海南开辟面向泛南海的邮轮航线，开拓赴三沙邮轮航线，开发"中国—东盟"邮轮旅游产品；简化邮轮旅游通行证办理，允许境外旅游公司在海南注册设立经营性机构，开展国际航线邮轮服务业务；支持海南开展国际邮轮"多港停靠"政策试点，为在海南注册的邮轮公司提供财税和金融政策支持；支持在邮轮口岸设立进境和出境双向便利的免税购物商店。

3.建立泛南海岛屿健康养生休闲旅游业联盟。充分发挥泛南海沿线岛屿在健康服务业方面的特色和优势，探索建立海南与其他岛屿经济体的休闲养生互换互助计划；培育一批具有海南本土特色的国际村或健康养生社区，实现岛际间健康服务业资源优势互补、错位竞争、协同发展；在海南建立岛际间健康服务业合作示范基地，以多种形式开展健康管理、健康职业教育、健康技术研发等领域的互利合作。

4.支持海南实行旅游业项下的自由贸易政策。支持海南实行更加开放的免税购物政策，放宽免税区域、免税运营主体、免税适用人群、免税品种和金额的限制，在全岛范围内建立类似香港的"消费品免税区"；支持建立琼港旅游商品自由贸易区，合作开展免税消费品保税物流、保税展示以及免税消费品制造、加工和维修业务，发展旅游商品贸易，发展旅游装备制造业；通过实行以免税购物为重点的旅游开放，提高海南旅游的国际竞争力和吸引力。

5.将推进"泛南海旅游经济圈"纳入国家战略层面。建议从国家层面对"泛南海旅游经济圈"进行顶层设计，设立高层次协调机制；推动有关各方建立"泛南海旅游经济圈"政府间磋商机制和智库间合作研究与政府咨询机制，形成建立"泛南海旅游经济圈"的共识与合力。

支持海南按照"一个大城市"
深化"多规合一"改革试点（6 条建议）[*]

按照中央要求,海南开展了省域"多规合一"改革试点。一年多来,在多方面积极探索,取得明显成效。当前的突出矛盾是,受地区间、城乡间行政体制束缚,"多规合一"改革难以取得重大突破。为此建议,国家支持海南在"多规合一"改革中以"一个大城市"为重点推动全省资源优化配置,并为全国提供城乡、区域经济社会一体化可复制、可推广的经验。

一、支持海南以"一个大城市"为重点深化"多规合一"改革

国际旅游岛上升为国家战略,进一步提升了海南旅游、土地等重要资源的价值。但在现行行政体制格局下,旅游、土地等资源低水平、重复开发的状况难以完全改变,城乡资源、区域资源的互补性和整体优势难以充分体现。例如,2013—2014 年,海口市土地出让均价为 153.13 万元/亩,与海口临近的澄迈县为 32.33 万元/亩,海口市是澄迈县的近 5 倍。统筹全岛资源利用、提高资源配置效率,客观上要求全岛按照"一个大城市"的思路统一规划设计,打破行政分割和行政壁垒。

---

* 2017 年提交全国政协十二届五次会议提案。

二、海南有条件按照"全岛一个大城市"的思路深化"多规合一"改革

1.海南作为一个独立的地理单元,人口少,面积小,易于把全岛作为一个整体,科学规划建设。

2.海南交通、公共服务等基础设施明显改善,有利于全岛统一规划资源利用、产业发展和空间布局。

3.海南建省之初就实行了行政上的省直管县体制,相比全国其他地区,海南更有条件按照"一个大城市"加快市县之间的融合发展。

三、重点推进"五个统一"

1.建立全省统一的规划管理体制。按照"全岛一个大城市"的思路统一规划,集中行使规划管理权,健全规划协调机制,加强全省总体规划与市县规划、土地利用规划、产业规划等规划的衔接。

2.统一土地资源开发利用。强化省级政府对土地的统筹利用,严格执行土地统一收购储备、统一开发管理、统一公开供应、统一规划岸线资源,严格土地审批,限制最低地价,提高平均地价。

3.统一基础设施建设。重点推进全岛交通一体化,实现各类交通工具换乘无缝对接;推进全省范围内的电信网、广播电视网、互联网"三网融合"工程,实现全岛通信网络一体化;推进全省城乡、区域电、水、气建设一体化。

4.统一环境保护体制。建立省级统一的环保体制;建立环保"大部门制",整合分散在各职能部门的环保行政权,统一集中到环保行政主管部门。

5.统一社会政策。到"十三五"末,基本建立全省统一的基本公共服务制度;做好省内、省际社会保障制度的衔接。

四、以建设"大海口""大三亚"为重点

建议以"五个统一"为重点,加快推进"大海口""大三亚"的行政体制创

新,实现"全岛一个大城市"建设的重大突破。

1.建设"大海口"。发挥海口省会城市经济相对发达的优势,争取用3~5年的时间,在推进海口、文昌、定安、澄迈行政一体化方面率先突破。

2.建设"大三亚"。发挥三亚国际旅游城市的优势,在与三亚相近的陵水、乐东、保亭三个市县率先实现"五个统一",并在此基础上,建立行政统一的"大三亚"。

五、推进城乡管理社区化

1.对乡镇发展统筹规划,乡镇融入市辖区管辖范围。

2.实现农村居民管理社区化,逐步将村委会改为社区居委会,作为依法成立的自治组织,推动居民参与社区管理,维护社区治安稳定。

3.建立社区决策、执行、议事等组织,形成城乡社区一体化管理的新格局。

六、支持海南推进行政区划体制综合改革

1.支持海南推进行政区划体制改革。整合城乡、区域资源配置,提升全岛土地、旅游等重要资源的综合利用效益。

2.支持海南城乡一体化体制机制创新。重点在全面实行居住证制度,建立城乡统一的基本公共服务制度,建立城乡统一的建设用地市场,落实农民土地财产权等方面给予支持。

专栏:提案答复情况

关于政协十二届全国委员会第五次会议
第 0234 号(城乡建设类 010 号)提案答复的函

迟福林委员:

您提出的《关于支持海南按照"一个大城市"深化"多规合一"改革试点的提案》(第 0234 号)收悉,经商国土资源部、环境保护部、住房和城乡建设部,现答复如下:

2015年6月5日,中央全面深化改革领导小组第13次会议同意海南省开展省域"多规合一"改革试点以来,海南省积极推进试点工作,梳理化解规划矛盾,统筹各类空间性规划,在推动形成全省统一空间规划体系上迈出了步子、探索了经验。您从打破地区间、城乡间行政体制束缚,优化全省资源配置的角度,提出支持海南深化"多规合一"改革试点的建议,对推动海南省深化完善试点成果,推进体制机制改革创新,为全国城乡、区域经济社会一体化提供可复制、可推广的经验,具有重要参考价值。

一、关于支持海南深化"多规合一"改革的建议

我委和国土资源部、环境保护部、住房和城乡建设部等部门,高度重视并积极支持海南省开展"多规合一"改革试点工作,指导海南省编制空间规划,为海南省实现经济社会与生态环境保护协同发展奠定了良好基础。下一步,我们将积极指导协调海南省按照《省级空间规划试点方案》(以下简称《方案》)要求,统筹优化全省城镇建设、农业生产和生态保护的空间结构与布局,深入推进体制机制改革创新,促进全岛资源统筹利用,提高资源配置效率。

二、关于推进规划管理体制、土地资源开发利用、基础设施建设、环境保护体制、社会政策等"五个统一"的建议

近年来,在统一规划管理体制、土地资源开发利用、环境保护体制等方面,党中央、国务院做出了明确部署,相关部门也进行了积极探索。一是统一规划管理体制方面,《方案》明确要求试点地区要明确相关综合机构负责全面协调和统筹管理各类规划,统筹推进省级和市县级空间规划编制管理以及与其他相关规划的衔接。二是统一土地资源开发利用方面,国土资源部着力完善土地价格形成机制和招拍挂制度,促进市场在土地资源配置过程中发挥决定性作用。三是统一环境保护体制方面,党的十八届三中全会提出了改革生态环境保护管理体制的明确要求,《生态文明体制改革总体方案》进一步提出,将分散在各部门的环境保护职责调整到一个部门,逐步实行城乡环境保护工作由一个部门进行统一监管和行政执法的体制。下一步,我们将统筹考虑您提出的推进"五个统一"相关建议,并对

其中涉及中央事权的行政机构设立、撤销、合并等事项，积极协商相关部门予以认真研究，以进一步充分发挥"多规合一"的改革效益。

三、关于支持海南推进城乡管理社区化和行政区划体制综合改革的建议

您提出的支持海南省对乡镇发展进行统筹规划、推进农村居民管理社区化、实现城乡社区一体化管理，推进行政区划体制改革和城乡一体化体制机制创新等建议，对于打破地区间、城乡间行政分割和行政壁垒，促进全省空间资源优化配置，具有积极推动作用。下一步，我们将积极协商有关部门，对相关建议进行统筹研究，指导海南省深入推进城乡统筹和行政区划等方面体制机制改革，为推动"多规合一"落地实施，推进城乡、区域经济社会一体化探索经验、提供示范。

感谢您对国家发展改革工作的关心和支持。

中华人民共和国国家发展和改革委员会

2017 年 9 月 18 日

第七篇　委员发声

履行好一名政协委员职责,还要善于通过媒体发声,汇聚改革正能量,凝聚改革的社会共识。政协鼓励委员和媒体见面交流、共商国是,从新闻发布会到部长通道,从采访委员小组讨论到住地委员单独采访,政协提供多种便利条件,支持委员和媒体充分交流。10 年来,通过新华社、《人民日报》《光明日报》《经济日报》、中央电视台、凤凰卫视、中国网、《海南日报》等媒体,我的一些提案和建议产生了较为广泛的社会影响。

释放经济持续快速发展的体制源泉[*]

——全国政协委员迟福林访谈录

他身在海南，却放眼全国。他现在是学者，却曾经是官员。他以研究经济体制改革见长，近几年主要致力于政府行政管理体制改革、公共服务型政府建设和基本公共服务均等化研究。

作为改革研究的知名学者和中国（海南）改革发展研究院执行院长，他每年主持多个改革热点课题的研究，使中改院这个偏于一隅的学术机构放眼八方，蜚声海内外。这个位居天涯海角的"学术重镇"以巨大能量辐射全国，成为中国改革研究重要基地。

从 20 世纪 80 年代研究"社会主义国家的经济职能"和"民主政治建设"产生反响，到 2003 年 SARS 危机期间主持"公共服务型政府"和"基本公共服务均等化"课题，许多政策建议报告被用作中央领导重要讲话和中央文件起草参阅件，再到 2008 年就大部制改革向政府建言，他的每次跨越都掷地有声。如今，他已从 1988 年登陆海岛时踌躇满志的改革研究者转变为著作等身的转轨经济理论与实践专家。

20 多本中英文专著、60 余部主编书籍、400 多篇学术论文、近百份提交高层的政策建议报告——没有一项离开过"改革"二字。他，就是被称为改革"智囊"的迟福林。

＊ 载《人民政协报》，2008 年 3 月 14 日。

继续加大改革创新是新的思想解放的主题

记者：您说在修改补充 3 月 9 日的大会口头发言时，将第一项内容改为"以新的思想解放，推进新阶段的行政管理体制改革"，为什么强调新的思想解放？

迟福林：我觉得，时值改革开放 30 年，中国新一轮行政管理体制改革，可能成为又一轮思想解放和综合改革的先导。其实改革有很大难度，第一个难度就是政府治理理念要转变。科学发展观提出这么多年，很多官员还是老思路，不抓 GDP 不行，不抓教育产业化不行。还有，很多公益性、社会性工作，为什么不可以交给社会组织呢？今年初的雪灾中，社会组织的声音就很小。当前政府治理理念的转变与行政管理体制改革的差距很大。所以说，以新的思想解放，推进新阶段的行政管理体制改革，就很关键。

这一次的思想解放，必须是以改革创新为主题，过去的改革是适应当时的经济社会发展需求变化，新阶段的改革要适应当前的需求。我们必须以新的思想解放推进新阶段的改革。这是今天思想解放的背景，也为我们提出了更高的要求。目前存在的问题是，一方面有人责难改革，把一些矛盾和问题的板子打到改革上；另一方面，我们提出了全面改革的口号，但改革的实际推进相当困难，再一个，就是既得利益形成后，利益掣肘对改革的影响相当大。在这样的背景下，我们必须把继续加大改革创新作为新时期思想解放的一个主题。

记者：您从 1984 年开始经济体制改革研究，期间出版的《论转型时期的经济改革》《迈向新体制——中国经济转轨时期若干问题研究》等著作都以经济改革为主，但近年来在《推进政治体制改革》《门槛——政府转型与改革攻坚》等专著中，更多地谈了政治体制改革，这是研究方向的转型吗？

迟福林：不是转型，是拓展。过去我是从社会层面、政治层面研究政治改革，现在更多的是从经济层面看现实的政治体制改革。因为，经济领域的很多矛盾问题都涉及政治体制改革，比如行政垄断问题、权力和利益结合问题，这些问题是从经济领域观察思考研究如何推进政改。

2003 年的 SARS 危机，让我越来越清楚地看到，经济发展方式转变的关键是政府转型,政府转型没有实质性的改变,经济发展方式的转变就十分困难,甚至是难以做到的。以基本公共服务为重点的社会体制建设关键也取决于政府转型。因为,基本公共服务的主体是政府,政府转型实现不了,推进基本公共服务均等化也难以实现。政府自身建设在一定程度上也与政府转型相联系,政府转型实现不了,政府自身建设中的某些体制机制性矛盾问题也解决不了。就是说,从经济、社会发展的全局看,新阶段的行政管理体制改革已成为全面改革的关键,成为新阶段经济社会发展的关键。

发挥公民和社会组织在社会公共事务管理中的作用

记者:近年来,中改院一直把建立公共服务体制作为重点研究课题。您也以专家的身份参加了 2004 年和 2006 年国务院专家学者座谈会,能介绍一下当时的情况吗?

迟福林:我先介绍一点背景情况。对于基本公共服务与政府转型问题,我们是从 2003 年那场 SARS 危机之后开始关注的。SARS 危机发生后,暴露出我国公共服务体系中存在的很多薄弱环节。针对政府应该如何提供公共服务,我们坚持了几年的研究。

2004 年 7 月,中改院在北京举办了一次研讨会。会上我系统地提出了建立公共服务型政府的概念。当年,温总理组织部分经济学家座谈。在座谈会上我又提出了政府转型的问题,提出政府要担当起公共服务方面的责任。当时很多人赞同这个观点。2004 年年底,全社会形成了政府转型的共识。从那时起,我就一直关注政府转型与公共服务这方面的研究。

2006 年年初,温家宝总理在国务院小礼堂主持召开了经济社会领域专家学者座谈会,我建议将"中国正处于改革的攻坚阶段""加快行政管理体制改革"的论断写入《政府工作报告》和"十一五"规划纲要中。

记者:根据您的研究,现阶段政府应为民众提供哪些公共服务和公共产品? 目前政府公共服务的工作重点应该放在哪里?

迟福林:几年以前,我曾提出政府的公共服务主要包括经济性、社会性、制度性公共服务三个方面。经济性公共服务,也就是说,政府要为经济发展提供良好的发展环境,改革走到今天,建设的主体、发展的主体要从政府转到企业和社会上来。政府的主要职责是为企业和社会提供环境和基础条件。从全国来看,我们讲以经济建设为中心是符合基本国情的,但从改革发展阶段来看,政府不宜再继续充当建设的主体、投资的主体,而要转到经济性公共服务上来。

我每年都会去做调研,我觉得目前应该更加关注西部欠发达地区的基本公共服务问题。我到西部地区调研时了解到,西部新增的贫困人口中有70%至80%是因基本公共服务缺失造成的。所以,推动西部地区经济社会发展,使其尽快赶上东部地区,政府应该从关注西部地区经济总量转向以基本公共服务为导向。

记者:当前,民众对政府履行公共服务职能有哪些新的要求?

迟福林:第一,知情权。如,政府钱花哪里去了,老百姓有权利知道。第二,参与权。如,对新型合作医疗的问题,他们不仅想要了解政府的补偿资金情况,还要了解沉淀资金的情况。第三,监督权。政府的钱乱花不行,民众是要监督的。第四,表达权。比如今年,农民工人大代表的出现,使群众反映利益诉求有了直通车,有了表达自己意见的渠道。

所以,要发挥公民和社会组织在社会公共事务管理中的作用。政府的公共治理正在成为社会生活的一个主题。同时,政治文明、政治改革也要适应公共治理的要求,积极稳妥地推进。

记者:建设服务型政府、推进基本公共服务均等化,温总理在今年的《政府工作报告》中已将这些内容写进工作计划。中政院曾提出的一些政策建议也已在国家大政方针中有所体现。您曾经是海南省政协常委,有丰富的参政议政经验,作为新任全国政协委员,准备递交哪些提案?

迟福林:我今年交了两件提案,一件关于行政管理体制改革,建议建立改革协调机构。因为,十七大提出要增加改革决策的科学性和改革措施的协调性。我想,协调性对于体制改革来说是很重要的。虽然行政管理体制改革也涉及立法问题,但是从现实情况看,建立必要的协调机制很重要。首先,可以加强对改革的统一领导;其次,使改革决策机制更加统一有力;第三,对各方面的改革实施具体、统一的协调;最后,可以有效推进综合性改革试验和专业性、地方性的改革试点。另一件提案与我所在的海南省有关,建议在海南设立国家级环保试验区。目前,在推动经济社会发展的同时,保护生态、保护环境,建立资源节约型、环境友好型社会已成为国民的共识。我就此提了一些建议。

大部制改革是一个逐步推进的过程

记者:听了国务院机构改革方案的说明,作为专家,您现场感受最深的是什么?

迟福林:我们刚从大会堂回到住地。刚才国务院秘书长华建敏的说明还言犹在耳,最大的感受就是,回应了民生和社会问题,回应了专家和学者质疑。

记者:能否介绍一下这次改革的特点? 本轮机构改革的难点在哪里?

迟福林:我可以用四句话来概括这次改革的特点。一是问题准确。客观评价了政府机构的好坏,并找出病因所在。二是目标明确。指明了决策、执行、监督权相互制约,相互协调。三是有所突破。关注民生问题,组建住房和城乡建设部,关注生态,国家环保总局"升级"为环境保护部。四是逐步过渡。

我谈谈自己对机构改革逐步过渡、稳步推进的认识。中改院 2007 年做过一次改革年度调查问卷,调查结果表明,大部分专家认为,全面推开大部门制至少需要三至五年。所以,我非常赞同这次机构改革循序渐进的做法。

机构改革推进的方法,应该是成熟一个推进一个。因为此次改革触及了地方利益、部门利益、行业利益,因此不要急于完成部门调整。而是先要把基础了解清楚,把目标选择对,然后逐步推进。速度不在于有多快,而在于目标的明确。方向明确了,可能会更快。

本次机构改革的难度之一,我认为就是调整既得利益,这也是顺利推进大部制改革的关键因素。不下大力气,改革将难以达到实际目的,尤其是未来要将决策执行相分离难度更大。打破利益的掣肘,既是大部门改革的难点也是关键。

记者:曾经的体改办官员身份和今天经济学专家的角色,让您对机构改革有更深层次的理解。我国经历了 5 次机构改革,这次的"大部门制改革"能否避免以往的教训?

迟福林:我的回答是肯定的,可以避免。

记者:为什么?

迟福林：具体说有这么几点原因。第一，现实需求变化了，前五次都是在经济快速增长过程中要精简机构提高效率减少成本为目标的，但都是服从于当时发展阶段的要求。经过三十年发展，我国的发展性压力突出，比如，资源环境问题、发展不平衡问题，这种现实需求的变化，使既定的基础和条件也发生变化。老百姓现在不看你部门有多少，也不看你人员有多少，而首先在于政府转型能否适应社会需求的变化。能否通过转变发展方式实现可持续发展，为老百姓提供更多公共服务。

第二，是现阶段政府的目标定位发生变化。不是一般性地强调建立服务型政府，而是要实现政府转型。一是从经济建设主体转向公共服务主体，二是从行政控制型治理模式转向服务型公共治理模式。所以说，今天的行政管理体制改革，目标和重点都发生了变化，通过更好地发挥社会监督、社会参与、社会管理，向良好的公共治理结构迈进。

第三，决策、执行、监督分离，是为了解决体制机制性腐败，原来决策权执行权集于一身，体制机制性腐败难以克服。如果能把决策、执行、监督既分离又协调，一定程度上就可以预防体制机制性腐败。

（记者　乌云斯琴）

以国际化为目标推进国际旅游岛建设[*]

——访全国政协委员、中国(海南)改革发展研究院院长迟福林

"在国际金融危机背景下,海南能否保持经济社会发展的上升势头,能否务实地推进海南自由贸易区进程,最为关键的是能否做大、做实、做深国际旅游岛这篇大文章。"

我省全国政协委员、中国(海南)改革发展研究院院长迟福林,今天在接受《海南日报》记者采访时如是说。

迟福林认为,建设海南国际旅游岛,既要立足于旅游业的开放,又要着眼于建设自由贸易区的战略构想。

在改革开放全局中考虑设计

"未来 5～10 年,海南能否在改革开放中有实质性突破,能否扎实地推进建设自由贸易区的战略构想,需要以国际旅游岛为突破口。"迟福林指出,新时期新阶段,海南改革开放聚焦于国际旅游岛。为此,要把推进国际旅游岛建设放到新阶段改革开放的大背景下统筹设计、分步推进。

迟福林说,以旅游为先导,推动服务贸易自由化进程,已成为一些国家的成功实践。海南应借鉴国际经验,以国际旅游岛为突破口,在海南大胆地进行改革开放和体制机制创新,把服务业开放、产业开放、自由贸易区纳入国际旅游岛建设的整体框架中,努力走出一条新阶段改革开放的新路子。

---

* 载《海南日报》,2009 年 3 月 5 日。

迟福林认为,未来几年,是我国与东盟区域经济合作的关键时期,投资和现代服务业将成为双方贸易自由化安排的重要领域。在这个大背景下,推进国际旅游岛建设面临着多方面的有利条件。为此,应当采取更为积极的措施,争取把推进国际旅游岛建设纳入我国区域合作的整体布局,纳入国家开放大战略的总体布局。在5～10年内,通过建设国际旅游岛,使海南成为高度开放的地区,成为我国与东南亚国家加强经贸合作的重要枢纽。

以国际化为目标分步推进建设

迟福林指出,国际旅游岛的本质是更大程度的开放,其特点是与国际规则全面接轨。为此,国际旅游岛建设应以旅游业的开放带动服务业的全面开放,进而在多方面实施投资、贸易、服务自由化政策。迟福林指出,这个大目标可分解为"三步":

第一步,加快实现旅游产业的全面开放。实现海南主要旅游要素与国际市场的全面接轨,并努力使旅游业成为海南经济发展的主导产业。

第二步,加快推进相关服务产业的全面开放。推进金融、保险业的对外开放,鼓励教育、医疗等领域的对外开放,积极推进文化、体育事业的对外开放以及会展业的对外开放。

第三步,实行海南的全面开放。把海南打造成我国内地开放程度最高、功能最齐全,涵盖资本、商品、技术、人员、信息等在内的各种要素流动最为自由、资源配置成本最低、最便利的自由经济区。

在建设中推进综合配套改革

迟福林指出,推进国际旅游岛建设,政策性强,涉及面广,需要统一认识、总体设计、加强领导、统筹协调。要全面加大国际旅游岛的宣传力度。通过宣传,让国内外随时了解和掌握省委、省政府推进国际旅游岛建设的决策,增强投资者对海南发展的良好预期。

迟福林还认为,要以国际旅游岛建设为重点,推进综合配套改革。按照国际旅游岛建设的总体要求,推动行政管理体制改革和某些行政区划调整;

通过全岛范围内资源的统一整合、统一规划、统一土地开发、统一基础设施建设，走出一条国际旅游岛建设框架下的城乡一体化发展新路；整合全省旅游资源。按照国际旅游岛的总体布局，把陆地资源、海洋资源、生态环境等与旅游资源进行整合，发挥资源的整体优势。

迟福林指出，当前，省委、省政府关于建设国际旅游岛的决策已得到上下的一致认同，得到各方面的广泛关注。在这个基础上，集中全省之力，加快推进国际旅游岛进程，使国际旅游岛建设成为海南的"一号工程"。

（记者　黄晓华）

我国面临国际金融危机与
国内发展转型双重挑战[*]

——访全国政协委员、中国(海南)改革发展研究院院长迟福林

● 我国目前面临的,实质上是国际金融危机和国内发展转型的双重挑战。

● 这场危机逼着我们必须实现经济增长由以投资拉动为主转变为以消费拉动为主的模式上来。

● 这次全国两会,我的一个提案就是《尽快制定全国基本公共服务均等化的总体规划》。

● 城乡二元结构不被打破,城市化、工业化就很难实现;如果让"农民变市民",农民的消费行为就会发生很大变化。

● 县一级政府本来应该更多地执行社会管理和公共服务职能,但在现行的财税体制下,这一级政府为了追求地方财政而不得不产生了许多经济行为。

● 在财政税收体制、官员考核机制等多种因素的影响下,地方利益、部门利益的形成具有普遍性。

● "大部制"改革,尽管没有达到期望值,但在推动机制改革方面还是有积极作用的。

4 万亿元投资、十大产业调整振兴规划,消费券、家电下乡,一方面是经济社会领域"保增长、扩内需、调结构"的各种举措,另一方面,应对国际金融危机,也再次激发人们对加深改革的思考。

"当前,国际金融危机冲击与国内经济发展方式转型滞后重叠,短期内保增长的困难与中长期经济结构调整的矛盾交织,集中表现为体制性、结构性

---

* 载《中国经济导报》,2009 年 3 月 5 日。

缺陷造成的内需不足。为此,这次扩大内需既需要对相关政策进行重大调整,更需要进一步深化改革。"迟福林说。

"保增长、扩内需、调结构"的目标,本身就有短期应对危机、长期转变发展方式的含义。但某种程度上说,短期目标和长期目标是存在一定冲突的。在扩大内需成为首要任务的情况下,着眼于长期的改革,其现实性如何体现? 在诸多的改革议题面前,改革的主要任务、重点何在? 就此,全国政协委员、中国(海南)改革发展研究院院长迟福林在全国两会开幕之际,在委员住地,接受了本报记者的专访。

这次危机使通过出口化解国内生产相对过剩的空间大大缩小,以投资驱动为主的增长方式已经到了难以为继、非改不可的地步。

记者:世界各国的应对金融危机举措,普遍带有很强的应急性质。在这种情况下,强调要"着眼于长期的改革",是否具有现实性?

迟福林:我国目前面临的,实质上是国际金融危机和国内发展转型的双重挑战。首先要看到的是,这场危机的影响本身不是局部的,而是全局的,不是短期的,而是中长期的。具体地看,这次国际金融危机对我国的冲击表现在整个经济领域,不仅外贸出口受到很大冲击,而且不同的企业、行业、地区都受到较大程度的影响。危机还反映在社会领域,如失业和困难群体增多等一系列问题。而且,金融危机加剧的态势到现在并没有缓和。从世界范围看,2009 年,美国、欧洲、日本这 3 个经济体可能出现负增长,危机何时见底难以预料。所以,相当一段时期,我国再寄希望于外部市场来缓和国内生产过剩的矛盾并不现实。

另外,国际金融危机对我国经济的冲击主要在实体经济,表现为出口大幅度下滑,造成国内出口导向型企业和相关产业的萎缩。而实体经济领域暴露的突出问题集中反映了经济增长方式转型的严重滞后。随着我国从生存型阶段转变到发展型阶段,客观上要求实现经济增长由以投资拉动为主转变为以消费拉动为主。然而,21 世纪以来,以高投资和高出口为主要特征的增长模式反而得到一定的加强。

从现实看,由于这次危机使通过出口化解国内生产相对过剩的空间大大缩小,以投资驱动为主的增长方式已经到了难以为继、非改不可的地步。换句话说,危机逼着我们必须实现经济增长由以投资拉动为主转变为以消费拉动为主的模式上来。

还必须看到,金融危机与增长方式转型的双重压力下,我国经济社会可持续发展面临的体制性矛盾更加突出。比如,社会公共需求与公共产品供给短缺、基本公共服务不到位之间的矛盾突出,而这一矛盾不解决,消费低迷的状况就很难从根本上改观。还比如,政府要在扩大内需中发挥作用,但这种作用和政府自身建设、改革滞后之间也存在矛盾,更突出的是,目前这种政府主导的经济运行机制与经济增长转型之间本身也是矛盾的。还有一些市场化改革不到位与转型之间存在矛盾,比如 1995 年就提出了转变经济增长方式,但由于资源要素等领域市场化改革的滞后,在体制上缺乏应有的激励和约束,使得转变经济增长方式难以实现。

"如果按照实现 2020 年城乡基本公共服务均等化水平明显提高的目标,需要基本公共服务财政支出每年增长至少 5 个百分点,投资总额估计在 15 万亿元~20 万亿元。"

记者:由投资拉动为主转变为消费拉动为主,也正是扩大内需各项举措的目的所在,但要从根本上释放内需空间,着力的主要方向应该是什么?比如,寻找农村市场的巨大潜力,最大的障碍是什么?

迟福林:我认为,主要的任务还是加快建立扩大内需的体制保障,重点是基本公共服务建设。农村是一个理论上的巨大消费市场,但是,农村公共服务的长期缺失,抑制了农村的消费需求。如果你到西部去看一看,新增贫困人口的 70％到 80％,都是因病致贫、因病返贫。而教育因素对贫富差距的影响,达到了 25％的比例。所以,要启动农村大市场,释放消费潜力,重在解决农村基本公共服务的供给问题。

从金融危机对消费的影响来看,提振信心是最重要的。可是影响消费和市场信心的因素当中,除了经济走势外,在危机状态下,人们考虑的除了当前消费外,更多的是未来的消费预期。而未来的消费预期紧紧地与基本公共服务相关,即人们需要解除后顾之忧。

此外,基本公共服务均等化,也是需要加大投资的重要领域。我们算了一下,如果按照实现 2020 年城乡基本公共服务均等化水平明显提高的目标,需要基本公共服务财政支出每年增长至少 5 个百分点,投资总额估计在 15 万亿元~20 万亿元。我们在国务院的会上也讲,按照这个测算,未来 3 年,除了已经确定的 8500 亿元医疗卫生体系建设支出,在教育领域需要 1.3 万亿元,基本社会保障领域需要 2.2 万亿元,总共是 4.4 万亿元的投资规模。3 年这三项支出大约就占到了财政总支出的 20% 左右。如果以这样的支出水平为起点,未来 3 年,消费率大概可以提高 10 多个百分点,未来 10 年,可以初步建立起一个惠及 13 亿人口的基本公共服务体系。不仅对于扩大内需,对于促进就业也有直接的帮助。

无论从城市、农村还是"一揽子"的投资计划角度来说,事实上都有对基本公共服务,对扩大内需短期中起长期作用的认识。更何况,中国正处在经济社会发展的转型时期,转型中最大的问题,是城乡二元制度的改变。而城乡二元结构是以城乡福利的二元制度安排为突出特征的。但是,要实现城乡基本公共服务的均等化,在较长的一段时间内显然是不现实的,但这并不意味着,农村公共服务的投入就有理由减少,打破二元制度的努力就该停滞。比如,近几年国家对城镇居民的养老保险已经补贴了 1000 多亿元,而农村一分钱都没有,这种局面必然是要改变的。关键在于对制度的改变,城乡二元的制度安排不打破,城乡一体化、城市化、工业化是很难实现的。如果制度上设计"农民变市民",农民在消费计划、消费需求方面的心理和行为会发生很大变化。

强调基本公共服务对拉动内需的作用,绝不是说要城乡公共服务水平相当,而是重在基本公共服务的制度建设。制度建设无论对于释放消费潜力,引导消费心理,还是形成实际消费能力来说,都有基础性保障性的作用。客观地说,近年来国家在公共服务领域的投入绝对数逐年增加,但相对数仍然较低,投入的潜力和空间潜力相当大,特别是在打破制度障碍后,公共服务的需求和供给都有巨大的潜力。

建立与公共服务型政府相关的系列指标体系并不是难事,难的是相关制度安排的改变。

记者:要从基本公共服务均等化入手促进制度性的内需扩大,有没有一个时间表?首先要做的是什么?

迟福林:从时间上看,从现在到 2020 年,是我国基本公共服务制度建设和水平提升的关键时期,所以这次全国两会,我的一个提案就是《尽快制定全国基本公共服务均等化的总体规划》。

有关公共服务的规划,事实上涉及 3 个问题。第一,有了这个规划,老百姓才能放心,知道未来几年内,教育、医疗能够解决到什么程度。第二,涉及在公共服务领域,中央和各级地方政府的职责划分,和整个财政转移支付的投向。现在广东已经初步有了这样一个规划,浙江、海南也都在做。第三,这个总体规划关系未来整个国家的投资计划。第四,涉及未来的改革,比如事业单位改革。我认为,在公共服务总体规划没有出台的情况下,事业单位的改革不宜着急进行,否则难免回到精简机构、减少人员、减少行政开支的路子上去。

此外,目前我们正在做基本公共服务绩效评价体系,下半年能推出,到年底计划公布各地公共服务的指标情况。事实上,政府职能转变很难体现主动性,常常是被动状态下的转变。第一,政府的职能转变,是与公共服务的水平相关的。在目前对政府行为特别是投资行为缺乏法律和制度约束的情况下,基于公共投入的社会监督和约束力量将会很强。第二,政府向公共服务职能的转变,要求现行财税体制的改变。在现行的财税体制下,以土地财政和上项目冲动为代表的地方行为,很多是不得已而为之。第三,政府职能向公共服务转型,是与干部考核机制联系在一起的。在现有的特定背景下,干部考核的指标尽管很多,硬指标仍然是 GDP。

我想说的是,建立与公共服务型政府相关的系列指标体系并不是难事,难的是相关制度安排的改变。最突出的例子就是最近呼声很高的"扩权强县"。从民意调查来看,县一级的政府是群众满意度最低的。根源在哪里?首先,这一级的政府直接面对人民群众,要处理各种复杂问题。第二,这一级政府大多数财政紧张,相当一部分还是吃饭财政。第三,也是最重要的,这一级政府本来应该更多执行社会管理和公共服务职能,但在现行的财税体制下,这一级政府为了追求地方财政而不得不产生了许多经济行为。

"扩权强县"改革的实质,绝不是下放审批权力这么简单,事实上,涉及重大经济行为和规划的权力还要上收,涉及社会管理和服务的权限应该下放。其实质,是用财政制度的安排,通过"乡财县管""省直管县"为基层政府的转型创造基础性的条件。我在西部的调研发现,"乡财县管"之后,乡一级政府在公共服务和社会事务管理方面,发挥了更大作用,比如乡财政优先保证教师、医生的工资。

危机使政府进入了危机管理的过程,政府的作用应该建立在政府转型的基础上。

记者: 从去年的"大部制"行政体制管理改革到今年的"扩权强县",您对大部门制改革的进展情况评价如何?目前,政府自身改革的进程,有没有受到当前经济形势的影响?比如,国家4万亿元投资计划中,铁路交通基础设施占了很大比例,这会不会延缓铁路政企分开改革的进程?

迟福林: 去年两会期间推出以"大部门制"为主要特点的行政体制改革,已经从中央政府推及省一级政府逐步展开。这种改革对于政府自身改革起到了正向、积极的作用。但从我个人来讲,对大部门制的改革效果评价不高。大部门制的核心概念,是政府职能逐渐向综合性协调性转变,向公共服务职能转变,现在看,这方面并没有取得明显的进展。

此外,从运行机制上讲,大部门制是强调以提高效率为目标,来解决行政范围内的决策、执行和监督三者间的关系问题。但在这个核心问题上仍没有较大进展。比如,2008年市场监管上出现的问题,反映了行政范围内决策、执行和监督的突出缺陷。另外,医改方案反映的是同样的问题,十几个部门联合,谁是这个方案的主体决策者?谁是执行者?谁又是监督者?这三者关系不明确。当然,这场改革,尽管在职能转变、运行机制方面来讲没有达到期望值,但在推动机制改革方面还是有积极的作用。

就目前的经济形势而言,从总体上说,政府进入了危机管理的过程。现在很大的呼声是,政府的作用应该建立在政府转型的基础上。现在4万亿元的投资加大了政府投资的责任,但是,市场在资源配置方面的主体作用这个前提条件不能改变,政府不能唱独角戏,要和社会资本结合才能产生投资乘数效应。另外,投资的公开性是社会广泛关注也要受到社会监督的。危机没有给政府推迟改革提供任何借口,反而为推动政府改革提供了重要契机。从提振社会信心角度来说,社会信心集中在对政府的信心上,如果政府的公众形象好、社会信任度高,会大大提高社会对市场的信心。

就铁道的问题而言,投资力度大,并没有给铁道部门加深改革提供任何推迟的理由,反而使社会对加快铁道改革的呼声更强烈。因为大家担心,在现有的政企合一的体制下,投资效益如何体现?在现有的体制下,国家对铁路两万亿元的投资,能产生多大的拉动效应?是政府的独角戏,还是政府与社会资本的合作？此外，在应对国际金融危机之时，大家对打破垄断特别是行政性垄断的呼声比以往要强烈得多，此时正是打破垄断的最好契机。

两年内降低政府行政成本 15％～20％，在整个改革层面进入利益调整阶段的时候，如果政府自身的利益不打破，协调各种利益关系就缺少前提。

记者：有人认为，行政成本居高不下，已经对中国经济产生了负面影响，对此您怎么看？就危机状态下的政府自身改革而言，怎样降低行政成本？

迟福林：一个公务员职务有几千人报考，算是对这种负效应的一个侧面反映吧。在大幅度增加公共支出的同时，应该大幅度减少政府的行政开支。这与危机前政府减少行政成本的性质是不同的，在现阶段，政府通过自身改革对于提振社会信心具有相当的特殊性。而且，相对于干部选拔机制、财税体制，降低行政成本是最容易的突破口。

要综合地看负效应。第一，政府的部门利益、地方利益的形成具有普遍性。从本质上讲，政府是公共利益的代表，但不可否认的是，这些年由于财政税收体制、官员考核机制多种因素的影响，地方利益、部门利益的形成具有普遍性。居高不下的行政成本，就是这些利益在起作用。如果政府自身利益的倾向再加强的话，公信力就很难达到理想效果。第二，从现实来看，行政成本居高不下，占整个财政支出的 19％，远高于一般国家的比例，这就存在对其他支出的挤出效应。如果行政成本减少 3 到 5 个百分点，社会基本公共服务支出增加几个百分点，经济形势不知道要好多少。第三，实际上政府在某些行政支出上已经失去了约束，比如，楼堂馆所、公车、会议旅游、高额的招待费，这与过去比不是量的关系，而是约束失衡。

这也是为什么政府自身的建设与改革最为关键。在整个改革层面进入利益调整阶段的时候，如果政府自身的利益不打破，去协调各种利益关系就缺少前提。所以，首先政府必须成为公共利益的真正代表，打破自身利益，赢得公信力；其次，公共支出大量增长，行政支出不减少的话，增发国债、财政赤字增加，让公众如何去看待这件事？

所以，在给政协的提案中，我提议，第一，从应对危机、扩大内需的大局出发，对政府行政成本进行硬约束，在未来两年内，大幅度削减政府行政开支，降幅应在 15％到 20％之间。第二，应该尽快将各级政府的行政支出，纳入同级人大的财政预算监督之下，只有纳入法律的轨道，才能公开接受社会监督，现在的时机已经成熟了。

记者：总体而言，危机状态总会过去，所以危机下的应急措施难免带有短期性，而改革是长期的，且改革到这一步，剩下的都是难啃的硬骨头。您认为应该怎么处理短期应急和长期改革的关系？

迟福林：我认为，有一些改革本身是一个短期和长期兼顾的问题，长期的问题不解决，短期的问题也很难突破。比如资源价格改革、垄断行业改革和民营企业融资难的问题。

资源价格的改革，在现在的形势下，具有了很强的现实条件。垄断行业改革也是一样，《反垄断法》已经出台，在现在的情况下，如果不打破垄断，社会投资很难进来，所以必须打开这扇长年没打开的门。而民营企业融资难，表面上看是钱的问题，实质上是民营企业制度安排与民营经济发展不相适应的问题。民营经济的发展遇到障碍，就业就很难保障。所有的改革都是短期和长期的结合，不仅考虑到长期，更考虑到短期问题的保障性。

（记者　冯　洁）

以发展方式转型为主线布局"十二五"改革[*]

"今年是'十一五'的收官之年,也是布局'十二五'的关键一年。"全国政协委员、中国(海南)改革发展研究院院长迟福林接受《经济参考报》记者采访时表示,"我国应以发展方式转型为主线布局'十二五'改革,着力培育内生增长能力,实现由生产大国向消费大国的转变,这将为我国未来 20 年经济持续增长创造有利条件"。

迟福林建议,要从 4 个方面推动改革,加快经济发展方式的转变。

首先,要以加快城市化进程为重点推进行政区划改革,使城市化成为拉动国内消费的重要载体。

迟福林说,2009 年以来,我国相继推出 10 多个区域发展规划。初步实践证明,依托城市圈或城市群经济推进区域经济社会一体化的难度很大,需要按照城市发展规律打破某些行政体制的束缚:(1)从培育区域经济增长极的现实需求出发和行政层级扁平化的要求,可以考虑增设副省级城市。(2)将具备条件的县级市改为中等城市,使一批中等城市的辐射和带动作用明显增强。(3)考虑到部分城市群组团式发展的需要,支持多种形式的行政一体化探索。(4)支持地方因城市经济发展需要撤县改区。

其次,应以实施农民工在城镇的安居工程为重点,推进城乡一体化进程。

由于城乡分割体制限制,从农村转移出来的农民工无法在城镇安居。基于此,迟福林提出三点建议:推动实施全国范围内的"农民工安居计划",要大中小城镇发展并举,在中小城镇率先打破城乡分割的户籍制度,因地制宜地安置农民工;同时,加快房地产相关领域的改革,尽快征收物业税,加大经济

---

[*] 载《经济参考报》,2010 年 3 月 4 日。

适用房和廉租房保障力度；此外，还要加快农村土地流转的改革。

第三，要建立中央地方规范的公共职责分工体制，并在城乡基本公共服务均等化方面取得新突破。

"实现基本公共服务均等化，最重要的是要建立中央地方规范的公共职责保障制度。"迟福林说，建立中央地方公共服务分工体制，使各级政府在基本公共服务上的职责能够明晰化、法定化、可问责；在明确各级政府基本公共服务职责的前提下，按照全国统一的基本公共服务均等化标准测算各级政府所需要的财政支出规模，建立政府间财政能力均等化的转移支付制度；推进行政体制与财政体制的联动改革。

最后，加快国民收入分配结构调整，在收入分配体制改革上取得新突破。

调整国民收入分配格局，将对扩大消费产生重要的促进作用。"过去十年，我国劳动报酬占 GDP 的比重下降 13 个百分点左右，工资占 GDP 比重下降 5 个百分点左右。"

迟福林提出，"十二五"时期，收入分配体制改革要严格控制政府财政收入增长速度，合理控制企业收入，明显提高劳动报酬在初次分配中的比重。一要打破行政垄断，把国有资产配置主要限定在公益性领域，建立常态化的垄断行业和国有企业收租分红机制；二要加快工会制度改革；三要充分发挥财税体制在再分配中的"杠杆"作用，既要实现政府财政预算透明化，在控制行政成本、增加基本公共服务支出上有所作为，又要在开征遗产税、完善个人所得税制度、开征物业税等方面有新的突破。

（记者　李新民）

政府转型是改革突破口 *

——迟福林建议，广东在转变发展方式方面为全国示范

迟福林，中国（海南）改革发展研究院院长，中国经济体制改革研究会副会长。研究员、博士生导师，享受国务院特殊津贴，全国政协第十一届委员会委员。

他被称为中国改革"智囊"，新著《第二次改革：中国未来30年的强国之路》"探照"改革前路。

他身居海南，9年前就提出了如今大热的"国际旅游岛"概念；他关注广东，近年来为广东推进基本公共服务均等化、政府转型，时常建言献策。

前日，全国政协委员、中国（海南）改革发展研究院院长迟福林，在人民大会堂欣然接受了《南方日报》的专访，畅谈中国第二次改革中的"广东定位"。

前30年，我们主要任务是做大蛋糕；现在要在继续做大蛋糕的同时，切好蛋糕。

广东不必太在意这三五年GDP的排名，而更应看重中长期发展，看重调结构、促转型的实际进程。为了促转变，适当牺牲一点速度是可以接受的。

——迟福林谈"第二次改革"

凝聚共识：公平和可持续发展

《南方日报》：您提出的"第二次改革"，引起广泛关注。为什么是"第二次改革"？改革的动力来自哪里？

---

* 载《南方日报》，2010年3月12日。

迟福林：过去 30 年，中国通过改革开放重启了现代化的进程，成功地解决了中国人的温饱问题。当前中国社会发展，正由"生存型"阶段全面步入"发展型"新阶段，经济发展方式要由"生产主导型"向"消费主导型"转变。

在利益格局形成和利益主体分化的情况下，如何寻找新的改革共识？我认为，公平和可持续发展，是改革的目标。前 30 年，我们主要任务是做大蛋糕；现在要在继续做大蛋糕的同时，切好蛋糕。

"第二次改革"主要有三方面：一是通过经济体制改革的新突破实现经济增长方式的转型。二是通过社会体制改革的新突破实现社会公共需求的转型。三是通过行政管理体制改革的新突破实现政府的转型。

《南方日报》：改革怎么改？重点是什么？

迟福林："第二次改革"有五个方面的转型与变革：

一是消费主导时代的转型与变革。随着我国内部需求结构的变化和外部需求的萎缩将成为中长期趋势，促进消费结构升级和增长是必然选择，要推动我国从投资、出口主导转到消费主导。

二是城市化时代的转型与变革。当前，我国城市化进程的滞后成为制约消费的重要因素。未来 5～10 年正是我国加快推进城市化进程的黄金期，城市化率有望提高 10 个百分点左右，达到 55％～60％。

三是公共产品短缺时代的转型与变革。以前是私人产品短缺的矛盾突出，现在教育、医疗、养老、就业等公共产品短缺矛盾突出，要加快社会体制改革，加大基本公共服务投入，使基本公共服务财政支出年均增长率至少达到 5％，未来 10 年左右投入 15 万亿元左右。

四是低碳经济时代的转型与变革。我国主动应对减排挑战、发展低碳经济，需要加快推进资源价格形成机制改革、能源价格形成机制改革和环境产权制度改革。

五是政府转型时代的转型与变革，建设公共服务型政府。这是我国发展方式转型的主要挑战。

评广东战危机　保增长,调结构两手抓有示范作用

《南方日报》:广东是改革开放的前沿,但现在面临众多挑战。您这两年常到广东,对广东的改革有何评价?

迟福林:广东应对国际金融危机这一年多来,有不少举措走在全国前面,有示范性作用。其中有几个亮点,我印象非常深刻。

第一,广东经济外向度高,面对金融海啸冲击,外贸、就业形势严峻,但广东非常清醒,一手抓保增长,一手抓调结构。去年汪洋书记提出"三促进一保持",毫不动摇抓产业与人口双转移,成效显著。这对全国有示范和推动作用,广东应该进一步总结经验。

第二,广东着眼长远,推动基本公共服务均等化。我们受广东省委托,参与了广东省基本公共服务均等化规划纲要的前期研究和决策咨询。原来广东有关部门对我说只有5000亿元的预算,后来我们的方案做到了8000亿元,没想到最后汪洋书记拍板,广东10年投入2.5万亿元用于提供公共产品!这是大眼光、大手笔!目前全国也准备制订基本公共服务均等化的方案,整体投入预计有16万亿~20万亿元。广东的做法和投入都走在了全国前列。

第三,广东坚持解放思想,推进行政体制改革。比如顺德的大部制改革,又如深圳的行政体制改革,把区一级变成派出机构,这些探索都为全国积累了经验。

谈广东改革 政府要主动改革,勇于改到自己头上

《南方日报》:广东是改革前沿,历史上曾经给兄弟省市提供了不少改革经验,但有人说,这些年来这种经验似乎越来越少。汪洋书记一到广东工作,就提出继续解放思想,要有改革开放初期"拓荒牛们"那种勇气和锐气,切中改革30多年的"钝化"效应。您认为,广东进一步抓好改革开放的突破口在哪里?

迟福林:30年前,广东还是一个比较落后的农业省份,不改革没有希望,没有出路,所以杀出了一条血路。今天,这句话依然适用。不改革,就没有发

展,没有生机,没有前途。广东不能满足于现状。现在社会需求结构和主要矛盾的表现形式都在发生变化,政府要放开胸襟,主动改革,勇于改到自己头上。

《南方日报》:在第二次改革中,广东应该如何定位?

迟福林:我认为,广东应该做好几篇文章。

一是调结构,推动产业转型升级。目前广东已经处于工业化中后期,要大力发展现代服务业、现代物流、现代金融。这两年已奠定了基础,但还要继续努力。

二是在城市群建设中加快推进城市化。目前广东尤其是珠三角地区的城市群格局已经形成,但还需要提升水平。

三是发展低碳经济。

四是扩大开放,加强与香港、泛珠地区、东盟地区的合作,扩展发展空间。要抓紧人民币国际化的战略机遇期,建立基地。

五是解放思想,加快改革。要推进行政体制改革,建设公共服务型政府。推进社会管理体制改革,激活社会活力。

《南方日报》:您觉得难点和关键在哪?

迟福林:发展方式转型与改革的关键,在于政府转型的突破。政府转型从2003年SARS危机提出到现在,应当说有所进展,但还需要有所突破。

当前,政府主导型经济增长方式的特点仍很突出,尤其是地方政府主导经济增长非常明显,甚至在反危机中还有进一步强化的趋势。其主要特点是:以追求GDP为主要目标;以扩大投资规模为主要任务;以上重化工业项目和热衷批租土地为主要途径;以行政推动和行政干预为主要手段。

从现实情况看,我国发展方式转型关键在于政府转型与政府决策。需要彻底改变政企不分的体制,政府不应当也不需要继续扮演经济建设主体的角色;需要充分发挥市场对资源配置的基础性作用,政府干预和政府作用必须建立在市场基础之上。

由发展主义政府向公共服务的政府转型,必然成为我国发展方式转型的推动力,由此终结以GDP为中心的增长主义,自觉走公平与可持续的科学发展之路。广东应该在这些方面大胆改革,为全国探路。

谈区域竞争不必太在意 GDP 排名，应看重中长期发展

《南方日报》：中国的经济版图正在发生重大变化，长三角、环渤海对珠三角的压力很大。今年初，广东省省长黄华华在《政府工作报告》首次提出广东被兄弟省份赶超压力越来越大。您怎样看待这种压力？

迟福林：GDP 是一个重要的指标，但不能只看 GDP，更要看综合实力。广东不必太在意这三五年里 GDP 的排名，而更应看重中长期发展，看重调结构、促转型的实际进程。为了促转变，适当牺牲一点速度是可以接受的。

《南方日报》：您对广东的下一个 30 年，有何期待？

迟福林：我相信，未来 30 年，广东仍是中国最活跃的地区之一，在转变发展方式方面继续为全国起示范、推动作用。

（记者　陈　枫）

迟福林：二十五年执着为改革

——为改革而生，为改革而实践*

　　迟福林自 1984 年开始从事改革研究，至今已有 25 个年头。25 年来，迟福林一直以极大的热情，始终如一地做改革研究工作，这源于他对改革的自觉认识。

　　迟福林在实践改革。

　　迟福林似乎是为改革而生。

　　改革是贯穿迟福林终身事业的主线。

　　委员简介：

　　迟福林，研究员、博士生导师，全国政协第十一届委员会委员。享受国务院特殊津贴专家，海南省首批有突出贡献专家，2002 年被中组部、中宣部、国家人事部和国家科学技术部联合授予"全国杰出专业技术人才荣誉称号"；中国（海南）改革发展研究院院长，中国经济体制改革研究会副会长，海南省社会科学界联合会主席，北京大学、南京大学、浙江大学、东北大学、西南财经大学等重点大学的客座教授或特聘教授。

"改革的终极目标就是为广大人民谋利益"

　　坐落于"天涯海角"的中国（海南）改革发展研究院，凭借着累累研究成果，逐渐蜚声中外，成为中国民间智库最具影响力的一份子。而它的领头人，迟福林，虽身在海南，却放眼全国，时刻心系祖国发展，胸中跳跃着一颗诚挚

---

　　*　载人民网，2010 年 3 月 11 日。

的赤子之心。

1990年，身为国家体改委副主任的高尚全应邀到海南调研，就海南到底应该怎样改革开放这一话题，提出10条意见，其中第7条建议创办"中国（海南）发展改革研究院"。1991年，中改院在海南顺利创办。

作为主要创办者之一，自中改院1991年11月1日成立后，迟福林任常务副院长、执行院长、院长，主持中改院工作。在迟福林的主持下，中改院18年来召开了160余次以改革为主题的国际、国内学术研讨会，中改院的研究领域涉及改革发展中诸多重大热点、焦点问题，诸如："政府改革""企业改革""农村改革""基础领域改革""收入分配制度改革""社会保障制度改革""公共服务型政府建设""基本公共服务均等化的体制建设与制度安排"，等等。

多年来，迟福林主笔、主持向政府有关部门提交的127份政策建议报告，许多被直接采纳，有的则被作为重要的参考，得到相关决策部门的高度认可和评价。如"在经济快速增长中有效地抑制通货膨胀的建议"，被国家有关部委在制定政策时大篇幅采纳；"以解决债务为重点加快商业银行体制改革的建议"，引起国家有关部委的高度重视，并专门组织会议研究此建议；"赋予农民长期而有保障的土地使用权"这一观点在党的十五届三中全会的《决定》中直接采用；"加快形成有效的公司治理结构"的建议成为十五届四中全会《决定》起草的参考材料；"农民承包土地的使用权至少30年不变""赋予农民土地使用权的物权性质""应当给农民承包土地使用权的抵押权"等建议，被《中华人民共和国农村土地承包法》参考。这些都为经济和社会发展带来直接的影响。

累累的研究成果背后，是迟福林高度的社会责任感和历史使命感。服务于中国经济改革的政策决策，是中改院的主要工作目标，也是迟福林本人的执着追求。根据决策需求，紧扣改革实践，他主持围绕我国经济转轨进程中的重点、难点问题，进行超前性和可操作性的探讨，寻求解决问题的政策和对策，最终目标是为广大人民群众谋利益。

丰硕的研究成果

成长在变革的年代，迟福林悟出了"中国：改革决定未来"的道理。从此，将改革作为终生奋斗的目标,为之呕心沥血,竭心尽智。

翻开迟福林长长的履历,可以看到他一串串扎实的脚印:1977年担任国防大学马列主义基础教研室的教员,1984年开始进入中央党校理论部读硕士研究生,并兼任理论部学术组组长,成为党校的高才生。毕业后到中央机关从事体改研究工作,1987年年底到海南参与筹备建省,并任海南省委政策研究室、海南省体制改革办公室主要负责人,1991年创建中国(海南)改革发展研究院,历任常务副院长、执行院长、院长。

这些年,无论外部环境如何变化,无论遇到什么压力和困难,无论工作岗位如何变换,他一直走在改革研究的前沿,为中国改革出谋划策。他站在时代发展的洪流前,冷静地履行着一位学人的责任。

迟福林自1984年开始从事改革研究。25年来,他一直以极大的热情,始终如一地从事改革研究工作。他享受过成功的欣慰,也承受过压力与困难。25年来,迟福林在改革研究中执着追求、刻苦钻研,取得了丰硕的研究成果:20多本中英文专著,70余部研究报告,500多篇论文,100余份政策建议报告,还有一枚枚的奖章。这些成果的中心内容始终离不开两个字:改革。

迟福林的研究工作,始终是从人民的利益出发。他主张加快产权制度改革,并提出我国产权制度改革的十大问题,使广大劳动者从无产者成为有产者,成为改革的普遍受益者。他于2002年提出建立人民市场经济,使广大劳动者作为市场经济的利益主体,同市场经济相结合。2006年他提出尽快建立惠及全民的基本公共服务体系,逐步实现基本公共服务均等化是建设和谐社会的重要任务。

在孜孜不倦参政议政的背后,是迟福林全心为民的赤子之心。

民营软科学发展的"拓荒牛"

中国(海南)改革发展研究院18年的发展之路,也是一条漫漫的创业之路。作为中改院的主要创办者之一,迟福林自建院的第一天起,就带领中改院走着一条"自谋生存、自求发展"的新路。

迟福林敢为人先,首先对该院的体制进行创新,探索"官方背景、民间机构""事业单位、企业化管理"。中改院成立后,三年迈了三大步。第一步,

1991年建院之初,就向海南省政府提出实行财政差额管理,80人编制只要30人的"皇粮";第二步,1992年在建院不到一年又主动向省政府提出事业单位企业化管理的请求,不要国家一分钱,自求生存,自我发展;第三步,1993年又向原国家体改委、海南省政府提出由事业机构彻底转变为非盈利性企业法人,探索在市场经济条件下办研究机构的新路子。

在迟福林的主持下,中改院18年来召开了160多次以改革为主题的国际、国内学术研讨会,影响了众多的高级官员和著名的中外专家学者参加研讨。有关领导和著名专家学者参加的院董事局、学术委员会、专家委员会,构成了该院的"大网络"。这个"大网络"已成为该院不断开拓创新、进行高水平研究与培训的活水源头,成为该院可持续发展的宝贵资源。

迟福林塑造了中改院独特的组织文化。在建院伊始,他就倡导"刻苦工作的敬业精神、团结协作的集体精神、脚踏实地的务实精神(即"三种精神"),坚持以人为本,以民主信用为本,以创新为本。形成以事业吸引人,以活动培养人,以真诚感召人,以制度规范人的组织文化,这始终是该院最具有凝聚力的组织文化的内核,舍小我顾大局,竭诚为中国改革开放服务的风尚蔚然成风。

中改院的体制创新和做出的成就,得到了各方面的广泛赞同。在2001年11月1日中改院建院十周年座谈会上,出席会议的230余名领导、著名专家学者对中改院给予了很高的评价,在经济学界引起轰动。全国政协副主席陈锦华谈到,中改院之所以取得很大成就,从内部来讲,就是有一个适合民营软科学发展的新体制,中改院的改革研究在国内已形成了自己的特色,值得认真总结。原中央农村政策研究室主任杜润生提出,中改院不拿国家一分钱,又为国家做事,这种精神令人钦佩,中改院值得表扬,有关方面要总结一下中改院的经验。迟福林积极探索的"官方背景、民间机构""自谋生存、自求发展"的新体制,为我国软科学发展开辟了一条新路,创造了一种新模式。

在迟福林辛勤努力下,中改院经过18年的成长,已成为在国内外有着广泛影响的网络型、国际化、独立性的改革研究机构。迟福林也被媒体誉为民营软科学发展的"拓荒牛"。

用人格魅力团结人

中国(海南)改革发展研究院是民间重要的智库,汇聚着各行各业的精英人士。而能在这种智库单位中位居领导,不仅需要有良好的专业素养,还需要具备非同寻常的人格魅力。

迟福林在工作中充满激情,常年不分假日与否,连续工作。不论是研究工作还是中改院的建设,他永不满足,不断确立新的目标,并且身体力行,表现出不达目标、永不止步的劲头。正是由于他以身作则,才使得中改院永远都洋溢着一股生机勃勃的斗志。

他为人真挚坦荡,刚直豪爽,敢于负责,学术上的兼容和团结协作精神,是他在研究工作和领导活动中取得突出成绩的重要因素。"小机构、大网络"使中改院闻名于我国社科界。众多著名的专家学者参与了中改院举办的一系列研究活动。迟福林同志和他们都保持着良好的关系,并且重视他们的作用。由他主持和撰写提出的许多政策建议报告,大都在他的主持主笔下融合提炼了国内外众多专家的观点。

而他正是凭借着对改革这一贯穿中国发展几十年的主题进行深入研究,用他那超凡的人格魅力团结着一大批优秀的、乐于奉献的知识学人,一同为中国的改革发展,为中国的未来不懈努力着!

(记者　陈叶军)

以人民利益为导向谋划改革[*]

迟福林是我国具有广泛影响的改革智囊，他以服务于改革政策决策为己任，始终处于这一层面的最高端。20 世纪 90 年代中期以来，他主笔提交 120 多份改革政策建议报告，率先提出的政府转型、基本公共服务均等化、赋予农民长期而有保障的土地使用权等多项改革政策建议，或直接为中央决策所采纳，或被用作制定政策和法规的重要参考。而在他的内心深处，时刻提醒自己是平民子弟，就是要关注社会民生问题，体恤民众困苦，改善民生环境。

他说："改革的终极目标就是为广大人民谋利益。"

他的身上，体现了高度的社会责任感和历史使命感，体现了一名中国知识分子高尚的爱国情操和深沉的社会良知。

位卑未敢忘忧国

1951 年 8 月，迟福林出生在黑龙江省肇东市一个普通的家庭。几乎与共和国同龄的他，必然经历了新中国历史上那些影响深远的重大转折时刻。

在迟福林近 60 年的人生履历里，他的青春激情，他的强国梦想，他的横溢才华，他的不已壮心，都始终自觉地与一个崇高而永恒的名字——"祖国"，血脉相连，不能割舍。

17 岁那年，迟福林参军入伍，成为沈阳军区技术侦察支队的一名学员，1970 年 12 月学习结束后在侦察支队政治处从事宣传工作。朝气蓬勃的热血青年，在部队这个大熔炉里，百炼成钢，锻造着勇于直面困难、迎接挑战的坚

---

* 载大型系列丛书《中国政协委员》（第十卷）"使命"，中国文史出版社，2011 年 2 月。

毅品质。也就是在这个大熔炉里,迟福林告别了懵懂的少年时代,开始了对祖国命运、对社会未来的稚嫩而又坚实的思考与探索。

"位卑未敢忘忧国",年轻的侦察兵以极大的热情埋头于深奥的马列哲学典籍,潜心苦读。那一时期,"文化大革命"的浩劫还没有过去,许多积蓄已久的社会问题显露出来,不正之风也开始侵蚀到人们工作和生活的各个角落,迟福林敏锐地感觉到这些"节点",他希望通过自己的不懈求索,去寻求解决未来发展之路的真理之钥。

通过孜孜不倦的刻苦钻研,迟福林很快在沈阳军区脱颖而出。1977年,没受过一天高等教育的他,调入国防大学,担任政治部宣传干事、马列基础教研室教员。1978年,他进入北京大学进修,开始了北大国际政治系两年的学习生活,自此,走上了改革研究道路。

此时的中国,一场伟大的变革正在酝酿之中。从"十年浩劫"中走出,拨乱反正,百业待举,历史的经验和教训需要实事求是的反思与总结,中华民族将要选择一条什么样的发展之路,来实现复兴大业? 这是一场前无古人的改革,没有现成的理论和实践可资借鉴,没有一劳永逸的发展捷径摆在面前;这是一场波澜壮阔的改革,需要我们的党投入最大的勇气和魄力,集中全民族最优秀的头脑和人才。从这一点来说,迟福林正逢其时。一颗从少年时代就埋下的忧国忧民的种子,在改革开放的春风里盎然萌发了,从此,他的智慧与人生,他的无限的赤子之情,全部倾注在改革的时代浪潮中。

致力于改革,是需要牺牲精神的。近30年来,迟福林一直以极大的热情,始终如一地从事改革研究工作,他的研究成果的重点内容没有一项离开过"改革"二字。他享受过成功的欣慰,也承受过压力与困难。但无论外部环境如何变化,无论遇到什么压力和困难,无论工作岗位如何变换,他一直执着于改革,并且努力走在改革研究的前沿,为中国改革出谋划策。

他,就是为改革而生的。人们如是评价迟福林。

改革军中的马前卒

从20世纪80年代初起,迟福林的身影就一直活跃在中国改革事业的最前沿,他呕心沥血,奔走呼号。改革需要系统而先进的理论研究作支撑,理论研究更需要在改革的持续实践中得到印证和发展,一个又一个难点、重点课题矗立在中国改革的前进道路上,这也是迟福林从事的"社会主义经济体制改革"研究面对的巨大挑战。30 年改革开放,30 年改革研究,使在春风里萌发的种子,成长壮大,硕果累累。

1984 年 9 月,迟福林进入中央党校理论部攻读硕士学位,在这里,他系统地学习了马克思主义经济学理论、深入研读西方经济学著作,为他的关于经济体制改革的宏大课题奠定了坚实的理论基础。他活跃的思维和出众的研究水平,得到学界的交口称赞,被任命为中央党校理论部学术组组长,成为党校的高才生。他的硕士论文《论社会主义初级民主政治》被《中国社会科学》作为重要文章刊用。

1986 年 10 月,迟福林调入中央政治体制改革研讨小组办公室工作。他的研究视野全面打开,他从事的"党和国家领导体制改革"和"民主政治建设"等一系列重大课题研究,取得了丰硕的成果。

1987 年 12 月,在海南建省的前夜,迟福林受海南建省筹备组组长许士杰之邀,来到这片世界瞩目的椰风热土,参与筹备建省的重要工作,担任海南省委政策研究室、海南省体制改革办公室主要负责人,并从此留在了海南,至今已整整 23 年。

1991 年 11 月 1 日,中改院成立,作为主要创办者之一,迟福林以此为阵地,历任常务副院长、执行院长、院长,在他的主持下,中改院的研究领域极其开阔,涉及改革发展中的诸多重大热点、焦点问题,召开了近 200 次以改革为主题的国际、国内学术研讨会,参加研讨会的国内外著名专家学者、政府官员近 4 万人次,在国际范围内的经济、社会研究领域享有很高的威望。中改院经过近 20 年创业,已成为在国内外有着广泛影响的网络型、国际化、独立性的改革研究机构。中改院发展模式被称为我国政策研究领域的"中改院现象"。

迟福林认为,智库要服务于国家战略需求,敢于直谏,使研究成果具有独到观点、前瞻性和可操作性,就要保持智库的独立性和客观性,关键要在研究体制、管理体制的安排上,要能满足客观性的要求,这种形式才能够公正地、客观地为政府决策提供智力支持。因此,在董事局的支持下,他敢为人先,用改革的办法办院,首先对该院的体制进行创新,在全国研究院所中率先打破自己的"铁饭碗",不要国家一分钱,"自谋生存,自求发展",使中改院成为中国第一家非盈利性股份制研究机构,再一次站在中国软科学发展的最前沿,为中国智库的发展提供了多种形式齐头并进的可行性探索。中改院实行董事局领导下的院长负责制,没有行政级别,打破了铁交椅、铁饭碗、铁工资。这种体制创新,其意义绝不仅仅是为国家节省了若干经费,而在于解放了思想,增加了活力,是中改院在改革研究中发挥独立作用、产生重大影响的重要基础。

迟福林是当代具有广泛影响的改革研究专家,他以服务于改革政策决策为己任,始终处于这一层面的最高端,屡次被邀到中南海向中央高层献计献策,也屡次被地方政府问计问策。90年代中期以来,他主笔提交的120多份改革政策建议报告,许多被直接采纳,有的被用作中央领导重要讲话和中央文件起草的重要参阅件,很多研究成果在改革决策中发挥了积极作用。

这些研究成就的取得,全部来自于深入扎实的基层调研,来自于迟福林对百姓生活的深切体验。在海南农村调研时,他看到这样一户极度贫困的家庭,丈夫年迈残疾,妻子瘫痪在床,儿子又有智障,而一次村里为他们争取来的补助只有5元钱,他震惊了,从此开始了对"赋予农民基本而有保障的公共服务"课题的深层次思索,并很快在国内率先提出"基本公共服务均等化"的倡议。他的研究高屋建瓴,从不营造空中楼阁,而是一砖一瓦,夯实有力。在迟福林的内心深处,总有一个声音在时刻提醒着:我是平民子弟,就是要关注社会民生问题、经济问题,体恤民众困苦,改善民生环境。因此,他的研究工作始终是从人民的利益出发。他在90年代初即主张加快产权制度改革,推进职工持股,使广大劳动者成为改革的普遍受益者;2002年提出建立人民市场经济,使广大劳动者作为市场经济的利益主体,同市场经济相结合;2003年提出政府转型,建设公共服务型政府;2004年他提出尽快建立惠及全民的基本公共服务体系,逐步实现基本公共服务均等化;2010年提出让农民工成为历史……无论是在国际学术会议上还是座谈会上,迟福林的发言都掷地有声,每一份建议都包含了其报国为民之心。

他说:"改革的终极目标就是为广大人民谋利益。"

他的身上,体现了高度的社会责任感和历史使命感,体现了一名中国知识分子高尚的爱国情操和深沉的社会良知。

身在海南,放眼全国

"他身在海南,却放眼全国。他现在是学者,却曾经是官员。他以研究经济体制改革见长,每年主持多个改革热点课题的研究,使中国(海南)改革发展研究院这个偏于一隅的学术机构放眼八方,蜚声海内外,使这个位居'天涯海角'的'学术重镇'以巨大能量辐射全国,成为中国改革研究重要基地。他,就是被称为改革'智囊'的迟福林。"——这是 2008 年《人民政协报》对迟福林多年改革研究生涯的概括。

人们评价迟福林的改革研究,突出特点是前瞻性、战略性和对策性。他主持的重大改革研究课题,无一不是影响国计民生和社会经济走向的焦点、热点、难点。由于他研究的超前性,最初提出的前瞻性观点,有些不被人们所接受并且引发争议,但他坚持研究,执着追求。实践证明了他的观点的正确性,逐步被社会广泛接受。20 年来,他和他领导的中改院,从"天涯海角",源源不断把一项又一项改革政策建议上报中央,辐射全国。他也由此被称为"迟改革"。

1991 年,迟福林提出社会主义需要市场,随后又最早提出从国有企业向国有资本过渡的改革思路;同年开始研究社会保障制度改革,提出建立从"以公积金为主、个人账户为辅"逐步过渡到"以个人账户为主"的中国社会保障模式;1992 年提出以股份制为主体的现代企业组织形式,主张全面推进企业股份制改革;他先后提出的"从国有企业到国有资本——关于建立现代企业制度的一种主张""国有资产市场化——国有企业改革的根本出路""建立国有控股公司深化国企改革重头戏""历史的必然——国有资产市场化""从整体上搞活国有经济"等观点产生了广泛影响,其中"我国股份制经济健康发展的正确方针"一文获全国人文科学优秀成果一等奖。《海南新体制构架与实践》获国家新闻出版署颁发的国家"八五"重点出版图书奖,"市场经济环境下国有经济的发展"一文获蒋一苇企业改革与发展学术基金优秀论文奖,"当前确立劳动力产权至关重要"一文获优秀社会科学论文一等奖。

1993 年至 1995 年,在我国经济进入高速增长的快车道,固定资产投资规模扩张过猛,通货膨胀居高不下的情况下,迟福林主持经济快速增长与抑制通货膨胀课题,提交了《在经济快速增长中有效地抑制通货膨胀的五十条建议》,受到相关部委的高度重视,被国家有关部委在制定政策时大篇幅采纳。

1996 年,迟福林主持商业银行体制改革课题,提交《以解决债务为重点加快商业银行体制改革的建议》,引起国家有关部委的高度重视。

90 年代中期,在进行劳动力产权理论研究的基础上,迟福林形成了一系列有影响的建议报告,包括 1996 年形成的《我国经济转型时期实行职工持股计划的建议》(20 条),1999 年形成的《建设有中国特色的职工持股制度的建议(25 条)》等,为中国职工持股以及经理人持股改革做出了重要的推动贡献。

1997 年至 1998 年,他主持研究"农民土地使用权"课题,提交了以"赋予农民长期而有保障的土地使用权"为题的改革政策建议报告,该建议报告被用作中央主要领导重要讲话和中共中央十五届三中全会决议起草的参阅件;《赋予农民长期而有保障的土地使用权》被十五届三中全会决议直接采用,《农民承包土地的使用权至少 30 年不变》《赋予农民土地使用权的物权性质》《应当给农民承包土地使用权的抵押权》等建议,在起草《中华人民共和国农村土地承包法》过程中被用作参考资料。

1998 年至 1999 年,他主持研究"国有企业公司治理结构",形成的研究报告被中共中央十五届四中全会文件起草组调用 50 套作为参考资料。

1998 年至 2002 年,迟福林连续 5 年主持"基础领域改革"课题,重点研究电信、电力、铁路、民航等垄断性公共部门的市场化改革,提交的调查报告、研究报告和政策建议报告在基础领域改革政策决策过程中发挥了积极的影响。有专家指出,当时形成的研究成果对目前深化垄断领域的改革仍有重要的参考价值。

2003 年 SARS 危机期间,迟福林对这一危机背后隐藏的深层次体制问题进行了深入思考,率先提出政府转型,即由"经济建设型政府"向"公共服务型政府"转变。迟福林认为,改革开放以来,我国经济高速增长,但是政府投向公共医疗卫生、教育、社会保障等社会事业的财力没有跟上经济增长的步伐,形成这一问题的主要原因在于,政府仍是一个经济建设型的政府,政绩考核中经济指标优先,在一定程度上忽视了经济发展归根结底是为了人的发展。为此,迟福林提出建设公共服务型政府,他认为政府改革是我国下一阶段改革的中心和重点,建设公共服务型政府是其基本目标,要以人为本,着眼于解决当前最突出的经济社会矛盾,为社会提供最基本的公共产品和公共服务,加快解决政府转型中事关全局的重大体制问题。

此后,迟福林在政府转型研究领域形成了大量学术成果和政策建议报告,在多次参加温家宝总理主持召开的国务院专家座谈会上,迟福林都建议加快推进政府转型的实际进程,对改革理论和实践产生了重要影响。除了在公共服务体制上需要加大政府转型力度外,他在行政体制改革方面也率先进行了相应的研究。一是在大部门制改革上,2005年就提出了"行政范围内三权分立"的思想,认为只有把政府决策、执行和监督职能分离开,并相互协调、相互制约,才能形成良好的权力运行机制。二是在中央地方关系上,提出调整与改革"以经济总量为导向"的中央地方关系,尽快实现中央地方关系从"以经济总量为导向"向"以基本公共服务均等化为重点"的转变。

2004年,迟福林率先提出推进基本公共服务均等化。迟福林认为,我国社会矛盾出现了新的阶段性特征,其中一大矛盾是全社会公共需求全面快速增长同公共服务不到位、基本公共产品短缺之间的矛盾。他强调,我国在成功解决私人物品供应之后,已开始进入公共产品短缺时代,需要加大公共服务投入,解决基本民生问题。为此,他在向中央呈报政策建议报告的同时,多次在参加温家宝总理主持的国务院专家座谈会上提出基本公共服务均等化和建立公共服务体制问题。2004年,他在参加温家宝总理召开的专家座谈会时,建议要加大公共服务支出在中央财政总支出中的总量与比例,特别是要逐年加大社会性公共服务的比重,推进基本公共服务均等化进程;2006年,他在参加温家宝总理主持召开的专家座谈会时,提出把行政管理体制改革作为"十一五"时期改革攻坚的重点和关键的建议,并建议要在"十一五"期间全面解决农民低保问题。这一建议被中央在政策实践中采纳,时隔不到三个月,中央就出台决定,在全国全面推开农村低保工作,比"十一五"规划中提出"有条件的地方建立农村最低生活保障制度"提前了五年。

迟福林在基本公共服务领域的探索与研究产生了广泛的政策影响和社会影响,受托完成了多项重大政策咨询课题。2007年,受联合国开发计划署委托,迟福林带领中改院研究团队,承担《中国人类发展报告》的研究撰写工作,形成以"惠及13亿人的基本公共服务"为主题的《中国人类发展报告2007/08》。在这份《中国人类发展报告》中,迟福林提出,在发展市场经济的背景下,建立惠及 13 亿人的基本公共服务制度和体系,推进基本公共服务均等化,是中国人类发展的必由之路。就其所涉及的人口规模而言,在世界上是空前的;就其制度建设对于实现全面小康社会目标的意义而言,可以同近 30 年的市场经济体制改革相提并论。这些观点,引起国内外广泛关注。此后,又在基本公共服务方面,他特别关注农民工问题,2010 年提出"让农民工成为历史"。他认为,转变发展方式,重要的是把 13 亿人的社会需求释放出来,以形成消费主导的基础条件。这就需要加快城市化进程,把 7 亿多农民的潜在消费需求转化为现实需求。他特别指出,我国已进入城市化、城乡一体化加快推进的重要时期,解决好"农民工"问题,既关系城市化进程,又关系和谐社会建设,牵动我国发展方式转型的全局,建议"让农民工成为历史",并将此作为"十二五"改革发展的重要任务和政府转型的约束性指标。这个观点引起广泛关注。

迟福林已从踌躇满志的改革研究初尝者转变成为著作等身、具有广泛影响力的改革研究专家。丰硕的成果是他继续钻研、孜孜以求的新起点。近些年,他以政府转型研究为重点,形成了许多重要的研究成果。这些研究成果,不仅对新阶段的经济社会转型具有重要参考价值,而且也有可能成为影响我国后转型时代经济社会发展的重要课题。

痴心热土,20 年的梦想与追求

与此同时,海南经济特区 23 年改革发展的多项重大战略决策,都与迟福林的研究密切相连。迟福林当初提出的许多具有前瞻性的设想都在逐步成为现实。当地干部群众亲切地称他为"海南用心做事的人""海南难得的人才",是海南改革发展最具悟性和最务实的智囊之一。

1988 年至 1993 年,迟福林主持海南省委政策研究室和海南省体制改革办公室的全面工作,负责海南特区"企业股份制改革"和"社会保障制度改革"的研究与实践,主持创立"个人账户与社会共济相结合"的社会保障海南模式,为海南特区率先进行企业股份制改革和社会保障制度改革在全国产生广泛影响做出了贡献。随后又主持"海南特别关税区"课题,形成上、中、下三个总体方案和可行性研究报告,得到多方面的赞同。

90 年代中期,迟福林主持琼台农业项下自由贸易研究课题,形成《关于实行琼台农业项下自由贸易的建议》报告,引起中央有关领导的高度关注;他长期坚持洋浦自由港区研究,多次向海南省委、省政府提交关于洋浦自由港区建设的研究报告和建议报告,为中央相关部委和海南省委、省政府的洋浦经济开发区建设发展决策提供了研究支持;他主持海南特色经济结构和更具活力体制机制课题研究,提交《突出"特"字——构建具有海南特色的经济结构和更具活力的体制机制》研究报告。

2001 年我国入世在即,迟福林主持海南经济特区通过产业开放拉动产业升级的研究,首次提出建设海南国际旅游岛的建议,2002 年提交了《建立海南国际旅游岛可行性研究》报告,2007 年主持完成《推进海南国际旅游岛建设(总体方案)》;2008 年根据海南省政府的委托,研究提交《海南国际旅游岛建设行动计划》;2009 年主持完成《海南国际旅游岛——政策需求与体制安排》,省委书记和省长做出重要批示,要求海南省各有关部门参阅,并将相关建议上报中央相关部委。

2010 年 1 月 4 日,国务院正式出台《关于推进海南国际旅游岛建设发展的若干意见》,海南国际旅游岛正式上升为国家战略,实现了从学者建言到国家战略决策。一石击起千层浪,海南再一次成为中国新的历史时期改革开放的关注点。6 月 8 日,《海南国际旅游岛建设发展规划纲要》正式获得国家发改委批复,它勾画了海南国际旅游岛建设基本蓝图,更为关键的是,它提出了建设国际旅游岛行动纲领,让我们清晰地看到了今日海南走向明日海南的必由之路。

迟福林最早提出建设海南国际旅游岛,这是他立足海南实际,多年探索与追求的结果。

从 1987 年 12 月踏上海南这片热土,迟福林就把无限的深情投入其中。海南建省 20 周年之时,他曾把汇总了长期以来自己从事海南改革发展研究成果的专著,定名为《痴心热土——20 年的梦想与追求》,他在序言中情不自禁地写道:"这个书名虽然少了点学术味,却有很鲜明的情感色彩。这 20 年来,正是这份情感,支撑着我对海南研究的热情和执着。为此,我十分珍惜自己寄予每篇文章中的那份情、那份爱。这些梦想和追求,将伴我终身。"

他亲自参与海南建省办经济特区,又在这里经历了从政府官员到研究学者的人生转变。

他的许多研究促成了海南改革发展的重大战略决策，又是在这里，他建成了中国当代真正意义上的民间智库机构。

他是这块热土崛起的亲历人和实践者，这里发生的每一次成功、每一次挫折，都会牵动他拳拳的守望之情。

海南的发展之路是坎坷的，几次大起大落，交织着改革的艰辛与勇毅、痛苦与喜悦。海南曾经因要建成中国最大的自由贸易区、特别关税区而举世瞩目，引来无数投资的热潮；曾经在20世纪90年代中期陷入低落期，有一年的经济增长速度甚至低于西藏，排在全国的后面。海南的出路在哪里？开放的脚步应该迈向哪个方向？面对海南的发展迷局，迟福林的内心是极其焦虑的，他要破解这个迷局。

从迷局中走出，迟福林经历了三个思考阶段：

第一个阶段，正当海南最低落的90年代中期。迟福林感觉到，随着内外环境的变化，区域性开放的可能性已经不大，1998年，他给海南省委提出"产业开放拉动产业升级"的建议，认为只能走产业开放的路子，积极寻求中央的支持。然而产业开放的突破口又在哪里？

第二个阶段，在海南的发展之路上，迟福林的思路是明晰的、坚定的，他一直坚持着这样的观点：海南不能走传统工业化的路子，即使要发展工业，也是新兴工业，真正的出路在于发展以旅游为重点的现代服务业，充分利用资源优势、区域优势、环境优势，海南真正的中长期发展潜力、发展战略应该在这里。只有跳出海南看海南，立足于国内的需求，乃至国际的需求，才能清醒地谋求海南的出路。2000年，迟福林把突破口落在建立国际旅游岛上，2001年、2002年，他以海南省政协常委的身份，在省政协会议上多次提出了这个提案，并以中改院的名义向海南省委递交了研究报告。

第三个阶段，从2004年开始，海南的经济形势有所好转，到2008年建省20周年时，要建自由贸易区的说法又一次成为全省上下热议的话题。迟福林的头脑依然是冷静的，经过了这几年对国内、国际经济和社会发展的大趋势的务实研究之后，他的构建国际旅游岛的态度更加坚定了，一个关于海南国际旅游岛未来发展的行动路线图大致被勾勒出来。

从2000年到2010年，从第一次提出建设海南国际旅游岛的概念，到国务院正式出台《关于推进海南国际旅游岛建设发展的若干意见》,迟福林的坚执,体现了作为学者的科学缜密的研究态度,更体现了作为改革智囊的高瞻远瞩的战略眼光。

第二次改革,他的脚步永不停歇

2010年,一本探索中国未来30年的强国之路的专著,一年六次加印,成为畅销书,引起社会各界的广泛关注。一些国家部委、省市地方政府把它作为干部参考读物,理论界也形成基本共识,并且在多方面加以引用。不少省市发改系统、政研系统把它作为制定"十二五"规划的指定参考书。人们评价它:这是一本鲜明提出"第二次改革"的研究专著,是一本改革版的"大国崛起策"。

这本书就是迟福林于2010年1月出版的专著《第二次改革》。书中,他深刻分析了当前的发展形势,认为,经过改革开放以来30年的努力,我国已经成为一个经济大国、一个开放大国;在未来的30年,我国发展的内外环境发生了重大变化,我们能否尽快成为一个经济强国、一个开放强国,基本实现现代化,是值得我们深入思考的重大问题。

由此,他明确提出了我国"从生存型阶段进入发展型阶段的阶段变化"这一非常重要的判断。他认为长期以来我国处于发展的初级阶段这个定位是对的,但经过30年的发展,阶段性特征开始发生变化了,正由以温饱为目标的生存阶段,进入以人的自身发展为目标的发展性阶段,老百姓的发展性消费支出,已经逐步大于生存性支出了,孩子上学的问题、看病的问题、养老的问题,食品安全、药品安全,这些比吃饭穿衣的问题要迫切得多,即使在农村,这个变化也在逐步显现出来。他提出,从生存型阶段向发展型阶段过渡,是我国30年改革发展的必然结果,也是新阶段我国改革发展的重要背景。新阶段我国改革发展面临的许多问题,需要结合这些宏观层面的结构性变迁来思考和分析。在生存型阶段,发展的主要目标之一是解决温饱问题;进入发展型阶段,尽管经济发展水平还有待提高,但全社会大多数人的温饱问题已得到初步解决,发展的目标逐步聚焦于人的自身发展。在社会发展的新阶段,广大社会成员要求加快经济、社会与政治体制的全面创新,使之与发展型阶段的消费结构、经济结构和社会结构相适应。

这个判断,是迟福林和他的研究团队的首创性贡献。一个国家或地区,在不同的发展阶段,面临的突出矛盾和问题是不同的,由此采取的发展战略与模式也应该适时做出调整。没有一种发展战略和发展模式可以普适于任何时期。因此,迟福林提出发展阶段变化的理论,为研究发展方式转变奠定了理论基础,丰富了"新阶段"内涵,为观察中国问题提供了一个新的视角。从 2007 年提出至今,它的影响力越来越大,越来越深入人心。

与改革同呼吸、共命运的 30 年,迟福林探索的脚步从未停歇。他熟知改革开放历程,并把它们纳入自己的研究视野之下。当人们为 30 年所取得的伟大成就欢欣鼓舞之时,迟福林的思考走得更远,面对已取得的成就和当前国内国际形势,他冷静而客观地进行着一系列改革课题的研究。

迟福林的目光是敏锐的。在对外部发展环境的分析中,迟福林提出了后危机时代国际环境变化趋势的基本判断,归纳为"一个到来、两个终结",即世界范围内经济结构大调整时代到来,我国"大进大出"时代结束和"高投资、高增长"时代的结束。

在内外环境变化的大判断下,迟福林提出,我国传统经济发展方式到了难以为继、非改不可的地步。过去 30 年中积累的发展方式的弊端,需要通过更大决心的改革进行全面矫正。为此,2009 年迟福林提出,推进以发展方式转变为主线的第二次转型与改革。第一次转型始于 1978 年党的十一届三中全会开启的经济体制改革,其主题是解放和发展生产力,目标是建设社会主义市场经济体制;第二次转型则是以实现公平与可持续发展为目标,形成有中国特色的发展方式。第二次转型实质是"发展方式转型",就是努力调整经济结构,实现我国从生产大国向消费大国的转型。

迟福林的思索是务实的。从日益升温的中小学生留学热中,他看到的是我们的教育产品的提供远远不能满足国内千家万户的实际需求,中国人的这种消费支出都成了拉动国外经济增长的主要动力了。以点窥面,他提出当前人民日益增长的物质文化需求已经不是吃饭穿衣了,而是教育、医疗等公共产品短缺,这个时候,作为政府的主要任务,应该从一般的经济建设转到以公共服务为中心,把老百姓的公共服务需求解决好了,才能释放社会巨大的总需求,实现扩大内需;才能真正地改善民生;才能实现公平、有秩序的可持续科学发展。

"发展方式转型",迟福林最早把它写入由他主持、国家发改委委托的"'十二五'改革规划研究"课题成果中,他明确建议,"十二五"改革应以发展方式转型为主线,这个主线下面还必须有三条具体主线:一是以加快市场化改革为主线的经济体制改革;二是以社会转型为主线的社会体制改革;三是以政府转型为主线的行政管理体制改革。这一研究成果,在他的《第二次改革》《第二次转型》著作中,有着系统而详尽的阐述。在书中,迟福林从促进发展方式转型角度出发,系统地提出了"三个改革"与"三大力"的关系,即:以市场化改革释放转变发展方式的活力;以社会体制改革形成转变发展方式的动力;以行政管理体制改革形成转变发展方式的合力。国内外众多经济学家评价,这个系统的提法令人耳目一新。

迟福林提出,我国经济发展方式转变的实质,是实现发展导向由经济总量向国民收入的历史性转变,走公平与可持续的科学发展之路。实现这一目标的关键,在于确立并实施民富优先的改革导向,民富优先的改革是释放社会总需求的现实选择,是扭转收入分配差距的现实需求,是实现公平发展、构建和谐社会的基本途径。目前,迟福林正与他的同事们进行"民富优先的改革——中国直面'中等收入陷阱'的选择"的研究,希望提出有参考价值的建议,为改革政策决策服务。

有人对迟福林笑言:"你也不当官,成天奏折子。"在迟福林看来,这不仅是因为自己是一名改革研究专家,他所做的,更是一名全国政协委员的职责所在。他说:"这个委员的身份太重要了。第一,给我一个很重要的平台,可以通过这里去和中央各有关部门直接沟通。第二,我收到一些提案,通过提案来处理一些问题,比如说,我建议全国要尽快形成基本公共服务均等化的规划,你看全国正在作这个规划。第三,所有委员在一起议论问题,收到的综合信息量也大了,所以全国政协委员的身份和我的工作完全紧密结合在一起了,我的研究工作也为我做好政协委员奠定了基础,而政协委员这个岗位又给我履行我作为政协委员的职责和改革研究者的职责,提供了一个十分重要的平台,我很珍惜这个身份。"

(作者　王蓉辉)

以"民富优先"为导向凝聚改革共识[*]

——访全国政协委员、中国(海南)改革发展研究院院长迟福林

中国(海南)改革发展研究院院长迟福林所倡导的"民富优先"改革导向,影响甚广。他认为,一定要明确"民富优先"的改革导向,凝聚改革共识,增强改革动力,扩大改革参与,转变政府职能,解决老百姓公共需求旺盛与公共产品短缺这一主要矛盾。

在"十二五"时期,中国的改革将会步入一个关键时段,如何凝聚改革共识,突破利益集团阻挠,将对中国改革形成巨大考验。在 2011 年全国两会开幕之际,迟福林接受了《中国经济时报》记者的专访,再次对中国的改革形势做出明确判断并提出总体的路径建议。

从"国富优先"转向"民富优先"

《中国经济时报》:一般认为,现在改革难以推进的原因有两点:一是缺乏改革共识;二是既得利益集团的阻挠力量太大。那么在思想层面上,这种改革的共识,应该如何形成?

迟福林:现在不是社会广大成员不支持改革,而是我们要明白改革的方向在哪里,改革的动力在哪里。从很多现象可以看出,现在大家都关心下一步改革的走向,而且对改革抱有很大的期望,问题在于,有些重大的改革我们迟迟没有行动,很多改革走到半路就停下来了,而且还有往后走的倾向,比如垄断行业的改革。

---

[*]　载《中国经济时报》,2011 年 3 月 4 日。

由于利益关系的掣肘,某些改革,变异的东西比较多,比如保障性住房,有些就打着保障性住房的幌子,去给公务员、中高收入群体解决住房,这样大家肯定有意见,大家对保障性住房本身肯定是支持的,但是如何将之置于社会监督之下,如何更阳光一些,这就是大家的期盼。

如何才能形成改革共识呢? 我认为,改革取向要十分明确,让老百姓看到希望,重要改革一定要加强透明度,也很需要改革的决心和魄力,当然,改革共识的形成还取决于发展理念,改革共识和发展理念的转变是紧密联系在一起的。改革总是要靠各级政府去推,但如果地方政府还是坚持"增长就能代替一切",那我们怎么去改革?

《中国经济时报》:既得利益集团阻挠也是一个大难题,大家对这个问题的讨论也持续了很长时间,但并没有在实际层面形成大的改变,破解这个老大难问题究竟应该有什么样的思路?

迟福林:的确,这是改革当中最大的问题,解决这个问题的思路,我认为需要注意这么几点:第一,明确改革的导向,我现在提出"民富优先"为导向的改革,过去我们很突出"国富优先",现在需要转变了,把"民富优先"的改革导向提出来,改革的动力就增强了,改革的参与就积极了。第二,增加改革的透明度,提高社会的关注度,形成一定的社会压力。第三,形成整个改革过程中的利益协调机制,比如工资协商机制,通过谈判、协商,得到大家都认可的一个结果。第四,关键取决于顶层设计,就是改革能否有魄力来打破垄断,有些问题,比如垄断行业的改革问题,不说是能不能改,而是能不能下决心去推动改革。

改革越来越集中要求政府转型

《中国经济时报》:在"十二五"规划建议中,提出要加强改革的顶层设计和总体规划,要大力推进经济体制改革,积极稳妥推进政治体制改革,加快推进文化体制、社会体制改革,那么在顶层设计过程中,应该如何去认识和处理它们之间的关系? 当前,改革的重点应该放在哪个领域?

迟福林:从现在来看,经济矛盾与社会矛盾已经高度融合在一起了,比如收入分配问题,既涉及经济的内生增长动力,又涉及社会的诸多突出矛盾,比如贫富差距、社会公平问题。现在的改革,越来越集中到政府的转型上,对政治体制、行政体制的改革要求越来越迫切,如果行政体制改革没有多大突破,我们就很难取胜。

我的思路是,适应社会公共需求的变化,来推进全面改革。现在,老百姓的公共需求变了,公共产品短缺成了主要矛盾,这就需要加大公共产品的供给,毫无疑问,就需要建立公共财政,进一步要求建立公共政府,老百姓需要公共监督、公共参与,最后走向公共治理。

现在改革的复杂性增强,利益的关系问题更复杂了,这就更需要高层次的统筹协调,也需要更高层次的魄力和决心来推动一些问题的解决,这样改革才会不失所望。"十二五"是转型的关键时期,"二次转型"依赖于"二次改革"。

《中国经济时报》:完善社会主义市场经济体制,是我们始终都要面对的一项重大任务,这个完善的过程也是艰辛的,在"十二五"乃至更长一段时间,还会面临哪些问题?

迟福林:总体来讲,我们的市场化改革还有很多深层次矛盾,从国有垄断行业的改革来看,市场化改革就严重不到位。再比如,市场在资源配置中的作用和在资源性产品价格中的表现,改革也没有完全到位。再比如,现在民营经济虽然有很大发展,但民营经济如何平等参与市场竞争,依然存在很多制度障碍。再比如政府转型,可以说,政府服务还未完全到位,政府服务如何适应经济发展,这也是一个棘手的问题。

我们是强化政府主导下的市场作用,还是加强市场主导下的政府作用?这是当前最突出的焦点问题。我认为在经济生活领域,应该发挥市场的主导作用,在这个前提下,更有效地、充分地发挥政府的公共服务作用,尤其经济性公共服务作用,包括工业化、宏观政策的稳定、市场的监管、重大的基础设施建设,等等。只有把这个问题搞清楚了,市场化改革才能正确地往前走,而不至于去折腾、去走回头路。

(记者 岳 振)

释放改革红利需要顶层推动[*]

"要始终把改革创新精神贯彻到治国理政各个环节""改革开放取得重大进展",但"制约科学发展的体制机制障碍较多,深化改革开放和转变经济发展方式任务艰巨"。

党的十八大报告中,"改革"成为最热的词汇——被提到 86 次,其中 2 次提到"全面改革",5 次提到"深化改革"。报告明确提出了全面建成小康社会和全面深化改革开放的目标,要实现这"两个全面"的目标,必须推进经济建设、政治建设、文化建设、社会建设、生态文明建设"五位一体"的改革。

"我国已经进入一个以调整利益关系为重点的全面改革阶段,改革的迫切性进一步增强,利益关系错综复杂,改革推进非常艰难。"全国政协委员、中国(海南)改革发展研究院院长迟福林在接受本报记者采访时表示,在这样一个特殊阶段,尤其需要中央的协调,需要顶层推动,否则改革很难顺利进行。

从 1986 年进入中央政治体制改革研讨小组办公室工作算起,到现在担任中国(海南)改革发展研究院院长,在 20 多年时间里,迟福林一直都在关注、研究改革问题。

他认为,党的十八大提出"五位一体"的全面改革任重道远,改革攻坚克难重在改变现有的利益格局,要加强改革的顶层设计和顶层协调。

从顶层设计到顶层推动

"顶层设计"已经成为中国这两年的热词,从"十二五"规划建议到十八大

---

[*] 载《人民政协报》,2013 年 1 月 1 日。

报告,再到中央经济工作会议,都提到加强"改革顶层设计"这一概念。

"十八大报告在论及深化行政体制改革时称,要'完善体制改革协调机制,统筹规划和协调重大改革',这传达出一个非常重要的信号,说明高层已经认识到完善体制协调机制的重要性,将在下一步的改革中付诸实施。"迟福林说。

迟福林认为,改革的顶层设计非常关键。我国许多领域的改革已进入深水区,必须通过明确、统一、科学的顶层设计来集聚人心,推动重大改革进程。

"过去30多年来,改革已经形成一大批既得利益者,再加上地方利益、部门利益、行业利益,盘根错节,改革阻力重重。所以说需要一个超越各方之上的顶层设计。但从近年来的改革实践来看,仅仅有顶层设计也是不够的。"迟福林说。

许多领域的改革,由于低效率重复,难有大的进展。比如垄断行业改革,各种利益关系纠结不清,改革阻力相当大。有些改革说了许多年,尚未破题;有的虽然提出了方案,但是没有实质性突破;某些改革在既得利益掣肘下扭曲变形。这种状况需要顶层设计,更需要顶层推动。如果没有高层次的协调和推动,改革就会被这些错综的利益关系所阻碍。

在十八大报告强调全面深化经济体制改革之后,中央经济工作会议又对改革的方向、路径做出新的表述,提出了一系列新要求。

对此,迟福林认为,如今内外环境变化使国内经济发展方式转型压力不断加大,过去"头痛医头,脚痛医脚""单兵突进"式的改革方式,已经难以适应新形势,也无法应对新挑战。

"推进一项改革,往往涉及多方的利益调整;化解一种矛盾,很可能要触及许多其他矛盾。现在改革已进入深水区,'帕累托改进'的空间越来越小。第二次转型与改革更多涉及包括政府体制在内的存量的制度变革,其深刻性、复杂性远远超出第一次转型与改革。这就更需要一个比30多年前的体改委更高层次的改革综合协调机构。因为各个部门有自己的利益,如果没有超越部门利益之上的力量,许多利益关系确实很难协调。"迟福林认为。

对下一阶段改革的路径和重点,迟福林认为,首先要明确重点推动哪些方面的改革?各个领域改革的突破口是什么?三年、五年、八年分别要达到怎样的改革目标?尽快制定清晰、明确、可操作的改革路线图、时间表,实施有序改革,实现稳步突破,充分释放改革的红利。

改革红利在哪里？

那么我国改革的红利在哪里？

"未来 10 年，我国改革的红利就在于以城镇化为依托的巨大内需潜力，有着转型与改革的巨大空间，以及由此形成的重大战略机遇。"迟福林说。

他认为，城镇化蕴含着巨大的内需潜力。未来 10 年城镇化率年均提高 1.2 个百分点，将再有 2 亿农民进入城镇，加上现有的 1.6 亿农民工，新增城镇人口将达 4 亿左右。按较低口径，农民工市民化以人均 10 万元的固定资产投资计算，也能够增加 40 万亿元的投资需求。

"释放城镇化的内需潜力，关键在改变传统的城乡二元结构，真正解开这个'二元方程'，这涉及多方面的体制问题，需要统筹解决。"迟福林说，例如：能不能在未来的 5 年左右初步解决农民工市民化问题，并由此为流动人口管理寻求新路。此外，还包括户籍制度改革、土地制度改革、人口政策的调整、行政区域调整、行政体制改革、财税体制改革、农村社区体制建设等多个方面的制度创新。只有这些方面的改革破题了，才能为人口城镇化的转型发展提供动力和条件。

对扩大内需这一战略选择，国内有专家持有不同意见，认为未来 5~10 年的经济增长，我国究竟是以投资为主还是重在扩大消费还需要商榷。对此，迟福林认为，我国尚处在转型发展过程中，保持一定的、合理的投资率符合基本国情。

"问题在于，多年来投资率居高不下，投资规模增长过快，由此使投资消费失衡成为经济生活中的突出问题。因此必须推进投资转型，谋求投资与消费的动态平衡。"迟福林说。

他认为，未来 10 年，必须通过改革使消费成为增长的内生动力；使多数人能公平地分享经济发展成果；使市场保持充分的活力和效率；使资源环境可持续；使政府以公共服务为中心。

（记者　李林少）

迟福林：未来行政体制改革

——放权、分权、限权[*]

今天上午，全国人大通过了《国务院机构改革和职能转变方案的决定（草案）》，人民网特邀中国（海南）改革发展研究院院长、十二届全国政协委员迟福林做客"强国论坛"，以"国务院机构改革和职能转变"为主题与网友进行在线交流。

此次国务院机构改革有哪些亮点？

迟福林：这次机构改革职能转变方案有三大亮点：

一是机构改革和职能转变相结合。以往的 6 次都叫国务院机构改革方案，这次两者结合在一起，所以突出了以职能转变为核心的机构调整的突出特点。

二是体现在两个放权。虽然这次机构调整数量不大，但是在放权的思想方面相当明确，向市场放权、向社会放权、向地方放权，并且对如何放权提出了一些具体的措施。

三是回应社会热点问题。比如食品药品安全问题，回应了社会食品药品长期以来存在的多头管理，谁来负具体责任、主要责任的问题。这次法案强化监管主体的责任，为食品药品安全提供了组织保障。

---

* 本文来源于迟福林委员做客人民网"强国论坛"，2013 年 3 月 14 日。

大部制改革如何才能"换汤更换药"?

迟福林:大部制改革的实质,一是强调职能转变;二是强调强化决策主体,提高决策的质量和效益;三是优化权力机构。从现在来看,大部制的改革在形式上有了一定的进展,但是如何调整转变职能,在转变职能的前提下优化权力结构,依然处在探索的阶段。

下一步大部制改革,重点是在调整优化权力结构上下功夫,比如说国务院主管部门主要是负责决策的,如何把一些相关的具体执行事项分离出来,如何把一些监管事项分离出来,建立独立的监管机构——这些调整是更深刻的调整,所以要实现决策权、监督权相互制约的目标要求还有很长的路要走,走到这一步才能说大部制改革真正达到目标了。

改革凸显不可逆性和政府决心之可贵

迟福林:此次改革背后的压力很大。第一个压力是机构改革和职能转变涉及部门利益的重大调整,调整部门利益是改革当中面临的一个最突出的矛盾和问题,无论是铁道合并到大交通里面,还是其他相关部门的调整,都直接涉及部门利益、行业利益。

第二个压力是这次以放权为重点的职能转变削弱一些部门的权利,向市场、社会、地方放权。拿社会组织举例来说,社会组织未来登记不需要挂靠部门,这个权力对有些主管部门来说是很大的,但是不取消这样的权力,社会组织是很难得到快速发展的,所以削弱政府的相关权力,也是有一定压力的。面对部门利益、行业利益和削减政府的某些审批权力,体现了改革的不可逆转特点和政府的决心、魄力。

未来行政体制改革——放权、分权、限权

迟福林:大部制改革是政府机构改革和职能转变的一个重要抓手,不是改革的目标。要把大部制改革做好,确实需要行政体制、政治体制改革到位,

有所突破。未来的行政体制改革我概括为六个字：放权、分权、限权。放权这次体现得很好，提出了一些放权的重点。

分权，主要是决策权、知情权、监督权相互制约。在制约的前提下才能相互协调，在这一块应处在改革探索当中，在现在方案的基础上逐步加大力度。

限权，这次机构改革方案提出来要有更好的监督权利，我认为要把监督权利和社会权利相结合，只有这两者结合起来，才有可能找到一条把权力关进制度的笼子里的有效途径。

（记者　朱书缘　　实习生　张晓莉）

"不能只做大蛋糕，还应该分好它"*

——全国政协委员迟福林谈收入分配改革

★核心观点

未来几年把收入分配改革作为新改革的突破口有助于促进发展方式的转变，实现公平可持续发展的目标，解决社会管理创新的一些问题。

收入是民生之源。近年来，收入分配制度改革成为百姓最为关注的话题之一。今年的《政府工作报告》提出，要深化收入分配体制改革，努力缩小收入差距。收入分配制度到底怎么改？难点在哪儿？两会期间，记者就此问题采访了全国政协委员、中国（海南）改革发展研究院院长迟福林。

盼望改革细则尽快出台

2013年年初，《关于深化收入分配制度改革的若干意见》出台。一年后的今天，相关实施配套细则还未出台，各方翘首以盼。

"今年是全面深化改革元年，百姓对此非常期待，到了该出台的时候了。"迟福林近年来一直在研究改革，在他看来，改革的突破口就是收入分配，而他今年的提案之一，正是建议尽快推出收入分配改革方案。

"未来几年把收入分配改革作为新改革的突破口，有助于促进发展方式的转变，有利于实现公平可持续发展的目标，也有利于解决社会管理创新的一些问题。"迟福林说。

我国收入分配的差距究竟有多大？据国家统计局2013年首次公布的基

---

* 载《人民政协报》，2014年3月20日。

尼系数显示,近 10 年来,中国基尼系数始终位于 0.4 以上,2012 年达到 0.474,超出国际公认的"警戒线"。

"民众普遍期望收入分配改革能尽快推进,以缩小贫富差距,从目前看来,条件已经基本成熟。"迟福林说。

形成"橄榄型"分配利益格局

"提低、扩中、控高"一直是公认的收入分配改革思路。在此基础上,迟福林更加强调"扩中"的重要性。他认为,应把扩大中等收入群体作为调节利益关系和收入分配的一个重点。

"目前我国中等收入群体只占 25％左右,如果到 2020 年不能达到 45％,那对我国拉动消费,形成橄榄型社会结构都会带来很大影响。"迟福林建议,利用财政手段,加大转移支付的力度,通过兴建保障房、加大公共教育、增加公费医疗等手段,实际增加中低收入阶层的收入,缩小收入差距。

在许多人看来,收入分配改革的难点在"控高",迟福林对此表示认同。怎么"控高"? 迟福林给出两条路径:一方面通过财产税、遗产税、个人所得税等税收方式加大对国有企业高管高收入的控制;另一方面适当提高中央企业国有资本收益上缴比例,新增部分的一定比例用于社会保障等民生支出,使城乡居民直接受益。

分配要合理更要公平

迟福林分析认为,造成收入分配差距较大的因素很多,如行业收入差距、城乡收入差距等,但他最关注财产性收入差距带来的影响。"其实,财产性收入是贫富差距的突出性问题,比如有房子的人,随着房价上涨,财产收入就增加了,但是没有房子的人,就没有这部分收入增加。"

如今,分配不公的问题越来越引起社会的关注,引发的矛盾日益突出。"政府在这个时候应该有决心和魄力,不能只做大蛋糕,还应该分好它。"在迟福林看来,收入分配越公开、越透明,对改革越有利。他建议,尽快建立完善基础数据信息体系,加快居民个人收入记录和统计,争取尽快覆盖所有的城乡居民;其次是加快建立规范的现金管理制度,健全现代支付和收入监测体系,包括落实金融账户实名制,完善机关和国有企事业单位财务报销制度等。

发挥税收的杠杆作用

收入分配改革是块难啃的"硬骨头",如何啃?除了提高收入外,迟福林给出的良方是,把税收作为调节收入分配的手段。

"一方面,可以通过降低个人所得税等方式来减轻中低收入者的税负,不过仅仅提高个税起征点显然不够,因为人人都有交税的权利,即使交一块钱,也体现了对国家的责任义务。"迟福林认为,税制改革要在大家都有纳税义务的前提下,加大对高收入群体的税收调节力度,而目前征收遗产税的条件已经比较成熟,应尽快出台相关法律法规。

另一方面,迟福林建议对微型企业、中小企业进行结构性减税,以此来促进中小企业发展,从而带动更多人就业,壮大中等收入群体。"还应该有效控制财政收入过快增长,有效控制行政成本过快增加,使城乡居民在国民收入分配格局中的比重明显提高。"

(记者　汪愈佳)

以壮士断腕的勇气直面改革大考[*]

——访中国（海南）改革发展研究院院长迟福林

推进国家治理体系和治理能力现代化是新的改革大考。我国将由此迈进现代化国家行列。

发挥市场的决定性作用，这是历史性重要突破，是实现全面改革的实质性突破。

突破利益固化藩篱，这是改革历史上面对的重大难题。触及利益比触及灵魂还难，改革大考就是要敢于以壮士断腕的勇气去推进。

记者：党的十八届三中全会做出了《中共中央关于全面深化改革若干重大问题的决定》，就全面深化改革进行部署。在中国改革正处于深水区和攻坚阶段关键点上，我们应当怎样认识这一战略抉择的重大历史意义？

迟福林：全面深化改革是我们党执政以来经历的第三次大考。1949 年七届二中全会后毛泽东同志提出的"进京赶考"，是第一次历史大考；1978 年十一届三中全会确定"以经济建设为中心"、开启改革开放的历史进程，是第二次历史大考。面对中国经济社会发展的重大历史转折时期，《决定》以重大问题为导向，提出了面向 2020 年的三道大题。

第一，"推进国家治理体系和治理能力现代化"是新的改革大考。考得好，我国就将走上公平可持续的发展之路，迈进现代化国家行列。

第二，发挥市场的决定性作用，这是历史性重要突破。改革大考重在以发挥市场决定性作用为重点，实现全面改革的实质性突破。

第三，突破利益固化藩篱，这是改革历史面对的重大难题。触及利益比

＊　载《社会科学报》，2014 年 2 月 27 日。

触及灵魂还难。在利益结构固化的情况下,改革大考就是要敢于以壮士断腕的勇气去推进。

正是这种基于对深化改革的深刻认识,中央成立了由习近平总书记直接担任组长的全面深化改革小组,并且提出明确的目标要求。应当说,这既是主动担当历史的重要体现,又是实现全面深化改革目标的重大举措。2014 年 1 月 22 日召开的中央全面深化改革领导小组首次会议,不仅形成了全面深化改革的工作体制,并且对下一步如何全面深化改革做出具体的战略部署。会议传递出坚定而丰富的改革信息,将进一步提升全社会的改革信心,进一步调动各方面参与改革的积极性,进一步强化各地区、各部门的改革责任担当,以坚定不移地朝着全面深化改革的目标前进。

记者:《决定》明确提出,全面深化改革的总目标是完善和发展中国特色社会主义制度,推进国家治理体系和治理能力现代化。这已经远远超出了 35 年前开启的经济体制改革的范畴、广度和深度,对此,您怎么理解?

迟福林:的确如此。进入改革发展的历史新阶段,我们需要的是实现长治久安的治国方略,需要的是走向法治化的治国之路,需要的是把权力关进制度笼子里的根本之策。国家治理体系和治理能力现代化是建设现代化国家的主要标志,是实现国家长治久安的根本之路,也是历史经验的科学总结。习近平总书记对"推进国家治理体系和治理能力现代化"的基本内涵有一段高度概括:"就是要适应时代变化,既改革不适应实践发展要求的体制机制、法律法规,又不断构建新的体制机制、法律法规,使各方面制度更加科学、更加完善,实现党、国家、社会各项事务治理制度化、规范化、程序化。要更加注重治理能力建设,增强按制度办事、依法办事意识,善于运用制度和法律治理国家,把各方面制度优势转化为管理国家的效能,提高党科学执政、民主执政、依法执政水平。"

我们认为,推进国家治理体系和治理能力现代化建设,需要推进包括经济、政治、文化、社会、生态文明和党的建设等各领域的改革。一是推进法治中国建设。首要任务是建立健全全社会忠于、遵守、维护、运用宪法法律的制度,维护宪法法律权威。还要开展依法独立公正行使审判权和检察权,实现司法公开、司法运行去行政化和地方化等工作。二是实行有效的政府治理。关键是围绕"放权""分权""限权",推进以公共服务建设为中心的政府转型,形成有效的政府治理结构。"放权"包括向企业放权、向社会放权、向地方放权。向企业放权已经比较成熟,向社会放权亟待加强,向地方放权有待中央地方事权、财权关系理顺以后进一步规范。以放权为重点破题政府职能转变、加快行政审批制度改革,已成为本届政府加快政府职能转变的重点。"分权"就是形成行政范围内决策权、执行权、监督权既相互制约又相互协调的行政运行机制。这还有待在深化行政体制和政治体制改革中进一步破题。"限权"就是实行政务公开,让权力在阳光下运行,权力制约权力和社会监督权力相结合起来。这是把权力关进笼子里的根本之策。三是创新社会治理。改进社会治理方式,激发社会组织活力和自组织能力,加快发展公益性社会组织,推进官办社会组织转型,鼓励社会组织参与公共事务,有效预防和化解社会矛盾。

记者:"经济体制改革是全面深化改革的重点",《决定》针对政府和市场的关系这一经济体制改革的核心问题,提出了"使市场在资源配置中起决定性作用"。这是对改革理论与实践的历史性突破,也是政府推进经济、政治、社会体制改革的重要依据。从当前的经济形势看,应当如何突出市场功能、发挥政府职能?

迟福林:"紧紧围绕使市场在资源配置中起决定性作用深化经济体制改革",这是《决定》的最大亮点。习近平总书记指出,"使市场在资源配置中起决定性作用"的定位,有利于在全党全社会树立关于政府和市场关系的正确观念,有利于转变经济发展方式,有利于转变政府职能,有利于抑制消极腐败现象。发挥"市场决定性作用",意味着资源配置的效率和公平,意味着政府主导型经济增长方式的终结,意味着权力配置资源导致机会不平等、权利不平等的历史终结,意味着官本位、权力寻租、经济特权的历史终结,将倒逼政治体制改革,将为公平正义的社会体制改革创造有利条件,将有力地牵动影响文化体制改革,也将推动加快建立生态文明制度。

当前,经济矛盾和风险日益凸显,经济转型到了关节点。例如:以投资消费失衡为主要特征的结构性矛盾凸显,内生增长动力远未形成;产业结构转型升级缓慢,服务业比重长期徘徊在40%左右;资源环境约束全面加大,环境危机因素增多;创新能力严重不足。我们亟须在全面激发市场活力、实现市场化改革突破中闯出一条经济可持续发展之路。在市场化改革中释放增长潜力,有几个方面的改革需要在2～3年内尽快突破:1～2年内争取资源要素的市场化改革有实质性进展;2～3年争取垄断行业改革有重大突破,基本打破行政性垄断,为社会资本创造更大的市场空间;争取1～2年内在金融、石油、电力、铁路、电信、资源开发、公用事业等领域向社会资本推出一批项目。

在强调市场决定性作用的同时,我们也要看到,市场的有效和政府的有为,是不可分割的。一方面,有效的市场离不开有为的政府;另一方面,脱离市场作用下的政府有为不可持续。更好地发挥政府的"有为"作用,需要从四个方面着手。第一,建立公平竞争导向的宏观调控。比如,宏观调控与行政审批职能严格分开,建立以货币和财政政策为主的宏观调控体系;货币政策与金融市场化改革有机结合,突出利率市场化和汇率市场化改革,以金融改革带动实体经济的发展和转型;财政政策与财税体制改革有机结合,突出财税体制在调节收入分配、引导资源配置、拉动消费中的重大作用。第二,从事前审批转为事后监管。重点在于:以事后监管为主克服微观领域的"市场失灵",形成微观规制的基本框架;统筹考虑审批与监管体制改革,重点强化政府市场监管的权威性、统一性和有效性;调整市场监管权力结构,实质性改变多头监管与监管失灵;把政府的市场监管与行业自律结合起来,以加快发展各类民间行业组织为重点,有效发挥市场中的社会力量在规范市场行为中的重要作用。第三,界定负面清单与权力清单。通过负面清单,明确为政府所禁止的企业行为,并倒逼行政审批制度改革,为企业明确市场预期创造环境;通过权力清单,推动中央政府和地方政府的依法行政和标准化行政,以改变政府对自己"非禁即准",对企业和社会"非准即禁"的错位管理格局。第四,实现地方政府的公共服务角色回归。首先,要把推动地方政府由市场竞争主体转向公共服务主体作为新阶段行政体制改革的重大任务。其次,要以建立公共服务导向的中央地方财税关系为目标,尽快形成新一轮财税体制改革的行动方案。再次,要以规范地方债务、改变政绩考核体系为重点,尽快形成地方政府经济行为的制度约束。

记者:习近平总书记指出,要以更大的决心突破利益固化的藩篱,表明了中央对推进全面改革的清醒判断,以及改革的勇气和魄力。可以说,改革需要在调整重大利益关系上取得进展。那么,如何认识利益矛盾,如何解决利益失衡,又如何打破利益固化?

迟福林：处理好改革与多数人利益，形成合理的利益结构，是我国改革开放的重要起点和重要经验。35 年前，正是由于改革打破了平均主义的藩篱，才使得改革赢得广泛的社会支持和形成社会合力。今天，贫富差距扩大、特权现象凸显、利益结构失衡成为全社会关注的焦点问题，固化的利益格局已经成为全面深化改革的最大障碍，成为推进经济转型、社会转型、治理转型的最大阻力。能不能逐步形成合理的利益结构和社会结构，决定着全面改革的成败。

打破固化的利益格局、解决利益失衡，要高举公平正义的旗帜，让改革发展成果更多、更公平地惠及全体人民。首先应当解决城乡居民收入增长的问题，实现城乡居民收入倍增。以"民富优先"破题收入分配改革，是国民收入倍增的重要条件。其次要结合国民收入倍增计划，尽快出台《中等收入群体倍增国家规划》，形成 6 亿人的中等收入群体，奠定"橄榄型"社会结构。再次，要通过人口城镇化的服务与改革，推进农民工市民化，使部分农民工成为中等收入群体的来源。

从深层次上看，收入分配改革不到位、市场化改革不到位、政府改革不到位，是导致利益失衡、利益固化的重要因素。因此，在收入分配改革方面，要改革调整利益格局。初次分配应当坚持"民富优先"，藏富于民；在再分配领域，政府需要通过压缩行政开支，确保到 2020 年城乡基本公共服务均等化的总体实现，并加快调整财政支出结构，尽快形成公共财政基本格局；以公益性为重点调整优化国有资本配置，重点配置到义务教育、基本公共医疗以及基本住房保障等公共产品领域；财税体制改革不能增大中等收入群体负担。在市场化改革方面，要敢于对既得利益"动刀子"。突破部门利益，推动行政审批制度改革；克服行业利益、垄断利益，以公益性为重点调整优化国有资本布局；淡化地方利益，赋予农民物权化的土地使用权，使部分农民和农民工成为中等收入群体。在政府改革方面，要改变以行政主导资源配置的政府主导型经济增长方式。

（记者 徐峻音）

愿继续为改革鼓与呼
关注海南的改革发展是我义不容辞的责任[*]

——全国政协委员、中国（海南）改革发展研究院院长迟福林

"我是改革的研究者，为改革建言献策是我作为一名政协委员最重要的责任。"2014 年全国两会召开前夕，全国政协委员迟福林对《海南日报》记者说。今年可谓是全面深化改革的"元年"，过去一年来，他为此做了精心准备和大量的工作，希望将学界在改革研究上的最新成果带到北京，为推动改革进程尽到自己的力量。

作为中国（海南）改革发展研究院院长、全国著名的改革学者，迟福林把研究改革、推动改革作为自己一年来履行委员职责的重点工作。他表示，加强研究是建言献策的基础。为此，他在去年突出开展了改革的研究建议工作，比如牵头形成了"以改革跑赢危机的行动路线"研究报告，在国内产生了一定影响，对相关改革措施的出台起到了参考作用。其次，他在去年展开了多次重要调研活动，比如进行了沿边开放的调研，并形成了一个建议报告，听取吸收了许多来自基层、实体经济的民声和民意。去年的全国政协第二次全体会议上，迟福林以"以政府改革带动全面改革的突破"为题，作了一个激动人心的大会发言，引发各方瞩目。今年，他以一年来的调研成果和研究进展为基础，准备了丰富的内容带上北京，其中包括 9 份提案、建议和书面材料，继续为改革鼓与呼。

"今年是改革年，深化重要领域改革是我关注的重点。"他说，一是提交了"以发挥市场决定作用为重点深化全面改革"的发言稿。二是 6 份将提交的提案建议，其中包括强化市场监管、扩大开放、农民土地财产权等针对全国改革

---

[*] 载《海南日报》，2014 年 2 月 24 日。

开放的提案和建议4个，建设洋浦自由工业港区、支持琼粤合作建设国际购物中心等针对海南的改革开放建议2个。三是以"市场经济的改革行动""推进消费主导的经济转型"为主题的两份大会书面发言。

"我是海南的委员，始终关注海南的改革发展是我义不容辞的责任。"迟福林说，过去一年，他也在海南积极开展调研，先后形成了海南全面深化改革重点突破的50条建议、海南以服务业为重点进一步扩大开放的建议等。在今年省两会上，他还受邀就如何推进以资源环境为重点的可持续发展提出了若干建议。

在全国两会的平台上，如何为海南发声？迟福林认为，海南在进一步扩大开放上，尤其需要在国家层面争取更多的支持和更大的空间。比如，要实现建设国际购物中心的目标，没有更大程度的开放政策支持是比较困难的，而与香港进行联合建设提供了一条可行的开放路径。再比如，在南海合作的未来格局中，如果能将洋浦建成以油气资源为重点的南海经济合作的自由贸易区，不仅对海南，对国家扩大开放战略、对区域经济合作都具有重要意义。此外，海南在深化改革上，尤其是先行先试的领域也需要国家支持。

"既要争取国家的支持，也需要我们自己在改革开放上的主动担当。"迟福林希望，海南干部群众共同努力，不断把海南的改革开放推向深入。

（记者　彭青林）

"两会达人"迟福林 *

他，七次参加全国两会，四次站在全国政协大会主席台上发言，是建省办经济特区以来海南首位走上全国政协大会主席台发言的人。

他，每年提交的建议案颇多，多项改革政策建议或直接为中央决策所采纳，或被用作制定政策和法规的重要参考。

他，是全国两会上我国主流媒体围追堵截的对象，深受媒体喜爱。

他是"两会达人"迟福林，驻琼全国政协委员，中国（海南）改革发展研究院院长。

3 月 7 日下午的全国政协十二届二次会议第二次全体会议上，迟福林站在主席台上，进行题为"以发挥市场决定性作用为重点深化全面改革"的发言。发言完毕，全场报以掌声。这是迟福林第四次站在全国政协大会主席台上发言。

今年的全国两会，迟福林一直忙着发言，或在全体会议主席台上，或在小组会议中，许多发言引来各方瞩目。记者翻看迟福林的建议案等，发现他今年共带来 9 份建议案、建议和书面材料，内容都是关于改革。

全国政协委员那么多，能站在全国政协大会主席台上发言的不多，迟福林却做到了。对于此次站上全国政协大会主席台发言，迟福林告诉记者，开会前他向大会提交了一份发言材料，很荣幸被选中了，过程非常简单。

今年的全国两会，迟福林也一直忙着接受媒体采访。进入会场前被媒体记者围着问，中途走出会场会引来媒体的围堵，晚上 11 点多还有媒体记者提出采访要求。央视《新闻联播》《焦点访谈》等栏目，以及新华社、凤凰卫视等

---

* 载《海南日报》，2014 年 3 月 8 日。

媒体纷纷对迟福林进行采访。

为什么能成为"两会达人"？迟福林对自己能上主席台发言、受媒体追捧的理解是，"这体现了国家对于改革越来越重视"。迟福林说，"我的讲话内容都是关于改革。以往大多谈行政体制改革，今年是我国全面深化改革的'元年'，谈的内容则为全面改革"。

迟福林注意到，这些年的全国两会上，媒体对海南也颇为关注，特别是在海南国际旅游岛建设上升为国家战略时，向他寻求国际旅游岛建设相关信息的媒体比较多。

20世纪90年代中期以来，迟福林主笔提交100多份改革政策建议报告，率先提出的政府转型、基本公共服务均等化、赋予农民长期而有保障的土地使用权等多项改革政策建议，或直接为中央决策所采纳，或被用作制定政策和法规的重要参考。海南改革发展的多项重大战略决策，都与迟福林的研究相连。

这些改革政策建议，凝结着迟福林孜孜不倦的努力。迟福林研究成就的取得，全部来自于深入扎实的基层调研，来自于对百姓生活的体验。

在此次全国两会召开前，迟福林曾待在云南等地进行了多天的调研，考察中缅、中越边境情况等，写出了《加快打造中国—东盟自贸区升级版的建议》。多年前在海南农村调研时，他看到一户极度贫困的家庭，丈夫年迈残疾，妻子瘫痪在床，儿子又有智障，而一次村里为他们争取来的补助只有5元钱，他震惊了，从此开始了对"赋予农民基本而有保障的公共服务"课题的深层次思索，并很快在国内率先提出"基本公共服务均等化"的倡议。

一家中央媒体曾这样评价迟福林："迟福林是当代具有广泛影响的改革研究专家，他以服务于改革政策决策为己任，始终处于这一层面的最高端。"

"我是全国政协委员。我很珍惜这个身份，也深感肩上的责任重大。"迟福林说。

（记者　罗霞、张谯星）

委员日记:四次大会发言的感言*

昨天,女儿看了报纸给我打电话,开玩笑说:"老爸,有人称你是两会达人了,谈谈获奖感言吧。"细问得知,原来有媒体报道说,我"第七年参加全国两会,第四次站在全国政协大会主席台上发言"。

的确,这是我这七年第四次站在全国政协大会主席台上讲改革了。第十一届政协五年期间,我做了两次大会发言,讲的都是改革。十二届两次会议期间,我做了两次发言,去年是关于"行政体制改革"的。

3月7日,根据大会安排,我在全国政协大会上做了题为"以发挥市场决定性作用为重点深化全面改革"的发言。结束时,我动情地说了一句:"各位委员,我们有责任为推动这一具有历史性意义的全面改革尽心竭力。"

演讲结束后,不少委员笑着说,老迟,你最后这句话很动情呀,"很有煽动性"呀。也有一些熟悉的委员对我说,你坚持研究改革30多年,在海南岛待了27年,不容易呀。

本届大会的两次会议,我都做了发言,有委员说,老迟,在全面深化改革的大背景下,你这个改革研究学者,就是要多讲讲、多发出点声音。我想,这是大家对我的一个鼓励吧。

说实话,这七八分钟的演讲,是我和我的同事最近一段时间内研究成果的积累,也想借这样一个重要的机会把它表达出来。

四次发言,我讲的都是改革,我想作为研究改革的学者,需要在这方面多争取这样的机会,多发表建议,这也是我30多年来从事改革研究的一个侧影。

我的目的很明确,就是为了这个时代最有价值的改革事业做一点努力、

---

* 载《新京报》,2014年3月10日。

做一点贡献,这也成为我这一生的价值追求。也许正是有了这个明确的价值追求,尽管经历了一些风雨,经过了一些过程,还是努力坚持下来了。看来,我今后还会为了这个价值追求更坚定地做下去。

迟福林:改革面临第三次历史大考[*]

"这些年,有些改革流于口号,很多都是自己改自己。自己改自己很重要,但在部门利益、行业利益和地方利益等很突出的情况下,具有一定的局限性,甚至可能使改革在实践中走形变样。"

"国有垄断行业改革需要有实质性突破,要拿出一批项目,能够使社会资本实质性进入。"

思辨,为了我们更好的生活。

对话者:迟福林

改革重在落实

新浪网:2014年是全面深化改革元年,但仍有很多地方需要完善,深化改革的瓶颈在哪里?

迟福林:首先,要进一步形成改革的共识,形成改革的合力。营造好的改革氛围,才能形成好的改革行动,才能进一步为改革创造好的条件。尽管现在全面改革的大氛围比过去要好很多,但是,目前改革处于全面深化的新阶段,全社会对改革的共识、氛围还大有提高的空间。

第二,关键在落实,最重要的是顶层的协调。目前已经建立了改革的工作机制、领导机制,但要防止自己改自己这种情况出现。自己改自己也很重要,但是在部门利益、行业利益、地方利益都比较突出的情况下,必须把自己

---

* 新浪网2014年全国两会大型专题策划"思辨,2014";《第三期嘉宾专访:对话中国(海南)改革发展研究院——迟福林》。

改自己和顶层推送、改革的协调相结合,才能打破部门利益、行业利益和地方利益对改革的掣肘。

第三,改革必须要务实而不能务虚,使得改革的设想成为改革的实际行动,比如赋予农民更多的财产权,需要加快试点,不能以各种理由而不去试点。积极试点,加快试点,尽快把赋予农民更多财产权破题、推开。

新浪网:近年来,改革被多次提及,但很多都流于形式、流于口号,如何避免让改革流于口号化?

迟福林:这是十分重要的,中央改革领导小组强调:改革重在落实。

改革要有责任制,不能说你可改可不改,可这样改可那样改,强化各级政府在改革中的责任制和考核制。

发挥改革的决策咨询作用,使改革不断吸纳各方面意见,因为改革的决策咨询对推动改革有很重要的作用。

营造好的改革氛围,形成好的改革社会环境。这方面还有很多的工作要做。如何达成好的改革共识,形成好的改革凝聚力需要进一步加大力度。

强化改革的协调。这些年,有些改革流于口号,很多都是自己改自己,自己改自己很重要,但在部门利益、行业利益和地方利益等很突出的情况下,具有一定的局限性,甚至可能使改革在实践中走形变样。所以加强改革的统筹协调,十分重要。

改革最重要的是推动地方的改革试点。多种多样的试点尽快开展起来,以取得经验,这也十分重要。

经济体制改革方面会有重要的突破

新浪网:哪些领域的改革在新的一年里值得期待?

迟福林:在我看来,"五加一"(五项体制改革任务,经济、政治、文化、社会和生态文明;一项制度改革任务,党的建设)全面改革的很多方面都会有重要的进展。

其中,经济体制改革方面会有重要的突破,在以理顺政府市场关系为重点的经济体制改革上有更大的期盼、突破和进展。

经济体制改革的核心问题是市场在资源配置中起决定性作用。第一,在市场化改革上会有重要的突破,市场决定经济的增长,需要推动从政府决定向市场决定的经济转型;第二,资源要素价格改革要提速,与此同时,利率的改革也应该适度的提速;第三,在发展混合所有制经济上应该有突破,最重要的是国有企业改革,国有企业改革不突破,混合所有制经济发展就会很困难。

现在,政府市场关系是经济体制改革的核心和重点,近两年也有了新的进展。但"政府主导经济"的特点仍然比较突出,在一些竞争性的领域,政府主导的情况尚未完全改变,政府行政干预市场的权利依然过大。在理顺政府市场关系的问题上,需要进一步破题,比如市场监管,如何适应负面清单的发展大趋势,从以行政监管为主向以法治监管为主的转变,这是需要今年破题解决的问题。

最后,市场化还有很多任务,比如法治市场经济的建设,对于稳定社会资本的预期,对于营造法制化的营商环境,都十分重要。

国企应该拿出一批项目让民资进入

新浪网:国有企业改革的重点在哪里?

迟福林:国有企业改革有 3 点是很重要的。

一是社会资本怎么参与国有企业改革。

二是国有资产管理体制要破题,如何从"管体制"向"管资本"过渡?

三是国有垄断行业改革需要有实质性突破。在垄断行业,比如石油、能源、电力、电信等领域拿出一批项目,能够使社会资本实质性进入,这个很重要。

新浪网:今年中石化宣布启动混合所有制改革,对此有何见解?

迟福林:这是一个积极的信号,表明中石化在推动混合所有制经济发展方面有一个举动,但仅仅是一个小的举动,应该形成更广范围、更大程度的突破,比如要拿出一批项目向社会资本开放。中石化开了一个头,希望在这个头的带动下,加大力度、扩大范围,推动一批重要项目。

强调治理能力和治理体系现代化是改革历史的新阶段

新浪网：十八届三中全会公报指出，"全面深化改革的总目标是完善和发展中国特色社会主义制度，推进国家治理体系和治理能力现代化"。2月17日，习近平总书记在中央党校的讲话再次强调这一目标，这一目标的深层含义是什么？

迟福林：把国家治理体系和治理能力现代化，确定为全面深化改革的总目标，这是新阶段改革的现实需求，我概括了三句话：

它是建设现代国家的主要标识。实现中国梦最重要的是走向现代化，如果说改革的第一目标，是扩大经济总量，改变贫穷落后的局面，那么，改革的第二目标就是建设现代化国家，它不仅需要更大的经济总量，更需要国家治理体系现代化和治理能力现代化，这样才能走向中华民族法治和谐的现代国家。

它是实现国家长治久安的根本之路，或者是根本之策。我们面对各种各样的社会矛盾，矛盾利益关系复杂，在这种背景下，到底以何种思路才会实现国家的长治久安，国家治理体系和治理能力现代化是国家长治久安的根本之策、根本之路。

这也是历史经验的科学总结。这些年提出稳定压倒一切，不但稳定十分重要，从实践经验看，国家的治理体系建设和治理能力现代化更符合基本国情，更有利于维护国家的和谐稳定。

所以强调治理能力和治理体系现代化是改革历史的新阶段，是改革的现实需求和总体要求，因此要把握这样一个大目标，推进各个方面的改革。

改革面临历史大考

新浪网：您最近出了一本新书《市场决定：十八届三中全会后的改革大考》，为什么选择用"大考"这个词？

迟福林：我们党执政以来经历了两次大考。1949年的党的七届二中全会后毛泽东同志提出的"进京赶考"，是第一次历史大考；1978年的党的十一届三中全会确定"以经济建设为中心"、开启改革开放的历史进程,是第二次历史大考。当前正面临第三次大考,即这次《全面深化改革若干重大问题的决定》提出推进国家治理体系和治理能力现代化的改革总目标并由此建设现代国家。

它代表一个历史新阶段对改革的需求,如果说 35 年前以阶级斗争为中心转到以经济建设为中心是改革起步,那么今天从追求经济总量的发展到实现国家治理体系或者能力现代化则是改革升级,面临着同样的历史大考。

大考的核心目的是走向现代国家,这是历史新阶段的改革现实需求,实现国家治理体系和治理能力现代化涉及多方面的改革,是一个更深刻更复杂的改革,比如说实现依法治国进程,从改革的深刻性、复杂性和广泛性来说,也是对改革一个历史性的考验。

治理体系和治理能力现代化,使改革更具有深刻性、全面性。不仅需要经济体制改革,政府的治理更需要党的制度的改革,包括行政体制改革、社会治理,等等,这样的一个全面改革,也是我们在新阶段把握改革主动权、推动改革的一个历史大考。

没有人口城镇化,很难说人的城镇化

新浪网:去年全国两会上,新型城镇化已经是"两会"的热词,但从今年地方"两会"上看,这个词还是很热。我们看到一份智库评估报告中,去年中国(海南)改革发展研究院对新型城镇化的课题研究贡献很大,您对新型城镇化有何期待和看法?

迟福林:我最大的期待是如何实现从规模城镇化向人口城镇化的转型,人口城镇化是核心,但过去以扩大投资、扩大城市规模为重点的规模城镇化特点比较突出。

下一段人口城镇化,农民工户籍制度改革使他们能够实际融入城市里来,保障步子的统一,这都是人口城镇化的基本要求。没有人口城镇化,很难说人的城镇化。

从规模城镇化向人口城镇化的转型,在人口城镇化转型的同时,能够提高城镇化的水平,才真正是以人为核心的城镇化进程有一个很重要的基础。

所以,我寄希望于:第一,国家人口城镇化的制度尽快出台;第二,人口城镇化能够在户籍制度改革、基本公共服务制度安排方面破题;第三,在改变行政主导的城镇化、重点的城镇化方面有一些重要的措施出台。

我也关注新型城镇化、人口城镇化,它仍然是我们国家拉动内需、扩大消费的载体,是我们国家结构调整的主要载体。所以我也关注城镇化在我国转型升级中扮演的历史角色。

智库是中国软实力

新浪网:中改院被认为是最值得关注的新型智库之一,国外智库已经有100多年的历史,而中国的智库才刚刚兴起,您怎么看待中国智库对中国改革和整个中国社会发展的影响?

迟福林:智库是国家软实力一个重要方面,是决策科学化、民主化的一个重要因素,也是一个国家现代化的一个重要的标志。

智库在我们国家发展中的分量越来越重,中国的智库开始进入一个发展的重要阶段,党和国家领导人高度重视,十八届三中全会专门提出推进现代新型智库建设的目标,我相信未来几年智库建设将进入一个前所未有的重要阶段。

如何建立一个有中国特色的智库,这要下功夫,比如:第一,官办智库目前在我国占主要地位,官办智库如何能更客观研究,为党和国家决策提供有价值的思想。第二,智库更需要综合性的判断,而不是某一个技术领域的判断。第三,国家正处于一个全面深化改革和转型发展的历史新阶段,智库需要在战略谋划方面提高自己的能力,所以无论是现实的需求还是现实的状况来看,都要提建设新型智库这样一个题目,来破题如何建设有中国特色的问题。

中改院成立23年,但是我们感到智库所赋予我们的使命越来越重要,建设的任务越来越繁重。同时,我们感到压力更大,我们想把改革研究方面的历史责任作为自己发展的一个动力,所以中改院以建设中国改革智库为自己的发展目标,现在需要做出更多的事情。比如我们推出的中国改革信息库,客观地记录了中国改革35年的历史进程,这是我们智库建设的基础性工程。

新浪网:在中国,民间智库发展,需要政策环境吗?

迟福林:需要!

第一,要有智库的法律地位,要加快立法进程。

第二,要推动智库的转型和改革。一个智库最重要的是体制要灵活,体制要独立,才能客观地研究。

第三,需要有多种办法,加大国家对智库的支持。

第四,能够给智库创造更好的发展空间。智库最重要的是反映社会各方面的需求,能够独立提出自己的建议,进行广泛的学术交流、国际交流和媒体交流。在扩大智库发展的同时,能够对国家软实力的发展起到重要的促进作用。

政协"老兵"迟福林：8 年 30 余提案直谏改革[*]

"中国下一个六年经济结构调整的关键，是实现从工业主导向服务业主导的转变，我建议将服务业占比纳入'十三五'规划的约束性目标。"全国两会上，年过六旬的全国政协委员迟福林每次都会向围堵他的国内外记者详细介绍自己的提案。

针对十八届三中全会提出的全面深化改革，去年迟福林赴湖北、甘肃进行了一系列调研。之后，他提出实现向服务业主导转型，不仅可以消化当前全面过剩的产能，还可有效满足社会不断增长的服务型消费需求，在结构升级的基础上形成我国 6%～7% 的经济增长新常态。

中国（海南）改革发展研究院院长迟福林是政协队伍中的"老兵"，曾两次当选全国政协委员。今年，他带来 5 份提案、3 份发言材料，其中两份提案是调研之后形成的关于加快服务业发展的建议。小组讨论会上，迟福林做了充满激情的发言："我国正处于走向服务业大国的历史节点，把握增长、转型与改革的主动权，关键是谋划、把握好'十三五'在服务业主导的经济转型升级上取得决定性成果。"会后，一些参会者还找到迟福林进一步交流看法。

服务业是迟福林近年来通过政协向国家谏言的相关改革内容之一。在过去 8 年的"委员生涯"中，迟福林提交了 30 余份提案谏言改革，内容涉及农民土地权、政府改革、法治市场经济等一系列国计民生问题。

去年，国家发改委等六个部门就迟福林关于中央支持海南加快服务业发展的提案进行了长篇回复。"这是一个非常详细的答复，相关部门意见和落实情况反馈得十分具体。"迟福林说。

---

　* 载新华网，2015 年 3 月 14 日。

这一提案引起了海南省的高度重视,成为推动海南出台"负面清单"加快现代服务业扩大开放的重要参考文件。

"作为智库专家,我非常庆幸能够将平时的研究成果形成提案和大会发言,在一年一度的政协会议上集中反映,并通过这个平台来推动政府科学决策。"迟福林说,政协会议上提及的突出矛盾和问题,不仅触动他思考,还成为他日后调研的重要内容。

由于性格直爽,敢于就改革问题"开炮",迟福林每年都是"两会"上媒体追逐的热点对象之一。会前研究材料,会上准备发言,有时接受采访连饭都吃不上,迟福林也调侃自己:"虽然是第八次参会,感觉自己还是蛮拼的,劲头还是蛮足的。"

从事改革研究 30 年的迟福林,既是改革的推动者,也是"自己改自己"的实践者。20 世纪 80 年代,他投身改革洪流,此后参与了海南建省筹备工作。在担任中改院负责人后,为了保持研究的独立性,他还亲自操刀研究院从事业单位向自负盈亏智库的转制。

"伴随着全面改革大趋势的形成,民间智库的发展条件和机遇都比以往好,未来发挥作用的空间更大。"迟福林说,当前公众对民间智库的声音越来越关注,如何进一步提升研究院的研究水平,培养中青年改革研究人才,是他目前感受到的最大压力。

迟福林说,自己没有硬性的退休年龄,"尽管我已是'60 后',调查研究还可以做下去,还可以继续为改革献言"。

(记者　郭信峰、韩　淼)

服务业高速发展将助力中国经济成功转型*

"有人开玩笑叫我迟改革、迟转型,我说改革不能迟,转型也迟不得。"全国政协委员、中国(海南)改革发展研究院院长迟福林说,"'十三五'时期是宝贵的转型窗口期和战略机遇期,要好好把握"。

在迟福林看来,助力中国成功转型闯关的最大王牌是服务业的高速发展。中国城镇化的加速将推进消费升级,新一轮对外开放将进一步促进投资和贸易自由化,服务业的发展未来几年将持续高于 GDP 增速,同时将带动上下游产业的转型升级。

在过去的一年,中国服务业占 GDP 总量的比例首次超过 50%,转型趋势明显。

他表示,"十三五"是中国现代化进程的关键五年,要破解结构性矛盾,以结构性改革来实现经济转型升级,最终全面建成小康社会,基本形成以服务业为主导的产业结构、户籍人口城镇化的新格局、消费主导的经济增长新格局和以服务贸易为重点的对外开放新格局。

迟福林说:"中国的转型决心已下,接下来就是要蓄力转型闯关。"

"今年我带来了'一包'提案,不是一份、两份。"这是迟福林在政协履职八年来参加"两会"时带来提案最多的一年,"今年数量多是因为转型任务重"。

从建议在三沙市设立海洋型海关特殊监管区域,到尽快批准设立海口国家级新区,再到统筹推进南海大开发;从全面实施企业自主登记制度,到以居住证制度取代城乡二元户籍制度,到适时取消企业一般投资项目备案制,再到加快监管变革,迟福林不仅关注本省市的发展,更聚焦全国改革领域的重

---

*　载新华网,2016 年 3 月 3 日。

大问题。

在迟福林看来,中国经济正处于爬坡过坎的关头,必须靠加快转型改革来攻坚克难。

他认为,监管转型滞后是当前制约经济转型升级的突出矛盾,已经成为简政放权纵深发展的"最大短板"。比如,在"互联网＋"时代,可以借鉴国际商事制度经验,全面实施企业自主登记制度等,来进一步培育"大众创业、万众创新"的发展新动能。

作为一名聚焦改革30多年的研究者,迟福林对于新一届政协协商工作方法上的变化体会颇深。在他看来,2013年以来,协商渠道逐步变宽,双周座谈会的讨论话题愈发广泛,专题协商会也更加深入,重大调研也不断增多。

(记者　张钟凯　张玉洁)

"十三五"转型应找准关键点[*]

今年两会期间,全国政协委员、中国(海南)改革发展研究院院长迟福林带着刚出版的《转型闯关"十三五":结构性改革历史挑战》一书抵京,向《中国经济导报》记者介绍他对"十三五"的诸多建议。

迟福林表示,"十三五"期间,我国将由工业主导向服务业主导转变,由城乡二元户籍制度向居住证制度转变,由物质型消费为主向服务型消费为主转型,以全面实施自由贸易战略为重心形成开放转型大趋势。

人口城镇化:让农民工成为历史

"2015年,我国常住人口城镇化率达到56.1%,但户籍人口城镇化率只有36%左右。"迟福林介绍,我国流动人口在2014年年末已达到2.52亿人,预计到2020年,我国流动人口将增长到2.91亿人。

今后,只要以农民工市民化为重点的相关改革到位,到2020年达到50%以上的户籍人口城镇化率就完全有可能。而我国名义城镇化率到2020年若能提高到60%,带动投资需求将高达42万亿元。例如,城市正规停车位缺口高达5000万个,仅此一项即可带动3万亿元投资。

"'十三五'需要以提高农民工社会保障参保率为重点,让有稳定就业和生活的农业转移人口平等享受教育、就业、社会保障、医疗、住房等方面的基本公共服务。"迟福林说。

国家统计局数据显示,高中及以上学历农民工仅占23.8%,接受过技能

---

* 载《中国经济导报》,2016年3月9日。

培训的农民工仅占 34.8％。"未来 5 年,加快破除城乡二元户籍制度,加快提高农民工尤其是年轻农民工受教育程度和技能水平,人口红利将转型升级为人力资源红利,由此推动全要素生产率的提高。"他表示。

在迟福林看来,住房是农民工进城最大难题。2014 年,在务工地自购房的农民工仅占 1％,参加住房公积金的农民工比例仅为 5.5％。同时有调查表明,新生代农民工没有从事过农业劳动占比高达 85％;20 岁以下农民工中高达 61％愿意留在城市。

他建议,在将符合条件的外来务工人员纳入各级政府公共租赁住房保障范围的同时,对招用农民工比较多的企业,在符合规划的前提下,可以考虑出台政策鼓励支持企业在依法取得的土地上建设农民工的宿舍楼;促进住房租赁市场发展,可参照上海的做法,实行 5％的综合税率,以降低房屋出租人的税负。

迟福林表示,户籍制度要从人口管制向人口服务转变,重点是加快社会保障制度改革,通过建立多层次的社会保障制度,以适应流动人口多样化社会保障需求。随着大数据广泛应用,有必要也有条件通过建立公民信息大数据库网,实现"一证走天下"和精准服务。

1 月 1 日,《居住证暂行条例》正式实施,户籍制度改革开始。"近 10 年来,户籍制度甚至在某些方面有强化倾向,比如与限购房车相结合,强化了户籍色彩。'十三五'深化户籍制度改革,要创造条件让传统二元户籍制度退出历史舞台。"迟福林认为,要按照"低门槛、阶梯制、累进式"的改革路径,逐步扩大为居住证持有人提供公共服务和便利的范围,提高服务标准,使居住与福利挂钩,根据居住时间、缴纳社会保险和对本地的经济贡献,建立"累进制"福利模式,享受不同水平的公共服务和权益。他强调,不得以退出土地承包经营权、宅基地使用权、集体收益分配权作为农民进城落户的条件。

"由于配套制度改革滞后,缺少全国统一的政策指导,各地居住证制度差异较大,影响实施效果。到 2020 年,全面实施全国统一的居住证制度,需要中央尽快出台配套改革措施。"迟福林表示,应尽快实现由中央统一标准、统一提供,改变政策不一、主要由地方政府提供的局面。要进一步细化中央和省级政府的服务范围、支出比例、管理权限等,按照受益范围确定支出责任分担比例;针对流入地和流出地义务教育经费衔接困难的问题,实行义务教育全国通用的教育券制度;尽快出台全国统一的异地高考方案。

迟福林建议整合城乡居民的基本医疗保险制度、城乡最低生活保障制度,实现制度统一、转移续接无障碍,建成公平可持续的社会保障制度;让农业转移人口带着"土地财产权"进城,把家庭承包土地纳入财产权法律保护范畴,从法律上赋予农民住房财产权包括占有、使用、收益、转让、抵押的完整产权,实现农村建设用地平等入市。

服务型消费:内外双向开放形成有效供给

迟福林坦言,近年来,由于收入分配结构不合理,财富不断向政府和垄断行业集中,居民收入差距扩大和贫富差距增大,严重影响了国民消费需求的有效释放。

"事实上,释放教育、医疗等服务型消费需求,既需要政府加大教育、医疗等公共服务支出和不断提高基本公共服务均等化程度,也需要通过市场开放扩大服务的有效供给,这一过程将对初次分配格局和再分配格局产生深刻影响,有利于缩小城乡、地区、群体间的收入差距,有利于打破服务业垄断格局,有利于优化政府支出结构。"迟福林表示。

他认为,我国产能过剩是某些工业领域的产能过剩与大多服务型消费供给不足并存。例如,有研究表明,未来5年我国移动教育市场规模将达到1500亿元,但目前能提供的服务仅为1.6%;我国老年健康管理、康复护理、家政服务约有1万亿元的需求,但目前提供的服务不足1000亿元;我国文化产业占世界文化市场不足5%,而美国占了42%。

"大量服务型消费流向国外,而不是拉动我国自身的新兴产业发展,成为我国产业转型升级的'切肤之痛'。"迟福林表示,近年我国高收入群体在海外购物、美容、医疗保健、子女留学方面支出大幅增长,"政府主导的投资模式造成产能过剩加剧、投资的边际效益递减、金融风险增大等问题,还对社会投资产生一定的挤出效应。在服务业领域要打破行政垄断,引入政府采购、PPP模式,通过竞争提高质量、降低价格,形成有效供给。"

他建议,应鼓励和引导各类社会资本投向社会急需的服务型消费领域,简化审批流程,取消不合理前置审批事项,加强事中事后监管,允许居民在家创业。教育、文化、卫生、体育、养老等领域的非基本公共服务全面放开价格，生产经营环节对社会资本全面放开，为大众创业、万众创新提供服务平台，同时建立服务型消费领域标准体系，推动消费质量标准与发达国家接轨。

迟福林认为，服务业市场开放的关键是打破行政垄断和市场垄断。他建议，要推动服务业领域国有资本的战略性调整，更多配置在公共服务领域，从一般性竞争性领域中退出来；在以电力、电信、石油、民航、邮政等为重点的垄断行业，进一步破除各种形式的行政垄断，广泛引入市场竞争机制；垄断行业自然垄断部分吸纳社会资本广泛参与；健全城市公用事业特许经营制度，积极引导社会资本参与。同时，尽快形成公平竞争的服务业市场环境，建立公平、开放、透明的市场规则，加快清理制约服务业市场开放的行政法规，主动放开服务业市场价格。

事实上，服务产业的短板也是我国服务贸易领域的短板。2014年，旅游、运输服务和建筑服务进出口占我国服务贸易总额的62.6%，金融、保险、计算机和信息服务咨询仅占0.14%、0.86%、3.51%、8.89%。1995—2015年，我国服务贸易连续20年逆差，并逐年扩大，现在已是全球最大的服务贸易逆差国。而且，我国服务行业对市场准入有严格限制，处于低度开放水平。

据迟福林介绍，目前国内4个自贸区在实施负面清单管理方面取得了明显成效，在服务业市场开放领域走在全国前面，但仍然限制较多。他建议，到2020年将负面清单中服务贸易项目缩小到40项以内，逐步有序开放金融、教育、文化、医疗等服务业领域，放开育幼养老、建筑设计、会计审计、商贸物流、电子商务等服务业领域的外资准入限制。

"'十三五'时期，如果能在服务业市场的双向开放上取得重大突破，我国就会抓住'二次开放'的历史机遇，形成以服务贸易为重点的对外开放新格局，形成经济转型升级的重要推动力。"迟福林表示。

（记者　季晓莉）

让改革成为聚力发展的最大公约数[*]

　　当 148 页的《"十三五"规划纲要(草案)》摆在面前时,中国(海南)改革发展研究院院长迟福林委员并没有急着打开,而是轻轻摩挲文本的封面。作为"十三五"规划专家委员会委员,在从起草纲要到草案形成的整个过程里,他尽己之力,深度参与,为规划的制定提供咨询和论证。

　　"在过去的两年半时间里,一共参加了 4 次讨论。2014 年年底那一次是讨论纲要,然后形成初稿。中间还有专题征求意见,大家不断对草案进行讨论修改。"迟福林委员回忆说。

　　迟福林委员说的"大家",是由 55 位专家学者组成的"十三五"规划专家委员会,他们共同成为"十三五"规划编制工作的核心智囊团。《工人日报》记者注意到,在这份名单里,有林毅夫、蔡昉、刘世锦、董明珠等多位正在出席全国两会的代表委员。

　　"与以往的五年规划相比,'十三五'规划纲要草案尤为重要,因为它直通 2020 年这一全国人民共享改革成果的重要时点。"迟福林委员说,"通读这部决定未来五年中国社会经济走向的纲要性文件,坚持供给侧结构性改革,转型闯关,全面建成小康社会,就是它最主要的目标。"

　　同为"十三五"规划专家委员会委员的财政部财政科学研究所前所长贾康委员,就曾毫不讳言未来五年的巨大挑战,表示"决胜阶段一定要把握历史机遇"。迟福林委员也强调:"当前我国转型发展的特点特别突出,处于最后的窗口期,调结构的方式没有大突破,想实现增长目标就很困难。"

　　那么,用什么方式"转型发展",如何实现增长目标?参与咨询和论证的

---

　　* 载《工人日报》,2016 年 3 月 7 日。

专家们意见并不完全相同。除了需求侧问题还是供给侧问题外，投资消费中的主要矛盾究竟是投资本身还是投资不适应消费，经济领域问题到底靠行政力量还是市场力量推动解决，都存在一定程度的意见分歧。

"但是，'改革'如同一个最大公约数，让所有的专家委员有了共识，那就是结构性矛盾是当前最重要的矛盾。"迟福林委员说。在最终提交全国人大审查的"十三五"规划纲要草案中，发展主线明确——在适度扩大总需求的同时，着力推进供给侧结构性改革，使供给能力满足广大人民日益增长、不断升级和个性化的物质文化和生态环境需要。

这样一组数字，可以佐证解决供给侧矛盾的紧迫程度——

未来5年，我国移动教育市场规模将达到1500亿元，但目前能够提供的服务仅为1.6%；

进入老龄化社会后，中国的养老需求大约有1万亿元，但目前每年为老年人提供的产品与服务不足1000亿元；

······

迟福林委员就此强力呼吁，以服务业市场开放为重点，来破题结构性改革。他认为，在"十三五"时期，把扩大13亿人的服务型消费作为供给侧改革的重大任务，不仅能够有效缓解转型"阵痛"，而且能够为产业创新提供广阔的市场空间，为经济转型提供源源不断的新动能。

贾康委员表示，中国改革已进入了"深水区"，现在任何一项深化改革的任务，都会面临既得利益"固化藩篱"形成的强有力障碍，更多更大的考验，正集中于"全面改革"这个基本概念之上。

"沿着'十三五'规划纲要草案确定的改革路径，在树立创新、协调、绿色、开放、共享的理念上进一步解放思想，突破利益固化的藩篱，形成自上而下的共同改革行动，我们就一定能克服困难，闯过关口。"迟福林委员说。

迟福林委员翻到草案第9页，指着"十三五"时期经济社会发展主要指标中城镇化率一项特别强调："我建议，户籍人口城镇化率的目标，应该从45%调整到50%。"

"我要把我的意见再次提出来。"他说。

（记者 李 瑾）

迟福林:两会释放的经济信号是
稳中求进、稳中向好*

两会期间,人民智库工作室特邀全国政协委员、中国(海南)改革发展研究院院长、中国经济体制改革研究会副会长迟福林先生做客"智库大咖秀"并接受独家专访。这是迟福林担任政协委员的第十年,说起这项工作,他兴奋地告诉小智:"今年是参加政协委员会议的第十个年头,每年都有些兴奋感,为什么呢?就是每年都能集中讨论一些国家、社会生活的重大问题,而且委员们都能够畅所欲言,所以作为一名委员,能够在两会期间来为国家、社会、经济发展建言献策,这是我们感到很高兴的事情,也是自己的一份责任。"

老政协委员提出新问题

提起今年的提案,迟福林说"这是他历年来提交提案和其他材料最多最好的一年"。他把它们概括成"1+3+7":即1份大会申请发言、3份书面发言、7份提案,其中有4份全国性的提案。"这4份提案是征求各方意见调研提出来的,对我来说很重要。"迟老师的语气中透出满满的自信。那么迟福林的提案涉及了哪些内容呢?

关键词一:服务业市场开放。关于中国经济的转型,迟福林强调了服务贸易的重要性,他说:"我有一份提案是关于国家尽快出台服务业市场开放的行动方案,因为在今天看来,我们市场化改革最重要的还是在服务业领域。而且从国际竞争来说,我们现在最重要的事情是服务贸易,如果服务业市场

---

* 本文系迟福林委员做客人民日报"中央厨房"人民智库工作室专访,2017年3月4日。

开放不能有大的突破,往往发展是比较困难的。"

关键词二:推进粤港澳服务贸易一体化。"今年是香港回归 20 周年,能不能在管住货物贸易的同时,全面放开人文交流,从广东、香港、澳门结合在一起做起最重要。"迟福林正是感受到时机成熟了、条件具备了、现实需求提升了,产业结构逐步接近且互补性增强,因此提出了推进粤港澳服务贸易一体化的提案。他认为,粤港澳服务贸易一体化不仅促使粤港澳经济一体化,保持香港、澳门繁荣发展,也为广东借鉴金融方面的发展经验提供便利,更对"一国两制"有重要作用。

关键词三:全面落实农村土地财产权。"推行城乡一体化,最根本的问题就是农村土地制度问题,也就是全面落实农村土地财产权。可以让有条件的农民进到城里来,但不能两手空空,而且一旦全面落实农村土地财产权,还可以释放农村巨大的增长潜力。"迟福林告诉小智,他们算了一笔账,农村土地财产权的落实,将带来几十万亿甚至上百万亿的需求。"你说这块蛋糕多大啊,我们说它是中国未来最大的红利一点儿不为过。"

政府与市场关系是一个深化供给侧结构性改革的"牛鼻子"

迟福林在谈到两会将释放什么经济信号时明确地说:"去年,我国在经济压力较大的背景下,依然出现了多方面的良好信号。今年,稳是一个核心,应该说今年两会将会释放稳中求进、稳中向好的信号。在稳中加快经济转型,深化供给侧结构性改革,研究我们的宏观政策和改革。"

今年深化供给侧结构性改革,迟福林认为最重要的是处理好政府与市场的关系,如果能把双方关系处理好了,我们的供给侧改革就能够突破。我们现在的行政推动力量很强,但是市场作用的发挥还不够。政府最重要的是在降成本、补短板上下很大的工夫,如果把政府与市场的关系处理好了,不仅解决了短期的问题,而且对中长期的供需平衡都会起到很重要的作用。

中国经济稳中求进的态势开始形成,但是迟福林更看重的是中长期,"我提出一个观点,立足 2020 年,因为 2020 年是我国经济转型最后的窗口期。这个机会抓住了,将释放经济转型的巨大潜力,不仅对缓解短期的经济下跌,对解决人们的预期,而且对未来的中长期发展会有巨大的好处"。他告诉小智,未来 5 年,6.5%左右的增长是完全有条件的。未来 10 年,我们 6%的中速增长也是完全有条件的。"如果这样的话,我国在 2022 年或者 2025 年就很有可能迈入中等发达国家行列。"可见迟福林对中国经济发展充满信心。

当然,他也提醒我们不要忽视风险的存在。"因为经济转型加上全球化的特殊背景,风险矛盾也在凸显,而且有些是过去没有的,比如逆全球化贸易保护主义,这为我们带来很大的挑战。"迟福林提出,在经济转型的过程中,我国金融市场也正凸显出一些矛盾,需要我们有效地控制与防范金融风险,做到稳中求进,否则我们的宏观经济将会面对巨大的困难。

打着健康房地产的旗号,其实还是炒房

房价是全国人民都关心的问题,今天遇到"中国智囊"之一的迟福林,小智怎能放过请教迟老师房地产问题的机会,不过迟福林告诉记者,中国的房地产像过去那段情景已经成为历史了,不可能再重复出现了。

首先,房地产的最大问题就是未来的转型。"我们现在有些打着健康房地产的旗号,其实还是炒房地产。把健康房地产需求做好的最大问题是服务化,房地产的转型面临一系列问题,比如结构问题,一、二线城市与三、四线城市的布局问题。"

其次,迟福林认为房地产市场未来区域性特点会比较突出。"比如杭州环境比较好,所以杭州这两年房价涨得也很快、很高;再比如海南三亚,我认为三亚现在房价可能算稍高一些,但是海口和其他区域的房子相对其他城市并不算高。一个地方如果生态环境特别好,未来在教育、医疗、健康这些服务方面也能跟上去,它的房地产价格在稳中还会有所上升,这就是房地产的区域性特点。"

最后,"去库存"最重要的环节就是解决三、四线城市的房地产问题。"未来的城镇化可能发展最快的是三、四线城市的基本公共服务方面,三、四线城市可以大体得到跟一、二线城市差不多的医疗、教育、养老、文化。如果这些服务差不多,三、四线城市就会有吸引力,毕竟它就业的问题相比大城市会好一些,房价也相对便宜。"对于房地产的问题,迟福林一再提醒我们不能再把眼光集中在几年前,应该看到房地产和中国整体经济转型的一致性。

（记者 刘 烨 实习生 凌 雨）

以结构性改革释放转型新动力[*]

访谈背景：

"2017 年是供给侧结构性改革的深化之年""坚持以推进供给侧结构性改革为主线"。中央经济工作会议释放了把深化供给侧结构性改革作为明年工作重点的明确信号，做出了系统部署。从"攻坚之年"到"深化之年"，从"三去一降一补"五大任务拓展为四个方面重点工作，以习近平同志为核心的党中央把握发展规律、顺应实践要求，为供给侧结构性改革注入新内涵、擘画新图景，为做好经济工作提供了科学指南。

迟福林：服务业市场开放是供给侧结构性改革的突破

主持人：各位好，欢迎收看由人民网为您带来的 2017 全国两会高端访谈类节目"高谈客论"。这期节目我们的主题是"以结构性改革释放转型新动力"，我们非常高兴邀请到了全国政协委员、中国（海南）改革发展研究院院长迟福林先生做客人民网演播室。欢迎迟院长。

迟福林：您好，各位网友大家好。

主持人：非常欢迎您做客人民网演播室和我们分享，今天我们的主题是"以结构性改革释放转型新动力"。其实，加强供给侧结构性改革是"十三五"期间我国经济工作的一条主线，供给侧结构性改革是一个高频的热词，现在我们发现它已经向纵深的方面进行一个发展。首先第一个想问您的问题是，结构性改革的着力点或者说发力点应该在哪里？

---

[*] 本文系迟福林委员做客人民网 2017 全国两会高端访谈节目"高谈客论"，2017 年 3 月。

迟福林:"十三五"正处在一个转型的关键历史窗口期,所以,我提出以经济转型为目标深化供给侧结构性改革。我们当前的发力点在哪里呢?就是能不能适应我们产业变革的需求,能不能适应消费结构变革的需求,能不能适应新型城镇化的需求。比如说产业结构变革。我们现在看到,为什么我国制造业大而不强,以研发为重点的生产性服务业发展比较慢,比重比较低,因此要使中国的制造业能够从"工业2.0"、"工业3.0"到"工业4.0",核心的问题是加大研发,发展以研发为重点的生产性服务业。有人说中国不发展制造业行吗?要搞服务业干什么?我们要从问题出发,为什么制造业大而不强,我国和德国、日本、美国这些制造业强国比,问题在哪里?是技术的研发。而技术的研发是生产性服务业的一个重要的内容或者重要的一个方面。当前来看,我一再强调,我们的发力点在哪里?就是服务业市场的开放。为什么?第一,中国的市场化程度已经相当高了,已经在市场化的改革当中走得很远。可是,我们在服务业领域,行政垄断、市场垄断的格局尚未完全打破。大概有一个数字,基本接近现实。工业领域市场开放程度大概为80%以上,而服务业领域50%左右还是被行政垄断、市场垄断,这样一个格局尚未被打破。所以,我们的服务业现在看来,生产性服务业发展比较滞后,影响了制造业的转型升级,而生活性服务业转型升级比较慢,比如说健康,现在全国人民对健康的需求有多大呢?可是我们在健康的产品、健康的服务、健康的人才供给上严重短缺,为什么?就是服务业市场开放程度相对比较低,社会资本、外来资本还难以平等地进入服务业领域。第二,全球化现在最重要的一个特点是由货物贸易为主向服务贸易为重点的转型,而我国的服务贸易比重比较低,比如说全球,2012年服务贸易占对外贸易的比重已经达到22.6%,而我国到2015年还不到16个百分点,为什么我们的服务贸易比较低?因为大家知道,服务业市场开放是发展服务贸易的基础,所以,我们真的要使开放大国成为开放强国,很大的程度上依赖于服务业市场开放和服务贸易的融合。更重要的是老百姓、整个社会,需要更好的产品,为什么过去发生过到国外买马桶盖(的事),这样的技术是什么呢?技术标准、技术服务、技术研发不是解决不了,我们在这方面不够,如果这个市场真正能开放,我想现在看很多事情可以解决得很好。我们信息产业开放,为什么马云就成为整个电商变革的重要领军人物。供给侧结构性改革,当前发力点很多,但是我想可能很重要的是和经济转型的趋势相结合,重点在服务业市场开放上要采取更多的措施。

主持人:服务业市场的开放。刚刚在您的描述当中,我们也理解到,服务业不单指原来我们说的第三产业,应该是关系到非常明确的一二产业,也是供给侧很好的一条体现形式?

迟福林:对服务业的看法要解放思想、面对现实、把握趋势,为什么? 就是你刚才说的,有人说老迟搞什么服务业,不就是按个脚的服务吗? 这样能强国吗? 我想这种理解太片面、太传统、太保守了。比如说,制造业的服务化、信息化、全球化,这是一个大趋势,尤其制造业的服务化,像3D打印机,到现在的机器人,是什么? 它是制造业服务化的典型代表,而且随着人工智能的发展,制造业服务化将成为制造业转型升级的一个主要标志、突出标志。你能不能在制造业服务化方面走在前面,决定制造业的竞争力,或者在相当大程度上决定你的竞争力。第二,拿人们的生活来讲,也不是"按个足底",人们的服务型消费现在全面快速增长。过去我们哪会谈到旅游,现在过年过节,旅游已经成为一个极大的问题。八九十年代出国,到处可以看到日本人。现在,中国成为全球旅游市场的一个主力,重要的是,老百姓对教育、医疗、健康、文化、信息等服务型需求全面快速增长。大概的数字是城镇居民对这些服务型的消费需求大概占总支出的40个百分点。估计未来几年,每年增加2个百分点,也就是到2020年,城镇居民在刚才说的这些服务型的消费需求上会接近一半,这是我国经济转型的一个重大的利好,它会释放巨大的增长潜力,这是全球关注的一个大信息,它对于拉动全球需求,是一个重要的推动力。所以,这种服务型的消费需求增长,导致了服务业的内涵发生了变化,更多的是服务标准、服务体系、服务人才。拿旅游来说,一方面,我们现在更多的国人走出去,另一方面,我们看到,比如说我去年到珠海横琴长隆滨海公园,你看一场马戏,十一二个国家表演,百分之九十的观众都是我们国人。我通过这个就有启示,我小时候很爱看马戏,我到俄罗斯看过马戏,但是那里有俄罗斯的、蒙古的、朝鲜的、美国的、荷兰的、澳大利亚的,等等,为什么? 现在国人即使在国内旅游,他想享受到具有国际标准的旅游产品、旅游服务,所以,他的国际化更多的是一个服务型消费需求。国人为什么跑到巴黎去买包,如果国内比较方便,当然更多的消费留在了国内。所以,无论从制造业的转型升级,还是居民的消费结构的转型升级,对现代服务业必须有一个客观的、趋势性的看法。

主持人：服务业可以这么说，它是供给侧结构性改革，供给侧一个很好的体现，抓住了所谓的服务上的需求，我们才能更好地来刺激它的消费。

迟福林：是的。所以中央一开始提出供给侧结构性改革的时候，专门讲到消费领域，个性化、多元化、多样化的消费需求出来了，而我们的供给跟不上。比如健康，全国需要健康的产品、健康的人才、健康的服务。我们拿健康的人才需求来说，我院正在筹办健康管理职业技术学院，还没开学呢，就有很多人打电话问我，什么时候能培养出人才，开始问我们要人。食品营养师、健康管理师、高级护理师，这个需求太大了，而实际的供给寥寥无几。所以，我们讲供给侧，首先从老百姓的生活看，老百姓的生活发生变化了，需求多样化、个性化的特点出来了，而我们在这个方面，供给和消费是不相适应的。

（记者　张　弛）

改革是最重要的时代事业*

——全国政协委员、中国(海南)改革发展研究院院长迟福林访谈

外界对迟福林的认知,始终聚焦于"改革"二字;采访他的报道,也多是关于改革领域掷地有声的建议。为中国改革谏言,既是他的事业,也是他的人生。

窗外,透蓝的天光将西山的线条勾勒得峻峭柔美,一缕光打进来,在他前额的银发上跳动着,令人不由感叹,这位谏言者也在时光中悄然变老。

然而,一谈起专业,他条理清晰、叙述准确,完全潜心于自己关注的改革重大研究上,潜心于如何为决策提供更好的参考:国际国内、民间殿堂、数据事例……在一个个挥洒自如的回答中,一名改革者的形象在我们眼里又一次丰盈起来。

改革,是迟福林自主选择的人生道路。也正是由此开始,他完成了从军人、官员到学者的转型。

隔40年"二次开放":站在十字路口的中国选择

不是中国愿不愿意的问题,而是历史将中国推到了这里,做出了这个选择。逆全球化是一种倒退,不但解决不了这些国家所面临的问题,反而会加大国际关系的分裂,甚至对本不稳定的世界经济增长雪上加霜。

记者:继《二次改革》《二次转型》后,你最近推出了新作《二次开放——全

---

* 载《人民政协报》,2017年3月5日。

球化十字路口的中国选择》。"二次开放"是一个新提法，能否做一个解释？

迟福林：2016 年，国际上掀起了一股经济全球化的逆潮。特朗普提倡"美国优先"战略并且退出 TPP 协定；英国脱欧以及欧洲的一些主要国家贸易保护抬头和民粹思潮已经形成。在这种情况下，经济全球化是继续往前走，还是反向而行？每个国家都站在十字路口，都需要做出选择。在这个节点上，习近平主席在瑞士达沃斯论坛上的讲话向世界传递出中国坚定推进全球化的声音：第一，不要把错误和问题都归咎为全球化；第二，我们坚定地推进全球化；第三，推进开放、包容、共享、均衡的经济全球化。

得益于对外开放，我国从低收入国家迅速发展成为中高收入国家，人均GDP 从 1978 年的 150 美元左右提高到 2015 年的 8000 美元。改革开放的内外环境发生了很大的变化。首先，开放的背景发生了变化，从工业化水平很低到现在进入到工业化中后期。其次，开放的范围和重点有了变化。过去 30 年开放的焦点更多在货物贸易，2008 年以后逐步向服务贸易为重点转变。再次，全球的经济治理结构发生了变化。过去以美国为首的发达国家主导，经济全球化包容性不足，现在新兴经济体国家走到舞台中央，要争取话语权，优化经济治理结构。最后，中国的战略角色变了。过去我们是全球化的重要参与者，现在要变成主要推动者和引领者，以"一带一路"倡议为重要载体，成为全球化的主导者。因此，不是中国愿不愿意的问题，而是历史将中国推到了这里，推到了这个角色上，做出了这个选择。

所以，我们正在进行的"二次开放"，就是以促进经济转型与结构性改革为导向、以实施自由贸易为主线、以推进"一带一路"为支撑、以服务贸易为重点的务实行动。这是经济全球化大变局下中国的一个战略选择，也是中国的历史责任。

记者：如您所说，2017 年年初，习近平主席在达沃斯经济论坛向世界发出了中国将以全球化的开放精神为世界经济提供动力的信号。我们应该怎样去理解这个开放精神？

迟福林：这个开放精神是有针对性的。经济全球化确实面临很多矛盾和问题，我们的开放精神，首先，体现在直面问题上。在遇到矛盾和问题的时候敢于直面问题，而不是回避，更不是走回头路。其次，体现在更大范围的开放。推动新一轮经济全球化需要更大的魄力，需要开放、包容、共享和均衡,而不是孤立、排斥其他国家。最后,体现在对外开放与国内改革转型的融合上。我认为,更重要的是,要形成推动国内经济转型改革的动力,以开放来倒逼改革。所以,谈开放精神,我觉得应该站在国内、国际的大背景下思考。

记者:虽然逆全球化思潮并非始自今日,但这一拨浪潮似乎异常凶险。您如何看待这次逆全球化浪潮?

迟福林:这一轮逆全球化的出现有深刻背景。第一,由美国主导的全球化主要侧重金融资本的创新,而忽略了产业和科技变革,在金融寡头获利的同时,中产阶层严重缩水,美国的中产比例至少降低了 10 个百分点以上。在此背景下,到底是需要新的全球化,进行更多的产业变革和科技变革,给大家创造更多更好的工作岗位,还是关起门来搞逆全球化? 一些国家现在的选择是后者。但我们认为,只有在国际范围内通过产业和科技变革,进一步扩大市场的范围、提高市场的深度,才会为社会创造更多更好的工作岗位,才能从根本上解决目前存在的问题。20 世纪,全球在保护主义上栽了大的跟头,在这个问题上我们不能忘记历史。

第二,在过去 20 余年的全球化中,看到中国获益良多,一些发达国家就想要改变现有的国际规则,以民粹主义为代表的势力抬头,其最大的特点就是要把门关起来、去全球化。殊不知,经济全球化的受益者并非只有中国,欧美等发达国家的消费者从中国的全球化中受益良多。所以,逆全球化是一种倒退,不但解决不了这些国家所面临的问题,反而会加大国际关系的分裂,甚至使本不稳定的世界经济增长雪上加霜。

服务贸易仍旧是我们的短板

经济全球化逐步把重点放在服务贸易、服务业市场不开放,不仅不适应国际市场的需求,也不能满足老百姓的需求。

记者:服务贸易已经成为全球经济增长的引擎。在供给侧结构性改革的背景下,我国服务贸易发展很快,2016 年首次突破 5 万亿元人民币大关,增速达 14.2%,服务贸易占外贸比重达到 18%,比 2015 年增加了 2 个百分点。您如何看我国服务贸易发展的趋势?

迟福林：全球服务贸易的需求不断增长，促进了全球人才、资本、技术、信息等要素的自由流动，进一步优化了全球资源配置，提升了全球经济运行效率。2015年，服务贸易占全球贸易的比重为23％左右；若按附加值算，这个比重已达到50％。从趋势看，未来5～10年，全球服务贸易仍有比较大的发展潜力。

从我国情况看，受制于服务业市场开放的滞后，服务贸易成为我国对外开放的短板之一。我国作为第一贸易大国，教育、医疗、健康和文化市场的开放度并不高。多年来，市场开放的重心在工业领域。有数据显示，我国工业领域80％已经市场化，而服务业仍有50％左右的领域尚未打破垄断。

记者：我国服务业开放的难点在哪里？可以从哪些方面寻求突破？

迟福林：从需求角度看，近些年我国社会零售消费品总额增速都超过9％，超过了GDP的增速，老百姓的消费结构发生了很大变化。以前消费更多用在吃饭穿衣等物质型消费上，现在普通家庭相当一部分消费集中在旅游、健康、教育上面，城镇居民的服务型消费比重已经占到总消费的40％。从发展趋势看，预计到2020年，城镇居民服务型消费比重会接近50％。消费结构升级带来一个巨大的新增市场，不仅对我国经济增长，而且对拉动全球经济增长，都是一个重量级的信息。

这种情形下，我们看供给方面的情况。从这些年"两会"的热点看，从社会呼声看，我国服务业供给短缺矛盾突出，某些领域，比如养老护理等，"有需求缺供给"成为社会普遍反映的问题。究其原因，在于服务业市场开放进程滞后。

尽管国家一再强调，社会资本可以进入法律未禁止的服务业领域，但由于行政垄断和市场垄断的存在，实践中社会资本进入教育、医疗、通信等服务行业仍面临种种障碍，服务业难以通过公平竞争来提高供给能力、质量和效率。

服务业市场不开放，不仅不适应国际市场的需求，也不能满足老百姓的需求。只有在开放中加快发展，并提高服务水平、服务标准、服务效率，才能有效满足国内消费结构变化的需求。2015年，习近平主席参加G20会议时提出，有序开放服务业市场；2016年，中央又提出全面放开养老服务市场。相信未来几年服务业领域会有一个逐步开放的过程。

记者：今年5月，"一带一路"国际合作高峰论坛就要在北京召开了。我们看到，一些企业已经走出去，在沿线国家开拓出一片新的天地。在您看来，"一带一路"将在自由贸易中发挥什么样的作用？

迟福林：在经济全球化发生大变局的情况下，纵观全球，没有比"一带一路"能够更好连接亚洲与欧洲、连接欠发达地区与发达地区的了。它具备三个特质，一是以基础设施、互联互通为依托；二是以产能合作为重点；三是以发展多种形式的自由贸易区网络为目标。如果这三者能融合，在未来，不仅表现在越来越多的企业走出去和产能在更大范围内的合作，更重要的是可以在沿线国家以自由贸易为主线，加快改善所在地区综合发展环境、提升综合发展能力，真正形成一种共商共建共享的新机制，在推动新一轮的经济全球化中扮演重要的主角。

处理好政府与市场关系是供给侧结构性改革的"牛鼻子"

改革的核心问题，是如何处理好政府与市场之间的关系

调动各级政府，尤其是基层政府改革创新的积极性，需要对改革创新的失败予以更大的宽容和包容。

记者：您曾说过，改革攻坚的切入点是政府转型与改革。去年，我们推进"三去一降一补"，怎么评价地方政府在其中的表现？

迟福林：改革的核心问题，在于如何处理好政府与市场之间的关系。过去一年，在推进"三去一降一补"中，地方政府依托行政力量起了很大作用。同时也要客观看到，去产能，行政力量固然重要，但为什么又出现了某些"死灰复燃"的现象？煤价、钢铁价格又出现了上涨？这说明，在注重发挥政府作用的同时，也要更加注重发挥市场的作用。比如，谁来认定"僵尸企业"？目前有一些民营企业转型初步成功，而相当一部分国企转型较慢，效果并不好。也就是说，政府的引导很重要，但推动企业转型的决定性力量是市场。在"三去一降一补"中，政府的重要职责是降成本、补短板。比如，面对企业税费成本过高的突出问题，政府要在降低制度性交易成本方面出实招；面对经济转型中的社会需求变化，政府要尽快补上社会建设的短板。

记者：您怎么看国企改革中有效处理好政府与市场的关系？

迟福林：中央提出混合所有制改革是国企改革的突破口，这个大思路符合现实。以管资本为主，是市场经济条件下政府的主要职责之一。问题在于，这些年来，政府相关部门尚未把主要精力放在管资本上，而是过多过细地管企业、管人。在管资本的前提下，只有让企业家管企业，按照市场原则走，实施严格的公司治理结构，混合所有制改革才能破题。所以处理好政府与市场关系是供给侧结构性改革的一个关键，甚至是"牛鼻子"。

记者：历史进步需要不断变革，但变革所采取的方式也很重要。在推进供给侧结构性改革的过程中，如何调整不同利益群体之间的关系？

迟福林：凡是改革，都会触及利益。因此，改革必须考虑多数人的利益。改革开放近40年后，我们已经进入中上收入国家行列，但现实经济社会生活中有几个问题依然相当突出。一是中等收入群体比例太低，现在为25％～30％，距离中等收入群体占50％以上的橄榄型社会还有明显距离。二是农民的土地产权制度改革还没有完全到位，农民很难进入中等收入群体行列。三是就业结构还不合理。一般来说，中等收入群体主要在服务业领域就业，高收入国家的国民在服务业就业的比例甚至达到70％以上。而2015年我国服务业就业比例仅为42.4％。这个比重提高了，就能有更多人进入中等收入群体。四是收入分配体制改革还有很大空间。比如，税收是调节收入分配的主要手段。但以直接税为主的税收结构远没形成，80％的税收要由企业承担。财产税的缺位，既加大了企业负担，又不利于形成合理的收入分配结构。

记者：在触碰到改革发展中的"硬骨头"时，一些官员瞻前顾后，选择了不作为，有没有好的解决办法？

迟福林：改革就是创新，创新就有可能失败；不改革就没有失败，但不改革也就是不作为。要打消官员的顾虑，调动各级政府，尤其是基层政府改革创新的积极性，需要对改革创新的失败予以更大的宽容和包容。对官员的督察机制和激励机制两条线，要尽快分开，赏罚分明。对干事和创新中出现失误的人，给予一定宽容度。在机制上明确，干事与不干的考核，与干事中成功与失败的考核，是不一样的。

改革是流淌在血液里的责任

改革者要顺应历史潮流，抓住趋势，相信自己所选择的事业，充满历史责任感，事情一定要争取做成

记者：您在改革研究领域深耕多年，各方都是从改革话题开始了解您。翻阅您的简历，您既当过军人，又做过官员，最后选择了改革研究事业。是什么指引您做出这些重大选择的？

迟福林：我16岁当兵离开东北故乡，军龄长达20年。20世纪70年代末，我在国防大学当教员，后来进入中央党校攻读研究生，并且担任了中央党校理论部（即现在的中央党校研究生部）的改革研讨小组组长。那时，我对邓小平讲的一句话产生了朦胧的认识，"不改革就没有出路"。当时我们白天去基层调查、研究、开会，晚上还经常彻夜不眠地研讨问题。现在回想，那是一个"改革激情燃烧的岁月"。

后来我被抽调到中央政治体制改革研讨小组办公室工作。1987年12月，我南下海南参与筹备建省相关事宜。海南建省后，我担任省政府体改办公室主要负责人。正是在海南这片热土上，我坚定了自己的道路：做改革研究。1991年，经过多方筹备，中国（海南）改革发展研究院成立，以"立足海南，面向全国，走向世界"为办院宗旨，今年已经26个年头了。我当时的想法是，真正成为一个社会型的学者，才能客观地研究问题，所以先从自己开始改革吧！1992年我们主动放弃了财政拨款，1993年开始实行股份制，一直走到今天，酸甜苦辣不一而足。但总体上走出了一条从正厅级事业单位转型为社会智库的发展路子。

记者：所以，改革是流淌在您血液里的责任。

迟福林：对。当兵的经历锤炼了我坚韧的性格，军人不能言败，搞改革也不能言败，这个信念到今天还在激励着我。无论做官员，还是学者，我越来越感受到"责任"这两个字的意义。相信自己所选择的事业，充满历史责任感，事情一定要争取做成。

记者：这么多年来，中政院最令您欣慰的一项改革研究成果是什么？

迟福林：20 世纪 90 年代初，我多次到农村调研，发现农民对土地承包权的期限很在意，对稳定农民预期有决定性影响。因此，我在调研报告中明确建议"赋予农民长期而有保障的土地使用权"。这条建议被写入 1998 年十五届三中全会《中共中央关于农业和农村工作若干重大问题的决定》。我和我的团队研究的一项重要成果成为农村改革具有决定性意义的一件事，我们当时心情很激动。

记者：作为第十一、十二届全国政协委员，您多次为农民权益、户籍制度等改革问题呼吁。作为一名改革专家，一项政策从调查研究，到制定出台，您通常会倾注多少心血？

迟福林：再讲一件事吧。2003 年，我到海南的一个黎族农村农户家调研。走进一家，老太太生病躺在床上，老头是只有一条腿的残疾人，儿子精神还有点问题。家里有两亩耕地，全凭这个老头把一条腿拴在犁耙上耕种。我当时就问乡镇干部，像这种家庭不能实行最低救济制度吗？他说，现在还没有这项制度，贫困户只能申请补贴。这个家庭的补贴申请了三个月，拿到五块钱。我当时心里真不是滋味。在中央召集专家学者讨论"十一五"规划时，我向中央领导人反映了这个问题。我说，我们改革开放快 30 年了，农村最低救济制度是不是应该尽快建立起来？当时高层特别重视。3 个月后，中共中央和国务院决定，从当年开始，在全国范围内建立农村最低救济制度。这件事情出乎我意料。尽管城市和农村的保障还有不小差距，但建立制度就等于迈出了改革的第一步。

作为学者，参与中央决策讨论时，责任是沉甸甸的。只要你了解到基层的情况，把有价值的信息、情况及时反映上去，并且提出有针对性的建议，对中央决策还是可能产生影响的。作为学者，直谏改革中的重大问题，也是改革能够顺利进行的关键因素之一。

改革研究者不是政策制定者。因此，改革研究者一定要顺应历史，抓住趋势，给出建议，并且设法推进。一个改革研究者决不能计较自身的得失，这是改革谏言者的历史作用，也是一条充满荆棘的道路。

（记者　司晋丽）

中国:如何高质量发展实体经济[*]

——访著名经济学家迟福林

高质量发展:进入新时代的重大战略部署

主持人:党的十九大报告提出,以"三大变革"提高全要素生产率,着力加快建设实体经济。中央经济工作会议进一步指出,"我国经济发展也进入了新时代,基本特征就是我国经济已由高速增长阶段转向高质量发展阶段"。"高质量发展"成为国内外关注的焦点。您如何理解"高质量发展"?

迟福林:的确,"高质量发展"已经成为全社会的高频词,它是适应我国经济发展时代变化,抓住主要矛盾、顺势而为的一个重大战略部署。党的十八大以来,从经济生活的实际出发,中央先后提出了"三期叠加""从高速转向中高速""新常态"等一系列重要判断。在我看来,十九大提出的"高质量发展"是对上述系列重要判断的提升,是对"新常态"判断的跨越,是一个战略性、方向性、全局性的重大判断。

主持人:坚持质量第一、效益优先是习近平新时代中国特色社会主义经济思想的核心内容之一。您认为提出"高质量发展"的背景是什么?

迟福林:从国内经济格局看,高质量发展适应了全社会对美好生活的向往。经过近40年的改革开放,老百姓富起来了,需求升级了;人们对高质量产品、个性化服务、健康医疗等需求全面快速增长了。提出高质量发展,就是要让供给体系能够跟上这个时代变化。什么是高质量?有很多衡量指标,但其

---

[*] 载《浙江日报》,2018 年 1 月 16 日。

本质特征就是能够很好满足人民日益增长的美好生活需要。

从全球经济格局看,我国的经济地位举足轻重,但自主创新、品牌竞争力还明显不足。尤其是在美国制造业回归的背景下,在数字经济引领产业变革的第四次工业革命浪潮面前,如何提高我国在全球经济中的竞争力、影响力,是推动高质量发展面临的重大课题。因此,要推动经济发展质量变革、效率变革、动力变革,不断增强我国经济创新力和竞争力。

高水平实体经济:实现高质量发展的根基和主体

主持人:高质量发展确实抓住了我国新时代发展的核心。那么,在您看来,如何转向高质量发展?

迟福林:习近平总书记反复强调要有问题导向。转向高质量发展,要适应国内经济转型升级的大趋势,抓住新经济发展的历史性机遇,着力破解现实经济发展中"质量不高"的某些突出问题。从总体看,这个"质量不高",主要反映在实体经济上。我认为,需要在理论和实践层面鲜明地提出,把发展高水平的实体经济作为实现高质量发展的根基和主体。

主持人:党的十九大报告提出,建设现代化经济体系,必须把发展经济的着力点放在实体经济上。

迟福林:是的,推动高质量发展,需要加快建设现代化经济体系。实践证明,没有一个高水平的实体经济,就难以建设现代化经济体系,就难以有一个高质量、高效率的供给体系,就难以为人民提供满足美好生活需要的各类产品和服务。

什么是实体经济? 就是创造产品和提供服务的领域,是提供有效供给的领域。虚拟经济则是为实体经济服务的,不能本末倒置。适度发展虚拟经济,目的在于更好地为实体经济服务,而不是"脱实向虚""空转盈利"。

满足人民对美好生活的需要,主要依靠实体经济。实体经济是高质量发展的主体,是经济强国的根基。习近平总书记指出,不论经济发展到什么时候,实体经济都是我国经济发展、在国际经济竞争中赢得主动的根基。

主持人:您从大的角度分析了高水平实体经济是高质量发展的根基。在您看来,发展高水平实体经济,在当前面临哪些挑战?

迟福林：这个问题很重要。客观分析实体经济发展面临的挑战，有助于精准施策、精准发力。在我看来，发展实体经济主要面临结构性失衡的挑战。

比如，实体经济结构性供需失衡。老百姓的消费需求已经向高品质升级了，但供给体系总体上仍处于中低端。很多人去日本买马桶盖，去国外体检、就学，都反映了我们在产品和服务的供给质量上还有很大的差距。作为一个大国，这是值得警醒的。

再比如，金融和实体经济失衡。目前工业行业平均利润率在6％左右，银行业的营业利润率远超工业利润。"钢材卖不出白菜价"，这是一个严重的经济问题。

此外，房地产和实体经济失衡。在某些城市和地区，房地产明显脱离了居住属性，成为金融投机的工具，由此带来了一系列的经济问题和社会问题。

我一直认为，供给体系有产能过剩的问题，但也有供给不足、不优的矛盾和挑战。两者同时并存，需要两端同步发力解决。

主持人：怎样认识我国实体经济面临的挑战？

迟福林：实体经济面对的各种挑战，主要是"长期因素积累、成本因素增大、国际因素促发"的结果。

第一，长期因素积累。在较长时期内，我们以总量发展为导向，以做大GDP为重要目标，形成了"增长主义"的某些突出特征。这种发展方式在推动经济快速发展的同时，也带来了产能过剩、环境破坏等棘手的问题。

第二，成本因素增大。主要是劳动力成本在上升。21世纪初平均劳动工资在每月700元左右，现在涨到4000元以上，但是产品的价格却没有长得那么快。过去社保体系还不健全，现在"五险一金"完善起来，企业成本也就上去了。此外，要素成本、环境成本等也在不断上升。这些因素传导到实体经济，尤其是虚拟经济过度发展的时候，矛盾就集中爆发出来了。

第三，国际因素促发。现在企业的产品在国际上相互流通，相互竞争。2015年美国一家品牌咨询公司发布"全球最佳品牌榜"百强名单，美国有52家企业品牌入选，而我国只有2家。2016年世界500强中，我国内地企业的人均营业收入只相当于500强总体人均营业收入的76.06％、美国企业的63.48％。在这种情况下，我国实体经济的短板就凸显出来了。

历史的、现实的、国际的因素综合作用，形成了今天实体经济发展的突出矛盾。因此,实体经济优化升级已经成为高质量发展的重大任务。

主持人:在您看来,导致当前实体经济困难的主要原因有哪些?

迟福林:在我看来,这不是哪个企业的问题,而是整个经济运行中仍存在的某些突出矛盾与问题。2016年2月,民间固定资产投资出现断崖式下降,从2015年年底的10.1%直接降到6.9%;2016年1月至8月,同比名义增长仅为2.1%。此后开始逐步回升,但直到2017年11月,民间固定资产投资也未能达到全国平均投资水平。民间固定资产投资意愿低下,主要原因有以下几个方面:

一是实体经济成本过高,包括税费、制度性交易成本,融资、用能、物流成本等。从"三去一降一补"到"破、立、降",降低成本任重而道远。为此,这次中央经济工作会议明确提出要求,采取各种措施"大力降低实体经济成本",以促进有效投资特别是民间投资合理增长。

二是妨碍市场公平竞争的障碍依然存在,"弹簧门、玻璃门、旋转门"忽隐忽现,石油、通信等领域社会资本难以进入。这就需要按照中央经济工作会议精神,"全面实施并不断完善市场准入负面清单制度,破除歧视性限制和各种隐性障碍",以激发各类市场主体活力。

三是产权保护政策尚未得到很好的落实,一些企业家对未来的预期不稳。为解决好这一问题,当前相关方面正在"依法甄别纠正社会反映强烈的产权纠纷案件",以落实中央产权保护政策,弘扬企业家精神,支持民营企业发展。

主持人:您深入剖析了我国实体经济面临的挑战。确实,在内外环境相互作用下,我国实体经济存在的问题不容忽视。那么,您对我国实体经济发展的前景怎么看?

迟福林:在我看来,我国发展高水平的实体经济,面临着新的历史性机遇。经过近40年的改革发展,我国总体上进入工业化后期,经济转型升级呈现历史性特点。

一是产业结构正由工业主导向服务业主导转型。2017年前三季度服务业占比达到52.9%,预计到2020年有可能接近或达到60%。在服务型经济比重不断提升的同时,新产业、新业态、新模式不断涌现,成为助推产业变革的新动能。

二是消费结构正由物质消费为主向服务消费为主转型。估计到 2020 年，城镇居民服务型消费比重将由目前的 40％左右提高到 50％左右，我国正在进入一个"新消费时代"，为全球尤其是欧美提供了经济合作的巨大市场空间，也为我国发展自由贸易、推动经济全球化提供了重要条件。

三是城镇化结构正由规模城镇化向人口城镇化转型。预计到 2020 年，常住人口城镇化率有可能由 2016 年的 57.35％提高到 60％以上。新型城镇化和乡村振兴融合并进的趋势明显增强。

四是从以货物贸易为主向以服务贸易为重点的开放转型。预计到 2020 年，我国服务贸易占对外贸易比重将由 2016 年的 18％提高到 20％以上。十九大报告明确提出，"大幅度放宽市场准入，扩大服务业对外开放""赋予自由贸易试验区更大改革自主权，探索建设自由贸易港"。未来几年，发展服务贸易成为我国开放转型的突出特点和重大任务之一。

适应社会主要矛盾变化和经济转型的大趋势，抓住第四次工业革命契机，要在鼓励发展实体经济的同时，推动实体经济的优化升级。实体经济优化升级做得好，实现高质量增长就有重要前提，就能为高质量发展打下坚实基础。

制造业优化升级：将实体经济做强做优做大

主持人：是的，我国实体经济有着巨大的优化升级潜力。那么，要释放这些潜力，您认为重点何在？

迟福林：推进实体经济高水平发展是一项系统工程，涉及方方面面，既要通盘谋划，又要重点突破。在我看来，发展高水平的实体经济，关键和重点都在于发展制造业，推动制造业优化升级，提升制造业的国际竞争力。

主持人：为什么说发展高水平实体经济的关键和重点都在于发展制造业？

迟福林：第一，制造业的优化升级决定实体经济的发展水平。我国的实体经济，目前可以用"冰火两重天"来形容。以数字经济为代表的新经济，发展迅猛。2016 年，我国数字经济规模达到 22.6 万亿元，同比增长 18.9％，占 GDP 比重达到 30.3％。另一方面，传统制造业面临比较大的挑战。"三去一降一补"，更多的是针对这些制造业。前不久，习近平总书记在徐州视察徐工集团时又提到,必须始终高度重视发展壮大实体经济,抓实体经济一定要抓好制造业。

第二,制造业优化升级决定实体经济的发展程度。当前,制造业发展的主要特点可用 9 个字概括:"全球化、信息化、服务化"。尤其是服务型制造业发展势头相当猛,从 3D 打印机到工业机器人再到人工智能,势头不可阻挡。

在美国,制造与服务融合型企业占制造企业总数的 58%。在德国,有两个"70%":服务业占 GDP 的 70%,生产性服务业占服务业的 70%。随着人工智能、大数据、互联网的发展,制造业要着力在"服务化"三个字上下功夫。强调"服务业主导",不是不要制造业,而是要以研发为重点的现代服务业提升制造业发展水平,大力推进制造业服务化进程。就是说,制造业的优化升级,关键在于研发能力,重点是核心设备和核心技术。

第三,制造业的优化升级决定实体经济的竞争优势。以东北振兴为例,东北地区制造业发展有基础、有条件,问题在于能否抓住机遇,加快推动制造业尤其是装备制造业的优化升级。我在前不久的东北振兴论坛上提出,东北的出路在于依托国内巨大的市场,大力发展制造业,大力提升制造业的水平,尤其是装备制造业。2015 年辽宁装备制造业总产值占工业总产值的比重为 32.5%,装备制造业的利润总额占比为 49.5%。装备制造业是东北地区的传统产业,更是优势产业,完全有可能通过优化升级,达到国内领先或国际先进水平。而主张东北发展轻纺业的建议则值得商榷。

创新驱动:释放经济发展第一推动力

主持人:看得出,您对发展制造业还是充满希望和期待的。这给各方一个很好的预期。那么,着眼于高质量发展,我们发展高水平的实体经济,您认为最大的动力何在?

迟福林:创新是经济发展的第一动力,更是发展高水平实体经济的第一动力。习近平总书记在徐工集团视察时指出,"发展实体经济,就一定要把制造业搞好,当前特别要抓好创新驱动,掌握和运用好关键技术"。我国进入发展新时代,强调"创新",抓住了关键点。

近几年,我国在发展信息技术与先进技术方面有明显进步,某些产业世界领先。但是,一些关键技术、核心技术与发达国家相比仍有较大差距。这里,有两组数据很重要。不久前,世界知识产权组织发布《2017年全球创新指数报告》,中国的创新能力在全球排名第22位。但同时我也注意到,我们在监管环境、高等教育、单位能源GDP贡献量等指标中排名靠后。一些关键领域的技术还依赖于国际市场。最近几年,互联网、大数据正在引领制造业优化升级。未来5～10年,我国的高质量发展正需要自主创新这个强大的"中国发动机"。

主持人:是的,我们要是把创新这个第一动力释放出来,经济发展的前景就不可估量。您认为怎么才能释放这个第一动力?

迟福林:在我看来,人才是创新的第一源泉。目前,我国人才的结构性矛盾还比较突出,各种制约因素还比较多。以大数据与人工智能为例,"新兴技术＋操作人才"严重短缺,"技术＋管理人才"更是一将难求。由此看来,自主创新的关键是尽快培养人才,尽快形成人才支撑创新发展的良好环境。

以教育为例,教育体制"考试型、封闭式、行政化"的特点在一些地区还比较突出,导致一方面大学生就业难,一方面企业招工难。我们急需的工匠型人才、技师型人才短缺,这是制约制造业发展的重要因素。如何推进教育改革,调整教育结构,是释放创新这个第一推动力的根本所在。这些年来,我一直呼吁教育需要第二次改革,要从"考试型"向"能力型"转变,大力发展职业教育,大力培养大国工匠,培养技术型人才。我认为,这是教育领域供给侧结构性改革的重大任务。

深化供给侧改革:向高水平经济发力聚力

主持人:中央经济工作会议围绕高质量发展提出了深化供给侧结构性改革等8项重点工作。在您看来,以深化供给侧结构性改革来推动高水平实体经济,要从哪些方面破题发力?

迟福林:习近平总书记指出,供给侧结构性改革,重点是解放和发展社会生产力,用改革的办法推进结构调整,减少无效和低端供给,扩大有效和中高端供给,增强供给结构对需求变化的适应性和灵活性,提高全要素生产率。

建设现代化经济体系，供给侧结构性改革是需要贯穿始终的一条主线，其实质是结构性改革和结构性调整，是促进供需关系动态均衡的根本保障。从实际情况看，深化供给侧结构性改革是一场攻坚战，既要把供给侧结构性改革贯穿经济转型全过程，又要在短期内实现重大突破。

当前，深化供给侧结构性改革，要继续坚持去产能、去库存、去杠杆、降成本、补短板，优化存量资源配置，扩大优质增量供给，实现供需动态平衡。与此同时，从市场主体的需求出发，找出实体经济的"痛点"，并通过体制机制创新来疏经通脉。

一是扩大市场开放，尤其是服务业市场开放。党的十九大报告提出，"打破行政性垄断，防止市场垄断，加快要素价格市场化改革，放宽服务业准入限制，完善市场监管体制"。当前，重点是扩大服务业市场的开放。

二是成本要降低。制度性成本看上去很虚，却很真实。"曹德旺现象"背后的主要原因，就是成本过高。娃哈哈的宗庆后算过一笔账，一年要缴费200多种。这些制度性成本要尽快降下来，真正"放水养鱼"。

三是税收结构要调整。过去几年来的减税，多数企业叫好，但也有企业表示"不解渴"。美国的大幅减税，对我国制造企业更是无形的压力。从当前的情况看，减税的空间不大。为什么？现行的税收结构以间接税为主。出路在于加快税收结构转型，从间接税为主转为直接税为主。关键有两点：一是抓住机遇，下决心；二是稳妥安排。例如开征房产税的趋势不可避免，但要做好设计，最好是明确告诉老百姓，开征房产税的前提是整体税负下降。

四是市场监管要转型。要把监管变革作为深化简政放权的重点，进一步推进监管转型。要向专业的、技术的、法律的监管转型，而主要不是行政性监管。

在这些"痛点"上聚力、发力，打通经脉，就能够在深化供给侧结构性改革中为实体经济创造一个良好的市场环境。

产权保护：弘扬企业家精神 尽快送出"定心丸"

主持人：发展实体经济，根本因素还是人。经济学上有一个著名的判断，企业是企业家的企业。过去一段时间，由于多种原因，企业家的预期不是特别好。为此,2016 年以来国家密集出台了一系列的文件。您在 20 世纪 90 年代就提出了"创新型企业家"这一概念。在您看来,如何稳定企业家的预期,调动他们创新创业的积极性?

迟福林:发展高水平实体经济,需要培养有能力的企业家,需要弘扬企业家精神。企业家在市场上能识别风险、防范风险、把握风险。当务之急是降低非市场风险,"守护"企业家的预期。这个非市场风险主要与产权保护相关。

十八大以来,中央高度重视解决这个问题。2016 年 11 月份出台了《关于完善产权保护制度依法保护产权的意见》,去年 9 月再出台意见,强调弘扬企业家精神,更好发挥企业家作用。现在关键在于落实。令人欣喜的是,不久前,最高法院公布将依法再审三起重大涉产权案件。这是一个非常重要的信号,希望以此为突破口,出台详细的、可操作的司法解释,使得产权保护制度化、法治化,该"赦免"的赦免,给予"定心丸",以彻底免除企业家的"后顾之忧"。

我在 20 世纪 90 年代就提出了"创新型企业家",他们是企业的创造者,是企业的灵魂,是企业文化的倡导者。怎么让他们发挥作用?总结过去近 40 年的经验和教训,要在制度上实现产权激励,结成利益共同体,这是根本出路。

赢在转折点:浙江重在搞好"两个保护"

主持人:可以说,稳企业家就稳经济,释放企业家活力就释放经济活力。浙江是企业家尤其是民营企业家比较多的省份。您长期关注浙江,和浙江企业家多有交流。在我国经济转型升级的关键节点上,您对浙江的实体经济发展有何建议?

迟福林:近几年,我相当关注浙江这块热土,到浙江调研也比较多,与一些企业家座谈交流,从中获益不小。2016 年,我在浙江大学出版社出版了一本《赢在转折点》。这个题目,就是在和浙江企业家座谈当中得到的启发。对于浙江,我有两件事印象比较深刻。

第一,赢在转折点。发展高水平的实体经济,我认为浙江已经在起步,而且势头很好,有些走在全国前列。我们过去讲,"赢在起跑点",现在是"赢在转折点"。浙江大部分民营企业家市场感觉好、趋势把握准,企业体制活、转型快,所以赢得了市场竞争的主动。现在,浙江相当一部分企业已经从传统业态中抽身出来,投资到新的业态中。以阿里巴巴为代表的一批新型浙商企业成为全球的领跑者。应当说,"赢在转折点"是浙江的突出优势,也是浙江未来发展的新起点。

第二,浙商精神。这两年,我多次在浙江相关的论坛上作演讲,很有感悟。不但省级商会,而且市一级的商会、县一级的商会都很活跃。浙商敢于创新、敢为天下先的精神,使得浙江在转型发展中走在了全国前列。

下一步,浙江如果把这两件事做好了,后发力会更强。一是产权保护。浙江民营企业家多,对产权保护更为关注。如果浙江能率先抛出一两颗"定心丸",就能更好地稳定企业家预期,激发企业家精神。二是治理雾霾。我在国际场合交流时,不少国际上的知名企业家告诉我,如果杭州能够有更多的蓝天白云,他们的企业尤其是研发中心就会入驻。

主持人:谢谢您对浙江的肯定和建议。把环境保护好,把产权保护好,我相信浙江在"高质量发展"上就能够走在全国前列,就能为新时代中国特色社会主义的发展提供更多的浙江素材。

(记者　潘如龙)

第八篇　委员笔谈

委员履职，不仅在于"两会"期间建言献策，更在于平时的观察、研究、积累。平日里，不少报章和杂志邀请我以全国政协委员的名义就经济社会发展中的改革热点、难点问题发表文章和建议。在此，选编部分媒体和杂志刊发的署名文章，以飨读者。

建立适应新时期的基本公共服务制度[*]

● 从中国改革开放 30 年的实践看,发展理念经历了由物质本位到以人为本的转变。进入发展型社会的新阶段,人们从满足基本生存为主转向追求自身发展为主,人的自身发展更直接地表现为对基本公共服务的实际需求。从生存型社会进入发展型社会,构成基本公共服务需求快速变化的客观背景。

● 新阶段公共需求快速增长的趋势,对基本公共服务制度创新提出更为迫切的要求。推进基本公共服务均等化重在制度建设。应尽快建立城乡统一的公共服务制度,加快建立政府基本公共服务绩效评价体系,以及基本公共服务的社会参与机制。

● 构建基本公共服务体系所面临的任务十分艰巨,也带来某些压力。需要强调的是,基本公共服务除了对于人的发展具有本体性的基础作用之外,更重要的是对经济社会的可持续发展发挥着巨大的推动作用;加强基本公共服务,是缓解社会矛盾、促进社会公平的重要手段,是构成新时期改革的重要动力来源。

改革开放 30 年来,我们实现了发展阶段的历史性跨越,其中一个重要的表现,我概括为由"生存型社会"开始步入"发展型社会"。中国发展阶段的这一提升,给经济社会发展带来巨大的发展活力,同时也面临着新的矛盾与挑战。当前,改革发展呈现许多新的阶段性特征,与这一转变有很大的关系。其中,引起人们普遍关注的一个问题是,全社会公共需求全面快速增长与公共产品短缺、公共服务不到位,已成为新时期新阶段的突出矛盾。近几年来,国家出台了有关政策,把加强公共服务、推进基本公共服务均等化作为一项

---

[*] 载《文汇报》,2008 年 3 月 6 日。

施政方针。但就此问题,目前各方面的认识并不一致。为此,面对发展阶段的变化,十分有必要就新时期的基本公共服务做出分析判断。

一、全社会公共需求呈现全面快速增长的客观趋势

中国由生存型社会进入发展型社会,一个突出的表现是生存型压力明显减弱,发展型压力全面凸显。同以往相比,当前广大社会成员的消费结构发生两个重要变化:一是食品与衣着等基本消费支出的比例在不断下降,从1990 年的 67.61％下降到 2006 年的 46.15％;二是医疗保健、教育等消费支出比例不断上升,城镇居民在这方面的支出比例从 20 世纪 90 年代初期的10％左右上升到 2006 年的 30％左右。这一结构性变化表明,公共需求全面快速增长确实已成为经济社会生活中不容忽视的重要趋势。利益关系的变化对加强公共服务提出了要求。

应当看到,中国面临空前的社会流动和社会变革,使传统计划经济时代相对简单的社会结构逐步演变为市场经济条件下相对复杂的社会结构。社会结构的变化,伴随着利益关系调整、利益主体多元化等深层次的问题。新时期利益关系的变化增加了改革发展的复杂性,对基本公共服务供给和公共服务体制创新提出了更为现实的要求。在物质财富快速积累的新阶段,如何实现公平正义的分配,让社会成员平等地享受基本公共服务的权利,成为当前社会转型面临的一个重大问题。

从中国改革开放 30 年的实践看,发展理念经历了由物质本位到以人为本的转变。进入发展型社会的新阶段,人们从满足基本生存为主转向追求自身发展为主,人的自身发展更直接地表现为对基本公共服务的实际需求。从生存型社会进入发展型社会,构成基本公共服务需求快速变化的客观背景。理解新时期新阶段基本公共服务的许多问题,需要结合这些宏观的结构性变迁来分析、考察。

二、推进基本公共服务均等化重在制度建设

基本公共服务均等化,是扩大公共财政覆盖面,让全体社会成员共享改革发展成果的制度安排。新阶段公共需求快速增长的趋势,对基本公共服务

制度创新提出更为迫切的要求。从现实情况分析,中国基本公共服务存在着水平低、不均衡、体系建设滞后等突出问题,究其根源,都与基本公共服务制度存在一定程度缺失相关。例如,基本公共服务供给短缺,有一个财力问题,但主要是财政支出结构不合理,公共财政体制不完善;城乡基本公共服务的严重失衡,根源是城乡二元的公共服务制度安排;公共服务体系建设滞后,很大程度上反映出行政管理体制改革不到位的问题。就是说,新阶段基本公共服务的制度建设尤为重要。

尽快建立城乡统一的公共服务制度。城乡基本公共服务供给的失衡,已成为新阶段统筹城乡发展的突出问题。这种差距在1.2亿农民工群体上得到集中体现。由于受城乡二元的户籍制度和公共服务体制的限制,农民工在融入城市的过程中仍然面临诸多问题,如劳动权益得不到充分保障、劳动收入长期偏低、基本社会保障欠缺、子女接受义务教育困难等。在快速工业化、城镇化的背景下,为农民工提供基本而有保障的公共服务,已成为缩小基本公共服务城乡差距和区域差距的焦点问题。

加快建立政府基本公共服务绩效评价体系。近年来,关注民生、保障民生已成为各级政府的重要任务。但由于基本公共服务缺乏严格的考核评价体系,一些官员仍然习惯于抓经济总量、抓投资项目,而缺乏公共服务的概念。针对这种情况,一个必要的措施是尽快把基本公共服务数量和质量指标纳入政府绩效考核体系中,并且大幅度提高其权重,同时建立起严格的基本公共服务问责制。

建立基本公共服务的社会参与机制十分迫切。与市场力量相比,大多数社会组织具有非盈利性的基本特征,其主要业务范围与基本公共服务项目具有许多相同或者相似之处。而且,社会组织还可以利用其组织形式灵活、多样,活动具有自发性等优势,在其他主体无法充分发挥作用的某些基本公共服务供给环节,起到更重要的作用。

三、基本公共服务在促进经济社会发展中具有重要的动力作用

构建基本公共服务体系所面临的任务十分艰巨,也带来某些压力。这里

需要强调的是,基本公共服务,除了对于人的发展具有本体性的基础作用之外,更重要的是对经济社会的可持续发展发挥着巨大的推动作用。

——加强基本公共服务,有助于推动经济可持续增长。一方面,在健康和教育领域的基本公共服务供给,有助于促进人力资本积累,替代物质资源的投入,提高劳动生产率和资源的利用效率;另一方面,基本公共服务的供给,特别是基本社会保障水平的提高,有助于增加居民对未来的稳定预期,减少居民的预防性储蓄,促进消费,扩大内需。这都是新时期推动经济发展方式的转变和经济结构优化的重要因素。

当前,以公共服务为重点的政府消费已成为政府宏观调控体系的重要组成部分。各级政府调整财政支出结构,增加与民生密切相关的公共产品供给,既可以有效降低投资,减少政府支出对竞争性领域产生的"挤出效应",又可以拉动消费,保持宏观经济的稳定。

——加强基本公共服务,是缓解社会矛盾、促进社会公平的重要手段。当前,民生问题与基本公共服务直接相关。保障全体社会成员的基本公共服务,有助于缩小初次分配可能造成的不平等;有助于减少绝对贫困,为贫困人口和有可能陷入贫困的低收入群体提供基础的保障,有利于形成有效的社会安全网。

——加强基本公共服务,构成深化改革的重要内容。就现阶段而言,加强政府公共服务职能,与进一步促进经济又好又快发展一样,构成新时期改革的动力来源。当前,全社会公共需求的全面快速增长,对建设服务型政府提出了迫切要求,并成为建设良好公共治理结构的重要推动力。面对发展性压力,一方面需要进一步加快市场化改革,以尽快转变经济发展方式,应对资源环境对经济发展的挑战;另一方面也需要加快社会体制、政治体制、文化体制的变革和创新,促进改革的全面深化,以人的发展为目标,加快建立惠及 13 亿人的基本公共服务体系。

降低行政成本推进政府自身建设[*]

为应对国际金融危机,我国政府已陆续出台 4 万亿元扩大内需计划和 10 大产业振兴与调整规划。未来相当一段时期,财政增支与减收之间的矛盾将越来越突出。为此,以明显降低行政成本为重点加强政府自身建设与改革,将为政府各项政策的顺利实施创造有利条件。

政府带头增收节支,能够集中体现各级政府在采取政策措施的同时,率先垂范、用实际行动积极应对危机的责任政府形象。另外,削减行政成本能为结构性减税提供空间。以 2006 年为例,如果行政管理费在 7571.05 亿元的规模上削减 20%,就能节省开支约 1500 亿元,在完全冲销推进增值税转型给企业减税所减少的财政收入后,还可实际增加 300 亿元的可支配财政收入。

建议两年内分步骤将行政成本降低 15%～20%

当前,居高不下的行政成本已成为政府自身建设的突出问题。从 1978 年到 2006 年,财政支出中用于行政管理的费用规模增长 143 倍,年均增长 19.4%,远高于同期年均 10%左右的 GDP 增速,也超过年均 13%左右的财政支出增速。行政管理费占财政总支出的比重从 1978 年的 4.71%上升到 2006 年的 18.73%。客观地说,降低行政成本的空间很大,两年内削减 15%～20%是一个可以实现的目标。2008 年中央政府削减 5%的经费用于支持汶川抗震救灾,各地也积极响应,不同幅度地削减行政成本。这均没有对正常的行政运转产生负面影响。因此,两年内削减行政成本 15%～20%具有可行性。

---

* 载《人民政协报》,2009 年 3 月 30 日。

但要达到两年内削减 15%～20%的行政成本的目标,需要采取综合性措施。第一,把 15%～20%的目标按项、按级分解。根据不同部门、不同地区的情况,逐项分解,下达行政成本降低的指标,并且把该指标作为约束性指标。第二,加大行政成本公开透明的力度。第三,大力推行电子政务以节约行政成本。

我们还可以两年内削减 15%～20%行政成本为重点,推进政府自身建设。削减行政成本,要抓住"楼、车、会、人"等关键环节,实行重点突破。第一,严格规定今后几年内各级政府不得修建楼堂馆所;第二,严格规定今后两年内不再新增公务用车,行政机关单位公务用车统一调剂;第三,严格明确规定各行政机关招待费总规模下浮 20%;第四,严格控制会议数量与规模,全面建立和推行会议经费预算总额包干制度,并从 2009 年开始会议经费每年下降10%;第五,对行政浪费、各种巧立名目的出国公款旅游和会议旅游等加大处罚力度,并及时向社会公开。

切实加强行政开支的预算约束和监督机制建设

第一,要以强化预算为起点,全面推进政府行政支出公开化。首先,进一步理顺预算体制。赋予各级人大预算委员会预算编制的功能,加强财政部的预算执行功能,剥离其他部门的预算执行功能,尤其是减少各部委的专项资金规模。其次,把预算外资金和非预算资金统一纳入预算管理范围内。目前各级政府行政成本相当一部分在预算外资金和非预算资金中列支,是导致行政成本不断攀升的重要原因。以预算外资金支出为例,2006 年为 5866.95 亿元,其中行政事业费为 4163.56 亿元,占比超过 70%。再次,以落实《政府信息公开条例》为起点,尽快制定《信息公开法》,把行政开支等政务公开化用法律形式固定下来。

第二,要建立各级人大对行政成本监督约束的常态机制。比如,逐步细化、规范和完善报送同级人民代表大会审批的政府预算,加大对部门预算和预算执行的监督。

第三,要建立完善的社会监督机制。各级人大编制、审批的各类预决算均要提前向全社会公开,并征求意见;政府行政开支中重大项目的进展动态,也要及时向社会公布。

国际旅游岛

——海南富民强省的必走之路*

2008 年开始,海南启动了国际旅游岛建设,探索以开放促旅游、以旅游促开放的发展新路。

开放是一个多层次的概念,第一个层次是大格局的形成,第二是产业层面,第三是生产要素层面。我认为,国际旅游岛也对应地有三个层次:第一层是以国际旅游岛为由头,带动区域开放;第二层是以国际旅游岛建设带动与旅游相关的第三产业发展,比如教育、医疗、文化娱乐等产业;第三层就是旅游业的开放,比如,引进海外旅行社,提高旅游业的管理水平,等等。

当然,从传统农业社会发展到以旅游为主的现代社会,这是一个革命性的转变,对当地人的生活和观念冲击会很大。在过渡期间,有些与现代旅游业不相适应的东西会暴露,传统习惯也很难一下子改过来,我们应想方设法缩短这个过程。近些年,海南从外面引进了大量人才,和早年人来人往但流动性很高的情况相比,现在来的这些人大多都留在海南,沉淀下来。希望这些新人带来的新观念、新做法,能改造和提升海南原有服务业的水平。

海南旅游原有的发展水平不是很高,所以在很长时间里,要通过国际旅游的发展来带动、提升国内旅游的水平,用国际化标准来要求海南旅游的水平。在国际化的过程中,在旅游的发展水平达到一定程度后,当地文化特色才能得到更好的保留和提升。海南旅游的未来归根到底要坚持突出本土文化的特色,建设国际旅游岛是海南富民强省的必走之路。

---

* 载《人民日报》,2009 年 3 月 4 日。

收入分配改革,关键时期的关键改革*

在发展方式转型的特定背景下,调整国民收入分配格局,推进收入分配改革是一个牵动全局的关键性因素。为此,需要充分估计收入分配改革的特定背景和特殊作用。

一、如何分析收入分配改革的特定背景

大的背景是发展阶段的变化。经过 30 多年的改革开放,我国从以温饱为目标的生存型阶段进入以人的自身发展为目标的发展型阶段。在这个特定背景下,收入分配改革有突出的阶段性特点。例如:

1.随着我国市场经济体制的初步建立,利益关系相对稳定,利益博弈成为普遍现象,这和过去有很大的不同。收入分配结构的失衡在很大程度上是利益博弈失范的结果。

2.发展型新阶段社会需求结构发生变化,私人产品短缺时代已成为历史,公共产品短缺时代到来。加大基本公共产品供给,提高中低收入水平,形成"橄榄型"的收入分配结构,是政府需要提供的一项主要公共产品。

3.随着社会进步和科技发展,信息公开化程度不断提高,公众的参与意识不断增强。

在这个特定背景下,适应发展型阶段变化,应当以公平和可持续发展为目标调整国民收入分配格局和推进收入分配体制改革。

---

* 载《学习时报》,2010 年 3 月 15 日。

二、如何客观估计收入分配格局的现状

我认为在以下几个方面表现比较突出。

1. 收入分配差距呈现不断扩大的趋势。近几年，总体上看收入分配差距仍在不断扩大：一是劳动者报酬占比不断下降，从 1996 年的 53.4％下降到 2007 年的 39.7％；二是在政府、企业、居民收入分配结构上，居民收入占比不断下降，从 1995 年的 67.2％下降到 2005 年的 59.4％；除此之外，城乡、行业、不同社会群体等收入分配差距也呈现扩大趋势。

2. 分配不公的问题比较突出，甚至在有些方面相当严重。例如，源于制度不公平导致的分配不公平越来越明显，这是导致城乡收入分配差距的重要因素，由此导致城乡居民身份不平等、机会不平等、福利不平等。再如，体制机制性腐败等因素也直接扩大了收入分配差距。

收入分配的一些基础性制度缺失，加大了治理的难度。例如，财产申报制度缺失，尤其是中高层公务员财产公开与申报制度迟迟没有建立；再如，个人收入记录体系不健全，税务部门难以掌握居民个人收入情况，严重制约个人所得税在缩小贫富差距中的作用。

三、如何判断收入分配改革在发展方式转变中的作用

着眼于公平与可持续发展，未来发展方式需要建立在消费主导的基础上。从这个角度看，新阶段推进国民收入分配格局调整、加快收入分配体制改革对促进发展方式转型有着多方面的重要意义。

1. 提高消费率，尤其是居民消费率与收入分配结构相关。边际消费倾向递减，一方面使高收入者消费倾向不足，投资倾向加大；另一方面低收入者消费的支付能力不足。两方面导致消费不足，内需不足。调整收入分配格局，提高中低收入群体的收入水平，是扭转消费率逐年下降的基础性条件。

2. 调整结构，包括产业结构、就业结构，在很大程度上取决于收入分配结构调整的进程。当前我国 40％的农民（第一产业就业比重）只创造了 10％的 GDP（第一产业增加值比重），这不可避免地使城乡差距呈现扩大趋势。因

此,如果说以往调结构主要局限在产业结构的话,现在的结构调整则首先是收入分配结构调整,由此解决消费不足的问题,从而为转变"投资出口"模式、调整产业结构、区域结构等奠定基础。

3.加快社会建设、防范社会风险,与收入分配结构密切相关。在发展阶段变化的现实背景下,经济风险、社会风险极易双向传导。要建立两种风险的防火墙,必须推进收入分配改革,提高中等收入群体的比例。

四、如何确立收入分配改革的大思路

从发展型新阶段的特定背景出发,尽快确立收入分配改革的大思路。

1.我国的收入分配改革,是一个结构性的问题。这是一个大的判断。它不仅涉及经济体制,而且也涉及社会体制,涉及行政体制。因此,只在某个或某几个方面做文章恐怕很难解决收入分配的结构性问题。重要的是需要推进结构性改革。

2.与西方国家不同的是,我国收入分配改革的核心问题是国有资本的配置问题。当前,国有资本在一定程度上配置在市场领域,而不是公共领域。比如现在七成的央企涉及房地产行业,这在很大程度上推高了地价,这是一个很大的问题。我认为,国有资本更多的应当配置在公益性领域,例如提供保障性住房。因此,收入分配改革中也有一个国有资本的配置问题。

五、如何确定收入分配改革的约束性指标

从社会对这项改革的需求看,恐怕我们在这方面要有明确的约束性指标。着眼于发展方式转型,建议"十二五"应努力把我国消费率从 2008 年的 48.6％提高到 55％～60％,并且在国民收入分配结构调整上制定相应的约束性指标。

1.实施国民收入倍增计划,使城乡人均收入在"十二五"翻一番,年均增长不低于 15％。

2.居民收入在国民收入中的占比从约 60％提高到 70％左右。

3.劳动报酬占 GDP 比重从 2007 年的 39.7％提高到 50％左右。

4.城乡收入差距从 2008 年的 3.31∶1 控制到 3∶1 以内。

5.中等收入群体占比达到 30％左右。

六、如何估计收入分配改革中的政府作用和政府行为

我国收入分配差距的扩大有市场的因素，更有政府的因素。例如，国有资本配置本质上是政府行为问题。因此，推进收入分配改革，首要的是规范政府行为，发挥政府在"提低、扩中、限高"的作用。为此，需要研究一些基本性的问题。例如：

1.财政支出结构的调整。反危机下加大基础设施建设有客观性，但随着经济形势的好转，是不是应该更加加大在社会福利方面的投入，减少在经济建设方面的支出？

2.政府转型。适应发展型新阶段的需求，政府是不是应该更加重视人的发展？是不是应该把保障公民"有尊严的生活"作为政府的目标，优先于 GDP 的增长？

3.政府自我改革。推进收入分配改革，关键在于政府的自我改革。能不能约束财政增长速度，使之与 GDP 相适应？能不能控制政府行政支出并且逐步使之公开透明化？能不能通过改革杜绝机制性腐败，杜绝灰色、黑色收入？这些都直接关系到收入分配改革能否取得成功。

总的来说，适应发展型新阶段的客观趋势，需要推进以发展方式转型为主线的第二次转型。在这个转型中，推进收入分配体制改革、调整国民收入分配格局是最为关键的改革之一。从这个角度说，它决定了发展方式转型的实际进程。

重在建立公共治理结构*

公共需求全面快速增长与公共服务不到位、公共产品短缺成为当前经济社会发展的突出矛盾。在这个特定背景下,教育公共服务需求全面增长、需求结构快速变化与教育公共服务尚不到位、不适应经济发展方式转变的要求,成为教育公共服务体系建设面临的主要矛盾。适应我国经济社会发展的阶段性变化和经济发展方式转变的客观要求,均衡教育资源配置、调整教育服务结构、深化教育机构改革、加快推进生存型教育向发展型教育的转变,是"十二五"教育公共服务体制改革面临的主要任务。其中,要加快以"去行政化"和"公益性回归"为主要目标的教育机构改革,重构教育公共治理结构。

——加快推进公共教育机构的所有权与管理权分离。拥有所有权的政府应把内部管理权交给公共教育机构,由各级各类公共教育机构享有法人财产权和自主管理权。政府作为所有者,行使所有者(出资人)的职权,即通过委派有关人员担任理事,参与公共教育机构的决策和监督,从过去以行政命令、指令性计划为主的直接管理转到运用法律、经济和社会手段为主的间接管理。

——加快推进公共教育机构的管办分离。各级教育行政部门不再干预学校的决策和日常运行,只公平行使三个职能:第一,对违规事件进行惩罚;第二,扮演教育公平推进者的角色,设立各种类型的助学金、代表公众资助市场回报率不高但属于社会迫切需要的公共教育服务、促进公共教育在城乡和不同地区的均衡发展;第三,通过教育券制度,平等资助各级各类学校提供公共教育服务;第四,教育机构拥有内部事务的决定权,包括用人事权、财权以

---

* 载《人民政协报》,2011 年 1 月 19 日。

及其他的管理权。

——加快推进公共教育机构的去行政化。各类学校不应继续作为教育行政部门的下属机构,应全面取消其行政级别。各类学校在教育领域地位平等,没有行政级别之分。

——促进公共教育机构法人化。所有学校成为独立法人,建立以"党委会＋校董会＋校长负责制"为核心的新型法人治理结构。校董会由利益相关者组成,包括出资人(政府、企业、民间组织等)、教师、学生和社会公众代表。校董会承担学校的战略管理、制度建设和管理层的任命。

——完善公共教育机构改革的配套措施和制度环境。公共教育机构改革涉及与行政体制改革的关系、与财税体制改革的关系、与人事制度改革的关系。因此,推进公共教育机构改革,需要尽快完善相关配套措施,以形成良好的改革制度环境,包括加快推进公共教育机构改革的财税政策、人事制度以及社会福利制度改革。

——建立公共教育决策、执行和监督分立的治理结构。第一,改革教育决策机制,明确教育部门在教育决策中的主体地位。教育决策机制改革的关键在于强化教育主管部门在教育决策中的主体地位。我国目前教育决策主体不清晰,决策权分散在十几个部门,必须尽快确立各级政府教育部门作为决策主体的地位、使其承担决策责任,使教育决策可问责。第二,改革公共教育机构,使其成为独立的公共教育服务主体。教育部门的决策主体确立后,应把各类公共教育机构改革成具有独立法人资格的教育服务市场主体,依法办学,自主办学,享有人、财、物的支配权,教育行政部门由过去直接微观管理改为服务和监管,由此构建独立于教育部门的教育公共服务体系。

加快制度变革　推进基本公共服务均等化[*]

　　温家宝总理在《政府工作报告》中总结了我国"十一五"时期推进基本公共服务均等化取得的重要进展,分析了当前基本公共服务均等化面临的优质教育、医疗资源总量不足、分布不均等突出问题,再次强调逐步实现基本公共服务均等化的政策目标。"十二五"规划纲要提出,着力保障和改善民生,必须建立健全基本公共服务体系。

　　"十二五"以科学发展为主题,以加快转变经济发展方式为主线,保障和不断改善民生,加快基本公共服务均等化是必由之路。我们应加快基本公共服务体系建设,只要政策调整到位,体制改革到位,"十二五"时期完全可以初步实现基本公共服务均等化的目标。

　　第一,加快农民工市民化进程。农民工融入城市是客观趋势,新生代农民工很难回到农村,迫切需要在全国范围内统筹考虑农民工基本公共服务,使其与城镇居民平等分享基本公共服务,着力推进农民工在基本公共服务上的市民化。

　　第二,要尽快把城乡学前教育、全国农村和老少边穷地区的高中、中等职业教育纳入义务教育范围。

　　第三,要以基本医疗卫生服务均等化和公益性回归为核心目标,深化公立医院改革,加快重构公立医院体制。

　　第四,要加快实现城乡基本医疗保险和基本养老保险制度的全覆盖。

　　第五,在加快解决城镇中低收入群体基本住房保障问题的同时,尽快构建农村居民基本住房保障制度。

---

　　* 载《光明日报》,2011 年 3 月 22 日。

实现基本公共服务均等化,关键在于加快政策调整和制度变革。要尽快出台全国统一的户籍政策;以城乡基本公共服务均等化为目标,调整农村土地政策,推进农村从土地保障向社会保障的转变。制度变革的关键在于:进一步调整中央地方关系、优化基本公共服务分工体制;尽快推进新一轮财税体制改革,加快建立以基本公共服务均等化为目标的公共财政制度;加快以事业单位为重点的公益机构改革,完善基本公共服务供给体系;把基本公共服务均等化纳入"十二五"政府政绩考核体系。

"民生"二字重千钧[*]

履职经历：去年以来，主持研究收入分配改革课题，去年 6 月 19—25 日，带队赴辽宁就"沈阳经济区公共服务体系建设规划"课题进行调研。主要提案有"加快推进我国收入分配体制改革的建议""关于支持海南设立地方性商业银行的建议""关于推进海南城乡一体化的建议"等。

作为一名全国政协委员，我深感责任与压力并存。随着"两会"的临近，这种压力和责任与日俱增，我需要思考今年"两会"该提什么提案？该如何更好地履行委员职责？

去年"两会"时，我准备了 4 份提案，其中一份就是关于推进收入分配改革的提案，建议实行"国民收入倍增计划"，使城乡人均收入在"十二五"翻一番。这个建议提出后，引起多方面讨论，赞成者颇多，提出商榷者也不少。这也说明收入分配改革已成为当前各方面关切的中心议题。

为准确掌握实际情况，使提出的改革建议更有针对性、可操作性，每年我都会抽出一定时间，到一些省市调研。2010 年上半年，我走访了辽宁一些市县，在与当地干部和农民交流的过程中，我更加深刻地感受到解决好农民工问题的重要性。30 年来，这个特殊群体在为工业化、城市化做出历史性巨大贡献的同时，却难以公平分享改革发展成果。从近几年的情况看，新生代农民工大量进入城市劳动力市场，他们不再是为了生存而进城，而是为了谋求发展而进城，其利益诉求也开始多元化和现实化。基于这个思考，2010 年 8 月，我在"中国'十二五'时期的农村改革"国际论坛上，提出了"让农民工成为历史"，并建议将此作为"十二五"改革发展的重要任务和政府转型的约束性

---

* 载《人民日报》，2011 年 2 月 23 日。

指标。这个观点也引起广泛关注。我的观点是，"十二五"期间，无论是城市化还是城乡一体化，都绕不过"农民工"这个坎。历史条件发生了变化，只要下定决心，5 年内完全有可能让有条件的农民工市民化。

收入分配改革，已被中央摆上重要的议事日程，方案即将制定。当然，适应城乡居民消费需求和消费结构升级的趋势，关键在于形成公平合理的国民收入分配格局。2010 年 12 月，在中改院举办的"收入分配制度改革与加快转变发展方式"国际论坛上，我提出以收入分配制度改革加快经济发展方式转变的相关建议，提出"两个同步"要有约束性指标，实现"十二五"城乡居民收入增长不低于8％，这个增长是实际增长而不是名义增长，到"十二五"末劳动者报酬占 GDP 的比重达到 50％左右；以收入分配调节为重要目标进行财税体制改革；把确立财产公开制度和透明有序的分配秩序作为收入分配治理的重大任务；收入分配改革的关键在于政府转型，规范行政支出，杜绝与公权力相关的腐败和不合理收入。

每次到全国各地参加研讨活动，主持人在介绍我是中国（海南）改革发展研究院院长之前，都会先介绍我是全国政协委员，这让我深感压力，提醒我应更加自觉地从全局的高度、社会层面去考虑问题。近段时间以来，我正与我的同事们进行"民富优先的改革——中国直面'中等收入陷阱'的选择"的研究，希望提出有参考价值的建议，为改革政策决策服务，为经济社会发展尽责。

为转方式鼓与呼[*]

作为一名从事经济改革研究的全国政协委员,在这 5 年中,我把以推动转变发展方式为主线的改革作为自己参政议政的重点。5 年来,我的提案、大会以及分组发言的主要内容,大都围绕这一主题展开。

发展方式转变的突出问题到底是什么?随着欧美主权债务危机的发酵,欧美市场的萎缩是中长期的趋势。在这个特定背景下,几年来我一直呼吁,"十二五"能不能初步实现由投资主导向消费主导的转型,这既是转变发展方式的成败所在,也是改革攻坚的重点所在;既影响短期宏观经济稳定,又决定着长期的可持续发展。我国经济发展的实践一再说明,长期依赖投资出口驱动的增长是不可持续的。没有消费需求支撑和引导的投资,在保短期增长的同时,会给中长期的增长积累更多的结构性矛盾。5 年来,我每年都向全国政协提交与扩大内需直接相关的提案。比如 2009 年的《依靠改革扩大内需的建议》、2010 年的《以发展方式转型为主线布局"十二五"改革》、2011 年的《建议把民富优先作为国家"十二五"规划的政策目标》、2012 年的《加快消费主导的经济转型》。

转变发展方式的关键和重点是能不能有效推进政府转型,改变目前相当普遍的增长主义政府倾向。这种增长主义的政府倾向,以追求 GDP 为首要目标,以扩大投资规模为重要途径,以批租土地和上重化工业项目为主要任务,以资源配置的行政控制和行政干预为重要手段。为了更好地研究政府转型在转变经济发展方式中的作用,我参加了几次全国政协组织的相关调研活动。我从调研中清楚地看到,这几年,政府职能转变取得一定成效,但远没到

---

* 载《人民日报》,2013 年 2 月 27 日。

位。突出表现在：应对国际金融危机的某些行政干预手段有常态化的倾向；地方层面的政府增长主义倾向有增强的趋势。5 年中我做了两次全国政协大会发言，都把政府转型与改革作为建言献策的重点。在 2008 年的全国政协十一届一次会议第三次全体会议上，我以"推进新阶段改革的三点建议"为题做大会发言，提出以行政管理体制改革为重点推进全面改革；2011 年的全国政协十一届四次会议第四次全体会议，我做了《推进以政府转型为重点的发展方式转变》的大会发言。发言中有的观点和建议，引起委员们的共鸣。

尽快制定中等收入群体倍增国家规划[*]

我在社科界别联席会议上的发言中表示,要尽快制定《中等收入群体倍增国家规划》。有记者问我,为什么你要提出"中等收入群体倍增国家规划"的提案,我的回答是:一方面中等收入群体持续扩大,是释放消费潜力、扩大内需的重要基础,是形成"橄榄型"社会、走向共同富裕的重大任务;另一方面,我国中等收入群体比重偏低、规模过小、身份认同感不强,不仅抑制潜在消费需求的有效释放,还造成社会结构失衡、贫富差距过大、利益矛盾增多。

一、把中等收入群体倍增作为国家战略,尽快制定专项国家规划

国务院批转的《关于深化收入分配制度改革若干意见的通知》把"中等收入群体持续扩大,橄榄型分配结构逐步形成"作为改革目标之一。当前,在收入分配改革总体方案中,"调高"和"提低"有某些具体措施,但如何"扩中"缺乏具体措施,更谈不上系统的"扩中"的体制与政策设计。中等收入群体倍增是一个大战略,涉及经济社会各个领域的改革。需要尽快制定并出台《中等收入群体倍增国家规划》。

二、明确 2020 年中等收入群体倍增的目标

实现党的十八大报告关于到 2020 年实现城乡居民人均收入倍增的目标,不是贫富差距扩大基础上的倍增,而是中等收入群体的倍增。为此,明确提

---

* 载《21 世纪经济报道》,2013 年 3 月 13 日。

出到 2020 年中等收入群体倍增的目标要求。总的目标是：在目前大约 23％ 的基础上，每年提高 2 个百分点，到 2020 年努力达到 40％ 以上，由此使中等收入群体规模从 3 亿扩大到 6 亿人左右。中等收入群体倍增是一个综合指标，既反映经济发展的实际成果，也反映社会建设的实际进程，与 GDP 等单项指标相比，更具综合性。建议把中等收入群体规模倍增作为经济社会发展的预期性指标，并鼓励地方政府把中等收入群体倍增作为重要的约束性指标。

三、制定中等收入群体倍增的行动计划

第一，加大结构性减税力度。建议实施大规模的国家减税计划。未来 5 年，重点是有效控制财政收入过快增长，有效控制行政成本过快增加，使城乡居民在国民收入分配格局中的比重明显提高。

第二，加快推进农民工市民化。以保障基本公共服务为重点，加快农民工市民化进程：用 3 年左右时间，在全国范围内基本上使有条件的农民工市民化；用 5 年左右时间，形成人口城镇化的制度框架；用 8 年左右时间，基本形成人口城镇化的新格局。

第三，尽快改革征地制度，提高农民在土地增值收益中的分配比例。加快推进农村土地确权进程，赋予农民长期而有保障的土地使用权，实现农民土地使用权的物权化。近期的重点是尽快改革征地制度，使农民成为农村土地流转的法定谈判主体，保障并提高农民在土地流转中的权益。

第四，以提高财产性收入为目标规范资本市场发展。尽快推进资本市场的体制机制改革，尤其是完善上市公司现金分红制度，加大对中小股民分红力度，使城乡居民能够获得更多的财产性收入。

第五，加大教育投资，提高劳动者就业能力。重点是以提高人力资本为目标，扩大与就业结构相适应的教育投资，建立有利于就业和创业的体制机制，使新进入劳动力市场的大学生等群体尽快成长为中等收入群体。

制度自信源于全面改革[*]

　　"两会"年年开,今年"两会"的最大特点,就是开在了新一轮改革元年。因此,如何在党的十八届三中全会破题的基础上,把全面深化改革这篇大文章做下去,理应是今年"两会"的重要使命。这既是破除种种体制机制障碍,进一步激发经济社会发展活力的需要,也是坚持中国特色社会主义制度自信的题中应有之义。我们的制度自信,不是故步自封于既有模式和路径,而是源于持续不断的改革与进取。

　　正是由于选择了市场化改革,中国在过去30多年极大地解放和发展了生产力,顺利实现了经济起飞和快速发展,实现了由低收入国家向中等收入国家的历史性跨越,由此产生了真正的制度自信。那么现在,全社会正共同期待着,全面深化改革的良好开局,形成未来10年左右我国迈向高收入国家行列的制度自信、发展自信。

　　经济转型到了关节点,我们对经济制度的自信将取决于能否通过市场化改革新突破,进一步释放增长潜力。13亿人口的内需大市场,是我国现阶段的突出优势,也是我国未来5到10年实现7%左右中速增长的重要潜力所在。然而,潜在增长优势不会自动转化为内生增长动力,关键取决于能否按照"使市场在资源配置中起决定性作用"的要求,尽快形成经济体制改革的行动方案,以改革激发市场活力和转型增长潜力。这就需要未来2到3年内在以下几方面实现重点突破:以资源要素市场化改革的新突破,激发市场机制活力;以打破行政垄断为重点,释放社会资本活力;以公共服务领域对社会资本放开,释放就业、创业、创新的活力。

---

　　* 载《经济参考报》,2014年3月3日。

　　社会转型处于临界点,我们对社会制度的自信,取决于能否通过社会体制改革,初步形成橄榄型社会新格局。贫富差距过大,中等收入群体比例偏低,是我国社会发展面临的突出矛盾,也是社会转型的基本问题。未来 10 年左右,能不能使中等收入群体比例达到 40％左右,为走向共同富裕奠定决定性基础,对整个社会制度的完善是一个重大挑战。因此,尽快出台中等收入群体倍增的国家规划,带动社会体制改革的新突破,应成为全面深化改革的重要课题。这就需要以更大的勇气打破固化利益格局,在社会体制改革领域取得实质性突破:加快公共服务体制创新,推动事业机构去行政化,形成惠及 13 亿人的基本公共服务体系,为到 2020 年初步实现城乡基本公共服务均等化创造条件;着眼于推进人口城镇化的转型与改革,赋予农民具有物权化性质的土地使用权,使部分农民和农民工能够有条件成为中等收入群体;尽快形成让农民工成为历史,让城乡二元分割的户籍制度退出历史舞台的路线图、时间表。

　　治理转型到了关键点,我们对政治制度的自信,取决于能否通过行政体制改革、司法体制改革等在内的全面改革,实现国家公共治理体系、治理能力现代化。由于行政体制、司法体制等方面改革的滞后,政府与市场、政府与社会的关系远未理顺,由此制约了各领域改革进程,并导致腐败寻租问题日益突出。十八届三中全会提出的"推进国家治理体系和治理能力现代化",需要通过民主法治建设来破题。这就需要在未来 5 年左右做到:以改变政府主导型经济增长方式为重点,加快行政体制改革,理顺政府与市场关系、政府与社会关系,改变竞争性地方政府模式,形成市场决定的有为政府新格局;以建设法治市场经济为重点,推进司法体制改革,把干预市场的公权力关进法治的"笼子";以推动经济司法去地方化、去行政化为起点,走出一条适合基本国情、司法权独立公正行使的新路子。

　　正如习近平总书记指出的,"没有坚定的制度自信就不可能有全面深化改革的勇气,同样,离开不断改革,制度自信也不可能彻底、不可能久远"。我们要牢牢抓住时代机遇,勇于突破,敢于担当,坚定不移地推进全面深化改革。

市场监管转型时不我待*

当前,以放权为重点的政府职能转变已有突破,但市场监管的问题尚未破题。按照市场决定资源配置的新要求,破题市场监管体制改革,重在推进市场监管由行政监管为主向法治监管为主的转型。

首先,我国的市场监管保持着行政审批与市场监管合为一体的突出特征,无论从食品药品等消费品监管,还是从垄断行业监管来看,以行政监管为主的体制不改变,实现监管的有效性是相当困难的。其次,以行政审批取代监管的矛盾比较突出,有关部门既管审批又管监管,前置性审批过多不仅压抑市场活力,也无法保证事后监管的有效性。再次,现代市场经济条件下,行政审批与市场监管是两个不同性质的事物,事前的行政审批是政府的权力,需要依法界定权力清单;市场监管主要是事后监管,以法治监管为主。

为此,建议把推进由行政监管为主向法治监管为主的转变作为新阶段市场监管体制改革的基本目标,出台改革行动方案,对整个市场监管体制进行重构和改革。

第一,适应"负面清单"管理,建立以事后监管为主的新体制。现代市场经济条件下,有效的监管主要是事后监管,而不是前置性的审批。对于前置性的审批尽可能做到越少越好,对于必须保留的审批事项,也需要列出"负面清单",尽可能实现投资非禁即准和便利化。与此同时,大大强化事后的监管。这样,才能使政府的监管既能够充分激发市场活力,又能够科学、有效。包括:在中国(上海)自由贸易试验区探索的基础上,把全面推行"负面清单"管理作为行政审批改革的大方向;把行政审批与市场监管严格分开,建立以

---

* 载《经济参考报》,2014年3月11日。

事后监管为主的市场监管体制框架。

第二，组建综合性、权威性的市场监管机构。与大部门体制改革统筹考虑，尽快从国家层面调整监管权力结构，整合监管机构，组建综合性、权威性的市场监管机构。新组建的机构要作为执行机构依法设定，实行决策和执行严格分开的新体制，并具有很强的专业性。包括：成立国务院消费市场监管委员会，整合国家工商总局、国家质量监督检验检疫总局等市场监管职能，强化消费市场监管的统一性、有效性；强化国务院反垄断委员会功能，整合商务部、国家发改委、国家工商总局的反垄断执法权，着力增强其反行政垄断的功能；由人民银行统筹，从完善"一行三会"协调机制入手完善金融监管，从对金融机构本身的监管为主转变为对金融行为的监管为主，逐步由分业监管过渡到混业监管模式。

第三，形成政府监管与行业自律、社会监管的合力。在现代市场经济条件下，政府监管要面对无数个市场主体，如果仅仅靠政府唱"独角戏"，市场监管的有效性很难保证。这就需要充分发挥行业协会等社会组织在行业监管、企业自律中的重要作用。包括：加快推动现有行业协会的"政会分开"、去行政化；支持各个行业的民营企业在自愿的基础上联合建立各类行业协会；由行业协会承接政府下放的行业管理职能，重点强化行业自律和社会监督。

第四，建立市场监管的法律框架。包括：尽快把负面清单管理纳入行政许可法，为统筹行政审批与监管改革提供法律依据；修改食品安全法、药品管理法等，确立市场监管机构的法律地位；把反行政垄断纳入反垄断法。

"市场决定"意味着什么[*]

党的十八届三中全会决定提出"使市场在资源配置中起决定性作用",不仅将直接推动经济体制改革,也将倒逼政治、文化、社会、法治、生态体制改革;不仅是改革理论的重大创新,更是坚定市场化改革的重要标志。

一、市场决定增长

我国未来5~10年的经济增长,主要取决于能否使市场在资源配置中发挥决定性作用,能否通过转型改革释放增长潜力。13亿人的消费大市场是我国最大的增长优势,但有增长潜力并不表示一定会有现实的增长。要使这个增长潜力释放出来,关键是通过市场化改革激发经济活力。不仅要释放市场机制、社会资本的活力,还应释放创新创业的活力。而且,市场化改革还应突破重点。比如,1~2年内争取资源要素的市场化改革有实质性进展;2~3年争取垄断行业改革有重大突破,基本打破行政性垄断;显著提高石油、电力、铁路、电信、公共资源包括金融在内的服务业等领域向社会资本开放的水平。

二、市场决定没有例外

我们说市场决定没有例外,主要是指在经济生活领域。市场决定下国有资本何去何从?"发挥市场的决定性作用"就是要让各类市场主体平等使用生产要素、公开公平公正参与市场竞争、同等受到法律保护。一部分国有资本需要从竞争性领域退出,重点投向公益性领域。与此同时,国有资产管理

---

* 载《中国政协》,2014年4月1日。

要尽快从管企业向管资本转型。

农村土地资源配置能不能由市场决定？十八届三中全会决定提出"赋予农民更多财产权利""赋予农民对集体资产股份占有、收益、有偿退出及抵押、担保、继承权""保障农户宅基地用益物权"。这些重大改革可以使农民带着土地财产权进城，可以使一部分农民有条件成为中等收入群体。当然，这很复杂，需要选择有条件的地方试点，但不应当以"复杂"为由或担心农民的"短期行为"，而不去积极主动推进。关键是相信农民。建议 2014 年尽快出台并加快实施赋予农民更多财产权利和建立城乡统一建设用地市场的实施方案；按照三中全会决定要求尽快修改《物权法》，将农村土地使用权明确界定为可抵押财产权。此外，在政府承担公共文化主体责任并发挥主导作用的前提下，文化产业资源配置也要由市场起决定性作用。

三、市场决定的有为政府

"市场决定"不是不要发挥政府作用，问题在于，政府作用应当尊重市场决定资源配置这个大前提：有效的市场离不开有为的政府；脱离市场作用下的政府有为不可持续；市场有效前提下的政府有为才是正能量的有为。这就需要建立公平竞争导向的宏观调控体系；把事前审批转为事后监管。前置性的审批过多、过滥与市场监管的失效并存，既抑制了市场活力，又难以形成公平竞争的市场秩序；界定负面清单与权力清单，走向负面清单管理是发挥市场决定性作用的大势所趋；地方政府的公共服务角色回归。

四、"市场决定"将伴随一场更深刻的思想解放

这是因为："市场决定性作用"，意味着资源配置的效率和公平，将对我国走向公平可持续增长的转型和改革有决定性影响；意味着政府主导型经济增长方式的历史终结，对于市场主导下更好地发挥政府作用有决定性影响；意味着权力配置资源导致机会不平等、权利不平等的历史终结，对于形成公平竞争的市场环境有决定性影响；意味着官本位、权力寻租、经济特权的历史终结，对于抑制消极腐败、突破利益固化的藩篱有决定性影响。由此，才能产生自觉、坚定、务实、到位的改革行动。

回味"双谈"*

不久前,《中国政协》杂志来函约稿,希望我在庆祝人民政协成立 65 周年之际写点什么。回首履职岁月,七载有余。在这七年中,我参与了全国政协组织的许多履职活动。调研视察、专题座谈,其中的收获自不必说。然而当夜深人静,细细回味七年履职经历时,最令我难以忘怀的还是前不久参加的双周协商座谈会。那次双周协商座谈会虽已结束一个多月,如今忆起仍觉回味无穷。

在座谈会举行的两个月前,我就接到了全国政协邀请我参加双周协商座谈会的通知,会议内容是"更好发挥社会组织在社会治理中的作用"。政协的工作人员专门打来电话对我说:"双周协商座谈会将有政协领导参加,发言时间 5 分钟,不能超时,希望做好发言准备,要讲真话、道实情。"

之前我就听说过双周协商座谈会。座谈会小规模、高层次,每次围绕一个主题请委员们建言献策,俞正声主席亲自参加并主持。据我了解这样规格的会在政协并不多。有机会参加双周协商座谈会,我备觉激动。

为了用好 5 分钟,在有限的时间内找准问题,提出有效解决建议,我做了大量周密细致的准备工作。比如,专门参加了社法委组织的几次专题研讨会,听取了民政部李立国部长介绍我国社会组织发展的基本情况,通过学习了解了社会组织发展面临的矛盾和问题。

我翻阅了大量关于社会组织的材料。同时,全国政协社会和法制委员会的同志也给我提供了他们编制的关于发挥社会组织作用的 5 大本材料,我利用业余时间认真研读。

我深知没有调查就没有发言权。据了解,每次双周座谈会之前,全国政协相

---

* 载《中国政协》,2014 年 9 月 23 日。

关委员会都会组织前期调研。这次双周座谈会前,台盟中央和全国政协社会和法制委员会等有关部门组织委员进行了实地调研。虽然我没能随团调研,但自己也实地走访了海南的部分社会组织,了解他们在参与社会治理中遇到的问题。

一番稳扎稳打的调研和学习之后,便是确定发言角度。

社法委的同志专门向我介绍,将有 20 位委员参加这次双周协商座谈会,每位委员选一个角度,小切口、深剖析、不重复、不雷同,以便大家能从不同角度将这个主题反映得全面、深入。

在学习和调研中我发现,近两年来,中央出台了一系列政策,鼓励支持公益性社会组织发展。但总的来看,公益性社会组织在经济社会生活的多方面严重缺失,其发展明显滞后于社会需求。因此,在事业单位改革中积极发展公益性社会组织的呼声不绝于耳。经过反复推敲,我决定围绕"在事业单位改革中发展公益性社会组织"的角度进行发言。

就在我赴京参会的同时,另一个关于养老机构发展的双周座谈会的前期调研也在海口召开。我分身无术,又不想错过了解情况的机会,遂委托同事参加,调研结束的当天晚上,同事将调研情况反馈给我,我及时将相关内容充实到发言之中。

7 月 24 日,我如期赶到全国政协礼堂。俞主席热情地逐一与到场的委员握手寒暄,座谈会由他亲自主持。环顾四周,几乎都是耳熟能详、参政议政能力比较强的委员。他们的身份都与这次的议题相关,有官员、知名学者、法律专家、社会组织工作者。

座谈会始终洋溢着坦诚、民主的氛围。委员们谈观点、摆事实、找症结,言之有物、有感而发,谈的问题都很实、很深,触及了社会组织发展中的实质性问题。俞主席不时与发言人交流互动,打破了以往座谈会照本宣科的模式。在会议结束之前,受邀参加的部委同志对委员们提出的实质性问题,都有明确表态和回应。

大道无形!在我看来,双周座谈会不仅形式活,而且内容实,成为新阶段全国政协就重大问题进行民主协商的重要平台。作为全国政协委员,有机会参与其中感到由衷的自豪。我坚信,人民政协必将在全面深化改革的历史新阶段发挥更大的作用。

我国对外开放的历史新使命[*]

适应我国经济转型升级的现实需求，未来几年的对外开放，要在我国走向服务业大国中承担新的历史使命，发挥新的历史作用。

一、把"一带一路"作为未来几年扩大对外开放的总抓手

在国际环境复杂多变、博弈竞争更加激烈的特定背景下，我国未来几年扩大对外开放，关键在于牢牢抓住"一带一路"这个总抓手。一方面，"一带一路"扩大了我国经济转型升级的战略空间。"十三五"我国经济转型升级面临两大任务：一是在"工业3.0"、"工业4.0"的趋势下，加快工业转型升级，尽快解决国内产能过剩问题；二是寻求服务业发展的新动力。"一带一路"沿线是一个有着60多个国家和地区、46亿总人口、20万亿美元经济规模的大市场。加快"一带一路"倡议实施，可以为实现这两大任务提供广阔的战略空间。另一方面，"一带一路"为我国扩大服务贸易比重，促进现代服务业发展提供新的引擎。"一带一路"不仅仅是制造环节"走出去"，更是设计、研发、物流、销售等高端生产性服务业的"走出去"，这为我国生产性服务业带来巨大市场，成为我国扩大服务贸易的重要领域。以服务外包为例，2014年前11个月，我国服务外包合同金额和执行金额同比分别增长10.5%和29.2%。其中，承接"一带一路"地区服务外包合同金额和执行金额分别同比增长22.3%和31.5%，明显超出服务外包的增速。"一带一路"在促进我国服务贸易上有着巨大的潜力。

---

* 载《人民政协报》，2015年3月9日。

二、把服务业开放作为扩大对外开放的重点

从全球趋势看,服务贸易已成为新的增长点,并开始成为衡量大国经济竞争力与现代化水平的重要标志。过去十多年来,我国服务贸易规模快速提升,但总的来看,我国服务贸易规模仍然偏低。2013年我国服务贸易占贸易总额比重仅为11.5%,低于全球20%的平均水平。服务业吸引外资规模和比重偏小,领域偏窄、结构低端的问题还比较突出。究其根源,我国服务业开放的程度还远不够。在内外环境深刻复杂变化下,我国对外开放面临历史性的转型抉择。加快发展服务贸易,走向服务大国,是我国对外开放的基本方向。为此,需要对"十三五"对外开放提出约束性的目标。建议:到2020年服务贸易总额达到1万亿美元以上,在2013年基础上实现规模倍增;服务贸易占贸易总额比重提高至20%,达到2013年世界平均水平。

三、努力实现对外开放的新突破

内外环境变化下,我国对外开放转型升级的时间空间约束全面增强,以"一带一路"为总抓手,未来几年的对外开放重在实现四个方面的实质性突破。一是实现基础设施互联互通的新突破。充分发挥亚洲基础设施投资银行和丝路基金的作用,统筹规划,重点推进,尽快形成欧亚海陆立体大通道。陆上依托国际大通道,打造若干国际经济合作走廊;海上依托重点港口城市,打造通畅安全高效的运输大通道。二是实现企业"走出去"的新突破。加快推动以高铁为代表的中高端产能向东盟、中亚、非洲等"走出去";积极探索在"一带一路"沿线国家和地区组建研发中心、物流中心,推进研发、营销与制造等本土化;改革完善对外开放的政策与体制,尽快建立适应国际新环境的对外开放应急机制。三是实现人民币国际化的新突破。以产能合作的大项目融资为龙头,加快推进人民币自由兑换与跨境贸易结算,深化人民币的国际使用。尽快打通人民币离岸市场和在岸市场,把上海自贸区金融改革实验与"一带一路"金融开放有机结合起来。四是实现国际投资贸易规则和标准制定主导权的新突破。以金砖国家开发银行、亚洲基础设施投资银行、丝路基金等为依托,在区域、双边贸易谈判中,逐步形成中国版国际贸易新规则,增强我国在国际贸易新规则制定中的主导权。

深化以简政放权为重点的行政体制改革[*]

从实践看,简政放权改革已经进入深水区,具有深刻性、复杂性,需要以更大的决心和魄力向纵深推进简政放权改革。

简政放权是本届政府的最大亮点,在理顺政府与市场关系、激发市场活力上取得显著成效,并成为稳增长的重要因素。两年多来,国务院提前两年完成了削减 1/3 行政审批事项的预定目标。尤其是今年以来,政府相继推出"三证合一"改革试点、全国四个自贸区共用一张负面清单,等等,这些改革有效激发了市场主体活力,进一步改善了营商环境,形成大众创业、万众创新的新引擎,充分发挥市场在资源配置中的决定性作用,更好发挥政府作用。未来 3~5 年,深化以简政放权为重点的行政体制改革,有利于激发经济活力,有利于促进经济转型升级,有利于带动其他各项改革。

简政放权"牵一发而动全身",是行政体制改革的关键和重点。第一,简政放权需要进一步深化行政审批制度改革,大幅减少前置性审批事项,最大限度减少政府对微观经济活动的干预,充分释放市场活力。第二,简政放权涉及市场监管机构的调整。要调整市场监管权力结构,需建立决策和执行严格分开的执法监督机构。这些年来,市场监管的效果不尽如人意,主要原因是尚未建立行政审批和市场监管相分离的体制机制,一些部门既管审批又管监管,使市场监管的有效性大打折扣,要在简政放权改革中确立放管结合改革的新思路,重要任务是实现行政审批和市场监管的分离。有效的监管主要是事后监管,而不是前置性的审批,要建立法治化的市场监管,大大强化市场监管的有效性。第三,简政放权涉及社会组织改革,政府要加快向社会组织

---

* 载《人民政协报》,2015 年 6 月 4 日。

放权,依法赋予社会组织在行业监管、企业自律中的法律地位,形成政府监管与行业自律、社会监管的合力。第四,简政放权涉及中央与地方关系的调整,中央向地方放权后,地方政府要能有效承接,地方需要在改革上有担当、有作为、有突破,能够把中央和地方的两个积极性发挥出来。

简政放权改革不仅涉及行政审批制度改革、市场监管体制改革、社会组织改革,以及中央与地方关系的调整,而且涉及政府职能的根本性转变,牵扯到行政体制改革的方方面面,成为行政体制改革的关键和重点。未来5年,如果政府能把简政放权改革向纵深推进,就能在行政体制改革上取得重要突破。

推进简政放权,关键在于改革行政权力结构。简政放权改革向纵深推进,必然触及深层次的行政权力结构改革。

第一,不深化行政权力结构改革,简政放权很难到位。从现实情况看,由于部门利益的存在,容易产生"明放暗不放""下放权力含金量低""合并同类项""中梗阻"等问题,一些权力下放没有落到市场和社会的受益者身上。

第二,不深化行政权力结构改革,即使下放审批权,地方也难以承接好、落实好。例如,目前投资领域中央层面核准的项目数量减少约76%,但如果用地、环保、城乡规划等管理权限不能同步下放,仍会影响企业的办事效率,影响投资审批制度改革的效果。

第三,政府改革向纵深推进,需要向现有的行政权力结构"动刀子"。深化简政放权,需要推进行政机构职能和人事制度的纵深改革,要敢于向政府自身利益、向部门利益、向行政垄断利益"动刀子"。

未来5年,如何在大幅减少行政审批事项的基础上,推进行政权力结构改革,成为简政放权改革向纵深推进的重点。以理顺政府与市场关系为主线深化行政权力改革,应当充分估计经济社会转型对行政权力结构改革的迫切要求。总的判断是:经济转型到了关节点,深化行政权力结构改革重在全面正确履行政府的经济职能,形成市场决定资源配置的市场治理新格局;社会转型处于临界点,深化行政权力结构改革重在处理好政府与社会的关系,形成有效协调利益关系的社会治理新格局;治理转型到了关键点,深化行政权力结构改革重在建立权力运行的制约与监督体系,"把权力关进制度的笼子里",形成有效的政府治理新格局。

负面清单：推进市场经济进程重大标志[*]

党的十八届三中全会《决定》明确指出"实行统一的市场准入制度，在制定负面清单基础上，各类市场主体可依法平等进入清单之外领域"。从近两年国内自由贸易试验区的实践看，国内自贸试验区对外商实行了"准入前国民待遇＋负面清单"的管理模式，并取得了比较好的效果。近日，中央深改组第十六次会议审议通过《关于实行市场准入负面清单制度的意见》，预示着我国负面清单管理从外资延伸到内资成为趋势，这是我国市场经济进程的重大标志。

负面清单管理有利于厘清政府与市场关系，充分激发市场活力。市场经济最基本的特征是划清政府与市场的边界。过去 10 多年，我们虽然把转变政府职能作为处理好政府与市场关系的重点，但由于政府与市场关系边界模糊，政府仍保留了一定的自由裁量权，使得行政配置资源的格局尚未完全改变。负面清单管理的重要特征是实现市场主体"法无禁止即可为"，公权力"法无授权不可为"。第一，实行负面清单管理首先需要重新界定政府与市场、政府与企业的边界，在规范政府干预市场裁量权的同时，充分发挥市场在资源配置中的决定性作用和更好发挥政府作用，实现政府职能履行的公开透明。第二，以负面清单倒逼简政放权改革。现代市场经济条件下，绝大多数领域，内外资应当是平等的。国内自贸试验区虽然是对外的，更重要的意义在于倒逼国内行政审批制度改革，以形成可复制、可推广的负面清单管理经验。第三，在经济下行压力增大的背景下，全面推行负面清单管理更有利于激发各类市场主体的活力，有助于"大众创业、万众创新"新格局的尽快形成。

---

* 载《人民政协报》，2015 年 10 月 8 日。

以负面清单管理实现简政放权改革的新突破。简政放权是本届政府的最大亮点,在理顺政府与市场关系、激发市场活力上取得明显成效。在市场经济条件下,"非禁即准"应当是一个基本原则。当前,在中央和省级政府全面实施负面清单管理的时机和条件基本成熟。笔者建议,第一,1～2 年内基本实现中央和省级政府负面清单管理作为行政审批制度改革的重要目标,以负面清单管理倒逼转方式、调结构。第二,加快出台各级政府的权力清单。现代市场经济是透明经济,不仅要求市场行为透明,还要求权力运作透明。这就需要加快在全国范围内普及实施权力清单制度,真正把权力关进制度的笼子里。第三,把实行负面清单管理作为简政放权"打通最后一公里"的重大举措。全面实施企业自主登记制度,适时取消企业一般投资项目备案制,尽可能少用或不用产业政策干预企业投资行为,并以此带动政府职能的根本性转变。

与推行负面清单管理相配套,推进监管转型。2014 年以来,国务院确立了"放管结合"的改革思路,强调加强事中事后监管。但是,由于监管体制改革尚未破题,监管转型滞后于简政放权改革的实际进程,与新阶段经济社会发展的现实需求和广大人民的期盼有着明显差距。总地看,监管还处于相当被动的状态,并成为简政放权纵深发展的"最大短板"。下一步,要把全面推进监管转型作为推行负面清单管理的重要保障。首先,以监管转型破题"放管结合"。完善包括专业性监管和综合性监管在内的监管体系,实现行政审批与市场监管严格分开;推行法人承诺制,形成以企业信用为基础的事中、事后监管。其次,建立大数据监管系统,实现监管部门信息共享。尽快建立全国统一的信用信息共享交换平台,消除部门间信息壁垒,实现监管信息共享;以专业化、技术化、标准化为重点创新监管方式。从我国国情出发,认真研究借鉴发达国家在这方面的成熟做法。再次,充分发挥行业协会、商会的自律作用。调动包括社会公众、媒体等多方面的力量加强市场监管,形成全社会的监管合力,构建多元监管体系。第四,调整优化市场监管权力结构。充分考虑监管转型的迫切性、现实性,以强化统一性、专业性、权威性为目标,尽快调整优化市场监管机构,形成金融监管、消费市场监管、垄断行业监管有效性的体制保障。最后,加快推进市场监管法治化进程。加快推进由行政为主的市场监管向法治为主的市场监管转变,提升市场监管的法治权威。

以转型改革加快"十三五"服务型经济发展[*]

按语：

面对国内外经济环境的深刻复杂变化，在增长、转型、改革高度融合的背景下，"十三五"期间要形成良好的增长前景，关键在于把握经济转型升级的大趋势，走出一条以转型改革推动现代服务型经济发展的新路子。

经济转型升级重在形成以服务业为主导的产业结构

当前，我国正处在经济转型的历史关节点。从国际产业结构演进的经验看，由高附加值的现代服务业逐步取代低附加值的传统工业，是一个国家由工业化中后期走向工业化后期这个特定历史阶段经济可持续发展的客观趋势，也是发展中国家成功迈向高收入国家的必由之路。"十三五"期间，经济结构的变化趋势，要求我们必须把握增长、转型与改革的主动权，适应并引领经济新常态，尽快形成以服务业为主导的产业结构。

首先，从生产型制造为主向服务型制造为主转变的大趋势，要求我们主动加快现代生产性服务业的发展。当前，新一轮科技革命与我国经济转型升级形成历史性交汇。中国制造在"互联网＋"蓬勃发展的背景下，由生产型制造开始向服务型制造转变。从现实情况看，我国发展服务型制造的突出问题是以研发、设计、金融、物流、营销等为代表的生产性服务业发展滞后。目前，我国生产性服务业占 GDP 的比重只有 15％左右，相比之下，作为先进制造业强国的德国的生产性服务业占 GDP 的比重在 45％～50％。我国要实现工业

---

* 载《光明日报》,2015 年 10 月 28 日。

与服务业的深度融合，到2020年初步完成从"工业2.0"向"工业3.0"的升级，并奠定"工业4.0"的重要基础，就需要在"十三五"期间把生产性服务业比重从15％提高到30％～40％。

其次，规模城镇化向人口城镇化的转型升级为生活性服务业发展提供了巨大空间。"城镇化红利"仍是"十三五"期间扩大内需的突出优势。实现人的城镇化，关键在于加快从规模城镇化向人口城镇化的转型升级。随着户籍制度改革的加快，未来5年我国人口城镇化年均有望保持2个百分点左右的增速，到2020年达到50％左右。这意味着将有近4亿农业转移人口进城，这将为教育、医疗、养老等生活性服务业带来巨大市场空间。从近几年的情况看，城镇化率每提高1个百分点，能够带动服务业增加值比重提高0.77个百分点。以此估算，到2020年即使人口城镇化率仅提高10个百分点左右，也会带动服务业比重提高7～8个百分点。进入工业化中后期，人口城镇化重在发展现代服务业。

最后，物质型消费为主向服务型消费为主的消费结构转型升级，将形成经济服务化的内在动力。我国正处于消费结构转型升级的关键时期，突出表现在城乡居民消费结构正由物质型消费向服务型消费升级。城镇居民服务型消费占比接近40％，预计到2020年将提高到50％左右，一些发达地区可能达到60％左右。服务型消费的快速增长将为服务业发展提供巨大市场空间。初步估算，我国的消费总规模有可能从2014年的30.7万亿元扩张到2020年的45万亿～50万亿元。保守估计，"十三五"期间服务业占比每年约提升1个百分点，到2020年，服务业占比将达到55％以上，从而基本形成以服务业为主导的产业结构。

以服务业市场开放为重点促进服务型经济发展

目前，我国服务业市场的开放程度与经济转型的目标不相适应，一定程度上阻碍了服务业的快速发展。一是服务业市场化程度低。当前，国内居民大量服务型消费需求难以得到有效满足，主要原因在于服务业市场开放程度较低。据统计，我国工业部门80％以上是制造业，属于高度市场化部门，而服务业50％以上仍属于行政垄断部门，服务业市场开放不足越来越难以适应服务型消费需求快速增长的趋势。二是服务业对外开放的程度也比较低。例如,我国自贸区在服务业开放上是走在全国前列的,但即使是上海自贸区的负面清单的 122 项中,也有 83 项是针对服务贸易的限制。三是服务型水平低。以房地产为例,我国房地产规模已到了相对饱和的状态,面临着规模房地产如何向服务型房地产的转型。未来几年,如果房地产能够以健康服务为重点,不断提高服务水平,就会明显提高房地产使用价值。四是服务价格高。例如,2014 年我国宽带的平均上网速度仅为 3.8 兆,全球排名第 75 位,而平均 1 兆每秒的接入费用却是发达国家平均水平的 3～4 倍。再例如,近年来出国留学、出国旅游呈爆发式增长趋势,就与国内服务价格过高、服务质量不高相关。

基于上述原因,"十三五"期间,需要以破除行政垄断为重点加快推进服务业市场开放。一是打破服务业市场的行政垄断与市场垄断。建议尽快出台垄断行业改革的总体方案,电力、电信、石油、民航、邮政等行业要进一步破除各种形式的行政垄断。二是推进服务业市场的便利化改革,尽快使社会资本成为服务业发展的主体力量,实现教育、医疗、健康、养老等生活性服务业对社会资本的全面开放,充分利用社会资本促进研发、物流、销售、信息等生产性服务业的发展。三是逐步放开服务业市场的价格。除政府必须确保的基本公共服务领域之外,"十三五"时期应争取在绝大多数服务业领域放开价格管制,政府定价范围主要限定在重要公用事业、公益性服务、网络型自然垄断环节。对基本公共服务领域,政府仍保留定价权,以保障公益性;对非基本的公共服务全面放开价格管制。四是以政府购买公共服务为重点推动公共服务业市场开放。充分利用市场力量、社会力量扩大公共服务供给,争取使政府采购规模占财政支出比重从 2014 年的 11.4％提高到 2020 年的 15％～20％,服务类占政府采购总额比重从 2014 年的 11.2％提高到 30％左右。

开放服务业市场,政府需要有所作为,并对一些改革难点达成共识。首先,服务业市场开放是全面开放,不仅要对外资开放,更要对国内社会资本开放;不仅是生产性服务业的开放,还包括生活性服务业的开放。其次,服务业市场开放比工业领域市场开放更为复杂,既需要形成相关标准,又需要加强监管;既需要相关国有企业、事业单位改变体制,又需要形成大量与国际管理接轨的相关规则。最后，建议尽快形成"十三五"服务业市场开放的顶层设计。

以结构性改革创新服务业发展的政策体制环境

近年来，我国已提出社会资本可以进入法律未禁止的领域，但现实情况是，2015年前三季度，尽管服务业固定资产投资占比达到56.1％，但如果扣除房地产投资，其他服务业投资占比仅为24.2％，尤其是与老百姓服务型消费需求释放相关的服务业投资比例严重偏低。例如，教育投资占比仅为2.46％，卫生和社会工作投资占比为1.61％，文化、体育和娱乐业投资占比为2.17％，公共管理、社会保障和社会组织投资占比为2.34％。究其原因，主要在于结构性的政策与体制矛盾未根本解决。从实践看，现行的某些政策体制带有鼓励工业和重化工业的发展、抑制服务业发展的特征。例如税收，营改增尚未全面完成，以消费税为主体的税种尚未推出，这些都与以服务业为主体的产业结构不相适应。

因此，加快服务业发展，必须实现结构性改革的实质性突破。

第一，破题投资体制改革，加快投资转型，实现投资与消费的互动和融合。当前，服务业发展的突出矛盾是投资消费失衡，适应于服务型消费的投资比例严重偏低。在政策导向上，需要更加突出消费的导向作用，扩大有真实需求的服务业投资比例。

第二，推进以消费税为重点的财税体制改革。把消费税改为地方为主的直接税，由此改变地方政府"重投资、轻消费"的行为模式。在全面普及营改增改革的同时，对服务业领域的中小企业加大定向减税力度，实现工业与服务业税负平等。

第三，深化金融体制改革，促进以社会资本为主体的中小金融机构的发展。着眼于金融支持实体经济，需要支持为中小微企业提供服务的民营银行、社区银行等民间金融创新发展、规范发展，通过发展多层次的资本市场扩大直接融资比例。

第四，调整教育结构，尽快发展与经济转型升级趋势相适应的职业教育。以发展职业教育为重点推进教育第二次改革，实现教育模式由考试型、封闭性、行政化向实用型、开放性、专业化的转型至关重要。

此外,从政府自身来看,还需要继续纵深推进简政放权改革,激活市场、激发企业活力,抓好时机全面实施负面清单管理,并进一步推进监管转型,尽快形成法治化的监管框架。

建立健全与市场经济相适应的监管体制*

近年来,政府部门在加强市场监管方面采取了不少措施。但是,行政审批与市场监管合二为一的旧体制尚未根本改变,不仅使经济运行的制度成本居高不下,也不利于监管体系的独立性和专业性,无论消费领域、生产领域还是金融领域,都存在着多头监管与监管缺失并存的现象。可以说,监管转型滞后已成为制约中国经济转型的突出矛盾。

为此,必须借供给侧改革的东风,加快监管体制变革,补齐这块简政放权向纵深发展的"制度短板"。

首先,要实现行政审批与市场监管严格分开,完善包括专业性监管和综合性监管在内的监管体系。

一方面,要尽快完善专业性监管,令专业性监管机构不再行使审批权。以证监会为例,未来资本市场实行注册制后,应限期取消其行政审批事项,使之成为专业性监管部门。

另一方面,要在更多领域实行综合性监管,形成宽职能的监管队伍。在食品药品安全、工商质检、公共卫生、安全生产、文化旅游、资源环境、农林水利、交通运输、城乡建设、海洋渔业等领域,应推行综合执法,有条件的领域可以推行跨部门综合执法。

要着力推进行政审批与市场监管分离。审批归审批,监管归监管。需要保留审批事项的部门,应当成为科学、规范、有效的审批部门。监管部门不得保留和行使审批权限。

---

* 载《经济参考报》,2016年3月9日。

其次,适应经济转型升级调整,优化重点领域市场监管权力结构。

一是尽快组建国家金融监管总局。随着金融业的混业发展,"互联网＋金融"创新的层出不穷,银行业、证券业、保险业机构之间相互渗透和交叉的趋势不断增强,对传统分业监管模式提出了现实挑战。为稳定资本市场,防范金融系统性风险,建议整合银监会、保监会和证监会的职能,组建国家金融监管总局,形成"统一领导、分级负责、条块结合"的金融监管新体制。

二是尽快组建专司消费市场监管的国家市场监督管理总局。互联网时代为建立涵盖生产、流通、消费全过程的监管体系提供了重要条件。

当前,不少地方政府成立了综合性市场监管机构,取得显著成效。建议尽快整合国家食品药品监督管理总局、国家质量监督检验检疫总局、国家工商行政管理总局的消费品安全监管职能。这三个机构作为国家市场监督管理总局的执行局,使其成为独立性、专业化的消费品安全监管机构。

三是尽快建立统一的国家反垄断局。自2007年反垄断法出台以来,在国务院反垄断委员会领导下,由商务部反垄断局、国家发改委价格监督检查和反垄断局、国家工商行政管理总局反垄断与反不正当竞争执法局三个机构分别行使反垄断职能。从反垄断执法实践看,由于三家反垄断机构的调查及处罚难以统一协调,致使反垄断效果大打折扣。建议整合力量,组建统一的反垄断机构。

再次,突出行业自律,搭建市场治理的体制框架。

其一,充分发挥行业协会、商会的自律作用。要摸清"红顶中介"的家底,加快推动现有商会、行业协会"政会分开"、去行政化;支持各行业民营企业在自愿基础上联合建立各类商会、行业协会,使其在行业自律、社会监督上有职有权;推行"一业多会",形成有效竞争机制,及时淘汰缺乏行业自律的商会、行业协会。

其二,完善社会信用体系。逐步建立全国统一的信用标准规范体系,形成统一社会代码制度,以组织机构代码为基础对法人和其他组织进行身份标识,实现机构信用体系全覆盖;启用市场主体信用信息公示系统,通过互联网向社会公开工商登记及监管信息;充分运用大数据资源,实现企业信用信息互联共享,实现失信企业"一处违法、处处受限"。

其三,推行法人承诺制。形成以企业信用、企业自律为基础的事后监管。

对必须保留审批的事项,向申请企业提供责任承诺书和审批要件清单,企业法人签署对材料真实性负责的法人承诺书,审批部门可当场或当天发放批件和许可证。事后,监管部门在规定时间内组织现场核查,如发现企业造假,再对其进行严厉惩处。

"十三五"结构性改革的三大任务[*]

"十三五"以经济转型为主线的结构性改革,重点是正确处理好市场、企业和政府的关系,更大程度地发挥市场在资源配置中的决定性作用,进一步激发企业活力,加大更有效的制度供给,以实现经济转型的实质性突破。

服务业市场开放是结构性改革的"重头戏"

从工业市场开放到服务业市场开放是大趋势。"十三五"期间,一方面,我国要形成服务贸易为重点的开放型经济新格局,需要有序扩大服务业的对外开放;另一方面,把握我国经济转型升级的大趋势,关键是以服务业市场开放为重点发展现代服务业。

服务业市场开放滞后是市场化改革的"突出短板",比如服务业市场化程度低、服务业对外开放的程度较低、服务型经济水平低、服务价格高等。伴随着服务业领域社会资本投资增速将超过工业、服务业固定资产投资中社会资本投资占比过半,服务业市场开放是市场化改革的"最大红利",服务业市场开放将给社会资本带来巨大的投资空间。

服务业市场开放牵动影响转型发展全局。形成服务业为主导的产业结构,需要通过服务业市场开放,形成有效投资;形成消费拉动经济增长的格局,需要通过服务业市场开放,扩大服务供给能力;推进双边、多边自由贸易进程,需要有序扩大服务业对外开放,并通过服务业市场的双向开放,形成以服务贸易为重点的开放型经济新格局。就是说,落实十八届五中全会提出的

---

[*] 载《人民政协报》,2016 年 3 月 31 日。

"开展加快发展现代服务业行动"，关键在于尽快制定"十三五"服务业市场开放的行动计划。

实现服务业市场开放的重大突破，需打破服务业市场的行政垄断与市场垄断，推动服务业领域国有资本的战略性调整，全面推进垄断行业竞争环节向社会资本开放；推进服务业市场的便利化改革，使社会资本成为现代服务业发展的主体力量；全面放开服务业市场价格，形成统一开放、公平竞争的市场体系；以政府购买公共服务为重点加快公共服务业市场开放；推进服务业市场开放的相关政策调整，实现服务业与工业用地、用电、用水等政策平等，通过尽快完成"营改增"、改革消费税等，形成有利于服务业发展的税制结构。

以优化企业发展环境为重点的结构性政策调整与结构性改革

市场经济条件下，供给改革的主角是企业和企业家。为解决经济结构调整中企业，尤其是实体经济的困难，十八届五中全会要求"优化企业发展环境，开展降低实体经济企业成本行动"。应当说，在当前经济转型的特定背景下，需要把优化企业发展环境、激发企业活力、倡导企业家精神作为结构性改革优先解决的重大问题。

经济转型时期优化企业发展环境具有紧迫性。从当前经济下行压力增大与经济风险因素增多的情况看，未来 1～2 年，并不是大规模进行企业改革的最佳时期。在这种情况下，要努力寻求短期应对危机与中长期转型相结合的有效路径。例如：加快企业结构调整，优化企业的技术结构、产品结构和组织结构，促进企业转型升级；加快发展新兴企业，要以信息产业为重点，改造提升传统产业、培育发展适应企业转型升级的新兴产业；鼓励引导企业兼并重组，对"僵尸企业"要建立差异化处置的甄别机制，对确实需要淘汰的企业，要使其逐步退出市场，以降低经济社会风险。

重在优化企业转型与改革的经济社会环境。例如，全面实行负面清单制度，保证各类生产要素的自由流动；加强知识产权保护力度，保证企业尤其是中小企业创新收益，提高企业创新的积极性。

"激发企业家精神，依法保护企业家财产权和创新收益。"激发企业活力，首先是激发企业家精神。这就需要尽快建立并完善有利于创新型企业家的选拔机制、培养机制、激励机制和约束机制，依法保护企业家财产权和创新收益，形成企业家健康成长的宽松环境。

以监管转型为重点的简政放权与结构性改革

我国仍是一个转型大国，推进供给侧结构性改革的实质是处理好政府与市场的关系。当前，在加快经济结构调整，尤其是经济下行压力增大的背景下，需要的是加大放权、减权的力度，需要的是进一步开放市场，激发市场活力，严防"把市场关进权力的笼子里"。

向企业"放权"要有新突破。"互联网＋"时代，实现企业自主登记注册的技术条件和时机已经成熟，借鉴国际商事制度经验，全面实施企业自主登记制度；适时取消企业一般投资项目备案制，除政府投资之外，企业一般投资项目一律由企业依法依规自主决策，将投资决策权还给企业；以公平竞争政策取代产业政策。市场经济条件下，政府的主要职责之一是营造公平竞争的市场环境。除农业等特殊产业外，尽可能少用或不用产业政策干预企业的经营行为。

市场监管体制转型要有新举措。实现行政审批与市场监管严格分离，以保障市场监管机构的独立性、权威性、专业性；调整优化市场监管的行政权力结构，在金融领域、消费领域、反垄断领域，尽快建立统一的、综合性市场监管机构；形成政府与社会协同的市场治理新格局，在强调政府市场监管主导作用的同时，积极引导各类市场主体自治，提升企业社会信用，促进市场主体自我约束、诚信经营，充分发挥行业组织的自律作用、舆论和社会公众的监督作用，逐步形成统一开放、竞争有序的市场生态环境，尽快建立起与市场经济发展阶段相适应的市场治理体系。

用好内涵深刻变化的重要战略机遇期[*]

　　党的十八届五中全会在提出"十三五"时期我国发展仍处于可以大有作为的重要战略机遇期的同时,强调要准确把握战略机遇期内涵的深刻变化。我国经济发展进入新常态,无论经济增长速度、结构还是动力均呈现与以往不同的新变化。把握战略机遇期内涵变化及其产生的新机遇,进一步用好重要战略机遇期,对于"十三五"时期我国经济持续健康发展和如期全面建成小康社会具有十分重要的意义。

　　抓住经济稳中向好的历史新机遇。当前,尽管面临经济下行压力加大与矛盾风险增多的严峻挑战,但实现经济稳中向好面临重要的历史新机遇。具体来说,我们所面临的机遇正由原来加快发展速度的机遇转变为加快转变经济发展方式的机遇,由原来规模快速扩张的机遇转变为提高发展质量和效益的机遇。例如,"互联网＋"快速发展,"中国制造"正由生产型制造业为主向服务型制造业为主转型,有望形成制造业竞争新优势;在户籍制度改革的推动下,规模城镇化加快向人口城镇化转型,预计 2020 年户籍人口城镇化率将从现在的不到 40％提高到 50％左右,进而开启巨大的需求空间;消费结构正由物质型消费为主向服务型消费为主快速转变,预计 2020 年城镇居民的服务型消费比重将提高到 50％左右,发达地区有可能超过 60％,消费拉动经济增长的作用将不断增强。抓住经济稳中向好的历史新机遇,要求以提高发展质量和效益为中心,加快推动经济转型升级。

　　把发展现代服务业作为产业结构升级的重点和制造业转型升级的关键。从国际经验看,高附加值的现代服务业逐步取代低附加值的传统工业是产业

---

　　*　载《人民政协报》,2016 年 2 月 16 日。

结构演进的基本规律,是一个国家由工业化中后期走向工业化后期这个特定历史阶段的必然趋势。我国改革开放以来,把握了工业化及全球货物贸易快速增长的大趋势,主动推进工业领域的市场开放,快速发展成为全球制造业第一大国。在我国进入工业化中后期阶段、战略机遇期内涵发生深刻变化的情况下,以服务业市场开放为重点发展现代服务业,是引领经济新常态的关键,也是实现转方式、调结构的关键。这就需要尽快打破服务业存在的不合理垄断,全面放开竞争性领域服务市场价格,形成统一开放、竞争有序的现代市场体系;推进服务业准入便利化改革,使社会资本成为现代服务业发展的主体;有序扩大服务业对外开放,扩大银行、保险、证券、养老等市场准入。到2020年,预计我国服务贸易占对外贸易的比重将由2014年的12.3%提高到20%左右,从而使我国在推动全球自由贸易进程中形成新的竞争优势。

把发展和改革高度融合起来,形成全面深化改革的大环境。经济转型升级的新趋势必然要求实现增长动力转换。"十三五"时期既是经济转型升级的历史机遇期,又是经济结构调整的重要窗口期,机不可失、时不再来。抓住机遇、加快调整,就能把握主动权,不仅能明显缓解目前经济下行压力,而且能为中长期保持6%~7%的经济增长速度奠定重要基础;否则就会陷入被动,加大经济、社会风险。经济转型升级能否成功,关键取决于改革选择,取决于改革能否适应经济转型升级趋势,不断破题发力。因此,必须坚定改革信念,同时把握经济新常态下的改革特点,增强改革的自觉性和责任担当;突破利益关系掣肘,不被短期因素干扰,看准了的改革就坚定不移地推进;调动各方面参与改革的积极性,建立改革激励机制,鼓励地方改革试验,形成上下联动、全面深化改革的大环境。

实体经济如何做大做强做优 *

党的十九大报告强调："建设现代化经济体系，必须把发展经济的着力点放在实体经济上，把提高供给体系质量作为主攻方向，显著增强我国经济质量优势。"客观地看，建设现代化经济体系，重点是发展实体经济、深化供给侧结构性改革，关键是使市场在资源配置中起决定性作用和更好发挥政府作用。我们要按照党的十九大报告要求，把着力发展实体经济作为深化供给侧结构性改革的重点，推动经济发展质量变革、效率变革、动力变革。

供给侧结构性改革要向振兴实体经济发力聚力。实体经济是我国这个经济大国的根基所在。当前，我国经济转型正处在一个历史新起点上，经济转型升级蕴藏着巨大发展潜力和市场空间，是建设现代化经济体系的主要基础。问题在于，实体经济发展仍面临重大结构性失衡，例如实体经济结构性供需失衡，消费需求向高品质升级，但主要的产品供给体系仍处于中低端，这很大程度上反映了企业制度变革尚未跟上经济转型升级的步伐，现有供给体系难以提供高质量的产品和服务。未来几年，我国由经济大国走向经济强国，需要实体经济做大做强做优。释放经济转型升级的巨大潜力、建设现代化经济体系，最终的成果需要体现在实体经济的发展上。

以激励创新为重点推动企业制度变革。企业是经济发展的细胞。加快经济转型升级，建设现代化经济体系，有赖于良好的企业制度。振兴实体经济，提高供给体系质量，需要从企业制度变革入手，形成既有利于扩大民间投资，又有利于激励创新型企业的体制安排。这就需要按照党的十九大报告的部署，在完善产权保护制度、发展混合所有制经济、形成激发和保护企业家精

---

　　* 载《人民日报》，2017 年 12 月 13 日。

神的制度安排等方面取得实质性进展。建议：适应企业创新发展的现实需要，扩大产权保护的范围，严格保护知识产权，形成规范化、法治化的产权保护制度；把发展创新型企业作为混合所有制改革的一个重要着力点，注重通过完善企业内部治理结构使国有资本做大做强做优，并为社会资本参与提供更大的体制空间；以培育世界一流企业家队伍为目标，营造良好环境，依法保护企业家财产权和创新收益。

以打破垄断为重点建设国际化、法治化营商环境。党的十九大报告明确提出："全面实施市场准入负面清单制度，清理废除妨碍统一市场和公平竞争的各种规定和做法，支持民营企业发展，激发各类市场主体活力。"这表明，以更大的决心和魄力推进市场准入制度创新，实现营商环境国际化、法治化，已经成为当前市场化改革攻坚的重要任务。从我国的现实情况看，优化营商环境，重点是打破行政性垄断，防止市场垄断，关键要形成公平竞争的市场环境。建议：重点破除服务业领域的行政性垄断和市场垄断，加快服务业市场开放，做大现代服务业"蛋糕"；以发展中小企业为重点完善公平竞争市场环境，加快落实《中华人民共和国中小企业促进法》；以税制改革为重点降低企业成本，进一步降低间接税比重。

以监管变革为重点深化简政放权。过去5年，以简政放权为重点的行政体制改革在释放改革红利、促进经济转型、应对经济下行压力中发挥了重要作用。面对经济运行中各类风险因素增大的新形势，以监管变革为重点深化简政放权，有利于使市场在资源配置中起决定性作用和更好发挥政府作用。这就需要按照党的十九大报告的要求完善市场监管体制。建议：可考虑建立以保护投资者权益为导向的资本市场监管体制以及实现金融分业监管向混业监管转型；推动以破除服务业领域行政垄断为重点的监管转型，建立行政垄断审查机制，完善服务业市场监管标准体系，实现服务业领域市场准入的负面清单管理；完善统一权威的食品药品监管体制，以适应全社会消费结构升级需求，形成良好的经济社会环境，等等。

我国经济优化升级趋势的深远影响*

　　中国特色社会主义进入新时代,建设现代化经济体系成为跨越关口的迫切要求和我国发展的战略目标。面对人民日益增长的美好生活需要和不平衡不充分的发展之间的矛盾,着力转变发展方式、优化经济结构、转换增长动力,加快建设实体经济、科技创新、现代金融、人力资源协同发展的产业体系,着力构建市场机制有效、微观主体有活力、宏观调控有度的经济体制,是推动我国经济高质量、可持续发展,不断增强创新力和竞争力的必由之路。

　　立足过去5年我国经济优化升级的丰富实践,展望未来发展趋势,作为世界第二大经济体,中国经济不仅呈现由高速增长阶段向高质量发展阶段转变的鲜明特征,而且正在促进全球的经济复苏与经济增长,为全球经济发展和全球经济治理变革注入新的活力。

　　基于此,笔者认为,无论是对我国发展质量变革、效率变革、动力变革的助推作用,还是世界经济增长的积极影响,都已蕴含在经济优化升级趋势之中了。

经济优化升级趋势对高质量发展的重要影响

　　分析我国经济发展前景及其对世界经济的影响,离不开对经济优化升级趋势的判断。新时代的经济发展,战略目标是建设现代化经济体系,实现由高速度向高质量的转向。

---

　　* 载《经济日报》,2017年12月16日。

（一）经济优化升级的历史性新特点

经过近 40 年的改革发展，我国总体上进入工业化后期。从需求侧看，消费结构正由物质型消费为主向服务型消费为主转型。预计到 2020 年，城镇居民服务型消费比重将由目前的 40％左右提高到 50％左右，形成一个"新消费时代"。从供给侧看，产业结构正由工业主导向服务业主导转型。2017 年前三季度服务业占比达到 52.9％，预计到 2020 年有可能接近或达到 60％左右。更重要的是，在数字经济快速发展和服务型经济比重不断提升的同时，新产业、新业态、新模式不断涌现，成为助推产业变革的新动能。与此同时，新型城镇化快速推进，预计到 2020 年，常住人口城镇化率有可能由 2016 年的57.35％提高到 65％左右，且新型城镇化和乡村振兴融合并进的趋势明显增强。

（二）经济优化升级蕴含改革新动力

我国高质量发展的巨大增长潜力，以及与之对应的预期市场空间，不仅是我国产业变革和结构性改革的重要动力，而且将继续对全球经济增长作出重要贡献。建设现代化经济体系，就是要在经济优化升级的新趋势、新结构下形成新动能、新增长。比如，产业结构升级将倒逼供给体系质量的提高。初步估算，到 2020 年，我国服务业规模有可能从 2016 年的 38.4 万亿元增加到 50 万亿元左右，由此将显著优化经济结构，不断拓宽新的增长空间。又如，消费结构升级将不断创造增长新动能，释放 13 亿人的消费潜力将形成一个巨大的新增市场。初步估算，到 2020 年，社会消费品零售总额有可能由 2016 年的 33 万亿元扩大到 50 万亿元左右。更重要的是，13 亿人的消费结构升级已经并将继续成为产业变革、新经济发展的重要动力，这对中国和世界经济来说，都是一个重大利好。再如，城乡结构变革将释放农村大市场的潜能，未来5～10 年，城乡一体化和城乡融合发展，将形成近百万亿元的投资与消费需求，成为我国可持续增长的"最大红利"。

（三）经济优化升级与产业变革交汇带来新机遇

全球范围的新一轮科技革命与我国经济优化升级交汇融合，形成建设现代化经济体系的新机遇、新动能。例如，近年来我国数字经济快速发展，成为产业变革的突出亮点。首先，数字经济加快推动制造业升级，涌现了一批具有标志性意义的重大科技成果，产生了一批新产业、新业态，数字技术深度融入传统制造业的变革之中，引领传统产业转型；其次，数字经济发展加快创新驱动进程，创新创业成为经济优化升级的新引擎。预计到 2025 年，我国信息消费总额将达到 12 万亿元，电子商务交易规模将达到 67 万亿元左右。以新经济为重点的产业变革将推动经济增长方式从以资源要素投入为主向创新和科技驱动为主的转变，形成不以速度为导向、追求质量效益的新增长格局。

（四）经济优化升级传递增长质量变革新能效

过去几年，在国内外发展环境发生深刻复杂变化的背景下，经济优化升级对增长速度与质量变革产生一系列积极影响，不断释放新能效。

我国经济总量规模已从 54 万亿元增长到 80 万亿元，重要原因就是经济持续优化升级取得重要进展。未来 5 年至 10 年，产业结构、消费结构以及城镇化结构的变革和升级，仍将带来巨大的叠加效应，预计经济增速不会低于 6％，对全球经济增长的贡献率将保持在 30％左右。从增长效果看，经济优化升级有助于提高经济增长质量。例如，新增长的就业弹性明显提升。2012 年至 2016 年，GDP 每增长 1 个百分点，吸纳的非农就业人口达到 170 万人，比 2009 年至 2011 年多吸纳 30 万人。随着服务业占比的提升，每增长 1 个百分点将吸纳更多的就业。从未来预期看，伴随增长质量效益提高，至少将带来两大发展能效的优化。其一，是社会结构的优化，未来 5 年至 10 年，中等收入群体占比有可能达到 50％左右。其二，是资源环境的优化，初步估算，2020 年如果服务业占比不低于 55％，能源消耗量有望下降 14％左右，二氧化硫（SO_2）有望减排 18％左右。基于此，经济优化升级与环境治理相互融合、相互促进的绿色发展前景，从长远看，是值得期待的。

经济优化升级趋势对深化供给侧结构性改革的迫切要求

经济优化升级的本质是创新变革，核心是发展实体经济，关键是使市场在资源配置中起决定性作用，更好发挥政府作用。这就需要深化供给侧结构性改革,推动经济发展质量变革、效率变革、动力变革。

(一)以实体经济为重点,深化供给侧结构性改革

党的十九大报告强调,建设现代化经济体系,必须把发展经济的着力点放在实体经济上,把提高供给体系质量作为主攻方向,显著增强我国经济质量优势。当前,经济运行的突出矛盾是重大结构性失衡,主要表现为实体经济结构性供需失衡、金融和实体经济失衡、房地产和实体经济失衡。深化供给侧结构性改革要聚焦振兴实体经济发力、聚力。比如,要加快产权保护制度化、法治化进程,形成稳定扩大民间投资的良好制度预期;要按照加快"培育具有全球竞争力的世界一流企业"的目标,加快发展混合所有制经济;要按照"国有资本做强做优做大"的要求,深化国有企业改革,改革国有资本授权经营体制;要尽快形成保护企业家创新创业收益的相关制度安排,以进一步激励和保护企业家精神,鼓励更多社会资本投身创新创业。

(二)以打破行政和市场垄断为重点,不断优化营商环境

加快推进公平有序的营商环境建设,既是参与全球经济合作竞争的现实需求,也是激发国内市场活力、振兴实体经济的重中之重。这就需要认真贯彻落实党的十九大报告关于"打破行政性垄断,防止市场垄断"的要求,加快"清理废除妨碍统一市场和公平竞争的各种规定和做法"。比如,要以服务业市场开放为重点,全面实施市场准入负面清单制度,在创新市场准入制度方面取得新突破;要破除服务业领域的行政性垄断和市场垄断,释放服务业发展的巨大潜力;要完善国家中小企业发展促进机制,形成维护中小企业发展的公平竞争市场环境;要进一步加大减税降费的力度,实质性降低企业的制度性成本。

(三)以纵深推进简政放权为重点,加快变革监管体制

总的看,经济运行中的风险形成和积聚,与政府的监管体制变革滞后、监管不到位直接相关。防止各类经济风险的发生,守住不发生系统性金融风险的底线,需要加快推进监管体制转型与变革。比如,尽快实现由分业监管向混业监管的过渡,建立综合性金融监管体制;尽快形成统一的国家反垄断体

制,强化反垄断的权威性、统一性,建立既适用于内资又适用于外资,法治化、规范化的反垄断体制;尽快完善统一权威的食品药品监管体制,以形成与全社会消费结构升级相适应的市场环境。

经济优化升级与全面开放新格局相互促进

当前,经济优化升级与扩大开放直接融合,其双向影响显著增强:我国从高速增长走向高质量发展,从主要依赖资源要素投入走向主要依赖科技创新,需要发展更高层次的开放型经济;全球经济复苏与经济增长,需要我国在经济优化升级中不断创造新的市场空间;经济全球化、区域一体化离不开我国的参与和推动。无疑,推动形成全面开放新格局,将赢得国内发展与国际竞争的主动,使我国继续成为全球经济增长的重要贡献者。

以"一带一路"为重点,加快形成陆海内外联动、东西双向互济的开放格局。在经济全球化新的十字路口,"一带一路"建设为经济全球化与区域经济一体化提供了新动力、新平台。我国进入发展新时代,以"一带一路"建设为重点扩大开放,重在加快形成与沿线国家和地区双向互济开放的新格局。"一带一路"建设不仅为沿线国家带来大量基础设施投资,而且能够明显降低各区域之间的贸易成本。未来5至10年,打通"一带一路"在陆上、海上、空中的贸易流、物流、资本流、人流、信息流通道,形成放射性、网络化的互联互通布局,将加快建设连接我国与贸易伙伴的经济大走廊,提升贸易物流便利化水平。实践表明,我国与"一带一路"沿线国家和地区共建基础设施给相关国家和地区经济发展带来的"溢出效应",已超出基础设施投资收益本身,它将加快促进沿线国家共商、共建、共享的合作进程,实质性推动国际贸易发展,推动经济一体化。

以服务贸易为重点推进贸易强国建设,发展更高层次的开放型经济。党的十九大报告提出了"拓展对外贸易,培育贸易新业态新模式,推进贸易强国建设"的重大任务。服务贸易不仅是衡量一个国家现代化水平的标志之一,也日益成为全球自由贸易进程的重点与焦点。以服务贸易为重点形成我国对外贸易新格局,不仅是贸易强国建设的重大任务,也是我国经济在中长期持续释放巨大内需潜力的重要推动力,更是提升我国在全球经济治理地位及全球贸易制度性话语权的重要条件。要推进服务项下自由贸易进程,支持具备条件的地区率先实行旅游、健康、医疗、文化、职业教育等服务业项下的自由贸易政策;积极推进服务贸易的双向开放进程,形成国内大市场与国际先进技术的有效对接,这将裂变出巨大的能量,形成我国扩大开放的新格局,形成经济全球化的新动力和全球经济增长的新活力。

综上所述,牢牢把握我国经济优化升级趋势,加快建设现代化经济体系,不仅是我们跨越关口的不二选择,而且将对增长方式、经济结构带来深远影响。伴随我国经济发展质量和效率显著提升,以及由此形成的巨大内需市场和更多的"中国机遇",必将进一步推动形成国际自由贸易新格局,有力促进经济全球化进程与全球治理的积极变革,为构建人类命运共同体提供重要支撑。

以新发展理念为指导建设现代化经济体系[*]

党的十九大报告指出,中国特色社会主义进入新时代,我国社会主要矛盾已经转化为人民日益增长的美好生活需要和不平衡不充分的发展之间的矛盾。适应我国社会主要矛盾的历史性变化,建设现代化经济体系,是贯彻新发展理念的具体目标,是转变发展方式、优化经济结构、转换增长动力的迫切要求,也是实现"两个一百年"奋斗目标的战略选择。

以实现高质量发展为核心目标

从社会主要矛盾变化与经济转型升级的实际进程来看,我国已进入新的发展阶段。我国经济已由从高速度增长走向高质量增长,从主要依赖于资源要素投入走向主要依赖于科技和创新驱动。实现高质量发展应成为建设现代化经济体系的核心目标。

近40年的改革开放,尤其是近5年的改革开放是高质量发展的历史起点。经过近40年的改革开放,尤其是近5年的改革开放,我国经济在保持中高速增长的同时,经济结构不断优化,经济运行质量和发展水平不断提升。总体来看,正处在一个新的发展阶段。2016年,第三产业增加值占国内生产总值比重为51.6%,比2012年提高6.3个百分点。2013—2016年,最终消费对经济增长的年均贡献率为55%,高于资本形成贡献率8.5个百分点;工业技术改造投资年均增长13%,装备制造业和高技术产业增加值年均分别实际增长9.4%和11.3%,快于规模以上工业1.9个和3.8个百分点。经济发展

---

* 载《中国政协》,2017年第21期。

质量的不断提升为我国进一步实现高质量发展提供了重要条件。

经济转型升级正处在重要的历史关节点,成为实现高质量发展的特定背景。我国是一个转型大国,转型与增长高度融合,增长直接依赖于转型。未来5~10年,经济转型决定增长的特点十分突出,经济转型升级将形成新的增长动力,决定经济增长前景与发展质量。一方面,经济转型蕴藏着巨大的增长潜力。例如,未来几年我国城镇化的空间将直接带动巨大的投资与消费需求,成为中长期增长的"最大红利";另一方面,经济转型升级将进一步提升我国经济发展质量。例如,伴随着经济转型升级,我国社会结构将进一步优化。未来5~10年,我国中等收入群体占比有可能达到45%左右。同时,新的经济增长将进一步降低对资源环境的依赖。初步估算,2020年服务业占比不低于55%,能源消耗量将下降14%左右,二氧化硫将减排18%左右,由此形成高质量的"绿色增长"。

保持中高速增长的同时,坚持"质量第一、效益优先",实现更平衡更充分的发展是高质量发展的内涵。当前我国经济面临着工业领域产能过剩和服务业领域产品供给短缺的双重矛盾。增长问题表面上是需求不足,根本上是结构问题,实质是高质量供给短缺。以健康产业为例。估计到2020年,健康产业的投资潜力将高达10万亿元左右。从现实情况看,我国中高端健康服务供给严重不足。目前我国需要经过专业训练、持证上岗的养老护理人员至少1000多万人,而目前养老护理专业人员不足百万。此外,区域均衡发展也是一个结构问题。例如,经过供给侧结构性改革推动"去产能",低端产能和低质量供给大幅减少,工业品价格回升并带动工业企业经营状况改善,成为东北经济趋稳的重要因素。

以产业结构变革为重大任务

我国进入工业化后期,产业结构变革呈现出比较明显的趋势性特征。一方面,经济转型为产业结构变革提供了新机遇;另一方面,产业结构变革也为经济转型升级提供了新动能,并由此推动中国经济走上高质量、可持续的新路子。

产业结构正由工业主导向服务业主导转型。2013—2016年,中国服务业增加值年均增长 8.0％,超出 GDP 增速 0.8 个百分点,2016 年服务业占比达到 51.6％。预计到 2020 年,中国服务业占比有可能接近 60％左右,基本形成以服务业为主导的产业结构。从国际横向对比来看,我国服务业仍有 20 个百分点左右的增长空间。

产业结构变革蕴藏着巨大潜力。过去 10 年,我国服务业每增长 1 个百分点,拉动经济增长 0.43 个百分点。未来 5 年,如果服务业继续保持 9％～10％的年均增长,将带动 GDP 增长 3～4 个百分点。需要指出的是,在比重不断提升的同时,服务业领域的新业态、新模式、新产业不断涌现。新兴服务业形成中长期经济增长新动能的同时,将加速对传统产业的改造升级,提升传统产业发展质量和水平。有机构估计,我国生产性服务业占 GDP 的比重大概在 15％左右,若提高至 25％,将带来至少 7 万亿元的新市场。

以创新发展为战略支撑

当前,全球范围的新一轮科技革命与我国经济转型相互交汇,由此形成了中长期经济增长的新动能。从我国经济转型升级和新经济发展要求来看,要以创新发展为战略支撑,以创新发展实现高质量的发展。

数字经济加快推动制造业转型升级。过去几年,我国涌现了一批具有标志性意义的重大科技成果,包括载人航天、探月工程、量子通信、射电望远镜、载人深潜、超级计算机等,技术创新领域新业态也不断出现。与此同时,数字经济引领传统产业的转型。例如,工业机器人、3D 打印机、无人机和其他人工智能等新装备、新技术加快应用,大数据、云计算、物联网等应用范围不断扩大。华为、格力等已进入全球产业链的中高端,腾讯、阿里、百度等 7 家企业位居全球互联网企业 20 强,数字技术开始深度融入中国传统制造业的变革中。

数字经济发展加快创新驱动。从发展趋势看,依托巨大的市场潜力,中国的科技革命还将加快推进;新技术的突破、新业态的创新,还将呈现蓬勃态势。到 2025 年左右,估计中国信息消费总额将接近 2 万亿美元,电子商务交易规模将达到 10 万亿美元左右,由此实现从以资源要素投入为主的增长方式向创新和科技驱动的转变,形成中国"中速—高质"的增长新格局。

数字经济发展与创新型企业家的形成。最近几年,我国新型企业家群体的出现与发展壮大,大都与数字经济相关联。比如,微信改变了通信模式,电子商务改变了销售模式,网络约车改变了出行模式。这些数字经济领域的创新型企业,在对传统经济带来严重冲击的同时,也在新经济领域创造了新的发展机会、新的就业岗位。这就是中国经济转型中正在发生的"创造性毁灭"。

以乡村振兴战略、区域协调发展战略为突出特点

从问题导向看,发展不平衡不充分的突出矛盾,是我国的基本国情。党的十九大报告在"贯彻新发展理念,建设现代化经济体系"的六项任务部署中,突出强调实施乡村振兴战略、区域协调发展战略。可以预见,这两大战略的深入实施,未来 5～10 年有望在缩小城乡差距、缩小区域发展差距上取得实质性进展,以开创共享、协调发展新格局。

把握发展不平衡不充分的突出矛盾。从整个发展格局上看,发展的"不平衡",主要表现在还存在着明显的城乡发展不平衡、区域发展不平衡;发展的"不充分",主要表现在农村发展不充分、落后地区发展不充分、社会事业发展不充分。实施乡村振兴战略、区域协调发展战略,既反映了广大农村、落后地区加快发展的热切期待,又将为我国释放发展潜力、创造发展新空间奠定坚实基础。

实施乡村振兴战略实现城乡均衡发展。把乡村振兴上升为一个战略问题部署,是党的十九大报告的突出亮点,是城乡关系发展的重大理论和实践创新。当前,农村发展相对滞后,一方面体现了发展上有短板、有差距;另一方面,体现了我国仍有加快发展的巨大潜力和空间。例如,如果以落实农民土地财产权为重点实现农村改革的重大突破,农民的财产性收入可以落地,估计每户农民每年可新增收入 1.5 万元左右,这将为一部分农民进入中等收入群体提供重要条件。若城乡基本公共服务均等化实现重大进展,将明显增强农业转移人口融入城市的能力,为总体实现城乡均衡发展提供重要条件。

实施区域协调发展战略实现区域协调发展。2016 年,我国人均地区生产总值最高和最低省份比值为 4.28,与 5 年前相比下降了 0.1,但绝对差距仍然相对较大。未来,在全面实施区域发展战略的同时,在"建立更加有效的区域协调发展新机制"方面实现突破,进一步打破区域对市场的分割,在市场决定

资源配置的前提下,使资源要素在区域间自由流动,形成东部、中部、西部和东北地区协同发展的新局面。

以深化供给侧结构性改革、完善社会主义市场经济体制与扩大开放为主要动力

在经济全球化背景下,深化供给侧结构性改革、完善社会主义市场经济体制都与开放结构升级直接联系。建设现代化经济体系,实现经济转型升级、优化经济结构、转换经济增长动力,需要改革在多方面有所突破,需要将深化改革与扩大开放相融合,在建立以服务贸易为重点的开放新格局等方面实现突破。

以推进供给侧结构性改革,提升供给质量和水平。客观地看,新的供给可以释放新的需求,由于我国服务业市场开放度较低,消费"有需求、无供给"的矛盾比较突出,尤其是服务型消费难以得到满足。例如,我国老年人的潜在消费至少可以达到1万亿元人民币,而实际的供给却不到2千万元。未来几年,中国在信息消费、健康消费、旅游休闲消费、教育消费、文化消费、养老消费、体育消费、绿色消费等新型消费领域,都将产生数万亿级的市场规模,由此形成巨大的增长潜力。因此,建设现代化经济体系的首要任务就是适应我国新时代社会主要矛盾的变化,以供给侧结构性改革破解"有需求、缺供给"的突出矛盾,不断增强适应人民美好生活需要的产品与服务的供给水平,释放巨大的内需增长潜力。

以破解结构性、体制性矛盾加快完善社会主义市场经济体制。一是适应我国产业变革趋势,进一步降低服务业准入限制,打破服务部门的市场垄断和行政垄断,破除诸多限制服务业发展的政策性、体制性矛盾;二是深化产权制度改革,为各类企业主体,尤其是民营企业,提供更好的市场环境,激发民营企业在建设现代化经济体系中的积极性和创造性;三是要把监管变革作为政府改革的重点,加快推进审批与监管严格分开,提高监管的独立性、专业性和权威性,推进重点领域的监管体制变革;四是深化国有企业改革,尽快实现由"管企业"向"管资本"转变,推动国有资本做强做优做大。

建设现代化经济体系需要发展更高层次的开放型经济。中国的经济转

型升级需要与以"一带一路"为重点的开放型经济相融合,在建立以服务贸易为重点的开放新格局方面实现突破。我国在推进全球自由贸易进程中,要以数字经济为重要载体,推进全球共享经济发展,不仅在国内大力发展"互联网+新经济",还将通过数字市场的不断开放,加速国内市场和国际市场相互融合。例如,在推进"一带一路"进程中,以发展数字经济合作为切入点,以跨境电商为抓手推进跨境贸易、投资、产能和消费合作,加快数字服务贸易开放,将有利于促进"一带一路"自由贸易网络建设进程。

推动高质量发展要加快动力变革[*]

核心提示:我国是一个发展中的大国,更是一个转型中的大国。推动高质量发展,不仅是保持经济持续健康发展的必然要求,更是遵循经济发展规律的必然要求。推动高质量发展,要紧扣我国社会主要矛盾变化,推动质量变革、效率变革、动力变革,其中加快动力变革是关键和基础,以此切实、持续地提高全要素生产率,从而形成质量效益明显提高、稳定性和可持续性明显增强的发展新局面。

加快动力变革是关键和基础

当前,我国经济已由高速增长阶段转向高质量发展阶段,正处在转变发展方式、优化经济结构、转换增长动力的攻关期。党的十九大报告强调,以供给侧结构性改革为主线,推动经济发展质量变革、效率变革、动力变革,提高全要素生产率,不断增强我国经济创新力和竞争力。中央经济工作会议也指出,按照高质量发展的要求,创新和完善宏观调控,推动质量变革、效率变革、动力变革,促进经济社会持续健康发展。这为当前和今后一个时期推动高质量发展,指明了方向和路径。那么,怎么来理解这"三大变革"呢?我理解,质量变革是主体,效率变革是重点,动力变革是关键和基础。

其一,质量是经济发展的基本追求。目前,我国经济发展面临的主要挑战是质量不高,在关键性技术、产品质量等方面与发达国家仍有较大差距。比如,我国出口产品国内附加值比重仅为 68% 左右,明显低于美国等发达国

---

[*] 载《经济日报》,2018 年 3 月 1 日。

家 80％左右的水平,仍处于全球价值链的中低端。适应新时代人民群众需求变化,加快提升供给体系质量,促进经济迈向中高端水平,推动"中国制造"向"中国智造"、"中国速度"向"中国质量"、"中国产品"向"中国品牌"升级,已成为我国经济实现高质量发展的主要任务。

其二,效率是经济发展的永恒主题。当前,我国经济增长中的低效率问题仍然比较突出。推动效率变革,就是要填平各种低效率洼地,为高质量发展奠定一个稳固基础。

其三,动力是经济发展的源头活水。一方面,在要素成本上升、环境问题严峻、经济全球化不确定性加大的背景下,如果继续沿用传统增长模式,不仅无法保持经济中高速增长,而且会使高库存、高杠杆、高成本、低效率、低质量等结构性矛盾继续累积,进一步加大经济运行风险;另一方面,在新技术、新业态、新产品不断出现,国际经济竞争日益激烈的背景下,实现高质量发展必须把创新作为引领发展的第一动力,加快建设人才强国,加快建设创新型国家。这是推进经济转型升级的必由之路,是推动质量变革、效率变革的必由之路,是释放资源活力、激发增长新动力的必由之路。

需要注意的是,提高全要素生产率是推动"三大变革"的重要目标。从国际经验来看,实现经济由高速增长阶段转向高质量发展阶段,必须依靠全要素生产率的持续提高,从而形成经济持续增长的动力源泉。同样,推动经济效率变革与动力变革,最终也要以能否提高全要素生产率及其对高质量发展的贡献为衡量标准。从现实情况看,以提高全要素生产率为目标推进"三大变革",仍需在完善产权制度和要素市场化配置改革方面破题发力,充分发挥市场在资源配置中的决定性作用。

总的看,加快动力变革既是高质量发展的关键,也是实现质量变革、效率变革的重要条件。实现质量变革,需要推动过度依赖资源环境的发展方式转向更多依靠人力资源与科技进步的发展方式,使创新成为提高供给体系质量的强大动能;实现效率变革,需要依靠体制变革与开放创新,着力发展高水平的实体经济,全面提升要素供给效率。推动高质量发展的"三大变革",动力变革是关键和基础,由此推动效率变革,进而促进质量变革,从而形成质量效益明显提高、稳定性和可持续性明显增强的发展新局面。

实现动力变革的五大任务

需要注意的是,动力变革不是在现有的旧结构下寻找稳增长的"药方",而是要在经济转型升级的新趋势、新结构下寻找新动能、新增长的源泉。当前和今后一个时期,推动转向高质量发展的动力变革,要做好以下几方面的工作:

第一,要更加重视创新驱动。当前,我国总体进入工业化后期,支撑我国实体经济30多年快速发展的传统要素优势正逐步减弱,要素价格持续上升,对创新驱动经济发展提出了迫切需求。随着大数据、人工智能等新一轮技术革命的加快推进,创新在经济发展中的地位日益凸显。如果在大、智、云、移、物等领域,在基础研究领域和应用研究领域再推出一大批重大科技创新成果,将为我国中长期发展注入强大的内生动力。

第二,要更加重视消费拉动。发达国家的发展经验表明,当一国经济发展由高速增长阶段转向高质量发展阶段,投资对经济增长的贡献作用先上升后下降,与之相对应,消费的贡献作用则是先下降后上升。进入发展新时代,近14亿人的消费大市场是我国高质量发展的一个重要潜力和"本钱"。新型消费与消费大市场相融合,将释放出巨大潜力。此外,消费结构升级还将引领投资结构优化调整。以消费结构升级为导向推进投资转型,进而实现供给结构调整,引导各类资本进入健康、教育、医疗以及新兴产业,这样既有利于解决我国发展不平衡不充分的问题,也将使投资更有效率、更可持续。

第三,要更加重视服务业发展。进入工业化后期,居民消费结构变化与工业转型升级需求日益加大,必然会带来服务业的快速增长。进一步看,服务业主导是制造业转型升级的客观需求。从制造业发展的大趋势看,研发、设计等生产性服务环节已成为其价值增值和国际竞争力提高的关键。从现实情况看,我国作为制造业大国,"中国创造"的优势远未凸显,原因就在于生产性服务业发展严重滞后。以生产性服务业引领制造业转型升级,使工业发展从主要依靠低成本竞争向创新驱动转变,是我国工业由大变强的重要路径。

第四,要更加重视绿色发展。当前,人民对优美生态环境及相关产品的需要日益增长,这既对绿色发展提出新的要求,也是绿色发展的重大机遇。

数据显示,2016 年全国乡村旅游消费规模超过 1.1 万亿元,约占全国旅游总收入的四分之一,带动 672 万户农民受益,户均年收入超过 6 万元。这成为将绿水青山变为金山银山的生动范例。当前,绿色发展、绿色生活已成为全社会的共同愿望和目标追求,关键是要将"绿水青山就是金山银山"的发展理念真正落到实处。这不仅需要开展环境治理,更重要的是要加快形成绿色发展的产业体系与消费体系,走出一条保护与发展并举的新路子。

第五,要更加重视城乡融合发展。当前,破解城乡发展不平衡、农业农村发展不充分的矛盾已成为推动我国高质量发展面临的重大课题。2020 年,如果在以人口城镇化带动城乡融合发展方面实现重要突破,带来的新增消费与投资将为高质量发展注入巨大动能。总的来看,进入发展新阶段,乡村振兴与城乡融合互为条件、相互促进,关键是要按照党的十九大报告的要求,"建立健全城乡融合发展的体制机制和政策体系",重塑城乡关系,走城乡融合发展之路。

附录:迟福林委员履职重要事项

1. 2008 年 1 月 25 日,政协第十届全国委员会常务委员会第二十次会议通过中国人民政治协商会议第十一届全国委员会委员名单,中改院执行院长迟福林教授当选中国人民政治协商会议第十一届全国委员会委员。

2. 2008 年 3 月 9 日上午 9 时,全国政协委员、中改院院长迟福林教授在全国政协十一届一次会议第三次全体会议上做大会发言,题目为"推进新阶段全面改革的三点建议"。

3. 2009 年 2 月 6 日,国务院总理温家宝在中南海主持召开专家座谈会,会议重点征求经济、社会领域专家学者对即将提请十一届全国人大二次会议审议的《政府工作报告》(征求意见稿)的意见。迟福林教授应邀出席会议并发言,题目为"以基本公共服务为重点建立扩大内需的体制保障"。

4. 2009 年 10 月 22 日上午 9 时,全国政协提案委员会调研座谈会(海口片区)在海口举行,调研组结合提案工作条例的修改,开展提案理论研究,并就如何进一步加强和改进工作进行专题调研。迟福林教授应邀出席座谈会。

5. 2010 年 11 月 3 日,全国政协暨各省区市政协社会和法制委员会工作座谈会在湖南长沙隆重召开,迟福林教授应邀为会议做了题为"处在历史转折时期的'十二五'"的专题报告。

6. 2011 年 3 月 4 日,迟福林教授在中共中央政治局常委李长春同志参加的全国政协十一届四次会议的社科、新闻出版界委员联组会上发言,题目为"关于'十二五'规划的 5 点建议"。

7. 2011 年 3 月 7 日,迟福林教授在全国政协十一届四次会议的小组会议上发言,题目为"扩大消费需求是转变发展方式的重点"。

8. 2011 年 3 月 10 日下午 15 时,迟福林教授在全国政协十一届四次会议第四次全体会议大会上做大会发言,题目为"推进以转变经济发展方式为主线的政府转型"。

9. 2011 年 5 月 16—22 日,迟福林教授应邀参加全国政协调研组赴四川的调研,为四川灾区的发展振兴建言献策。

10. 2011 年 5 月 26 日—6 月 3 日,迟福林教授应全国政协教科文卫体委员会之邀,参与全国政协"推进基本公共服务均等化"赴滇专题调研。

11. 2011 年 8 月 26 日,迟福林教授应邀参加中共中央政治局常委、全国政协主席贾庆林出席并讲话的"深化文化体制改革,繁荣发展文化事业和文化产业"专题协商会。迟福林教授发言题目为"以社会化为重点的公共文化体系建设"。

12. 2012 年 3 月 4 日,迟福林教授在全国政协十一届五次会议的无党派人士、社科界委员联组会上发言,题目为"着力推进消费主导的转型与改革"。

13. 2012 年 4 月 23—27 日,迟福林教授应全国政协提案委员会的邀请,赴陕西省就将西咸新区设立为国家创新城市发展方式实验区的提案进行调研。

14. 2013 年 2 月 1 日,政协第十一届全国委员会常务委员会第二十次会议通过中国人民政治协商会议第十二届全国委员会委员名单。迟福林教授再次当选第十二届全国政协社会科学界政协委员。

15. 2013 年 3 月 6 日下午,迟福林教授应邀参加全国政协副主席、民进中央常务副主席罗富和出席的"积极稳妥推进城镇化,着力提高城镇化质量"提案办理协商会并发言,题目为"推进人口城镇化的转型与发展"。

16. 2013 年 3 月 7 日上午,迟福林教授在全国政协副主席、民进中央常务副主席罗富和出席的全国政协十二届一次会议的社科界联组讨论会上发言,题目为"关于当前改革的三个问题"。

17. 2013 年 3 月 7 日下午,迟福林教授在全国政协十二届一次会议第二次全体会议上做大会发言,题目为"以政府改革带动全面改革的突破"。

18. 2014 年 3 月 4 日下午,迟福林教授在中共中央政治局常委、中央书记处书记刘云山同志参加的全国政协十二届二次会议社科、新闻出版界别联组会上发言,题目为"关于推进国家治理体系和治理能力现代化的几点建议"。

19. 2014 年 3 月 8 日下午,迟福林教授在全国政协十二届二次会议做大会发言,题目为"以发挥市场决定性作用为重点深化全面改革"。

20.2014 年 5 月 12—14 日,迟福林教授应邀赴上海参加全国政协"推进养老保险制度并轨,建立更加公平可持续的社会保障体系"专题调研。

21.2014 年 6 月 9 日,迟福林教授应邀参加由中共中央书记处书记、全国政协副主席杜青林主持的"依法行政推进法治政府建设"专题座谈会并发言,题目为"推进市场监管向法治化转型"。

22.2014 年 7 月 8 日,迟福林教授应邀出席由外交部王毅部长主持的代表委员座谈会并发言,题目为"关于大外交战略的几点建议"。

23.2014 年 7 月 22 日,迟福林教授向全国政协召开的"促进基本公共文化服务体系"双周协商座谈会提交书面发言,题目为"以公益性为标准的公共文化服务社会化发展"。

24.2014 年 7 月 24 日下午,迟福林教授应邀出席由全国政协主席俞正声主持的"就更好地发挥社会组织在社会治理中的作用提出意见建议"的双周协商会并发言,题目为"在事业单位改革中发展公益性社会组织的建议"。

25.2015 年 1 月 26 日下午,由国务院总理李克强主持召开座谈会,听取专家学者和企业界人士对《政府工作报告》的意见建议。迟福林教授应邀出席并发言,题目为"关于深化简政放权的几点建议"。

26.2015 年 3 月 7 日,迟福林教授在全国政协十二届三次会议界别联组会议上发言。

27.2015 年 6 月 15—17 日,迟福林教授应邀列席全国政协十二届常委会第十一次会议。

28.2015 年 7 月 10 日,迟福林教授应邀出席由全国政协主席俞正声主持的"深化行政审批制度改革"专题协商会并发言,题目为"关于深化行政审批制度改革的 4 点建议""强化市场监管的几点建议"。

29.2015 年 9 月 16 日,国务院总理李克强主持召开国务院常务会议,听取政策落实第三方评估汇报,把简政放权、放管结合等改革推向纵深。迟福林教授应邀参加会议,并就中改院参与对全国简政放权政策落实情况的第三方评估情况做简要汇报。

30.2016 年 3 月 6 日,迟福林教授在全国政协第十二届全国委员会第四次会议小组会议上发言,题目为"攻坚结构性改革"。

31.2016 年 3 月 11 日,迟福林教授在全国政协第十二届全国委员会第四次会议小组会议上发言,题目为"关于设立智库研究基金的五点建议"。

32.2016 年 7 月 19 日,全国政协"东北三省工业转型升级问题"专题协商会在北京全国政协礼堂举行。中共中央政治局常委、全国政协主席俞正声,中共中央政治局常委、国务院副总理张高丽出席会议。迟福林教授应邀参加会议并发言,题目为"以扩大开放形成东北振兴的新动力"。

33.2017 年 1 月 20 日,迟福林教授应邀参加全国政协 2017 年第一次宏观经济形势分析座谈会并发言,题目为"推进以服务贸易为重点的开放转型"。

34.2017 年 3 月 6 日,迟福林教授在全国政协十二届五次会议小组会议(讨论《政府工作报告》)上发言,题目为"深化结构性改革 释放内需潜力"。

35.2017 年 3 月 7 日,迟福林教授在全国政协十二届五次会议社科界联组会上发言,题目为"服务贸易为重点的开放转型(5 点建议)"。

36.2017 年 3 月 9 日,迟福林教授在全国政协十二届五次会议第二次全体会议做大会发言,题目为"供给侧改革重在处理好政府与市场关系"。

37.2017 年 7 月 6 日,迟福林教授应邀出席由全国政协主席俞正声主持的第 70 次双周协商座谈会并发言,题目为"着力解决经济转型升级中的再就业问题"。